Pearson

IR The New World of International Relations

(Tenth Edition)

国际关系的新世界

（第十版）

[美] 迈克尔·罗斯金 尼古拉斯·贝里 著
Michael G. Roskin Nicholas O. Berry

俞沂暄 译

上海人民出版社

译者序

这是一本美国教师写给美国国际关系专业学生的教科书。从对应的课程来看，应该类似于我国高校为同专业本科生开设的“国际政治概论”这一类的入门课。与常见的同类教科书相比，本书的特色比较明显，很适合初学者入门。

首先，从基础教学的角度来说，本书在历史与现实、理论与政策、知识与方法的结合方面做得比较好，避免了单纯讨论概念的枯燥，也在一定程度上防止了国际关系史与现实政策之间的割裂，还在提供专业思维方式的同时兼顾了知识背景的构建。

其次，除了美俄等大国的对外关系以外，本书花了大量笔墨讲述发展中地区，无论从地域还是所面临的问题，涵盖面都非常广。不仅点出了发展中地区的一些共同问题，而且对西亚、非洲、拉美不同地区的特殊问题也能有所涉及，为初学者呈现出比较全面的世界剪影。这在同类概论类教科书中比较少见，值得借鉴。

最后，本书不断跟进国际关系的新现象（译本是第十版），并能进行一定的专业解释。无人机攻击、资源、网络等近年来的新热点，书中不但都进行了专门讲述，而且能比较好地融合进相应的政策章节。

此外，本书语言生动，深入浅出。为了兼顾叙述的连贯性和内容的丰富性，作者以插入方框的形式呈现出一些重要的概念、观点、案例和背景材料，比较广泛地覆盖了国际关系所要研究的主要内容和热点，也把对某些问题的争议性意见摆了出来。当然，作者肯定有自己擅长的领域，对书中所涉及的内容，并不能以同样的标准来要求。如本书对建构主义的理解就略失偏颇，对当代美欧关系、美俄关系的描述也没有触及一些根本问题。

除了上述特点，本书最能引人深思的是其观察视角。如前所述，这是一本美国老师写给美国学生的教科书，其探视、分析、理解国际关系的立足点必然是美国的利益与政策。这在书中有诸多体现。

第一，美国视角最直观的表现是书中不断对美国对外政策制定和成效进行的反思，特别是对第二次世界大战后发生的越南战争、阿富汗战争、伊拉克战争的反复提及和分析。

第二，凡是与美国利益关联性强的，都是书中的重点。例如，和中东相关的问题不仅占了“第三部分：南方国家”的很大篇幅，而且在“国家安全和不安全”等章节中也不断出现。使馆的内部结构也是直接以美国驻外使馆为例说明的。

第三，在对其他国家内政外交的描述中，可以明显看到美国文化、价值观和利益导向的引导。例如对苏联/俄罗斯以及一些发展中国家的分析，对马克思主义理论的理解，对国际法领域一些现象的态度等，都受到作者基本立足点的影响，需要我们以批判性的立场来对待。

本书观察视角的美国化，既是美国学者教育背景的自然产物，也是培养为美国利益服务的国际关系人才的自觉需要。作者对此并没有讳言，还为学生报考美国外交机构提供了指南。这恰恰说明国际关系学科强烈的政策导向特点：不仅在美国如此，在其他国家也应该如此。

最后，要特别感谢上海人民出版社潘丹榕女士对本书翻译的督促；诚挚感谢编辑史美林女士细致、耐心的编辑。她们的专业工作是本书出版的保障。

2020年2月28日

前 言

在《国际关系的新世界》(第九版)的开篇，我们提出了两个问题：美国是否正在衰落？中国的崛起是否不可阻挡？我们在第十版对此给出了尝试性的回答——两者都是“不”，或者说，反正事情比许多人过去想的要复杂。美国经济正在缓慢而痛苦地复苏。但是，美国最大的问题，制约了它在世界舞台上发挥有效作用的问题，却是华盛顿的政治瘫痪：国会中的共和党人给民主党总统*设置了巨大障碍，多年来甚至阻止通过预算。

中国也遭遇到一些发展速度上的障碍物，巨大的经济增长难以持续。亚洲其他一些国家正在反对中国的海上主权要求。2012年末，两国间的紧张局势提升，并增加了对抗的风险。

对正面临着多个两难处境的美国外交政策来说，这是一些使得世界复杂化的问题。美国是否应该继续在西太平洋保持一支可观的舰队以“制衡”中国的海军发展？美国是否应该支持日本、菲律宾和越南抗拒中国在东海和南海的主权要求？威胁要打击叙利亚对自己人民使用毒气的设施是不是明智之举？或者那将只会使我们卷入另一场中东战争，并且还会与伊斯兰“圣战”分子为伍？要知道我们刚刚结束了美国历史上最长的战争。

今天的学生们是否对理解和理性地回应这个躁动不安的世界做好了智识上的准备？还是只能以无知和愤怒作答？本书试图使学生切实弄明白，全球体系在迄今为止的几个世纪中发生了怎样的变化，它又是如何持续变化的。这是《国际关系的新世界》(第十版)需要回应的一些挑战。

第一步是清晰地描画出当前的全球体系。有人说，我们已经远离了“后冷战体系”，但是几乎没有人能够说清楚我们已经进入的是何种体系。我们给出了一些意见。全球体系是对权力的分配，也是一个特定时期的推动力；它极为重要，是所有国家外交与安全政策的结构性因素。如果我们准确地理解我们所处的体系，即“结构”，那么我们就能制定精明而有效的政策。如果我们误解了当前的结构，例如把现在的全球体系理解为新的冷战式两极体系，那么我们就会犯严重的错误。由于强

---

* 当时的美国总统是奥巴马。——译者注

调国际体系及其意义，我们已经被称作“结构现实主义者”；对这个术语，我们既不接受也不拒绝。

今天踏入大学的年轻人很少具备地理和20世纪历史的足够知识。对上个世纪的重大事件或战略轨迹，学生们可能一问三不知。对他们来说，这些都是新闻。但是我们不该责怪学生。他们不知道，是因为没人教过他们。因此，本书的一个任务就是好好补一下最近的历史课，我们按照地理区域安排历史教育，并用来阐释一个或数个国际关系的概念。很多教师感谢我们采取这样的方法。

我们相信，由于世界体系正在快速演变，国际关系比过去更为激动人心，也更加举足轻重。这个新的世界有新的威胁需要抵挡，也有新的机会可以利用。和前几版一样，我们在向国际关系领域的初来乍到者传授基本概念和术语的同时，也将努力使他们领略到国际关系趣味横生、时而惊心动魄的特质。为此目的，本书的重点加框内容不仅有“理论”和“经典思想”，而且有“经济”“转折点”“外交”和“地理”。我们还把“回忆”或“思考”（Reflection）列为重点加框内容，通过回顾作者的切身经历或引入可能影响学生个体的议题，来说明国际关系并非与个人毫不相关的抽象名词。

致　谢

非常感谢阅读和评论我们各个章节的专家，他们使我们避免犯一些愚蠢的错误。莱康明学院（Lycoming College）的卡罗琳·佩恩（Caroline Payne）帮助我们更新了几章，并且撰写了关于国内战争的新章节。国务院的特雷莎·A. 希利大使（Ambassador Theresa A. Healy）和查尔斯·阿尔格伦（Charles Ahlgren）就关于外交的一章提出了宝贵的建议。费尔菲尔德大学（Fairfield University）的埃德·迪尤博士（Dr. Ed Dew）犀利地评论了我们关于非洲和拉丁美洲的几章。莱康明学院的物理学家、自然哲学家戴维·费希尔（David Fisher）对我们新写的最后一章提出了明智的意见。此外，我们还要感谢下述评论者对我们的帮助：尤宁山学院（Mount Union College）的迈克尔·格罗斯曼（Michael Grossman）、梅萨社区学院（Mesa Community College）的艾伦·迈耶（Allen Meyer）、西彻斯特大学（West Chester University）的尤里·波尔斯基（Yury Polsky）、约克技术学院（York Technical College）的里克·惠森纳特（Rick Whisonant），以及洛斯麦丹诺学院（Los Medanos College）的戴维·齐姆尼（David Zimny）。当然，文责由作者承担。作者乐于直接接受读者的批评意见，以吸收入未来的版本中。

迈克尔·罗斯金

目录

第五部分　全球政治经济学

第六部分　新世界的政治

第一部分
体系和理论

第一章　权力与体系　为了对国际关系有一个概览，我们将看一下它的一些基本概念、体系和理论。第一章将解释，由于每个国家都享有主权，国际关系与国内政治如何完全不同。在这种无政府状态下，国际关系非常依赖权力和权力的分布。权力的分布形成国际体系，国际体系很难明确定义，且会随着时间而发生变化。国际体系只是理论的构造或模型，不能物质化。多数人同意20世纪有过这么几个国际体系：衰退的均势体系，第一次世界大战到第二次世界大战结束前不稳定的体系，以及两极的冷战体系。没有什么国际体系会永存，所有的体系都会解体。准确界定当前的国际体系，是制定合理明智外交政策的关键，但我们对此还没有清晰的界定。曾经提到的体系有：多极、单极、全球化、文明的冲突，还有其他种种。

第二章　国际关系理论　第二章将扼要介绍一些国际关系的宏大或广义理论：现实主义、自由主义、建构主义和马克思主义，以及它们相互之间的批判；同时提醒诸位对所有理论都要保持质疑。其他理论，主要是中层理论和经验分析，在全书都能找到，不过本章中我们只关注指导我们提出哪些问题，以及哪一个问题应首先发问的大的、哲学性的理论。多数国际关系研究者都赞同这些宏大理论中的某一个，有时也会在此基础上借鉴另一个。

第三章　为什么会有战争？　第三章将考察关于战争起因的理论：或者是人性固有的，或者是我们生活于其中的国家的产物，抑或是不安全的国际体系的痼疾。修昔底德关于恐惧引发战争的论点仍具有非常重要的意义。中国的快速强大重新唤醒了“崛起国家”引发战争的论调。

第一章　权力与体系

我们时代的权力

随着 21 世纪的到来，国际关系变得更加复杂。权力，作为一个国家使另一个国家做某事（或不做某事）的能力，已经从“缺钱”（cash-strapped）的美国转移到富裕的中国。全神贯注于国内政治的华盛顿已经无法平衡其预算，美国在世界上的听众也少了。有着超过 3 万亿外汇储备的中国，则有了更多的听众。

随着中国更富有，它也变得更强大，不断声索它对“中国诸海域”（China seas）的主权，这被某些国家认为是具有威胁的。印度洋是中国从中东和非洲获取能源和其他资源的要害通道，中国构造了一条“珍珠链”，连接起穿越印度洋的安全港口。美国是否应该反对中国权力的扩张？维护美国的国家利益是否需要冒在亚洲进行海上冲突的风险？

权力经常转移，这也是国际关系如此令人感兴趣的原因之一。国际关系发生在多个主权实体之间，而国内政治发生在一个主权实体之内。国际法和国际制度非常薄弱，以至于我们无法像依赖国内法和国内制度一样依赖它们。在国内政治中，当与别人发生纠纷时，我们“不会自己执法，而是把他送上法庭”。国际关系中的情形则相反：那里没有法庭，自助可能是唯一可行的选择。

一些研究者说，国际关系在国际无政府状态中展开，但并不是完全无序的。秩序从国家间的相对权力中产生。例如，19 世纪强盛的大英帝国，主要基于海上力量，依其喜好解决全球大量事务，弱小的国家大部分都会服从。这种权力关系塑造了国际体系；“体系”一词在此的含义是权力在全球分配的方式。国际体系就是特定时期的一种“权力地图”。如果能够正确地指出当前的体系，即谁获得了何种的权力，那么就能够知道特定国家所处的位置，以及如何、何时运用其权力。例如，如果许多国家的权力大体相当，就会形成均势体系。如果一个国家拥有压倒性的权力，足以监控全球（这不大可能），就将是一个单极体系。动荡的 20 世纪见证了四种国际体系：

1. 第一次世界大战之前，即从 19 世纪到 1914 年的欧洲诸帝国主导时期。根据体系理论，这一阶段体现的是均势体系，不过这一体系到 1910 年已经衰败。

2. 第一次世界大战到第二次世界大战结束前，即从 1914 年到 1945 年各个帝国自我毁灭的时期。由于几个主要大国不肯应对威胁，两次世界大战之间的国际体系可以称为“反均势”体系。这是一个暂时的、内在不稳定的体系。

3. 冷战，即传统欧洲强国崩溃后美国和苏联直面相对的两极体系。从 1945 年到 20 世纪 80 年代，超级大国在封锁中耗尽了自身，两极体系瓦解。

4. 冷战之后，即两极体系随苏联解体终结后，关于新体系仍存在争论的时期。争论涉及从多极（几个权力中心）到混乱地带（zones of chaos），从全球化到中美双头统治（duopoly）。我们将考察几种可能性。

不要将这些时期和体系等同于现实。它们只是把握现实的一些尝试，不太会是现实本身。把概念等同于现实（reification）对社会科学来说是持续的诱惑。学生们常常背诵一些简明的表格以应付考试，但请将这些表格看作对现实近似的描述，而非现实本身。请注意，在上述表格中，一个时期会和下一个时期交叠。欧洲诸帝国并不是在 1945 年咔嚓一声关张的，它们历经三个世纪才逐渐退场。要理解一个令人迷惑的世界，社会科学必须将非常复杂的现实简化为理论、模型、时间周期和概念框架，所有这些都是头脑构造出来的。体系理论就是其中的一种。

实际上，国际关系学者在两个独立但又交错的方面使用“体系”这一概念。第一，指世界上真实存在的体系，但它是复杂、易变且难以界定的。第二，指我们在头脑中构造的简化的体系，它试图描述真实存在的体系。从理论上说，我们头脑中的体系应该与实际存在的一致。这样我们就可以实施理性而成功的对外政策。

但是如果我们头脑中的画面与现实不一致，那就可能造成可怕的、代价高昂的错误。例如，如果习惯冷战思维的决策者仍然强调控制远方的国家，就像在两极体系时做的那样，那么他们将会陷进被部族和宗教仇恨摧毁的混乱地区。一些批评者就指责苏联问题专家、布什政府的国家安全顾问和国务卿康多莉扎·赖斯像对待冷战时的战斗一样对待伊拉克和阿富汗战争。如果我们试图在全球阻止屠杀、推进民主，我们就可能在“混乱的区域”撞上难以处置的讨厌现实。正确把握当前的体系意味着顺应时势（有时还能操控它们），而不是逆势而为。

▶▶▶　概念：权力

权力被广泛地误解。它不是说大国能痛打小国。权力是指一个国家有能力使另一个国家按照自己的意愿行事：A 使 B 做 A 想要 B 做的事。权力有许多类型：理性劝服、经济权力、文化权力、技术权力，以及军事权力。理性劝服是最友好的，但是很少会单独奏效。军事权力是最不友好的，所以通常用作最后的手段。军事权力于是就成了武力，武力是权力的一个子集。当埃塞俄比亚和厄立特里亚发生边界争端时，它们都动员了军队，并准备使用武力。

国家使用它们拥有的权力。奥巴马总统敦促伊朗将其核计划置于国际控制之下。伊朗提出条件。虽然美国的军事权力是巨大的，但是伊朗拥有石油权力。在我们的时代，能源已经成为权力的最重要来源之一。俄罗斯的军队并不起眼（原文如此——译注），但是凭着对石油和天然气出口的控制使得欧洲恭敬从命。当乌克兰给俄罗斯造成麻烦时，俄罗斯就切断了对乌克兰的供气。依赖石油进口是美国权力的阿喀琉斯之踵，因此美国现在希望通过"液压裂取法"（fracking）开采页岩气来解决。如果获得成功，美国将更加强大。

权力有时无法使用，美国在越南、苏联在阿富汗都有如此认识。记住，权力的关键之处在于促使别的国家做某些事；在越南，就是阻止北方武力统一南方。在安第斯山脉那些地方政府没有能力或没有意愿管辖的地区，美国的权力真的能使可卡因种植停止吗？2001 年美军在三周内就打败了阿富汗军队，但是仍不能平息或控制阿富汗局势。因为阿富汗不是一个正常的国家，而是一个充斥着军阀、毒贩、极端武装分子的"失败国家"；可惜美国很久都没有认识到这一点。在一团混乱中经历了多年的战斗以后，美国人厌倦了战争。如果你所有的权力形式——无论政治的、经济的还是最终军事的——都不能在特定的条件下起作用，那么你也将不会如想象的那么强大。

权力不能被准确地计算或预测。苏联看上去那么强大，但 1991 年却因经济缺陷和许多加盟共和国之间紧张的关系而突然崩溃。常常经过了多年，你才知道谁更强大。通常，在战争前，双方都把自己描画得相当强大。战争由此成了错误观念的可怕矫正器。美国经常依赖更大和更好的军队，但是军队并不总是起作用。记住，军事力量只是权力的一种类型。不论英国、苏联，还是美国，都非常强大，但是没有谁驯服得了阿富汗。

一国的权力可能无法适应手头有待解决的问题。火炮和坦克对付不了受宗教驱动的游击战士，因为他们几乎不可能置身于火炮和坦克的目标之下。试图说服别的国家可能会激起怨恨："你是谁？竟然对我们指手画脚？"华盛顿经常收到北京和德黑兰的如此反馈。因此，任何类型的权力都要谨慎行使。当代的问题是：我们应该强调哪种权力——军事、经济，还是政治？

欧洲的均势体系

19 世纪是均势体系的样板。那是这样一种特定的时期：几个主要国家的力量相当，且通过联盟的方式把它们的力量安排得大体平衡。如果 A 国感受到 B 国的威胁，它就会和 C 国组成联盟来慑止 B 国的侵犯。A、B、C 国接下来也可能组成一个联盟来保护自己免受不断强大的 D 国的威胁。均势并非随时随地有效，但它有助于控制战争的数量和残酷程度。理论家说，要使均势体系运作，需要至少五个有共同文化和观点的主要行为体，它们需要有不破坏均势体系的共识和责任。均势体系就像玩扑克牌，不是为了赢所有人的钱，而是为了游戏继续下去，所以你不会榨干其他的玩家。

历史学家认为有两个典型的均势时期：1648 年到 1789 年，1814 年到 1914 年。主要在德国进行的三十年战争是天主教势力与新教势力之间的较量，是第二次世界大战之前最为血腥的战争。到了它随着 1648 年《威斯特伐利亚和约》的签订而结束的时候，欧洲的君主们已经打够了仗，于是建立起一种均势体系、且维持到 1789 年法国大革命爆发。威斯特伐利亚体系还确立了主权概念。

拿破仑靠着毫无节制的野心和征服了大半个欧洲的庞大军队推翻了旧体系。拿破仑玩扑克牌的目的是榨干所有的玩家（他还会作弊）。逝去的还有作为旧体系特征的克制。当拿破仑在 1814 年被打败时，欧洲的顶级政治家在奥地利贵族梅特涅的引导下重建了均势体系，这就是梅特涅体系。只有当君主们能够克制他们的野心并且共享正统与稳定的价值观时，它才在几十年间稳健地发挥了作用。在 19 世纪民族主义特别是德国 1871 年统一的影响下，均势体系慢慢销蚀，直至第一次世界大战前彻底退场。自那时起，再也没有出现过均势体系。有人说它再也不可能出现了。

▶▶▶ 概念：体系

体系包含了许多相互作用、相互影响的组成部分。如果你能分析一个体系的逻辑，你就可以大致预测其演化，或者至少能够理解哪些地方可能出问题。政治家如果把握了当前的国际体系，就能够对威胁和机遇做出明智的反应；如果把握不了，则会损害其国家。

体系的关键要点在于术语“相互作用”。对一个真正的体系，你不能只改变其中的一个部分，因为大多数其他组成部分也会相应改变。体系思维起源于生物学。人体就是一个包含了心、肺、血液等部分的体系：拿走一个组成部分，人就死了；改变一个部分，其他部分将努力平衡矫正。或者出自内部原因，或者出自外部原因，体系都可能变得稳定，进行自我修正，或者崩溃。

第二次世界大战以后，体系思维扩展到许多学科，包括国际关系。学者（有些仅仅关注欧洲，其他关注整个地球）发现各种各样的体系已经在几个世纪中来来去去，每一个都依据其自身的逻辑运作，并且产生了各种各样稳定和不稳定的结果。显然，不稳定的体系不会持久。

体系思维的要义是引导我们把世界看作一个整体，而不是一连串无关联的事件和问题。它同时也促使我们看到睿智的政治家如何制造并操控事件达到期望的结果：如果他在此处使力，那么彼处将会产生什么结果？是好的结果还是坏的结果？

在某种程度上，国际体系是人工造物，由各式各样的“手工作品”组成。得到主要国家赞同、符合历史力量走向的体系可以持续很长时间。损害一个或更多主要行为体、违背历史力量走向的体系肯定将很快被颠覆。体系不会从天上掉下来，而是由诸如梅特涅、俾斯麦这样的睿智人物精心制造出来的。体系把人的聪明才智和创造性带进了国际政治。

世界是否形成了一个政治体系？可以肯定，体系由许多部分及其相互作用构成。麻烦在于，几乎没有学者会完全同意各个体系的定义、延续时间以及运行逻辑。例如 20 世纪的四个体系，有人认为只有三个，因为第一个和第二个其实应该合并（第二个体系仅仅是第一个体系衰朽的尾巴）。其他人可能会说，不，加上轴心国统治时期，共有五个体系。

国际体系的思维是不精确的，更谈不上是科学。我们仍然没有确定当前的体系是什么。本章考察了几种描述当今体系的努力，并指出无一完全令人满意。对于提到的每一个体系，请问两个问题：（1）它是否存在？（2）它会存续吗？换言之，本章提及的体系是否符合现实？如果符合，是否有可能在一段时间里保持稳定？

有些学者否认均势理论，指出在设想的力量平衡时期发生了讨人嫌的战争：例如 18 世纪 50 年代的七年战争，还有 19 世纪 50 年代的克里米亚战争。均势理论家们反驳说，这些都是相对较小的战争，并没有破坏整个体系。

有些学者认为，与均势截然相对的等级制权力结构才能维持和平。当国家知道它们在权力阶梯上的位置时，它们更有可能按规矩行事。一场决定性的大战之后会产生一个立于顶端的胜利者和一个被压在底部的失败者，这会带来几十年的和平。批评者说，均势的支持者把这一等级制权力结构误解为均势，而这样的均势从未存在过。所有的等级制权力结构都是暂时的，最终会随着弱者的权力增强、支配国家的权力丧失而被推翻。

就上述任何一种观点来看，随着两个新崛起的强国采用一系列战争手段攫取各自的帝国，19 世纪的体系衰朽了。德国和日本颠覆了体系，用柏林的话来说，它们要求获得“太阳底下的地盘”。1871 年普法战争后统一的德国、1868 年明治维新后的日本都是强有力的、不满现状的国家，想为推翻现存体系而斗争。19 世纪与 20 世纪之交的时候，德国武装布尔人在南非与英国人交战、与英国进行战列舰建造竞赛、通过大胆冒险干涉摩洛哥与法国对抗，体系的震动出现了。与此同时在太平洋地区，日本进攻并且打败了中国和俄国，又占领了朝鲜。

到了 20 世纪初，19 世纪的均势体系已经不再有效。理论家说，均势体系需要至少 5 个能够建立且能够重新建立联盟的行为者。灵活、缺少野心是均势的关键要素。相反，到 1914 年，欧洲已经分裂为两个敌对、僵化的联盟。只要联盟的一个成员走入战争——首先是奥地利和塞尔维亚开战，就会把各自的支持者拖入战争。到战争爆发时，均势体系已经崩溃，尽管许多政治人物还没有认识到这一点。

▶▶▶　转折点：俾斯麦——体系的变革者

如果有人告诉普鲁士宰相俾斯麦，他 1871 年创建的统一德国会带来两次世界大战和欧洲的毁灭，他大概会吓坏了。虽然俾斯麦是一个保守分子，但是他的工作带来了激烈的、体系层面的变革。记住，在体系中你无法仅仅改变一样东西，因为其他所有的东西都会随之变化。俾斯麦主导了欧洲地缘政治的巨大变革——德国统一，但是其余波向外扩展，一种新的全球政治体系产生了。

在俾斯麦任宰相之前，德国是很难威胁到别人的小王国和小公国的拼凑物。统一后，德国拥有了主导欧洲的地理位置、工业和人口。俾斯麦认为，统一的德国可以与其他欧洲国家维持平衡、和平相处。他既不是军国主义者，也不是扩张主义者。事实上，俾斯麦在统一后致力于确保敌对的国家联盟不会包围第二帝国。俾斯麦与其他欧洲国家签订了好几个显示友谊和互助的条约，力图维持古老的力量均衡。

然而，俾斯麦体系不像早前的梅特涅体系那么稳定。统一的德国已经改变了欧洲（某种程度上是全球）的地缘政治。德国的民族主义情绪被释放出来了。新的德国皇帝和他的将军们都是民族主义和帝国主义的拥戴者。他们认为俾斯麦过于小心翼翼，在1890年解除了他的职务。接着，他们开始了帝国建设、军备竞赛以及与奥地利结盟。法国和俄国对此很警觉，因而组成了凯南所说的“决定性的联盟”。至此，在第一次世界大战的前夜，欧洲分立成了两大敌对的集团，而这正是俾斯麦竭尽全力要避免的。俾斯麦为毁灭旧欧洲出了力，尽管他根本不知道、也不想要这个结果。

两次世界大战之间不稳定的体系

导致1 500万人丧生的第一次世界大战是欧洲自我毁灭的第一个行动。4个帝国，即德国、奥匈帝国、俄国和奥斯曼，崩溃了。在帝国的废墟上成长出共产主义和法西斯主义。英国和法国这对胜利者也是筋疲力尽、困苦不堪，无法对战败的德国实施《凡尔赛和约》的条款。国际经济遭受重创，且在10年后崩溃。

第一次世界大战直接导致了第二次世界大战。心怀不满的第一次世界大战失败者德国和奥地利，和两个同样心怀不满的胜利者意大利和日本（日本不是主要参战国，只是趁着战争攫取了德国在中国的租借地和太平洋属地）站在了一起；而另一个失败者俄国则想置身事外。

把两次大战连接起来的另一个环节是，任何均势体系都没有起作用。这一次均势体系的失败是人为造成的。均势思想在第一次世界大战后声名狼藉。许多人把战争归罪于毫无心肝地操纵均势的结果。这一指责是不公正的，因为战争爆发前均势体系已经崩溃。均势体系可能是一种有缺陷的体系，但这并不能仅仅通过第一次世界大战的爆发来证明。不管怎么说，获胜的民主国家，即英国、法国和美国，不再选择操控均势，而这导致了第二次世界大战的灾难。

该怎么命名这个处于战争间隙的、奇怪而短命的体系呢？不是均势体系，因为民主国家拒绝重建均势。独裁者们觉察到权力真空，趁机进去拿走能拿走的东西。由于缺乏更好的术语，我们或许可以称之为“反均势体系”。英国和法国因上一场战争疲乏不振，又过于相信国际联盟和人类的理性，当最终使用军事力量对付军事力量时，已经太晚了。德国差不多把它们都打败了。

斯大林领导下的苏联同样拒绝重建均势。这里的背景是对资本主义国家的意识形态仇恨，以及坚信无论如何资本主义注定会垮台的信念。美国也拒绝均势。孤立主义以及口头抗议日本对中国的蹂躏，都有意识地使美国置身战火之外。美国认为不需要一支庞大的军队，因为有两洋天险。到了 1941 年，苏联和美国才明白它们不可能躲过敌对国家的攻击。

欧洲在第二次世界大战中再次摧毁了自己。斯大林的红军进入权力真空地带，一心要把东欧变成苏联的安全区域。“日本帝国”消失了，在亚洲留下另一个权力真空地带。中国、朝鲜以及越南的共产主义者接管了它。欧洲的诸帝国内部虚弱，面对反殖民主义的民族主义，差不多让它们所有的殖民地独立。英国这个 19 世纪最大的平衡者，让位给了美国。典型的帝国时代终结了，取而代之的是两个超级大国的支配。

两极的冷战体系

第二次世界大战刚结束不久，冷战就开始了。因为斯大林领导的苏联一心要把东欧变成共产党的卫星国，这表明苏联不适合成为罗斯福伟大的战后合作计划的伙伴。许多人害怕苏联将势力范围推进到东欧以外的地带。1947 年春天，美国公开声明反对苏联扩张，并采取步骤反击。冷战开始了。

由于没有第三个大国能够挑战苏联或美国，因此世界根据两个阵营站队——或者说至少看起来如此。学者把这一状况描述为两极。两极体系是一个危险但在某些方面令人舒心的体系。西方和东方集团像老鹰一样瞪着对方，持续不断地寻找机会削弱对方、保卫自己免受可能的攻击。这是一个紧张的世界，因为核按钮近在手边。

两极体系被看作一个“零和游戏”，无论哪一方赢，另一方就会输。如果共产党集团扩张进一小片自由世界的地盘，它就赢了，而西方则输了。为了防止这种挫败，战争总是可能发生（朝鲜战争和越南战争），甚至差点发生核战争（1962 年古巴导弹危机）。两个超级大国拥有核武器，不过它们总是与冲突保持一定距离，通过代理人参与进来，而不是直接上阵。两国都明白，直接的冲突会迅速变成核战争，从而终结两极体系和它们的主导地位。它们相互憎恨，但不会鲁莽行事。它们想，在自己的半个世界当老大总比去冒一切统统报销的风险好。无论何时，美国人都没有直接和苏联人缠斗在一起。尽管如此，每一方还是胆战心惊，担忧可能的得与失。

双方阵营都有人还在回味那些日子：生活如此简单，你清楚地知道谁是朋友、谁是敌人。超级大国的弱小盟友基本上都保持安静，服从它们的领导国家。例如，中国就曾把苏联看作一个强大的盟友。北约和华约组织看上去都很坚固。各个联盟的大多数成员领土上都有超级大国的军事基地，它们认为这是一种保护的方式。两极体系令人舒心的地方就是，你知道你站在哪里。对今天的许多人来说，生活太令人费解了。

但是，如果仔细观察冷战时期的国际体系，你就会注意到它从来不是严格的两极。有些学者用“松散的两极”体系的标签来解释两个“大陆”强权之间有许多“岛屿”小国的事实，后者指谨慎地避免加入任何一个阵营的中立国家。两个超级大国都在试图拉拢这些中立国。

两极世界稳定吗？它没有在核战争中被毁掉，而是持续了将近半个世纪。但是至少可以给出它不可能持久的五个理由：

（1）两极体系把超级大国和疯狂的军备竞赛锁在了一起，而军备竞赛越来越昂贵，特别是对衰弱中的苏联经济来说。买的军备越多，获得的安全越少，因为军队和武器并不能保护超级大国，也不能延展它们的权力。超级大国权力扩张的企图和民族主义存在冲突。

（2）第三世界兴起了民族主义，而两个超级大国在对抗民族主义中都犯了错误。零和游戏使超级大国试图获取或维持各自阵营的边缘地带。它们把触角伸到第三世界，直到烧着了自己，就像美国在越南、苏联在阿富汗一样。

（3）至少其中一个阵营分裂了。作为一极的“大陆”强权崩裂了，一大片区域疏离而去：这就是中苏分裂。支配产生了怨恨，随着北约震荡的加码，另一极“大陆”强权也出现了细微的裂隙。

（4）环太平洋国家的经济增长使超级大国看上去很愚蠢。当军事巨人在昂贵的武器和前景叵测的干涉中挥霍资源时，日本、韩国以及其他亚洲边缘地带繁荣兴旺起来。

（5）建立在有内在缺陷的经济之上的军备竞赛的消耗非常大，再加上拙劣的改革，导致 1991 年苏联解体。美国由于比其对手活得长，实际上“赢得”了冷战。然而，从两极体系中走出来的世界，并没有完全符合美国的喜好。

什么样的新体系？

1991 年发生了两个重大事件：干净利落的海湾战争和令人瞠目结舌的苏联解体，它们开启了关于如何命名和描述诞生于彼时的新体系的讨论，而这一工作迄今尚未完成。有些观点看上去还合理，而其他一些的出发点就错了，但所有这些观点的后面都画着一个问号。记住，不要把它们等同于现实。

多极？

最能接受的模式可能是多极世界——一种有多个权力中心组成的体系，其中一些是贸易集团，所有的权力中心都进行着激烈的经济竞争。没有一个国家或集团有支配能力。它在某种程度上与过去的均势体系相像，但集团和主要国家不再组成新的联盟。相反，它们专注于经济，经济增长成为主要任务，包括对抗失业问题与获取实力和尊重。

这一模式并不能完美地契合现实。欧盟、环太平洋区域以及其他一些集团不能照管自己的安全；它们都需要美国的帮助。西欧国家一开始设想它们自己有能力平息南斯拉夫的冲突，但是几年后就乞求美国的领导。韩国和日本都是美国有力的贸易竞争者，但它们都需要从美国得到免费的安全保障。没有美国的世界领导地位，几乎什么也干不了。如果贸易争端太激烈，多极体系可能崩毁，届时会出现某种其他体系，或许会出现“资源战争”。

单极?

有人认为1991年的重大事件，即海湾战争和苏联的消失，产生了一个单极体系，但这只是个错觉。根据单极世界的图景，美国将领导建立一个老布什总统所说的“新世界秩序”，海湾战争就是模板：美国引领着联合国和中等国家一起制止了侵略。根据这个观点，现在只有美国有能力向海外投送军事力量、政治影响和领导能力。

小布什政府的新保守主义者采纳了单极世界的观点，并在2001年的阿富汗和2003年的伊拉克贯彻实施。那里和其他地方的困难驳倒了单极模式的主张。确实，美国现在是唯一的军事超级大国，但经济和政治因素限制了它的领导地位。美国人民和国会不愿意向地球的遥远角落送去军队和大量援助。几乎没有国家跟随美国进行此类事业。有些还怨恨美国。看看在世界上美国随心所欲的可能性有多小，甚至连朝鲜和伊朗这样的小国也不会屈从于美国的意志。

平衡砝码?

支配性的大国常常说服其他国家与自己结盟，从而平衡另外的大国。当美国寻求单极模式时，俄罗斯和中国组织了一个平衡美国的“砝码”（counterweight）。1996年，它们和一些原苏联加盟共和国的中亚国家一起签署了一个条约，2001年上海合作组织（SCO）成立。俄罗斯和中国认为美国将支配全球，把它们推向“民主化”，妨碍它们的核心国家利益。上合组织实际上在说：“我们不会任人摆布。”

这里，俄罗斯和中国不是追随美国，而是反对美国。它们不支持美国的事业，时而组织联合军事演习，有些在中国沿海地区，以此来显示它们会说到做到，也警告美国离得远一点儿。它们不是积极寻求战争，而仅仅是想把美国的力量推到相当距离以外。欧洲由于有经济需求，而且对其他大陆也没什么兴趣，所以主要是个旁观者。这个模式可能会持续一段时间，但是仍然要解体。历史上，沙俄通过一系列“不平等条约”拿走了中国的土地。俄罗斯资源丰富的西伯利亚人口在减少，而中国正盯着它。莫斯科不愿意做北京的小伙伴。至于欧洲，当需要美国帮助时，会求助于北约。

分层模式?

分层模式结合了单极和多极模式，可能更契合现实。这一模式指出了大致三个层次。顶端是富裕的高科技国家，第二层是像中国、印度、巴西那样正在快速工业化的国家，第三层是“混乱的区域”，充满了犯罪、军阀和长期不稳定。当今世界最大的单一经济活动竟然是犯罪活动，其中的大头又是毒品从贫穷国家向富国的流动。这一点真是令人非常震惊。

顶层的国家能够用它们的先进武器一举击中常规目标，但是不能控制底层国家的混乱：恐怖分子、游击队员、贩毒集团不是容易准确命中的目标。索马里、墨西哥、阿富汗都是这样的例子，顶层国家想避开却做不到。世界上许多自然资源，特别是石油，正处在这些混乱区域，因此第一层的国家不可避免地要被拖入麻烦中，而顶层对非法毒品的贪婪则意味着底层也可以把触角伸到上面。

美—中双头统治?

有人认为新的全球体系是美国和中国之间的权力双头统治，所谓“G2”（两国集团）指，只有这两个国家才是当前真正有影响的国家。八国集团和二十国集团会议都是不重要的，因为和美国与中国相比，其他均为中等规模的国家。双头统治模式想象出一个由美国和中国联合统治的世界。但是这个所谓“中美共治”（Chimerica）其实是个虚构的怪物（chimera）。两个巨人不是在合作，而是在慢慢地激化紧张局势。双头统治模式的寿命甚至比单极模式还要短。

基于惊人的经济发展，中国不再顾虑其新获得的权力，它在世界范围内锁定资源合同（特别是石油）。为了保护供应线，它努力建设海军，并把在印度洋的友好港口连成一条“珍珠链”（确实，英国在19世纪曾这样做过）。几个发展中国家倾向于中国并欣赏中国模式——一种推动经济增长的权威主义体制。

双头统治模式也指出了大量的美中竞争。当中美关于贸易、货币、互联网的争端增加时，当中国标明其领土要求令邻国害怕时，美中之间的敌意就上升了。这些要求使得几个亚洲国家，即日本、韩国、越南（曾经是美国的敌人）、泰国、印度尼西亚、菲律宾、澳大利亚和印度，寻求美国的领导以形成对中国的制衡。但是，由于其他地区的多数国家没有动力卷入，所以这个模式不可能变成另一个两极的冷战模式。

全球化?

甚至在冷战结束前，全球化就开始出现。在这个体系中，多数国家成为世界市场中的经济行为体。世界市场是一个资本主义的竞争场所，哪里有顾客，商品、货币、思想就倾向于流向哪里。全球化体系的座右铭是：要挣钱、不要打仗。几乎没有国家不参与其中，除了古巴和朝鲜这类生活在孤立与贫穷状态中的国家。历经时日，绝大多数国家都愿意参与其中。全球化有助于促进世界范围内的经济增长。

但是仍然存在限制全球化体系的问题，这些问题还有可能终结体系。2008 年至 2009 年的全球性衰退就不利于全球化，因为国家转而采取保护主义。多数国家，包括美国，嘴上说自由贸易，实际上不那么干。它们看到自己的企业在大量进口的压力下关门，做出的反应就是：把外国商品关在门外。

进而言之，全球化是和平的原因还是和平的结果？全球化与和平是否交织在一起？如果是，那么当其中一个受损时，另一个会怎样？当新富裕的国家要求尊重、资源，有时还要求领土时，繁荣并不必然带来和平。

全球化似乎并不是在任何地方都奏效。东亚已经大步向前，但是有些国家几乎没有发展，这说明良好的政策和适应性强的文化有关键作用。中国把自己变成“世界工厂”，几乎没有国家有能力与之竞争。世界能接纳多少低成本产品？有人怨恨美国，怨恨全球化体系的资本主义文化，叫它“麦当劳世界”(MCWorld)。全球化可能有其顶峰，然后会走下坡路。

资源战争?

有的学者警告，我们正在进入一个“匮乏的时代”，其标志是对自然资源，特别是石油的争夺。正在迅速工业化的中国总是需要更多的资源。为了保证供应，中国与资源生产国签订了专享的合同。关于中国诸海域的主权问题、关于谁控制从波斯湾到中亚运输通道的问题，正越来越突出地显现。1991 年和 2003 年对伊拉克的战争或许符合资源战争标准。

中国做了世界上大部分提炼稀土资源的工作，稀土是制造许多高技术产品的关键原料。在某种关键时刻，中国可以单独定价或者简单地禁止出口。在能源供应吃紧的时期，像俄罗斯这样有石油和天然气的国家，可以通过切断出口的可靠威胁来无视外界的压力。这些国家的经济随石油价格的上涨而繁荣。沙特阿拉伯因对美国的抱怨愤愤不平，就说增加石油产量是不可能的。俄罗斯由于不乐意乌克兰转向西方，就暂时关闭通往乌克兰和西欧的输气管。这些人人都看到了。伊朗的石油收入使它有能力继续进行核计划。在能源时代，弱者已经变得强有力。

文明的冲突?

已故哈佛大学政治学家塞缪尔·亨廷顿 1993 年提出了一种争议性的理论——冷战后的世界会分裂为八种各自主要基于宗教的“文明”：西方文明（欧洲及其北美分支）、斯拉夫 / 东正教文明、伊斯兰文明、印度文明、中华文明（中国为主）、日本文明、拉美文明和非洲文明。这些文明中的大多数可以和其他文明和睦相处，但是有一些文明极其讨厌和排斥别的文明。亨廷顿认为，最大的威胁是伊斯兰文明，它会与西方文明、斯拉夫 / 东正教文明和印度文明激烈地发生冲突。

事实上，这些文明中的一些正在形成贸易集团。然而，促进它们相互关系的不是贸易，而是根深蒂固的文化抵触和“同类国家的重新集合”。例如，沙特阿拉伯和伊朗虽然厌恶萨达姆统治的伊拉克，但 2003 年都反对美国发起的伊拉克战争，因为不应该入侵一个兄弟国家。巴基斯坦对美国在阿富汗的军事行动也有同感。在亨廷顿的世界里，宗教预言了国际结盟的组合。多数思考国际关系的人相信亨廷顿的理论包含了一些真理，但是却被过分夸大了。

在上述模式中，如果有的话，是哪一个能契合和解释今天的国际关系呢？是否一种混合模式更合适呢？你能给出一副准确的图画吗？还是我们为此还需要若干年时间，等到局势更为明朗时才能准确描述当今的体系？

国家现在还能存续吗?

我们可以期待正在出现的国际关系体系将得到改善，但是它的基本组成单位仍然是主权国家，它们会让一个和平、合作的世界计划磕磕绊绊。现代国家、民族国家，或者口语中的“国家”（country），这些概念可以往前追溯大约五个世纪，那时，一些重要的变化正像涟漪一样扩散到整个西欧。多亏了火药和加农炮，君主们得以控制贵族并使权力集中，这一行为被称作君主专制。随着新发明的应用（如印刷术）以及亚洲和美洲的贸易的开辟，经济极大地扩张。当君主们宣称自己至高无上，并把王国世俗化，罗马天主教会就失去了世俗权力。为了支持频繁的战争，国王们改善了行政管理和征税能力。在可怕的三十年战争结束的 1648 年，强有力的现代国家支配了西欧。

现代的强国家如此之强——它们养得起大规模的陆军和海军，因此很容易就征服了传统的国家，扩展到整个世界。在从殖民统治中解放出来以后，拉美、亚洲和非洲各国同样采用了现代强国家的形式，尽管其中一些事实上非常弱小。

18 世纪后期的美国革命和法国革命给强国家添加了一个新的要素：大众的热情与参与。之前，国家事务只掌握在一小撮国王和贵族手里，“臣民”（不是公民）对此保持沉默与服从。随着民主思想的传播，公民有了参与感和爱国精神。起源于法国大革命和拿破仑战争的民族主义也传向全世界，在 20 世纪达到支配性的，甚至是疯狂的程度。

▶▶▶ 概念：国家

国家通常被界定为拥有领土和政府的人的群体。反过来，这个政府在其边界之内对法律有最后的决定权（就是我们正在讨论的主权）。只有国家才能合法垄断暴力——也就是说，国家可以合法地强制其公民做某事。黑手党可以强制你还债，但是没有合法权利惩罚你。但是国税局（Internal Revenue Service）却可以合法地送你进监狱，因为你没有纳税。

有人使用“民族国家”的术语，这就把民族性的概念加进了国家。通常由于共同的语言，民族国家的成员具有作为一个独立的群体的认同感。民族国家完全是现代的创造物，其历史大约不会长于 500 年。国际关系使用“国家”（state）一词，不是美国“州”（state）的意思，例如“伟大的堪萨斯州”。在国际关系中，美国的 50 个州根本不是国家，因为它们没有主权。它们在其边界内对法律没有最后的决定权——这是华盛顿的联邦政府做的事。

多数国际关系的研究者把民族国家作为研究的起点。国家权力压倒了个人的偏好。国家可以征召公民入伍，然后让他们开赴战场。许多国家还从心理上掌控国民，反复灌输、培养爱国主义的意识，而这样做并不总是为了良好的目的。由此产生了与外国间“我们—他们”的认识：“我们”是和平的民族，只是为了保护自己，“他们”在密谋要伤害我们。美国和伊朗对彼此的态度就是一个当代例子：每一方都感到自己受到了侵害。

国家的首要地位会不会受到损害？在人类的组织中，国家不是第一个，也不是最后一个。纵观历史，扩大了的家庭、部落、王国、帝国，最后都让位于更先进的组织形式。

主权正在悄然逝去吗?

如果新的国际体系相对于旧体系要更趋于和平与合作，国家将不得不放弃至少一部分它们最重要的基本属性——主权。部分依赖法律、部分依赖权力、部分依赖心理，主权意味着在法律上有最后决定权，能够控制自己国家的内部事务，不让其他国家干涉。总之，主权的意思就是我的地盘我做主。

▶▶▶ 概念：主权

主权的词根是“reign”，来自法语，意思为“统治”；前缀来自古法语，意思是“在……上面”。因此，一位主权者指的是“统治”一块土地的人（国王）。主权是统治一个国家的形式特征。主权的概念从 16 世纪开始流行，当时像法国人让·布丹这样的君主主义学者把国王权力的扩张合理化，得出结论说，所有的权力最终都围绕着君主。1648 年的威斯特伐利亚和会上，欧洲国家都宣称对各自领土拥有“主权”——对法律有最后决定权，君主们还同意把外国从国内事务中（例如宗教）排除出去。虽然君主专制的时代已经过去了，但是主权的概念保留了下来。现在所有的国家都主张自己拥有主权。

主权使国家可以相当大程度地按自己的意愿行事。巴基斯坦曾和美国合作，但是却玩了两面游戏：有时庇护、有时打击极端主义分子。华盛顿对此表示憎恨，但是决定巴基斯坦国家利益所在的是伊斯兰堡，而不是华盛顿。华盛顿说，中国的货币价格定得过低，应该提高。北京反对，因为低价人民币有利于出口。决定什么对中国经济有好处的是北京，而不是华盛顿。1990 年沙特阿拉伯请求美国军队保护其领土免遭伊拉克威胁。但是美国士兵不能喝啤酒，直到他们进入伊拉克境内；因为沙特的法律禁止所有酒精饮料（这刺激了美国军队快速推进）。请注意，主权是如何抵消权力的；在这些例子里，是如何抵消美国的权力的。

主权在一定程度上常常是虚构的。大国、富国、强国总是影响，甚至支配小国、穷国、弱国。例如，黎巴嫩在 1975 年内战中分裂后*，就丧失了主权；其领土

---

* 1975 年黎巴嫩基督教徒和穆斯林因国家权力分配产生的矛盾激化，爆发内战。1989 年 10 月，两派议员达成《塔伊夫协议》，重新分配政治权力。1990 年，内战结束。来源：中华人民共和国外交部网站 http://www.fmprc.gov.cn/web/gjhdq_676201/gj_676203/yz676205/1206_676668/1206x0_676670/。——译者注

被政治性的宗教民兵组织、叙利亚和以色列分割。2000 年以色列撤出黎巴嫩南部，但这对黎巴嫩主权的恢复几乎无甚帮助，因为该区域随之被黎巴嫩真主党游击队而不是黎巴嫩政府军占领。

▶▶▶ 思考：主权和个人

"你不能那么对待我，我是美国人！"当海外旅行身陷当地法律的麻烦时，许多年轻的美国人会这么说。但是它们确实可以对你那么做。它们可以做它们想对你做的任何事。这是它们作为主权国家的权利。它们可以用藤条打你的屁股打到出血，因为你在汽车上乱涂乱画（新加坡就曾打了一个美国青年）。它们可以不顾美国总统宽大为怀的请求。因为这是它们的法律，它们可以用它们愿意的方式强制实施。美国大使馆和领事馆能为你做什么？推荐一位讲英语的律师——这就是全部。记住，主权意味着它们是自己地盘的老板，所以你到了国外就不得不遵守它们的法律。你的美国或者其他外国护照不会给你特别的保护。

当代的主权正在悄悄逝去。世界共同体通过联合国告诉伊朗，发展大规模杀伤性武器不仅仅是关乎伊朗的事，而是关涉世界的事。世界对于 1994 年没能干涉 80 万人被害的卢旺达大屠杀而羞愧。大规模谋杀能是一个纯粹的"内部事务"吗？1999 年，北约不顾南联盟的主权，为的是阻止对科索沃阿尔巴尼亚人的杀害。国家不再能把它们的罪行隐藏在主权的掩蔽之后。一些国家提出一项新的原则——"保护的责任"（R2P），就是说国际社会可以干预一个伤害其国民的国家。世界在思考是否用"保护的责任"来阻止叙利亚对其国民使用毒气。如果付诸实施，"保护的责任"将削弱主权，这也是为什么许多国家不喜欢"保护的责任"的原因。

超国家实体已经出现了。欧盟目前是一个巨大的经济市场，不少决定在布鲁塞尔总部做出，而不是在成员国首都。欧盟成员国把自己主权的一部分交付给更高一级的实体。许多成员国放弃了对自己货币的控制——这是主权的一个基本属性——支持新的共同货币欧元。现在的欧盟正在努力建设共同外交与防务政策。这里的麻烦在于，如果欧盟一路走向欧洲统一，它将不会消除主权，而仅仅只是创造了一个更大、更强的主权实体。人们还很难对付这个更强大的主权实体：人们面对的不是一批小国，而是一个大国；甚至，欧盟还会实行经济保护主义，从而可能引发贸易战。

复习题

1. 国际关系与国内政治的区别是什么？
2. 权力是什么？
3. 一些形式的权力怎么会无法使用？
4. 国际体系指什么？
5. 在过去一个世纪中，世界经历了哪些体系？
6. 19 世纪的帝国体系在哪些方面是可取的？它还会重现吗？
7. 当前正在运行的是哪种体系？你如何描述？
8. 这个新体系稳定还是不稳定？
9. 政治家近期如何误解了权力现实？
10. 国家和主权还是国际关系的基础吗？

第二章　国际关系理论

"理论"这个术语令人困惑：有人把它看作一种没有什么实用价值的抽象物；有人则期望理论是一种清晰、明确的公式，就像爱因斯坦著名的 $E=mc^2$ 一样——在社会科学中，这几乎不可能。理论实际上是一种整理数据、提出问题、弄懂错综复杂世界的设计。政治科学的基础是经验理论。理论是所有理性话语的基础；没有理论，你无法讲述更多的东西。其实，任何超出简单的事实陈述的东西都是某种程度上的理论。当你收集事实、分类然后归纳一般规律时，你就开始了理论化研究。

理论的重要性

许多人认为他们不需要理论，只要收集足够的事实材料，真实的东西就会显而易见。这一观点本身就是一种理论，一种纯粹经验主义的理论，哲学家伊曼纽尔·康德在 18 世纪就已经证明了其不充分性。康德认为，仅仅收集事实材料将使你陷在一堆杂乱无章、相互间没有关联的信息中。你不知道如何处理事实材料，它们是无意义的。没有理论，你不知道该提出什么问题，也不知道哪个问题该首先提出。这也是为什么科学家要花费大量时间思考范式的发展，范式就是如何研究事物的方案。

本书的每一章（其他大多数大学教材也如此）都或明或暗地包含着理论。例如，国际关系理论的一个基础，就是用"权力"解释多数事件。这就是理论（不是所有人都完全同意）。许多研究者认为世界经历过几个体系，这些体系依赖于全球性的权力配置，可以解释世界如何运作。这也是一种理论，并不是所有研究者都会把这种理论放在第一章。对美国对外关系的考察说明，国家利益如何支配了大部分（但并非全部）对外政策，这是另一种理论。俄罗斯的历史表明，地缘政治理论同样支配了战略选择。关于战争的原因也有多种理论。

本章我们将剖析四种很大程度上支撑国际关系思维的基础理论，或者叫"宏大"理论。每一种理论实际上都在声称自己是"观察世界政治的最好方式"，但是却很少能完全证明它的论点。这是在根本假设意义方面的理论，或者是难以用经验证据证明的哲学。理论可以证明，也就缺少了争议性，因为能用研究确证或是驳倒。但我们这里的四种理论却是存在质疑的，因为它们很难被证实或证伪，它们常常带着感情色彩且异常顽固地说：“好吧，这就是我的想法！”有些论述的热情支持者拒绝并且否定其他理论，但是严肃的学者承认，不同的视角都有其有效性。

▶▶▶ 经典思想：E. H. 卡尔和现实主义

英国外交官和学者爱德华·卡尔（E.H.Carr，1892—1982）把两次世界大战之间的国际关系称作“1919年至1939年的二十年危机”，这也是他著作的标题，他在书中对民主国家没能认清世界权力现实进行了严厉而影响巨大的批判。在这部著作中，卡尔为现实主义学派完成了基础性工作，第二次世界大战后，又由摩根索重新在美国论述并进行了进一步阐发。

卡尔把国际关系学者分为两个流派：乌托邦主义和现实主义。乌托邦主义者是乐观主义者，是启蒙运动和自由主义的嫡传弟子，认为秉持启蒙和自由主义的理性并且遵守道德规范，就能够有条不紊地让国家的国际行为趋于和平。伍德罗·威尔逊与他倡导的国际联盟就是最主要的例证。现实主义者与之相反，是悲观主义者，强调权力和国家利益。这并不必然意味着无休止的战争，因为如果政治人物是明智的，并且愿意积聚和运用权力，无论是经济权力还是军事权力，他们就能够使侵略者退却。这一战略中暗含的就是均势理论。

在两次世界大战之间，卡尔认为乌托邦主义的傻瓜没有意愿对抗独裁者。现实主义的困境在于：你无法说明什么是现实的，除非经历若干年以后，你能够看到事物的结果。你应该总是态度强硬并准备着战斗吗？那将导致太多的战争，其中有些是不必要的。第二次世界大战以后对一种简化的现实主义版本的运用促使一个两极冷战体系的建立，并使这个体系长久化，而冷战导致了许多相当规模的战争，尽管不是核战争。

理论可以非常实用，因为运用一个不合适的理论会导致可怕的错误。斯大林在20世纪30年代认为纳粹主义是垂死的资本主义的最后喘息，所以希特勒并不是一个威胁。英国首相内维尔·张伯伦1938年怀着一个自由主义者的乐观去了慕尼黑，想着希特勒也会希求和平。然后，希特勒就侵吞了欧洲。美国第43任总统小布什的政府里有一些新保守主义者，他们相信一种新自由主义理论——2003年美国征服伊拉克将带来稳定的民主，民主还将扩展到整个中东。看一下你们基本的理论假定，它们很可能在任何政策中都是严重的缺陷。

最古老的理论：现实主义

现实主义及其诸多变种或许是最古老的国际关系理论，至今仍然在许多学术和实践领域被广泛接受。根本上，现实主义是一种保守的、悲观主义的哲学，它主张熟练巧妙地操纵无政府世界的各种力量，从而避免事物的毁灭。而自由主义者常做的那些事——改造有缺点的政权或者为人权进行十字军式的行动，通常会使事情变糟。现实主义有多种观点。“防御性现实主义”者主张只有在国家遭受威胁的情况下，为防御才能进行战争。“进攻性现实主义”者推崇保护国家安全的扩张主义举措。“结构现实主义”者认为权力的全球分布基本上决定了国际关系。

几乎没有人承认自己“不切实际”（unrealistic）；大多数人愿意被看作注重实际（realistic）的人，因为他们认为这意味着冷静的头脑和务实的态度。但是“注重实际”并不等同于现实主义。现实主义是国际关系研究的一种哲学性方法，它根植于历史和地理，由若干连锁相关的要素构成。

权力最重要

现实主义的中心是权力，权力是一个内涵远比军事力量广泛的概念。权力包含经济、政治、心理以及军事手段，运用这些手段，A 使得 B 做 A 想要的事。在 20 世纪，人们开始把这叫作现实主义。但是，现实主义的源头需要追溯到很久以前。古代的国王和皇帝都懂权力，他们中的大多数坚定不移、一心一意地追求权力，而且特别重视权力的军事方面。如果不这样做，他们认为自己的国家会被其他王国打败。《旧约》以及罗马进行的战争都展示了对权力的精明估算：征服别人，或被别人征服。修昔底德关于伯罗奔尼撒战争原因的著名论断就反映了现实主义：“使战争不可避免的是雅典权力的增强以及由此在斯巴达引起的恐惧。”美国的创建者和早期的总统都是精明的现实主义者，他们懂得，新生的弱小共和国不得不在强大的国家中间小心前行。

不过，权力动机经常被一些高调的辞藻掩饰起来，诸如“保卫自由”“正义战争”，或是“解放圣地的十字军”。从 16 世纪早期的马基雅维利开始（如果没有更早的论述），思想家们才陈述这个显而易见的事实：君主追求权力，事实上，他们也不得不追求权力。君主做成任何事都需要足够的权力，无论行善、作恶，还是仅仅为了生存下去。没有盔甲保护的善将毫无用处，而且也不可能长久。

国家是要紧的单位

现实主义认为国家是意义重大的行为者，不是个人、团体和跨国运动。现实主义很少聚焦具体的领导人或他们的动机，因为领导人大多被推定为具有同样的动机：保卫他们的国家。当然，在他们为此采取行动时有很多不同之处。现实主义者不会用斯大林乖戾的性格解释其接管东欧，他们用俄国曾不断遭到从东欧的入侵来解释。国家的历史和地理是起作用的因素，而非个别领导人。

在结束三十年战争的《威斯特伐利亚和约》中，国家的中心地位被奉入神坛。《威斯特伐利亚和约》抬升了主权的概念，主权包含着统治者对自己国家负责的意思。对现实主义来说，这意味着国家是在主权控制下“单一而不可分割的单位”。因此，在让“基地”组织在其土地上行动这件事上，阿富汗应当受到指责。当巴基斯坦否认帮助恐怖分子在 2008 年袭击孟买时，印度嗤之以鼻，称这一事件为巴基斯坦人的“战争行动”，因为巴基斯坦的情报机构与恐怖分子有着长期而深入的联系。如果美国遭到核装置的打击，华盛顿将指责实施打击的国家。

国家利益超越意识形态

现实主义把意识形态弱化为政策的一项基础，认为意识形态大多数时候是骗骗容易上当的人的伎俩。但是，现实主义的基础是国家利益。连接国家利益和权力的是可行性（feasibility）。根据理性追求的国家利益，领导人决定怎样有效使用他们的权力。汉斯·摩根索，国家利益研究的导师，就竭力主张国家追求它们“以权力界定的利益”。如果你正在保存或增强你的权力，那么你就是理性的；如果你在“十字军式行动中”挥霍或浪费你的权力，你就是在损害你的国家利益，因而是非理性的。许多现实主义者都将越南战争和伊拉克战争看作意识形态的十字军式行动。

国家利益不是包罗万象的。好的领导者时常会在可见范围内检视，寻找自己的国家利益，并避开那些不属于国家利益的领域。“首要的国家利益”是必须要保障的。为防止其被损害，一国必须拥有武装力量和盟友，还要愿意为之而战。“次一级的国家利益”是比较远离核心利益的、也不那么紧急，可以不用为此而走入战争：其中一些可以谈判解决，另一些可以留待时间解决。区分这两类国家利益要求出类拔萃的智识能力，摩根索有这个能力，而其他许多人没有。1931 年日本入侵中国东北是只局限于地域的冲突，还是大规模侵略行为的开始？答案在 1937 年揭晓，那一年日本开始侵略整个中国。极端主义关系到美国的首要利益还是次一级利益？为了根除它，我们是否应该攻占遥远的国家？美国占领一个伊斯兰国家可行吗？

均势仍在运作

许多现实主义者（并非全部）认为均势是聚焦权力和国家利益的自然结果。国家总是害怕被其他国家侵占，总是习惯性地通过武装和联盟提升自身力量，试图以此抵消敌对性的权力。均势很少是为了和平，而是为了使国家有能力生存、不被其他国家吞并。哈布斯堡家族掌控欧洲的趋向促使信仰天主教的法国去支持新教国家。轴心国的威胁打造出第二次世界大战时的西方联盟。苏联的图谋促成了北约。这些联盟是为抵消威胁性权力而形成的，意识形态在其中无用武之地。

20世纪50年代末开始，中苏关系出现裂痕，乃至出现了战争的可能。1969年初，苏联和中国在它们的远东边境发生了小规模冲突。尼克松政治生涯的标签是激进的反共分子。20世纪60年代在野时，他读了包含均势概念的国际关系的书籍。1971年末，尼克松说他寻求美国、欧洲、苏联、中国和日本之间的均势。与此同时，忧心忡忡的毛泽东也理性地欢迎了尼克松1972年访问北京。中国需要美国的力量抵消苏联的威胁，美国也需要中国抵消苏联的力量。为了运用均势保卫自己的国家，中美两国暂时搁置了他们的意识形态分歧。

非道德性的主导地位

现实主义带有（有人说深深沾染上）非道德性的色彩。现实主义把人权问题弱化为真正国家利益最边缘的枝节。现实主义者亨利·基辛格认为，相对于把人权踢成政治皮球，通过“静悄悄的外交”在人权上取得的成就会更多。

现实主义指出，“做道德上正确的事”或许是不切实际、行不通的。1939年末，英国考虑帮助芬兰抵御苏联入侵，直到意识到这样做将同时与德国和苏联开战。1941年中期，希特勒入侵苏联，英国与苏联结盟，尽管丘吉尔完全清楚斯大林是个怎样的角色。英国别无选择，一年以来，它都在独自抵抗纳粹的强大力量。权力考虑超越了道德。基辛格警告说：“秘密行动不能和传教士的工作混淆。”（实际上传教士经常是葡萄牙、法国、英国，以及美国扩展其国家影响力的公开楔子。）对现实主义者来说，可行性与道德性息息相关。

对现实主义的批评

现实主义的最大问题是：在准确获知现实状况和界定国家利益方面都存在困难。许多观点只是徒有一个“牢固”的现实主义外表，却没能抓住世界的真正复杂性，而这些复杂性需要很多年才会呈现出来。所谓现实主义政策可能被证明是错误的。虽然许多人会猜，或者使用着实可疑的类比来推测，但没人有看透未来的天赋。现实主义趋向于低估国内政治和错综复杂的现实，这是一个严重的错误。2003年美国攻打伊拉克之前，华盛顿忽视了该国逊尼派和什叶派（很少有人清楚这些术语的意义）的冲突会在内战中爆发。

低估威胁或高估威胁都会犯错。民主国家对轴心国的威胁缺少准备，想准备时已经太晚了。美国的冷战斗士只看到苏联在持续扩张，甚至当苏联经济已经加速下降时也是如此。最终，是经济下降毁掉了苏联体系。

国家利益经常是推测出来而不是分析出来的。越南问题就被高估为国家利益。多年以后，许多越战的支持者才承认并非如此。民粹主义的煽动家、民族主义的媒体以及政府和学术界的强硬思维可以提供简化的、不真实的图画。希特勒的宣传部长戈培尔解释过如何让德国人去打仗："简单得很，就是告诉他们，我们正在受到攻击。"哪里都有无知。华盛顿几乎没有官员理解逊尼派穆斯林和什叶派穆斯林之间的区别，也不理解他们的相互仇恨怎样使得美国对伊拉克的入侵成为一个错误。

进而言之，现实主义理论假定国家领导人是理性的，但是事实并非完全如此。希特勒为了一种愚蠢疯狂的种族理论企图奴役欧洲。斯大林30年代末枪毙了多数将领，因为怀疑他们不忠诚，在德国进攻苏联之前严重削弱了红军力量。有些领导人有偏执狂。我们最好不要靠他们来做出理性决策。

对现实主义最主要的批判认为：在较早的时期，例如冷战期间，现实主义是有效的；但是在一个由非常意识形态化、忽视理性声音的次国家集团导致的暴力新世界中，现实主义不会有效。当最大的问题不是来自国家行为，而是来自在国家间窜来窜去的恐怖分子的破坏时，现实主义的国家中心路径不仅益处甚少，而且非常有害。攻打伊拉克和阿富汗非但不能消灭他们，反而给了他们新的能量，使他们获得新的拥护者。美国怎样才能应对从南部边境涌进来的毒品？墨西哥作为一个国家太弱了，无法压制毒贩，毒贩反而贿赂了大量的军警。攻打墨西哥会无济于事。国家中心的现实主义在处理孱弱国家和"失败国家"方面没有提供指导。

均势是另一个问题，这一点摩根索也意识到了。国家怎么会知道权力达到了平衡？国家总是担忧，因而添加额外的权力，直到吓到了邻国，于是邻国又必须增加更多的权力。结果就是军备竞赛，甚至战争。如果权力恰好平衡，当然很好，但是一国倾向于超过其他国家。国家进行的是安全建设，可增加的却是不安全，这被称作安全困境。均势可能在非对称战争的时代毫无用处。游击队员和恐怖分子不会用飞机和坦克挑战主要大国；他们用路边炸弹和汽车炸弹使国家精疲力竭，他们把当地民众变成对抗占领者的力量。

▶▶▶ 经典思想：汉斯·摩根索关于国家利益的论述

一位从纳粹德国逃出的才华横溢的难民学者教会人们理解美国的国家利益。在做这件事的过程中，汉斯·摩根索（1904—1980）在美国建立了国际关系现实主义学派（他把“现实主义”的首字母大写）。许多对法理主义和道德主义感兴趣的美国人，不喜欢“国家利益”这个概念，因为它听起来就像老旧而邪恶的“权力政治”。对摩根索来说，国家利益是解读国际政治的唯一理性钥匙。当你理解了一个国家的国家利益，你就能大致预测这个国家的对外政策行动。你可以“在政治人物写公文时小心洞察……读出和预测他真正的想法”。

摩根索思索的国家利益主要是客观与理性的，因为他以权力来界定利益。聪明的领导人可以想明白：为了保卫国家权力，他们必须做什么和应该做什么；政府之外的观察家也能理解为什么他们正在做这些事。摩根索说：“国际政治像所有的政治一样，是为权力进行的斗争。”

摩根索警告说：要小心地运用权力；不要同时做太多事，也不要挥霍权力。提升一国权力的政策是理性的，削弱权力的政策是愚蠢的。摩根索认为，面对希特勒和东条英机，美国需要的是权力，而不是法理主义或者道德说教。美国学者长期以来在对外政策中强调道德目标（最突出的例子：伍德罗·威尔逊），因此战后的批评家们会谴责摩根索表面上体现出的非道德主义。

一个国家首要的利益就是保障领土安全，这是不能通过谈判转让的利益。其他可归为“次一级的利益”，即依据环境在某些时候可以谈判和妥协的利益。就像绝大多数第三世界国家一样，越南不是美国的首要利益；持保守主义立场的摩根索认为在那里作战是非理性的十字军行动：挥霍美国的力量，却没有任何好的效果。就此而言，“非道德”的摩根索比那些兜售越南战争是正当战争的人更加道德。

国家利益的非理性方面经常有决定性影响，而摩根索方法的困难在于，没有对此提出任何预防措施。领导人可能愚蠢地把国家利益描画得过于宽泛，从而把自己的力量摊得过于稀薄，使国家由此受损。如果所有国家的利益都是理性的，那最好；因为这样各国利益就都是有限且可预计的。摩根索关于有限而理性的国家利益的概念实际上是一种规范的论述，即国家应该采取这样的政策，可以通过和平的外交互让妥协相互间的问题。究其根本，这位伟大的现实主义者是伟大的道德主义者。

自由主义和平的探索者

自由主义——有时也叫“理想主义”，批驳了前述的现实主义观点，指责现实主义思维会导致战争。国际关系中自由理想主义思想的线索可以在历史中追溯很远，或许当人们思考战争之可怕时就已经出现了。以赛亚预言，当人们“铸剑为犁、变戈矛为镰刀”之时，就是战争终结之时。中世纪的基督教思想家认为，战争应该避免或者至少受到限制（正义战争理论）。

追求和平的倾向一般勃发在战争中或战后。有人把克鲁塞（Emeric Crucé）* 和格劳秀斯放在自由主义国际关系理论的创立者行列。这两位都经历了三十年战争（1618—1648），都在写作中表达了对这次战争的厌恶。普鲁士的哲学家伊曼纽尔·康德在法国革命战争期间提出“永久和平联盟”的构想。第一次世界大战后，伍德罗·威尔逊发起了国际联盟，第二次世界大战后，富兰克林·罗斯福发起了联合国。

我们这里说的自由主义指的是古典自由主义，即由亚当·斯密创立并支配了19世纪英国的自由主义。古典自由主义来自拉丁语 *liber*（自由之意），认为政府不要干涉市场；在美国，它转变为保守主义。古典自由主义几乎是现代自由主义的对立面，后者力图通过把钱财从富人重新分配给穷人来纠正社会的弊病。在国际关系中，老派的自由主义思想家声称，就像自由市场可以和平地自我调节一样，国家之间的自由交易也能够做到这一点。贸易会促进和平。19世纪英国的两位首相——现实主义的保守主义者迪斯累利（Disraeli）和自由主义者格莱斯通（Gladstone），就是这一争论的代表。第二次世界大战后兴起的欧洲统一进程，建基于贸易，目标则为防止战争。自由主义的国际关系理论就像现实主义一样，包含若干连锁相关的要素。

自由主义是乐观的

现实主义是悲观的。自由主义则认为，国家并非天生相互敌对。大多数国家的自然倾向是与其他国家和睦相处。在哲学上，一方面，有人把现实主义的可怕世界与霍布斯严酷的自然状态相参照。另一方面，把自由主义与洛克宽容却不稳定的自然状态相参照——只需要国际制度的一点帮助，不稳定即可被克服。

权力不是唯一的

自由主义者同意许多前述现实主义批评者的意见，有时还很愤怒。他们认为，通过强调权力，现实主义使国家倾向于提早和频繁使用武力。均势是不可靠的；均

---

* 法国作家（1590—1648），国际仲裁最初的倡导者。——译者注

势一旦崩溃，就会导致全球性的屠杀，如同1914年那样。自由主义者认为，均势不会导向和平，只会带来战争。

坏政权

现实主义者并不认为不同形式的政权及其意识形态是国际关系的主要因素。地理更重要。他们指出，沙皇、苏联共产党、普京都追求相同的目标：保卫俄罗斯，拒威胁于国门之外。民主党和共和党政府都在进行冷战，因为他们看到了地缘政治的威胁。自由主义者则认为，政权种类和意识形态有很重要的影响，任何好的研究都必须对此予以相当大的关注。狂热的政权或非民主政权会把权力积累到超过合理需要的限度，会大肆宣传民族主义和外国威胁，以说服民众支持战争。而民主国家则会和睦相处。

出于同样的理由，自由主义者认为，有性格问题的领导人会搅乱整个国家、破坏国际体系。如前所述，现实主义者几乎不关注领导人的个性。对自由主义者来说，这方面最大的否定性例证是德皇威廉二世和阿道夫·希特勒，他们分别在第一次世界大战和第二次世界大战期间企图征服欧洲。现实主义者反驳说，问题不在于德国领导人个人，而在于统一后的权力和地缘政治特征使德国倾向于控制欧洲。自由主义者却坚称，只要我们清除掉侵略性的君主和独裁者，和平将会是世界准则。

进而言之，非民主政权的权力没有受到诸如选举和自由媒体的限制，能够在没有公众支持的情况下进行决策，包括对内对外使用暴力。相应地，自由主义者认为民主政权会带来和平，康德已经第一个提了出来，他可能是对的。

人 权

现实主义悄无声息地处理人权问题，自由主义却把人权看作外交政策的重要且公开的部分。卡特总统1977年把人权引入美国对外政策和国务院。一个不能保卫人权的美国将无法忠实于其核心价值，将虚弱不堪。自由主义进一步说，一个伤害其国民的外国政府将不能被信赖，应该促使其改革。

自由贸易

国际自由主义者进一步说，国家间的自由贸易可以将彼此捆绑在一起，由于战争会损害每个国家的经济，所以它便不可能发生。诺曼·安吉尔（Norman Angell）* 在其1909年具有影响力的著作《大错觉》（*Grand Illusion*）中认为，随着

---

* 诺曼·安吉尔（1872—1967），英国记者、作家、工党议员，20世纪初理想主义国际关系思潮的代表之一。——译者注

欧洲各国经济的交织缠绕，战争是不可能发生的。第一次世界大战之前是自由贸易最兴盛的时期，但是这也没有阻止战争在 1914 年到来。许多自由主义者提出，大萧条期间世界贸易的缩减促使纳粹和日本军国主义者获得权力，从而发动战争。自由主义者指责 20 世纪 30 年代美国根据《霍利-斯穆特关税法案》(Hawley-Smoot tariff) 制定的高关税延长和深化了大萧条，从而导致了第二次世界大战。他们支持罗斯福的减税措施，支持布雷顿森林协议，支持世界贸易组织。许多自由主义者把全球化看作通向和平的途径。自由主义强调自由贸易与和平如何在欧盟中相互促进，因为欧盟内部的战争现在已经不可想象。他们会说，看，贸易与条约起作用了。

国际法

国际法的作用就是支撑民主政权和自由贸易。现实主义者嘲笑国际法，有些甚至声称根本不存在国际法。自由主义把国际法看作缓解国家间摩擦的润滑装置，可以稳定友好的关系。相应地，自由主义者支持用条约和国际会议来解决争议。

国际组织

出于同样的理由，自由主义者希望积极参加像联合国和世界贸易组织这样的国际组织。有人断言，美国缺席国际联盟导致了第二次世界大战。在自由主义者看来，更多的接触和讨论会带来更稳定的和平。现实主义者把国际组织仅仅看作主要大国利益碰撞的竞技场，每个国家都试图利用国际组织为其自身目标服务；他们说，国际组织解决不了重要的争议。

对自由主义的批评

第二次世界大战之前，E.H. 卡尔就将国际关系的自由主义称作“乌托邦主义”，因为自由主义认为理性、谈判和互利可以制止危险的侵略者。张伯伦可谓其典型代表：他觉得在 1938 年和希特勒做成的交易会带来“我们时代的和平”。张伯伦是一个非常明智、理性的商人，他没能理解希特勒和他不一样。自由主义者同样在理性问题上遇到了麻烦，他们认定自己提供的条件，即贸易、国际法、和平，具有压倒性优势，以至于每个国家最终必定接受它们。但是如古巴和朝鲜这些桀骜不驯的政权，更喜欢孤立和对外藐视，因为对世界开放会终结它们的独裁统治。

自由贸易的实现并不容易，它必须与保护主义斗争。自由主义者认为自由贸易对所有人有利，是“双赢”的。但是贫穷国家经常害怕自由贸易会过度有利于富国和强国，因为富国和强国会从经济上吞并那些刚开始爬上经济阶梯的国家。19 世纪的帝国主义，包括对中国进行的鸦片战争，都可以被“合理化”为自由贸易的重大机制。甚至富国也会抵制完全的自由贸易，因为它们害怕这会把本国的工作岗位转移到低工资国家，美国现在就这样认为。近期的全球性衰退已经加强了贸易保护主义情绪。

现实主义者承认，欧盟显示了自由贸易对和平的促进，但是在欧洲人因为彼此争斗而流了太多鲜血之后，欧洲的联合才开始启动。最后，在美国的保护下，欧洲国家接受了一系列条约，但推动它们这样做的是两次世界大战和美国的安全保证。还需要注意的是，巴尔干国家又经历了一场血流成河的战争，才清醒过来，去寻求欧盟的成员资格。因此现实主义者认为，他们对欧洲联合的解释至少和自由主义一样有效。

现实主义者嘲笑自由主义者：你们不喜欢权力，但是你们像所有人一样被卷入同样的权力游戏。自由主义者罗斯福和杜鲁门建立了庞大的美国武装力量。他们不得不这样做。自由主义者卡特总统，对 1979 年苏联入侵阿富汗感到震惊，提高了美国防务开支，后来这一开支被里根总统进一步扩大。

▶▶▶ 概念：自由国际主义

有些自由主义者愿意为推翻独裁者和实行民主制度而走向战争。表面上看，这与自由主义寻求和平的立场唱反调。自由国际主义者威尔逊和罗斯福认为，他们都服务于和平的事业；但有时你不得不先用武力除掉坏蛋，然后才能建立民主制度与和平。这一信条会导致许多战争。

小布什政府的新保守主义者实际上也是威尔逊式的自由主义者。他们把上述理论付诸实践，2003 年发动了伊拉克战争，预想这场战争会触发中东地区的民主。自由主义者当前正在讨论“人道主义干涉”，即美国是否应该干涉以终止大规模杀戮。有些自由主义者认为，我们必须在叙利亚使用武力以阻止叙利亚当局令人毛骨悚然的使用毒气的行为。

伍德罗·威尔逊支持 1898 年的美西战争，也支持吞并菲律宾。他把美国军队送进墨西哥和中美洲；还有，踌躇多时，美国终于在 1917 年参加了第一次世界大战。威尔逊声称这些使用武力的行为都服务于文明的事业。富兰克林·D. 罗斯福相信，美国的民主制度不可能在一个由轴心国统治的世界中生存。自由主义者走入的战争与现实主义者一样多。在某些事例中，现实主义者比自由主义者对战争更为谨慎，因为他们会问什么是国家利益。

最新的理论：建构主义

最新的、可能也是当前最流行的国际关系理论是建构主义，特别是在学术圈。建构主义认为，影响政策的是主观的理解，而不是客观的现实。人们从所谓事实中阐释出某种意思，这些只是头脑中的构造物，是在争论和劝服中通过抛弃旧观念、接受新观念而构建的。在任何一个特定的时刻，你都能被欺骗。建构主义怀疑持久性的原则，如现实主义所强调的权力、自由主义所强调的和平。建构主义认为这些仅仅是建构出来的，它们之所以起作用，是因为被许多人认为是重要的。一旦被建构出来，甚至只是人造的、夸大的，它也能戴上真理的光环，在一段时间内绝少受到争议。而紧接着，某一领域的传统智慧可能遭到怀疑，或被抛弃。建构主义发现，基本观念能够发生变化。

建构主义声称，思想极大程度上取决于社会相信什么。例如，只有被广为相信时，法律才能起作用。想象一下，一个包含法庭、法官、法典的复杂法律系统，却没人相信或遵循。这还是法律系统吗？法律在辩论和推论的作用下会变化。你怎么证明 18 岁还是 21 岁是成人的年龄？（脑科学和事故自动统计数据认为应该是 26 岁。）无论选择哪个年龄都是法律的虚构。可以认为法律，特别是国际法，是最主要的建构领域，只有大多数人接受，它才能起作用。在许多发展中地区，遵守法律被看作愚蠢的行为，所以就没人遵守法律了。就像它争论的对象现实主义和自由主义一样，建构主义也包含若干组成部分。

现实如你所想

事实，特别是社会科学的事实，是变动不居的，随着时间的变化，对事实的解释也在变化。例如，拥有主权的民族国家，就是相对晚近的建构，直到三十年战争之后才在国际关系的思维中占主导。之前，相关的政治单元是王国；再往前，是帝国；再往前追溯，则是部落和氏族。在它们各自的时代，这些政治单元都被宣告为最高形式的人类组织。主权是一个根基不稳的建构物：它几乎没有被全面评述过，也从未给弗里德里希大帝或拿破仑的事业造成麻烦。现在，规避和侵蚀主权是普遍现象。

建构主义者指出，你可以说服自己相信错误的国家利益。美国的扩张主义者一开始数量很少，他们受到欧洲扩张主义和马汉“需要一个美国帝国”的观点的影响。1898 年，他们搞出一场与西班牙的“辉煌的小规模战争”，夺取了古巴、波多黎各和菲律宾；不久，他们就得到了多数美国人的热情支持，这些支持者中几乎没人能从地图上找到菲律宾。少数“反帝国主义者”（包括马克·吐温和安德鲁·卡内基）反对这么做；过了几年，连泰迪·罗斯福*都认识到这是一个错误，因为此时需要保卫菲律宾免遭日本入侵；1942年，终究没有保住。

如果人人都如是说，就一定是真的

建构物是高度社会性的。群体一致性会导致心理学家欧文·贾尼斯（Irving Janis）所说的群体思维。此时，领导团队的成员（即美国国家安全委员会）就不是以个体身份从事实中进行逻辑推理，而是确保每个人都认可与群体一致性相关的事实和结论。异议与怀疑被降到最低程度，因为大多数人想参与团队游戏，而与团队有不同意见会损害自己的前途。只有极少数高层顾问在越南问题上警告过肯尼迪，思路清晰的乔治·鲍尔（George Ball）就是其中一员，他在1961年告诉肯尼迪，5年内将有30万美国军队在南越。"乔治，你真是疯得可以。"肯尼迪回应道。鲍尔是对的，但是却不受重视。

权力导向可以被克服

权力导向只是头脑中的建构物。现实主义及其对权力的强调一个世纪之前统治着欧洲；现在的欧洲人（可能除了俄罗斯人）把所谓现实主义看作向暴力时代的倒退。按自由主义者的话说，两次血腥的世界大战促使欧洲人从权力转向贸易和条约。美国人在第二次世界大战后从法条主义转向现实主义。"我们将让那些恐怖分子感受一下美国的力道，"2001年的新保守主义者如是说。10年以后，美国将军反映，我们在阿富汗制造出的塔利班分子比消灭掉的要多。宗教极端分子已经建构出一种观念，即美国的目标是毁灭伊斯兰。在阿富汗问题上，权力建构具有欺骗性和反作用。

民族主义可以被克服

建构主义者认为，人们之所以有民族主义情绪，是因为受到各自政权民族主义豪言壮语的灌输。大多数官修史书所描绘的历史场面都是完美无瑕的国家盛典。平壤告诉朝鲜民众，他们是血统纯正的族群，而美国人却要玷污和劫掠他们。他们说外部世界极端匮乏、充满侵略性。头脑发热的民族主义分子，如纳粹德国和日本军国主义，能够平静下来（或者被消灭），并且转化为两个世界上最大的国际合作者。没有谁是天生为权力而疯狂的民族主义分子，一切都是在特定的环境下形成的；现

---

* 泰迪·罗斯福即西奥多·罗斯福，1901—1908年任美国总统。泰迪（Teddy）是西奥多的昵称。——译者注

在他们不再接受这些灌输了。

若说民族主义建构崩塌后的狂暴，南斯拉夫是一个例子。经过第二次世界大战的大屠杀，铁托的政权惩治了地方民族主义，塞尔维亚人、克罗地亚人、斯洛文尼亚人、波斯尼亚人以及其他民族之间和睦相处、逐渐通婚，慢慢建立了一种“南斯拉夫”的认同。然而在铁托 1980 年去世后，机会主义的共和国政客一下子释放出了破坏性的地方民族主义，到了 20 世纪 90 年代初，南斯拉夫在内战和种族清洗中被分裂。虽然各个民族之间总会有一些相互鄙视，但是南斯拉夫人相互间没有天生的仇恨。政客们判定波斯尼亚、克罗地亚、塞尔维亚各有各的认同和语言，仇恨就是被他们炒作出来的。其实南斯拉夫各民族都说塞尔维亚—克罗地亚语，现在还是这样。南斯拉夫本可以走另一条道路。如果铁托的继承人强有力，并进行政治改革，那么可能南斯拉夫还会存在，不至于被迫分裂。（是啊，现实主义者会回嘴说，要是铁托能再活 100 年，南斯拉夫将会运转良好。）

自由主义好过现实主义

建构主义真的很不喜欢现实主义，因为现实主义总是假定客观现实的存在，权力则能引领人洞穿现实。但是自由主义者和建构主义者之间有相当数量的交集。他们都认为能够建立一个更好的、更和平的世界。自由主义者首先会改进制度，并期望认识上的改变会很快跟进。建构主义者则把认识上的改变放在首位。

对外政策是一个建构主义的游戏场

对外政策领域为建构主义评论者提供了充足的场地。建构主义者撰写了许多杰出的著作和论文，用来论证我们被傻瓜（做这些并不费力）所统治。他们说，对外政策中的含义很少被清晰表达。从一个时期到另一个时期，国家利益可以发生 180 度的变化。美国的孤立主义者在珍珠港事件之前一直拒绝接受战争的到来。接着，全球主义者接受了冷战的遏制理论，直到他们需要在越南为此偿付代价。不同意流行观念的人被看作激进主义者，讨人厌而基本不受重视。建构主义经常敦促决策者“改变思维”“换个方式看事情”，但是基本没人会听。华盛顿的现实主义者认为建构主义者的意见不负责任、不切实际，对它们不屑一顾；基本上也没有建构主义者占据高位。

对建构主义的批评

极端的建构主义否认经验可证实的现实存在。建构主义可以超级主观，变得像哲学家口中的唯我论者：我的头脑之外的一切都不存在。政策若由这样的人指导，则会酿成灾难。他们可能会假设，“如果我们用另一种方式看待朝鲜”，我们或许会与平壤达成和平的相互理解。可建构主义的问题其实在平壤，也就是朝鲜荒唐地把自己建构为处于进攻的威胁下。

主流建构主义当然承认一个外在于自己的世界，但是认为这样的世界缺少意义，直到为它建构出意义。当我们洞察到真实世界时，常常已经太晚了。我们的建构物虽然最终会与现实合拍，但却是滞后于现实的。所以布什的新保守主义者会向大多数美国人兜售他们妖魔化伊拉克的观点。而当2003年的入侵揭示了伊拉克没有大规模杀伤性武器、与“基地”组织也没有联系时，我们关于伊拉克的图像才发生了改变。建构主义最强有力的观点就是，你能够说服你自己相信任何事。但是这些都可能被证明是不真实的。所以建构主义的爱好者和决策者都要警惕这一点。

建构主义者无法确定任何对错，因为他们认为对错“全部依赖于情势”和“谁在进行判断”，这就会滑向相对主义。有些建构主义者甚至反对把希特勒、斯大林叫作“疯子”或“丧失人性的人”。受到政治正确性的约束，建构主义者最终会像现实主义者一样不涉及道德判断（amoral）。现实主义或许有错，但是建构主义就是十足的无能。如果道德选择陷入一潭烂泥，那么政策决定将会变得极其困难。决策者会陷入怀疑，害怕无论他们选择哪一种政策都将是一个错误的建构；而相反的政策可能也同样是错误的。于是行动就会瘫痪。

建构主义声称他们自己可以和建构物保持距离；他们非常聪明，不会被建构物蒙骗。建构主义者把自己的工作看作去除（或者解构）别人头脑中的建构物，特别是现实主义的。然而，由于建构主义者怀疑真实的东西可以被准确地理解，所以很难明确真实的到底是什么。最终，建构主义者所相信的错误的建构物和其他人一样多。

建构主义把我们推回到一个非常古老的哲学问题，或许是最古老的：真实居于何处？是居于外在客观的“真实世界”，还是居于那些认为居于外在客观世界的人的头脑里？坦率地说，就像康德认为的那样，两种观点都需要。当然存在一个真实的世界，但是你必须正确地理解它，而这很困难。现实主义者和新保守主义者太相信他们自己，所以需要建构主义者不时地拍拍他们的肩膀，问一句：“你确定自己是对的吗？”

国际关系的马克思主义理论

共产主义者所信奉的马克思主义理论，在苏联解体后（如果不是之前）就被弃置一边。在实践中，甚至激发共产党国家行动的也是民族主义，而非阶级冲突。不过，马克思主义国际关系理论存在着有用的东西，这些东西被看作现实主义变形的分支。马克思主义国际关系理论展示出现实主义的极致状态，认为所有的国际关系动因，哪怕是经过伪装的，都是为了统治阶级的经济利益。你们可以对此提出质疑。

卡尔·马克思（1818—1883）基本上没有关于国家间关系的论述。他认为重大的矛盾是处于国家之内的，也就是处于两大社会阶级——无产阶级和资产阶级——之间。资产阶级的上层，即“资本主义的统治阶层”，在根本上拥有和统治国家，决定经济政策、对外政策、法律，并进行管理，所有人都为这一上层阶级服务。马克思主义者认为，民主的装饰品可能会愚弄大众，使他们认为自己对国家有发言权，但实际情况却是极少有或者根本没有。

将要葬送资本主义的首要矛盾存在于产出越来越多的资本主义经济与没有能力购买不断增长的产出的贫困工人之间。这导致生产过剩，从而反复引发经济萧条。最终，会出现一个极为严重的经济萧条，使得工人阶级愤怒到推翻资本主义实行社会主义。马克思认为他在自己卷帙浩繁的著作中科学地证明了这一点，但是在我看来这更像一个头脑中的“建构物”。

弗拉基米尔·列宁（1870—1924）是一位俄国的马克思主义者，他在一个世纪前把马克思主义发展成了一种国际关系理论。马克思终身期望的无产阶级革命，并没有在他有生之年到来。对此，英国自由主义经济学家霍布森（J. A. Hobson）在他 1902 年的著作《帝国主义》里给出了一种解释：在国内受到消费不足困扰的资本主义，从海外找到了新的市场，从而给了自己延续生命的又一个机会。在瑞士流亡时期，列宁把这一观点逐步发展为 1916 年的著作《帝国主义是资本主义的最高阶段》，用以解释第一次世界大战。资本主义-帝国主义国家穿行全球寻找市场和资源，相互间因争夺殖民地而爆发冲突。列宁认为，战争关涉全球的支配地位，其中一些是富裕的帝国主义国家，其他则是贫穷的受害者。马克思把资本主义看作世界性的共谋整体，而不是相互争斗的群体，他或许会拒斥列宁对他理论重大的重新演绎。

马克思认为，革命会首先在工业化国家发生，因为这些国家有着最大规模的无产阶级和最尖锐的矛盾。列宁同样改变了这一论断。资本主义发展总是不平衡的，这使得一些国家落后于最早进行工业化的国家，特别是英国。列宁写道，那些正在进行工业化的国家，如俄国和西班牙，正是“资本主义链条上的薄弱环节”。在布尔什维克的领导下，俄国规模虽小但正在成长的无产阶级，将足以完成一场会波及全世界的革命。从根本上说，列宁是在急切地寻求能够论证俄国革命合理性的任何理论。毛泽东认为，只有弱小无产阶级的前工业化时代的中国，可以把贫农作为革命的基础，从而完成了列宁开始的系列论证。现在，我们谈谈马克思主义国际关系理论包含的几个要素。

世界是物质性的

国际关系中的理由和动机存在于经济和权力之中，而不是思想或者头脑中的建构物。毫无疑问，人们有思想，但是马克思主义者认为思想只是物质条件的反映。资本家赞美自由市场，是因为市场能促进他们的利益。生活在穆斯林部落里的人从事武力反叛，不是因为他们被灌输了极端主义思想，而是因为他们贫穷、被边缘化、遭到腐败统治者的剥削。从哲学角度看，马克思主义是建构主义的反面，后者假定一切都存在于人的头脑中。

资本主义富国仍然统治着几乎整个地球

马克思主义者过去常常主张资本家统治着整个地球，但是这显然不再站得住脚。很久以前，大多数产油国就已经把它们的黑色黄金国有化，石油公司只是作为税收和销售机构存在。例如，阿美石油公司（Aramco）是 1933 年由标准石油公司（Standard Oil）建立的，但是到了 1980 年已经完全变为沙特阿拉伯的国有公司。全世界最大的石油买家是中国的国有公司。尽管这样，马克思主义者还是指出，世界的金融市场基本上仍由资本家控制，并为资本家的利益服务，资本家的贪婪和欺诈会使整个世界突然陷入萧条。

资本主义国家按照自己的形象重塑世界

马克思主义者认为美国要对此负首要责任，因为美国把推进自由市场资本主义作为通向全球繁荣的入场券。苏联解体后，“华盛顿共识”鼓吹“稳定化、私有化和自由化”。批评者称之为“市场原教旨主义”，一种安·兰德*式的资本主义崇拜，它实际上带来了 2008—2009 年的金融灾难，使得整个自由市场看起来鲁莽草率。当前有人在提“北京共识”，即国家监管下的受控制的经济是通向稳定繁荣的途径。不管怎么说，对资本家将建立一个纯粹资本主义世界的恐惧已经消退，也几乎没有国家可以复制中国。世界经济可能仍会是相当程度混合的。

---

* 安·兰德（Ayn Rand，1905—1982），俄裔美国人，作家、哲学家。作品中倡导理性利己主义、自由放任资本主义。——译者注

世界经济是不稳定的

资本主义仍然是某种过山车，随着令人恶心的下降而加剧晕眩。最终，一个新的大萧条会终结资本主义。现在几乎没有马克思主义者会预言全球性的经济崩溃，因为他们预言了太久以至于失去了可信度；只是有人预测一系列的衰退会迫使政府调节和限制市场。很久以前，马克思主义者就在假设资本主义会崩溃；资本主义没有崩溃的事实应该为马克思主义者带来了巨大的尴尬。

政府为资本家服务

马克思主义认为，大多数国家的政策都为财富的主要中心服务。请注意，2008年和2009年，美国国会多么迅速地把巨型企业救出困境。华盛顿推进全球化主要是为大公司服务。看起来“开放公允”的对外援助项目，绝大多数也由美国大公司经手。第二次世界大战后挽救了欧洲的马歇尔计划同样也向美国公司敞开大门。几乎所有美国对外援助都是有捆绑条件的，就是说，援助只能用来购买美国产品。我们没有给贫穷国家美元，我们给的是美国的剩余谷物，这等于帮助了美国的大农场。马克思主义认为，占支配地位的是富有和强大国家的利益，通常通过跨国公司和国际金融制度实现。

对马克思主义国际关系理论的批评

思想在国际关系中起到有效的作用，而不仅是实际物质的反映。这是一个对马克思主义的基本反驳。许多恐怖分子受过教育，且生活舒适；贫穷的不多。不过他们基本都有一个受到宣教者煽动的观念：西方正在攻击伊斯兰世界，他们必须牺牲自己去拯救伊斯兰。死于军事行动中的妇女和儿童尤其促使他们去这样做。贫穷并不能解释2010年时代广场汽车炸弹未遂事件的实施者，他是一个巴基斯坦裔美国人，有工作，有家，有MBA学位。

历史学家发现，基本没有什么证据表明第一次世界大战的根源是争夺殖民地；殖民地在其中仅仅是些小事。一战是事关德国支配欧洲的战争。毫无疑问，英国和德国在战争初期都意识到伊拉克的石油潜力。总的来说，虽然有些私人公司在殖民地运营中获利，但各国花在殖民地管理和保卫上的钱多于从殖民地挣的钱。西欧最穷的国家葡萄牙是第一个也是最后一个殖民国家。殖民地使葡萄牙一直很穷。欧洲国家在放弃殖民地以后变得更富有了。

现代经济不仅是资本家的玩物。没有一个资本主义体系是完全自由、无约束的。资本家后面有工会、环保规制、养老基金以及政府。他们恨这些限制他们赚钱能力的约束，但是不得不与之共存。有些企业高级管理人员因财务违法行为而进了班房。2010 年，立法收紧了对银行业巨头的控制，特别是那些得到联邦政府紧急贷款救助而免于破产的。马克思主义者回应说："是啊，当然，他们不得不做完这些事以避免整个体系的崩溃。但是这样做的目的还是为了资本家。"

资本家控制对外政策只是马克思主义信条的一个部分，但是需要我们更缜密的审视。战略而非经济动机通常支配对外政策。确实，1953 年中央情报局帮助推翻了伊朗政权，因为伊朗没收了一家大型石油公司，但这是家英国公司（就是 2010 年在墨西哥湾发生石油泄漏的公司）。美国的首要动机是防止共产主义扩散，华盛顿把共产主义和伊朗民族主义混为一谈。无论如何，伊朗国王最终都把石油公司国有化了。大型石油公司在华盛顿具有影响力，它们主要是亲阿拉伯的，这可以理解，但它们比不了美国—以色列公共事务委员会（AIPAC）；因此国会理所当然地倾向于以色列一边。美国的大农场渴望去古巴销售产品，但是迈阿密反卡斯特罗的古巴人阻止这么做。看起来资本家并没有吹捧的那么强大。

马克思主义理论的一个遗产还是有帮助的。通过教导我们关注在为谁的利益服务（用拉丁语说就是 *cui bono*），我们可以找到意想不到的排列组合，而且通常与马克思主义的建构物不一致。例如，马克思主义和其他激进主义都谴责全球化服务于资本家的利益。根据马克思主义的观点，不那么发达的地区被蓄意保持在落后与贫穷境地，使得资本主义公司可以吸取它们的财富（依附论）。然而，全球化却主要使以中国为首的发展中地区受益，它们的经济增长现在已经比第一世界快得多。2003 年美国入侵伊拉克的受益者只有一个国家——伊朗，伊朗与伊拉克有密切联系。虽然不能提供一个完整的解释，但我们也必须像警方侦探一样，总是询问谁是受益者。

▶▶▶ 概念：葛兰西的马克思主义

有一位马克思主义思想家与建构主义有交集。死于墨索里尼监狱的意大利共产党员安东尼奥·葛兰西（1891—1937）致力于研究为什么工人没能像马克思预期的那样扭转革命进程。葛兰西指出，资产阶级通过控制教育、宗教和传媒，对整个社会建立了"文化霸权"，从而对工人阶级进行了洗脑：清除掉一切关于工人团结或者革命的观念，灌输支持现存制度的观念。资产阶级的冷酷的建构物——马克思称之为"虚假的意识"，使得资产阶级继续掌权，而工人阶级被压服。葛兰西的思想部分背弃了严格的、经典的马克思主义式的物质主义，至今仍有影响。

对国际关系理论的评价

有没有可能不要国际关系理论，搞成纯粹实用主义的处理方式？有人声称可以，但那是不可能的。才华横溢的艾奇逊1941年从一家华盛顿的顶级律师行进入国务院，1949年至1953年担任杜鲁门政府的国务卿。他基本上没有接触过国际关系理论，这并没有让他有不适合的感觉。“对外政策就是回电报。”他曾经嘲讽说。但是，艾奇逊可能并没有意识到，他仍然赞同着某些理论。一开始，他是一名罗斯福式的自由主义者，期待一个有着贸易、良好国家间关系、国际法和联合国的战后世界。他努力与苏联和睦相处。然而，到了1946年底，他失去了对斯大林的所有耐心，变成了一个好斗的冷战现实主义者。几乎整个华盛顿在那个时候都经历了这个过程。谁要是说他们没有理论，你们就要怀疑他的说法。

除了上面讨论的四种理论，还有更多的理论。尽管莱因霍尔德·尼布尔添加了一剂现实主义色彩，但是国际关系的基督教理论还是与自由主义有许多相同之处。女性主义理论中的一部分与建构主义相关，指出父权社会中普遍存在的男性价值观，声称能够克服男性价值观。老旧的理论可以经过修正而复苏，有时还会获得一个“新”的形容词前缀，就像新现实主义。

那么，我们应该运用哪个国际关系理论？基于前面的简要评述，很清楚，没有一个理论是完全令人满意的。所有理论都受到未能适应现实的批评，在现实主义那里特别令人尴尬。但是所有的理论都能教导我们带着怀疑的态度处理思想，从而有助于完善我们研究的整套方法论工具。我们必须学会怀疑那些特别迷恋某一理论却不能根据替代性的观点重新考虑论据的人。一种被广为接受但并未经过细查的理论将导致巨大的错误。

不同理论可能适用于不同层面的分析。对于把世界看作一个整体的观点、国家间权力消长的观点、在特定时期主导的体系类型的观点，现实主义可能有所贡献。在单个国家对外政策的层面，现实主义可能不那么有用，因为国家利益很容易变形和扭曲。在这里，建构主义的分析可能更有用，因为建构主义不断地重新检视占统治地位的习惯性观点，不断询问它是否仍能契合现实。如果不采用自由主义的观点，我们将在解释欧洲统一和国际组织增长方面遇到困难。通过询问谁是受益者，马克思主义也是有用的。

请注意一种理论怎样成为其他理论的纠偏器。特别有用的是建构主义的观点——“你确定你已正确把握了吗？”它们可以使现实主义者和自由主义者在猛然深入一项政策之前暂时停下脚步。这可能迫使决策者思考得更深入，甚至思考得特别棒。最初，批评是试探性的，因为几乎所有的在位者都极度相信自己。但是如果事情开始变坏，政治对手或许会利用建构主义式的批评来猛烈抨击当前政府的政策："多少年前就警告你们这是个错误，但是你们不肯听。"由于害怕输掉下一次选举，政府会对批评保持关注。这样，曾经远离中心或者处于边缘地位的批评就能够变成未来可以接受的分析。

相应地，我们强烈主张你们能够在理论运用方面兼收并蓄、审慎试验。尝试但不要执着。如果一种理论不能将事件摊开来解释清楚，那就试试另一种。在面对理论与现实的选择时，要让现实成为指引。要懂得，错误的理论会使真实世界的图像模糊不清。例如，置身于越南战争首席策划者之列的一位人士几十年后反思说："我们错了，犯了严重的错误。"对待所有理论都要半信半疑，要记住克伦威尔在17世纪中叶的劝诫："看在大慈大悲的基督的分上，我恳求你想想吧，有可能你是错的。"

复习题

1. 在国际关系中为什么我们需要理论？
2. "注重实际"与现实主义理论之间有什么区别？
3. 现实主义的主要特征是什么？
4. 现实主义思想家如何论及意识形态？
5. 如果国际关系自由主义者是在寻求和平，那么为什么他们有时会走向战争？
6. 建构主义的主要观点是什么？
7. 现实主义、自由主义和建构主义在论述国家利益问题上有何不同？
8. 列宁如何把马克思主义发展成一种国际关系理论？
9. 就适用当前形势而言，哪个是最好的国际关系理论？

第三章　为什么会有战争?

几个世纪以来，人们一直在思考战争的起因，这么做通常是为了防止未来发生战争。许多关于战争的理论被提了出来，不过没有一个是完全令人满意的。情况可能是这样的：任何战争都具有综合性的起因，而没有两场战争的综合性起因相同。在社会科学中，因果关系总是难以证明。

人类总是进行战争吗？这取决于你怎样界定战争。考古证明原始的采猎者中间有大量的暴力活动，但是那通常只是杀人而非战争。采猎者和后来的游牧者都没有领土，但是当人口压力增加时，他们就会为狩猎的地盘、牲口、牧场和水源打起来。由于没有法律，要夺回一头被偷走的牛，拿起戈矛是唯一的方式。不过，他们的冲突通常零零碎碎，而且是家族和部落之间组织松散的血亲复仇（由于不能使用法律手段，贩毒集团也在一套类似的自助基础上运作）。

许多学者认为有组织的战争需要建立城邦以及出现城邦的直接衍生物——文明。（“文明”civilization的词根就是拉丁文的“城市”。）城邦产生了国家、国王、武士阶层，以及与其他国家打仗的理由：领土。一国的领土越多，食物和人民就越多，也就有了更多的武力抵御攻击和扩张领土。可以相信，国家、武力和战争是三胞胎。

哈佛大学心理学家斯蒂芬·平克（Steven Pinker）认为，几千年来，人类的暴力一直在减少。现在战争和杀人都较少。原始人的遗骸表明，他们死于其他人手里的几率很高。在《圣经》所描述的时代、罗马帝国时代，以及中世纪和文艺复兴时代的欧洲充斥着暴力死亡。平克还说，20世纪很血腥，但是我们的时代不那么致命，尽管这并不必然证明是人性中更好的天使部分取得了胜利。几种可能的解释都与人性的改善无关。平克计算了暴力死亡在人口中的比例，但是现在的人口已经增加了好多倍，因此同样的绝对死亡人数在今天的占比会很低。现在，国家更强大，法律实施也更加严格；“狂野的西部”已几乎不存在。更好、更迅捷的外伤治疗，使得在战斗、犯罪和交通事故中的因伤死亡更少。平克的观点很有趣，但是无法安慰在晚近的战争中伤亡的人。

战争的微观理论

微观理论根植于生物学与心理学。从生物学的观点看，人本质上是动物。就像霍布斯说的："人与人之间的关系就像狼与狼。"事实上，这对狼不公平，因为狼对同类通常相当好。几乎没有动物一直具有侵略性，只是在受到攻击时会变得如此。像狮子这样的食肉哺乳动物必须经由母亲的训练才会捕获与杀死猎物。人类的近亲灵长目动物，大多数过着群居生活且性情温和。

有些解释把战争看作人类侵略性遗传基因的结果。几百万年的进化把人变成了好斗者——为了获得食物和保护自己的家庭和领地。最初，扩大的家庭和部落会形成狩猎的男人群体，这铸造了男人之间的群体联系，并且延续到与其他人类群体的打斗中。小说家、激进批评家诺曼·梅勒（Norman Mailer）提出，美国人对狩猎的热爱是越南战争的根源，不过几乎没人会接受这个过于简化的联系。橄榄球队与步兵小队的团队精神差不多。有人认为，战争的解药就是让年轻的男人们把自己晕晕乎乎地甩到运动场上，以消解他们对暴力的饥渴。但是没有证据表明运动可以替代战争。打曲棍球时的侵犯性行为不会必然转换为杀死同类的行为。

最新的研究告诉我们，年轻的士兵远不是天生的杀人机器，而是必须接受认真的杀人训练和激励。人在战斗中的自然本能是逃跑，这就是为什么军队会发明宪兵。在被派驻到伊拉克和阿富汗之后，一些美国士兵会吸毒、接受心理咨询防止精神崩溃和自杀。战争不是出于人的自然本性。

多数人类学家否定生物学决定论，认为原始人展示了非常多样化的行为——有些是侵略性的，有些不是，这可以用文化与环境来解释。从其宗教和早期历史来看，有些文化具有好战倾向。环境因素，例如干旱，可能使和平的牧人进入其他部落的领地，从而导致战斗。生活在北美平原的印第安人由于没有防御的屏障，所以不得不随时准备为狩猎地而战。生活在西南美洲崖洞的印第安人则只需要把梯子撤掉。今天还有极少数残留的采猎族群，例如DNA与原始人最为接近的南部非洲的桑人（San Peiple，即布须曼人Bushman），就是非常友善的人：当他们在不间断的寻找食物的过程中遭遇其他部落时，会分享关于猎物、水源以及安排结亲（防止近亲繁殖）的信息，然后各自赶路，很少会打起来。

心理学的方法与生物学的有关：两者都假设战争的原因深植入个体之中。心理学研究会剖析领导者和追随者的个性、什么造成了这样的个性、为什么他们愿意采取暴力行为和战争。对2003年伊拉克战争的研究如果不能包含萨达姆·侯赛因的心理状态（严重脱离现实）以及"9·11"事件后美国必须为受害者报仇的心理，将是不完整的。西方人仍然很迷惑：像本·拉登及其追随者这样的伊斯兰狂热分子为什么仇恨西方胜于爱惜自己的生命。显然，在我们的相互理解中有着巨大的心理和文化鸿沟。如果问题真的深深根植于人类心理，相互理解并不足以解决问题。过去有句自由主义口号是“没有精神健康就没有世界和平”，但是你怎么才能让拿破仑、希特勒和本·拉登去做医学检查和治疗？

生物学和心理学提供了一些洞见，但是远不能解释战争。如果人天生好战，那么所有的国家应该天天在打仗。但是大多数国家在大多数时间都处于和平状态。有些国家会长时期打一系列的仗，例如俄国和土耳其为争夺黑海打了超过200年，阿拉伯国家和以色列在60多年里打了六次战争，不同时期各国领导人的心理状态都不同，这又能说明什么？因此，生物学和心理学方法或许可以洞察战争的某些潜在的原因，但是不能解释战争的直接起因。为此我们需要转向国家层次，关注宏观理论。

▶▶▶ 概念：华尔兹的三层次分析

1959年，肯尼斯·华尔兹（1924—2013）较次要的著作《人、国家与战争》勾画了“三层次分析”的框架，这种方法经常被混淆，但是应该要分清楚。第一个层次，“人”，假设个人引发战争：那些邪恶的、有精神疾病的、对权力饥渴的人，特别是国家领导人，为扩大权力或因自负而发动战争。一些假定认为，从生物学方面看，人是具有侵略性的。把希特勒看作第二次世界大战根源的研究就是第一个层次的分析。华尔兹说，这样的解释很流行，但是不够严密。一个人怎么能发动一场巨大的战争？除非他控制了国家权力。他是怎么得到这些权力的？为什么国家，比如说德国，会跟着他跑？

这就提升到华尔兹所说的“国家”层次，在这个层次，我们会观察整个国家及其社会和经济。可能发动战争的国家是坏的国家。具体“坏”的形式是什么，不同学者有不同看法。马克思主义者归罪于资本主义国家。经济衰退迫使资本主义国家进行海外扩张，并与其他国家发生战争。反之，美国人则指责共产党国家发动了朝鲜、越南和阿富汗战争。长期的不安全感推动苏联扩张并要彻底消灭其资本主义对手。伍德罗·威尔逊认为问题在于非民主国家，例如威廉皇帝领导下的德国就是一个准备进行第一次世界大战的国家。他宣称，民主国家取而代之后，和平将占据优势。

华尔兹说，涉及这两个层次的解释都是不完备的。我们必须再提升到他的第三个分析层次——国际体系。国际体系是无政府状态的，没有压倒一切的力量或权力迫使国家服从。简单来说，战争之所以发生，是因为没有谁能阻止它。华尔兹说，邪恶的个人或扩张主义的国家可能是特定战争的具体原因，但是只有在国际无政府状态下，这些因素才会起作用。如果采用某一个层次的观点解释位于另一个层次的事物，将会使研究变得混乱不清。华尔兹的三个层次可以对应几个国际关系理论：建构主义倾向于第一个层次，自由主义倾向于第二个层次，而现实主义则是第三个层次。

国家层次的战争理论

现在我们把聚焦于微观层次的个人与小规模群体的微距调成能照进整个国家的广角镜。“国家层次分析”关注国家的政治结构、经济和文化。马克思主义者认为，资本主义是国家间战争的根源，因为控制政府、主宰政策的总是富人及其支持者。资本家榨干了国内市场后，就会向其他国家扩张，当几个资本主义强国在全球相遇时，帝国与战争就会产生。列宁认为，这就是第一次世界大战的起因。这是一个极其靠不住的观点，因为，比如说，1885 年欧洲强国还在柏林会议上和平友好地瓜分非洲。

自由主义者诺曼·安吉尔（Norman Angell）在第一次世界大战之前说，多数国家的经济已经如此繁荣且相互依赖，以至于它们之间不可能再发生战争。这个观点准确来说就是，资本主义的自由市场将带来和平。在 19 世纪的大部分时候，这一说法很有道理：当时世界贸易增长，和平占上风。第一次世界大战将这些击得粉碎。全球化又传递着“贸易与资本主义带来和平”这一观点的新版本。

对伍德罗·威尔逊来说，是不民主的政权引发战争，他具体指的是 1914 年德国和奥匈帝国的反动君主政权。当这两大帝国被摧毁、被民主政权取代时，和平将来临。这是“民主和平论”的早期版本：民主国家之间不会进行战争。这看上去很正确，但我们在伊拉克和阿富汗学到的是，在民主从来没有生长过的地方培育民主很困难。20 世纪 20 年代德国的民主到了 30 年代就在希特勒手里分崩离析。苏联解体后，俄罗斯尝试建立民主，但是又滑回了普京的权威主义。

国家层次的分析还包含一国的文化。是不是有些文化内在怀有敌意？鼓励德国和日本征服各自所在大陆的是不是一种民族的优越感文化？美国人是不是飞扬跋扈、自以为是的“牛仔”，认为可以按照自己的形象重塑地球？文化解释的一个问题在于，文化对不同事件的反应会有变化。德国和日本现在都是和平主义的，经常不愿意支持美国或者派军队参加任何战斗。第二次世界大战之前，人们会说犹太人不会打仗，不会当可怜的士兵。现在许多人抱怨以色列仗打得太多，老是用武力解决问题而成心拖延和谈。背景变了，文化也变了。

▶▶▶ 概念：伊斯兰战争?

哈佛大学塞缪尔·亨廷顿的文章《文明的冲突》1993 年发表后，用文化扩张来解释战争和冲突的观点迅速增加。亨廷顿认为范围广大而又根基深厚的穆斯林文化本能地厌恶西方。一些分析中东动乱的专家也持这一观点。甚至一组丹麦漫画也会在 2006 年引发穆斯林骚乱。2011 年错误焚烧《古兰经》的行为也导致反美骚乱。* 伊斯兰国家在 2003 年反对美国入侵伊拉克时展现了亨廷顿所说的“亲缘国家集合”（kin-country rallying）。文化分析方法认为，伊斯兰教和基督教天生就是敌人，因为伊斯兰教教导说，它才是主的继承者，将在全世界取得胜利。

7 世纪，第一批被伊斯兰教征服和改变信仰的人就来自拜占庭帝国和北非的基督教地域。伊斯兰教和欧洲几个世纪为敌：摩尔人征服了西班牙（还入侵了法国），十字军东征，奥斯曼帝国征服了巴尔干（并且两次围困维也纳），欧洲帝国主义国家控制中东。

当充满活力的欧洲从 1500 年左右开始一直向前发展的时候，由于复杂的原因，伊斯兰文明却停滞不前。经过一系列战争，俄国和奥地利慢慢地迫使奥斯曼帝国在巴尔干的统治后撤。把穆斯林—基督徒之间的战争称作“宗教的”或“文化的”，需要谨慎。因为很多战争的动机是物质性的：战士追求土地和战利品，皇帝们追求扩张帝国，宗教不过是一个借口而已。一个部分的例外可能是第一次十字军东征（1095—1099），东征因基督教的目的发动，但是沿途的很多行为与基督教无关。

以这种方式看，战争其实是一种文化之间的复仇：这个世纪的失败者在下个世纪寻求报复。这样的理论就过于简单了，因为在任何特定的时期，都有许多伊斯兰国家处于和平状态，甚至会与基督教国家结盟，也有许多伊斯兰国家自己打得不可开交。1991 年，一些伊斯兰国家支持美国领导的反对伊拉克的战争，为什

---

* 作者指的大概是 2011 年 3 月美国牧师焚烧《古兰经》引发的阿富汗反美骚乱。参见 http://www.chinadaily.com.cn/hqgj/2011-04/03/content_12271360. htm，2019 年 8 月 8 日浏览。——译者注

么？因为1991年我们正在解放一个叫科威特的伊斯兰国家，而2003年我们没有做这样的事。伊斯兰国家就像所有国家一样，根据那个时候的国家利益形成各自的政策。局势变了，它们的政策也变了，尽管它们的“文化”一直没变。

如果穆斯林恨西方，为什么会有那么多穆斯林移民到西方国家？有些专家提出了特别的争议点：例如，美国占领伊拉克，支持以色列，支持像埃及、沙特阿拉伯这样的威权主义政权，是遭到穆斯林反对的根源。他们认为，如果华盛顿改变政策，伊斯兰国家的仇恨将消退。（然而新的政权可能更不好。）这里有一个大的危险：如果我们按照“文化战争”的理论行事，我们会使“文化战争”成真，可能会在没有敌人的地方创造出敌人。

宏观战争理论

把焦距调到可以装进整个世界，我们就走进了宏观理论。宏观理论根植于历史学和政治学，通常与国际关系的现实主义相关。宏观理论聚焦于国家的权力，对于国家的结构、经济和文化这些国家层次的理论关注的问题不怎么在意，反而倾向于把国家看作台球桌上相互撞击的台球。台球的内部结构不是决定性的，因为国家的行动源于外部力量的撞击。国家要做的第一件事就是自卫。一个国家可以是民主的，独裁的，伊斯兰主义的，或与世无争的（vegetarian），但是如果受到攻击，绝大多数国家都会反击。一个例外可能是1938年和1939年的捷克斯洛伐克，它在没有任何军事反击的情况下被希特勒吞并。不过英国和法国1938年在慕尼黑抛弃了捷克斯洛伐克这个民主兄弟，留下它孤立无援，无还手之力。1941年底，泰国被日军包围，没有任何国家帮助它；泰国只好“自愿地”与日本结盟。

国家的另一个基本倾向就是在可能的时间和地点进行扩张。当然，如果国家力量很弱，则不会试图扩张，而是敛身低调，避免受制于人。如果国家拥有客观的实力，就会倾向于使用它，例如德国人中世纪向东推进，美国人的“天定命运”扩张论，大英帝国与日本帝国的崛起，苏联对东欧的控制。只有对抗性的力量可以阻止扩张的冲动。当一个国家害怕其邻国的力量增长时，将会加强自身的防御能力或者组织联盟来抵消威胁性的力量。例如，1949年北约的组建是为了阻止苏联扩张。同样，一个更晚近的倾向就是许多国家都反对美国的政策，这是对一个能告诉别国应该做什么的超级大国的自然反应。请注意，这些对外政策的举措与领导人的心理或文化差异无关，宏观理论不会为这些因素操心。

为什么国家要扩张？为什么国家不能仅仅固守疆土、建立足够的力量来防范侵略？这是被现实主义思想家（如汉斯·摩根索）称道的理想状态，但不幸的是，国家受到不安全的困扰。国家环视周遭的世界，感知威胁与机遇。它们可能看见一个很快就会被强邻吞并的弱小邻国，这样敌对力量就到了它们自己的边境。于是它们会做出有问题的推测："如果我们不控制弱邻，别人也会控制它。"基于此，美国从近海扩张到"阳光之海"（shining sea），夺取了菲律宾和夏威夷。国家可能实施彻底的征服，也可能只是获得霸权。无论哪种方式，正在扩张的国家经常会与其他也在扩张的国家撞到一起。1904 年在中国东北，扩张中的俄国遭遇了同样扩张中的日本，然后打了日俄战争。稍后，美国在亚太地区也撞上了日本。芝加哥大学政治学家约翰·米尔斯海默（John Mearsheimer）把这种行为称作普遍存在的"进攻性现实主义"。

许多国际行为可以用一句箴言来解释："备战求和"（*Si vis pacem para bellum*），这也是美国冷战时期政策的基础。军备竞赛总比军力薄弱为好，一旦军力薄弱，就会使好战的敌对者觉得有机可乘，从而引发战争，华盛顿的思维方式就是如此。另一句箴言是："敌人的敌人是朋友。"第二次世界大战结束不到 5 年，不久前还是敌人的德国和日本就成了美国的盟友，因为大家都面临共产党国家扩张的威胁。一般来说，威胁消散，联盟也终止。政治领导人都是宏观理论家和现实主义理论家，因为他们对国家利益和权力以及增强国家的利益和权力有一种自然而然的感觉。

大多数国家寻求足够的力量（有时是过多的力量），但这会导致战争还是和平？有两种宏观理论对此有所解释。最古老和最一般的理论均势理论认为，当几个国家增强其国力、组成联盟相互制衡时，结果恰会是和平，因为潜在的扩张者被遏止了。均势理论认为，从 1648 年威斯特伐利亚和会到法国革命（1792—1814 年）爆发之间，从 1815 年到 1914 年第一次世界大战爆发，这两段时期都是欧洲国家组成联盟相互制衡的阶段，都是相对和平时期。当平衡被打破时，战争就爆发了。

只有在波黑各方的力量大致平衡时，战火才在 1995 年停熄。当塞族将要获胜时，他们就没有动力达成协议；当他们处于防御状态时，则有很强的动机停火。许多研究者认为冷战是一个巨大且持久的均势系统，这可以解释为什么在四十多年里世界是相对和平的，至少没有发生第三次世界大战。

其他分析者反对均势理论，赞同权力等级理论。第一，由于力量的估算是成问题的，所以不可能知道什么时候力量达到了平衡。第二，有些人写道，和平出现在权力不对称的时期，其时国家按照权力等级排序。这样每个国家都清楚它自己在相对权力的阶梯上站在哪里。在权力变动时期，即权力等级模糊的时期，国家会被引向战争。当大战以明确的结果结束后，和平又会到来，因为此时相对权力等级又清晰可见了。如果这个理论是对的，那么致力于达到精确的均势将是一个会引发战争的错误，因为这使想闹事的国家认为获胜的好机会到了。

▶▶▶ 经典思想：克劳塞维茨的主要观点

普鲁士战争哲学家，卡尔·马利亚·冯·克劳塞维茨（1780—1831）很大程度上被我们的时代所忽视。虽然他大部头的《战争论》，特别是由他的遗孀编辑的笔记，不仅难读，而且表面上充满了矛盾，但是克劳塞维茨的教诲今天也是令人信服的。或许有些过于简化，我们认为下面是他思想的核心：

1. 战争趋向于逐步升级。交战双方都想获胜，因此不停地增加投入。战争有自己的生命，不断扩大、变得更激烈。不要设想你有能力把战争保持在小规模、处于理性的控制下。

2. 一场会逐步升级为“全面战争”（absolute war）的战争没有什么意义，所以要对一场战争的升级程度设限。

3. 把战争控制在确定有清晰、可行的政治目标的范围内。接着就是克劳塞维茨的名言：“战争是政治以另一种方式的继续。”如果你没有这样的目的，那就不要进行战争。

4. 政治处于支配地位。将军必须向文官当局建言，尤其是关于可行性的问题，但是确定政治目标不是他的工作。他应该确认政治目标是可行的，并使文官当局理解将要付出的重大代价。

5. 通过摧毁敌人的“重心”（center of gravity）赢得战争。没有“重心”，敌人将无法支撑。这可能意味着摧毁敌人的主要力量。

6. 领土不是那么重要。就是说，如果你占领了敌人的首都，但是他的主要力量完好无损，你还是处于麻烦之中。（例证：拿破仑占领了莫斯科，但俄国军队没有溃散。）地盘只有在能够帮助你碾压敌人时才有用。不要为了夺取一座山而夺取一座山。

7. 不能认为战争是廉价而容易的。如果你的密集部队龟缩不前，只不过是给敌人更好的机会。

8. 同样，不要去想你会避开战斗的恐怖（“战斗”Die Schlacht 是“屠杀”slaughter 的同源词）。不要骗自己靠战术调配和虚张声势就可以取胜。

9. 因此，“首要的，是要非常强。”这听起来显而易见，但是白宫、国务院、国会的一些人却认为“展示一下”武力就足够了。

10. 民众、政府、军队之间“卓越配合的三位一体”将成就战争这一艰巨事业。一个方面的弱势可能损害整个努力。（例证：美国公众不再支持越南战争。）除非三者团结一致，否则不要进行战争。

想想我们在越南战争中犯的所有错误，就可以记住克劳塞维茨思想的要点。克劳塞维茨对所有的错误都发出了警告。政治目标？可行性？代价？敌人的重心？不断升级？三位一体？克劳塞维茨的诋毁者误读了他，把他看作一个嗜血的战争贩子。可他只是说，战争有自己的逻辑，你如果不重视就要自己负责。

错　判

说清楚国家力量遇到的重大问题是，真实的力量局面很难明了。这里要紧的是，领导人的认知会决定是战争还是和平。领导人经常判断错误，在另一个国家发展更好的武器时看到敌意，而那个国家这样做不过是防御性的，或者仅仅想更新老旧武器。

约翰·F. 肯尼迪错判苏联享有了针对美国的“导弹差距”的优势，他据此大大加强了美国的导弹发展，结果使得苏联真的在导弹方面落后，苏联进而认为美国增加导弹的行为是一个必须应对的威胁。错觉引发了 1962 年的古巴导弹危机，那是离“第三次世界大战”最近的时刻。

在美中关系的历史中，夸张的中国形象如过山车一般得替换：从美国必须拯救的“小兄弟”，到不得不通过朝鲜战争和越南战争遏制的共产党中国，再到一同反对苏联的友好的中国。最近，随着中国的经济和海军力量迅速增长，美中关系变得更加复杂，更具有对抗性。当前的一些新保守主义者把中国界定为新的敌人，但是他们可能只是错判。

1950 年的朝鲜提供了三个关于错判的例证。第一，朝鲜错判韩国已经做好了征服（北方）的准备，基于斯大林的同意，发动了进攻。第二，当年晚些时候，“联合国军”在道格拉斯·麦克阿瑟将军的指挥下把朝鲜军队赶到了中朝边境，中国政府确信我们将继续攻入中国，而我们从未这样想过。第三，中国政府公开发出清晰的警告，要求（美国）与鸭绿江保持可以接受的距离，但是麦克阿瑟错判了中国的行动，没有想到中国会参与战争：当中国派遣庞大的军队进入朝鲜并且迫使“联合国军”后退时，他陷入惊讶中。

当共产党在1961年修建柏林墙时，美国将这错判为苏联夺取整个柏林的第一个行动。美国猛烈回击，因为美国不能让他们夺取西柏林；苏联把这一行动视为美国入侵东柏林的第一步。双方都极度紧张。有些学者声称1961年柏林墙危机比1962年古巴导弹危机更危险。1961年8月，在"查利"检查站*（Checkpoint Charlie）的一名苏联或美国坦克炮手就能挑起第三次世界大战。

根据错判或镜像理论（image theory），心理的世界与真实的世界在政治领导人的脑海中相互碰撞。虽然他们认为自己的行为是防御性的，但是他们关于情势的图像可能是被歪曲的。令人感兴趣的是，很长时间以来，国家只会用"防御性"而不是其他任何词汇来描述自己的行动。美国人在越南认为自己在保卫自由世界；俄罗斯在车臣说是在保卫他们的国家。国家从来不会自视为攻击好战的。在其领导人、意识形态以及大众传媒的引导下，国家可能把自己塑造成感到害怕的实体，并且把进攻性行为合理化为防御性的。第二次世界大战中，在极端的民族主义控制下，多数德国人和日本人认为他们在保卫国家免遭敌对力量的侵略。塞族统治者斯洛博丹·米洛舍维奇打了塞尔维亚民族主义的牌，让多数塞族人相信他们将被征服，甚至会遭受种族灭绝。一旦确信他们正在受到攻击，日常和平的人们也会实施所有形式的暴行。

身陷孤立的朝鲜看到美国征服伊拉克，害怕下一个会轮到自己。小布什总统确实曾称伊拉克、伊朗和朝鲜为"邪恶轴心"。对国内听众说话要谨慎，因为这些话会迅速传遍全球，听起来就完全变了味。多数美国人并不在乎"邪恶轴心"之说，这被当作重振国内士气的演讲修辞手法，然而平壤却将其看作真实的威胁。作为回应，平壤进行了核弹与远程火箭试验，认为这会吓住美国人。结果，华盛顿由此将朝鲜看作可攻击韩国和美国的威胁。像上述这样互相加强的认知将会引发战争。

穆斯林和美国人之间的相互错判已经达到了危险的程度。许多美国人把穆斯林看作狂热者和恐怖分子。多数穆斯林认为美国人傲慢、充满帝国主义情绪。我们自认为解放了伊拉克，而穆斯林认为我们为了石油而控制征服了伊拉克。对这些错判还没有什么快速的补救办法。美国促进与阿拉伯世界交往的项目几乎没什么影响。阿拉伯人现在都是从诸如半岛电视台（Al Jazeera）这类卫星电视台获取新闻，他们对美国政策持批评态度。穆斯林和美国人相互之间的错误判断使得美国不可能在那里起领导作用。

---

* "查利"检查站是东柏林与西柏林间专供外国人通行的关卡。——译者注

►►► 概念：错判

在国际关系中，我们怎么知道自己的认识是准确的？仅仅说事实“就在那里”，经常使我们无法把极为复杂的现实简化为我们有限的大脑可以理解的形式。新闻和情报常常是歪曲的，所以我们经常错误判断其他国家里发生的事情，认为它们比实际情况更好或更坏、更好战或更和平、更弱或更强。

通常，我们认识到错误时已经晚了。1938 年，张伯伦在慕尼黑错误地认为希特勒是个理性的、希望和平的人。美国在 2003 年错误地判断伊拉克有大规模杀伤性武器。许多苏联问题专家都误以为苏联是个强大、稳定的国家，他们对其迅速崩溃感到很吃惊。任何人，包括专家和顶层决策者，都会陷入错误判断。

13 世纪，天主教神学家托马斯·阿奎那写道：“凡是认识到的东西，都是符合认识者本性的东西。”（用原始的拉丁文表达更可靠：*Quisquid recipitur recipitur secundum modum recipiensis*）你看到的是你被训练要看到的。圣托马斯的洞见虽然古老，但是仍然有效，尤其是在国际关系领域。

错判理论的一个分支或许可称之为“恐惧因素”。由于地理和政治处境，许多国家被恐惧支配，有些是合理的，有些被夸大了。它们相信其他国家一心想伤害自己，可能征服自己。为此，它们武装起来并且组建同盟，这又强化了紧张状态和恐惧。美国害怕伊拉克已经拥有且还在生产更多的大规模杀伤性武器，因而在 2003 年入侵伊拉克。指挥部的压力传递到美国情报部门的工作层面，要求他们拿出数据确认领导层的错误恐惧。谣言被当成事实接受。

错判和恐惧也可能导致另一种结果。有时国家不够专注于威胁，而且太怕事。它们如此热爱和平，以至于对威胁视而不见。两次世界大战之间的英国和法国的领导人是胆小怕事的。由于对第一次世界大战时的溃败记忆犹新，他们害怕看到希特勒带来的威胁，不得不面对时却为时已晚。美国也没有好到哪里去：珍珠港突袭才给美国人猛然一击，意识到它不可能孤立世外。1973 年以色列使自己确信，埃及不可能也不会越过苏伊士运河进行攻击。

►►► 经典思想：修昔底德论恐惧

最早论述战争根源的思想家之一是一位被革职的雅典将军，他因而有时间反思和写作公元前 431—前 404 年压垮古雅典的伯罗奔尼撒战争。修昔底德的洞见至今还未被超越："使战争不可避免的是雅典实力的增长和斯巴达对此的恐惧。"

雅典成为一个帝国式的国家：拥有殖民地和对希腊城邦的霸权。斯巴达和一些其他城邦日益感到担忧。斯巴达不想要战争，但是看到雅典力量的增长和雅典人无情地使用这些力量：例如，雅典屠杀了拒绝屈从于雅典控制的米洛斯人。斯巴达想，"我们可能是下一个"。因此他们组织了对抗雅典的同盟。雅典人反过来又害怕这个同盟是对自己的威胁。双方都推测对方具有霸权冲动（有可能真的如此），在相互恐惧的环境里，战争变得不可避免。

实力困境

除了和平主义者，所有人都相信国家必须拥有足够的实力。世界是危险的，没有武装就会招来攻击。但是如果你有太强的实力，你将在其他国家中间制造恐惧，使它们武装起来并且结成联盟来抵消你的实力。有人将此称作"安全困境"，即你寻求安全，结果反倒让你更不安全——冷战就是这样的故事。至少，军备竞赛会随之而来，有时还导致战争。窍门是拥有"正正好"的实力，但是估算这样的实力究竟是多少却极其困难。因为许多国家长期没有安全感，它们为最坏的前景作打算，建设着多于真正需要的军事力量。它们想，太多总比太少好。苏联就是这样，由于长期感到不安全，在自己周围无意识地创造了一圈的敌人，这反过来又加剧了它的不安全。

▶▶▶　概念："前一场战争"（previous-war）理论

战争的一个明显原因是此前的战争。这一解释看似简单，但确实是一种研究更复杂问题的便捷方式。任何特定的战争都会留下以下问题：地区不平衡、复仇的渴望以及上层精英集团的私下算计，这些经常导致另一场战争。当然，对于新一轮战争是否会实际发生，其他因素也是要考虑的。

就像澳大利亚经济史学家杰弗里·布莱内（Geoffrey Blainey）指出的，一场真正彻底的、毁灭性的失败会在很长时间内使失败的国家处在较低的位置。例如三国同盟战争（1865—1870 年）后的巴拉圭，查科战争（1932—1935 年）后的玻利维亚，第二次世界大战后的德国和日本。从那以后，和这些国家连在一起的不再是任何进攻性，甚至更多的是防御性。

阿以战争则是相反的例子，因为没有一场战争是决定性的。逆着时间顺序来看：2006年以色列入侵黎巴嫩是对它1982年入侵黎巴嫩的继续，1982年的入侵又是1973年战争未能解决的遗留问题导致的，1973年战争则是1967年战争后遗留的不平衡态势的结果，1967年战争则是1956年战争的扩大版，1956年战争是1948年战争的继续，1948年战争则是第二次世界大战大屠杀的直接结果，第二次世界大战是第一次世界大战的第二幕，第一次世界大战则由德国统一战争导致，德国统一又是拿破仑征服的结果……我们可以把这个链条推到更早的时候。如下图：

“一战”→“二战”→1948年战争→1956年战争→1967年战争→1973年战争→1982年战争→2006年战争

由“前一场战争”理论，我们得出两个结论：（1）很少有真正决定性的战争可以一次性地决定所有的事情。一场战争可以暂时对失败国家作出安排，如第二次世界大战以后的德国和日本，但是留下的地区权力真空使共产党控制了东欧和东亚，这带来了冷战、朝鲜战争和越南战争。（2）阻止一场战争可能会阻止接下来的一串战争。你当然不知道你已经阻止了以后的什么战争。

许多国际关系学者发现问题的根源不在实力，而在特定时期占主导地位的国际体系的类型。如果体系是紧张的，国家会加强军备；如果体系是缓和的，国家会维持较少的军备。拿破仑之后，欧洲国家之间几乎没有相互恐惧，直到德国统一、转向扩张主义。总的来说，欧洲当时是缓和的，三代人享受了19世纪的和平与繁荣。现在，苏联解体后，欧洲国家之间再次无需面对相互威胁的情形。（还是必须对抗源自中东和北非的恐怖主义。）欧洲缩减了军备，还抨击美国喜欢动武。是环境造成了这样的心理。

那么窍门就是，像亨利·基辛格1954年在他哈佛大学博士论文里写的，巧妙地建立一种“合法的”世界体系，国家在其中不会相互威胁。拿破仑被送到南大西洋的遥远小岛后，梅特涅在欧洲做到了这一点。而“革命的”世界体系会自动带来紧张和战争，无法靠良好的愿望使之消失，拿破仑和斯大林威胁所有国家的体系就是如此。在这种情况下，国家会受到增加实力的驱动，有时候实力就会累积得太多。

▶▶▶　概念：崛起的国家会导致战争吗？

有些现实主义学者认为，崛起的新的大国总会与其他大国冲撞到一起，从而导致战争。在雅典、罗马帝国、阿拉伯帝国、哈布斯堡王朝、大英帝国、德意志帝国、日本帝国甚至美国的例子里都是如此。世界不会彬彬有礼地为它们的崛起让路，每个国家都要通过一系列战争打出一条上升之路。

崛起国家的理论是有效的，但是只有在存在大的土地争端时才这样：谁将得到什么？雅典同盟与斯巴达同盟作战，为的是在意大利的殖民地。罗马与迦太基作战，为的是西班牙。哈布斯堡王朝进行三十年战争，为的是谁将控制欧洲。英国与法国打仗，先是为了英格兰在法国的领地，接着是为了北美殖民地。扩张中的美国与墨西哥和西班牙打仗，分别为了西南部和菲律宾。德国和日本分别为了攫取欧洲和亚洲而战。冷战因为苏联控制了东欧而开始。

如果没有土地争端，崛起国家带来的冲突很少或者根本没有。1494 年，西班牙和葡萄牙同意分割刚刚发现的新世界。在教皇的调停下，《托德西利亚斯条约》（Treaty of Tordesillas）在佛得角群岛以西 370 里格（league，旧时长度单位，相当于 3 海里）处画了一条线，线东边的土地归葡萄牙。同样，西班牙和葡萄牙也没有就亚洲土地的归属打仗。西班牙获得菲律宾，葡萄牙获得果阿（Goa）、帝汶、澳门，以及在日本的贸易权。

初生的美国与英国打仗，第一次是为了独立，第二次是为了航海（1812 年），但是 19 世纪后期，英国欢迎一个崛起的强大的美国，将其视为伙伴。英国没有抗拒美国取代它在和拉美贸易中的地位，美国也没有对英国在亚洲的主导地位担心过。英国、法国、德国、葡萄牙和比利时用外交方式解决了“对非洲的争夺”，1885 年在柏林，它们围着桌子把非洲瓜分了。

这表明，崛起国家的问题可以避免，只要早一点、心平气和一点安排好谁将得到什么的问题。

类比的危险

人类的才智有限，不是每一种思想都能从草图发展起来；相反，我们依赖类比，尽管类比可能会犯严重的错误。类比在我们的思维方式中无处不在，规定着我们的组织结构，在学校里灌输进我们的头脑里。实际上，学习国际关系时，你会集合一个类比的工具包，然后运用于当前的局势分析。不幸的是，没有两个案例是一模一样的，错误的类比总是远超过正确的类此。

国际关系史中充满了类比，而且通常是错误的类比。1914年德国人兴高采烈地投入战争，想着他们会复制1870—1871年普法战争的速胜。其实，差不多每个人都认为1914年的冲突会很快结束，因为他们与最近的冲突——10年前短暂的日俄战争——作了类比。只有少数人看到了机关枪和铁丝网将迫使军队挖战壕，战争由此会拖延数年。有句俗话说，将军们不断在打最后的战争。

1951年，迪安·腊斯克（Dean Rusk）用日本傀儡伪满洲国的类比来向国会解释，我们为什么不得不在朝鲜与中国打仗："在北京的可能是个斯拉夫人扶持的政权。"我们现在知道，中国从来不是苏联的傀儡。近来又有了新的类比：（1）"9·11"事件就像珍珠港袭击；（2）中国的崛起，特别是海军力量的增强，与德国走向第一次世界大战时很像；（3）我们已经开始的与激进力量的冲突与冷战相似：长期性、意识形态性、需要大量的美国军事介入。它们是恰当的类比吗？

有人听说过南越与阿富汗的类比。毫无疑问，两者有共同点：都是孱弱的国家，如果没有美军和美元介入，将会完蛋。都由不得人心的美国指定的总统统治（吴庭艳和卡尔扎伊），他们操纵选举，把最高职位交给亲友担任。两个国家都是腐败严重，政府合法性很低（这两个问题相互关联）。两国的军队都不可靠，开小差严重。地方民众都不会向当局告发控制很多省份的越共或塔利班。越共和塔利班在邻国都有根据地，很容易渗透进给养和战斗人员。国会都是通过参众两院联合决议、在慌乱的情绪下同意了美国在两国的参战，而不是经由宪法途径——宣战。美国的火力，特别是空军火力，都杀死了许多平民，都遭到两国很多民众的敌视。美国公众很快转向对两场战争的否定态度。

▶▶▶ 关键时刻："不能再有慕尼黑了"

被过度使用和误导最多的类比之一就是"慕尼黑"：1938年的慕尼黑会议上，英国和法国一意讨好希特勒，把捷克斯洛伐克的一部分给了他。"不能再有慕尼黑了"在华盛顿传了好几十年，对美国入侵越南也产生了影响。甚至克林顿政府的国务卿马德琳·奥尔布赖特，一位捷克外交官的女儿，在20世纪90年代后期还说，慕尼黑有助于形成她人生的经历，她一直在吸取其教训。

20世纪60年代，慕尼黑的类比被严重误用在越南。首先，美国没有参加慕尼黑会议，没有给希特勒任何东西。慕尼黑会议的可耻结果需要谴责伦敦和巴黎。第二，共产党是比希特勒更为复杂的敌人，需要非常不同的战略。共产党国家之间并不团结，1953 年以后，也没有一个像斯大林那样的领导人来团结它们。中国不是苏联的傀儡，越南也不是中国的傀儡。第三，希特勒急不可耐，而共产党领导人相信历史站在他们一边，所以并不着急。第四，1938 年的英法在军事上很弱，又有厌倦战争的领导人，与 60 年代的美国非常不一样。

现在很少有人再用慕尼黑的类比，但是它有一个可能再准确不过的替代物："不能再有越南了。"对于哥伦比亚、南斯拉夫、阿富汗、伊拉克和伊朗完全不一样的局势，越南可能会提供错误的类比。越南就是越南，独此一家、别无分号。

但是它们有重要的差别。越共和北越都处于河内中央的控制下，为了统一越南而战。阿富汗的武装分子是不受控制且分散的——每一股武装力量听从各自不同领导者的命令，他们打仗是为了实现普什图人（Pushtun）的统治。越南人族群相同，有着共同的语言；阿富汗人则分为许多种族–语言群体，他们相处得并不和睦。北越得到两个核国家的帮助：苏联和中国。塔利班没有任何主要大国的支持，财政来源则依靠贩卖鸦片。什叶派的伊朗不会帮助逊尼派的塔利班。塔利班在巴基斯坦北部的基地并不安全，巴基斯坦能收回它。阿富汗真正的争夺点在于，控制谁就可在巴基斯坦获胜并拿到它的核武器。综上所述，阿富汗"像"越南吗？还是阿富汗更复杂、更危险？两者都是泥潭，但是不同类型的泥潭。所以当有人告诉你当前某个局面"像"一个早期局面时，请保持怀疑，并问一句："可类比的因素是不是超过了不可类比的因素？"

▶▶▶　概念：和平主义的谬误

和平主义者把任何武力的使用都看作不道德的。第二次世界大战中，当一些美国基督徒用和平主义的观点论证我们不应介入战争时，美国基督教神学家莱因霍尔德·尼布尔（1892—1971）就与这个观点进行了斗争。尼布尔归纳说，和平主义是一种异端邪说，因为它让基督徒在面对邪恶时什么也不做：你就站在那里，看着杀戮继续。

和平主义至今仍在我们身边。有人对美国在海湾地区、波黑、科索沃的行动在道德上感到很愤慨。这是一种“罪责政治”(politics of conviction)，无论什么情况下都僵化而简单地拒斥武力。与之相对的“责任政治”(politics of responsibility)会问：“如果我这样做了，会发生什么？我的军事干预将使事情变好还是变糟？”如果你声明你的国家将永不进行军事干涉，你就是告诉世界上的独裁者和极端主义者，他们可以杀人而免于惩处。奥巴马在叙利亚就面临这一问题。

和平主义的对立面是渴望战争的好战主义，这在我们身边同样存在。有人设想，对大部分对外交政策的挑战都以威胁或使用武力来回应。慕尼黑是他们最喜欢的类比。这样的政策会让我们卷入不以国家利益为目的的不明智的战争。有的政权用爱国主义来遮掩犯下的大错，有的国家陷入长期冲突，不愿意承认战争是一个错误。而一旦开始出现伤亡，“沉没成本”(sunk costs)的论调则会说，此前的损失从道德上要求我们继续进行战争，否则牺牲者就白死了。基于此，任何战争都能永远进行。在特定的条件下，选择战争还是和平，并没有简单的答案；任何一种选择都会犯错误。任何情况下，都要警惕情绪化和简单化的类比。

复习题

1. 人类天生好战吗？
2. 战争起因的微观和宏观理论各是什么？
3. 克劳塞维茨关于战争的警告是什么？
4. “层次分析”的问题是什么？
5. “战争来自文化的冲突”这一论断现在可信吗？
6. 资本主义导致战争还是和平？
7. 均势还是等级制会导向和平？
8. 什么证据可以支持“前一场战争”理论？
9. 国际关系中的类比被如何错误使用？

第二部分
国家利益和地缘政治

冷战主导了20世纪的后半段时光，扭曲了两个主要对手——美国和苏联，苏联还让冷战给毁了。本部分关于这一巨大争斗的述评将展现两个国家走到如今状况的进程，并提出一些基本的国际关系概念。

第四章　美国国家利益的变迁　第四章回顾了美国的历史，说明了国家利益这个概念的不确定性与可变性。跨越独立战争、"天定命运"、帝国主义、两次世界大战、孤立主义以及冷战等诸多时期，美国的国家利益一直根据新的威胁和机遇发生着变化。举个例子，乔治·F. 凯南宣布的"遏制"政策，可能在一个时期有效，而在另一个时期无效（就像凯南自己抱怨的）。在任何特定的时期，聪明人都会为确定美国的国家利益而争论。

本章还将用美国介入和退出越南的例子说明，国家利益可以很容易被扭曲。

第五章　俄罗斯与地缘政治　在第五章，我们思考俄罗斯怎样变成苏联、又怎样变回到俄罗斯，并提出地缘政治以及地缘政治如何持久影响国家利益的问题。意识形态在对外政策中扮演什么角色？冷战以及苏联解体是不可避免的吗？我们将思考对外部世界的错判、维持一个代价高昂的帝国的霸权、缓和的失败以及因害怕落后而越来越具有批判性的精英，所有这些怎样破坏了政权的合法性。苏联的对外政策主要是内生的还是外驱的？普京治下的俄罗斯回到了权威主义和传统的地缘政治。

第六章　美国能够领导世界吗？　第六章把我们带到今天的美国对外政策。美国能够并且应该领导这个新的、复杂的世界吗？美国应该实行干预主义还是孤立主义？是理想主义还是自利应该成为美国的指南？很多因素制约着美国对外政策：经济、军事力量、国会的支持以及经常不跟着美国走的世界。公众舆论也是多变的。最后，美国的对外政策制度是否会导致政策失误和官僚机构政策？

第四章　美国国家利益的变迁

美国人甚至在有国家之前就存在着民族利益。随着13个殖民地的发展，他们发现自己的利益与英国已经不同。伦敦想要廉价的原材料、英国商品的封闭市场，不需要过多花销就能保卫殖民地，以及可以支付其防卫与行政费用的殖民地税收。与法国的七年战争和征服印度的战争已经耗费了大笔的钱，这主要服务于殖民地居民的利益。因此，伦敦认为殖民地应该承担自己的花销，而不应该再耗费皇家国库。

美洲殖民地想向所有人而不只是英国销售商品。他们还要自己生产制成品，而不只是问英国买。他们要英王政府为向西扩张提供免费的保护。他们不要交税。（现在的人也不想交。）1776年以前，美洲殖民地的利益与英国的国家利益开始分化，这直接导致了独立战争。

▶▶▶　概念：国家利益

国家利益看上去很简单——指在国际事务中对一个作为整体的国家来说好的东西——但是实际操作起来却非常微妙。在一个特定时期，学者对什么是国家利益也会持相反的立场。问题出在“国家利益”这个术语部分是客观的，部分是主观的。

地理在其中起了作用。靠近国土，国家利益是客观的且容易确定：国家主权，即不被侵略、征服、瓜分或颠覆。这被视为“必不可少的”（有时也称作“核心的”或“首要的”）国家利益。感受到威胁后，国家会采取安全措施，如增加军事准备、建立防御联盟。国土安全是不能退让的最基本的国家利益。历史上，美国的国家利益包括把外来国家赶出北美大陆；它们是地缘政治威胁。

远离国土，国家利益就变得主观，有时变得比必不可少的利益“次要”。我们是否应该担心世界另一边的事情？如果我们和那里的国家做很多生意，例如石油生意，那么或许我们应该担心。如果一个远方的侵略者威胁要破坏地区和平，或许也是我们的利益，但是不能确定。有些地区问题不属于国家利益，但是很难说。国家利益的计算经常基于估计、类比以及直觉，所有都是不可靠的。

谁来决定国家利益是什么？统治精英，即顶层或最有影响力的人；但是他们的判断经常被意识形态、错误的假定、那个时代的趋势，以及个人、阶级和政权的利益所扭曲。所有领导人都声称追求国家利益，但是经常把他们自己掌权的利益混同于国家利益。几乎没有人会承认曾犯过这样的错。事情越糟糕，领导人越会在“国家利益”的大旗下用爱国主义煽动人民。伊朗的核计划真的符合它的国家利益吗？德黑兰是否有危险、扭曲的错觉，认为炮弹能带来安全？

这一年是国家利益的东西，下一年可能就是个错误。只有事后诸葛亮才能告诉你，前几年你的国家的利益是什么，可是那时已经太晚了。1965 年，华盛顿认为南越是美国必不可少的国家利益。十年后，没有人再这样看。“9·11”事件后，小布什政府认为伊拉克“政权更迭”是必不可少的美国国家利益，多数美国人也这样相信。入侵伊拉克后，当没有找到大规模杀伤性武器且混乱爆发后，美国人疑惑战争是否真的是美国的国家利益。这个国家利益啊，真是多变的东西。

一个重要的测试就是：你是否拥有支持所宣称的国家利益的实力？如果没有，就不要宣称这是国家利益。实力与国家利益是紧密相连的。美国有时候会在没有实力或意愿支撑的情况下宣称一些过于宏大的国家利益，这种虚张声势是危险的。美国的国家利益随时代变化而不断变化。冷战时期美国的国家利益是清晰的：阻止共产主义扩散。现在是什么？最近宣布的美国国家利益包括消灭全球的恐怖主义，保护石油安全，促进全世界的民主，解决南海争端。小心不要宣布太多的国家利益；你可能没有足够的实力去坚持实现它们。

独　立

殖民地居民来到美洲，为的是生活自由、财源滚滚：“生命、自由和追求幸福。”妨碍这些权利的任何政府都是坏的——此时的坏政府正是英国。1776 年《独立宣言》的起草者还看到了一个机会：可能得到法国的帮助，因为法国的利益在于削弱英国并获得一个美洲盟友和贸易伙伴。北美人的主权诉求再次可以从《宣言》中读到：“有全权宣战、缔和、结盟、通商，做独立国家有权做的所有事。”

建国者通过一系列环环相扣的战略谋求英国承认新的“合众国”，从而理性地追求美国的国家利益。他们预期将有战争，于是动员和武装了殖民地民兵。他们向法国、西班牙以及其他可能对英国不满的欧洲国家寻求军事和外交帮助。富兰克林去了巴黎，承诺与法国的结盟和贸易关系，还想在欧洲煽动一场战争，好牵制住英国。法国人则从他们的国家利益出发，发现了一个削弱英国的机会，因此提供了极为重要的援助：武器、军队、军事顾问甚至舰队。美国的诞生离不开法国的帮助。

这场殖民地战争使英国损失很大，因此伦敦在1782年结束了战争。为了达到目的，富兰克林秘密地告诉伦敦，美国不会真的和法国结盟，这使殖民地的独立变得容易，美国因此背叛了法国。在追求首要的国家利益时，起支配作用的是现实主义，而不是感情。总之，早期的美国对外政策是高明的：一个弱小的、新的国家获得独立，并得到欧洲主要大国的承认。

▶▶▶ 经典思想：华盛顿的告别演说

有人说华盛顿是第一个孤立主义者，因为他1797年卸任时警告说不要与欧洲国家建立联盟。事实上，这是对美国当时国家利益的敏锐认识。为什么要和欧洲时常发生的、有时是无意义的杀戮绑在一起？美国既不需要盟友也不需要敌人，美国应该“与所有人耕种和平、培育和谐”。

“我们处理与外国事务的最重要原则，就是与它们发展商业关系，尽量不进行政治联系……

欧洲有一套首要的利益，它们与美国无关，或者只有很少的关系。欧洲必定会处于频繁的冲突中，其原因与美国无甚相关……

美国远离他国、独处一方的地理位置，可以使美国寻求一种不同的政策……

为什么要放弃如此特殊的地理位置带来的好处？为什么要放弃美国自己的立场去站在外国的立场上？为什么要把美国的命运与欧洲任何部分的命运交织在一起，从而使美国的和平与繁荣陷入欧洲的野心、对抗、利益、古怪念头以及任意妄为的罗网？”

真的，为什么？华盛顿提出了不为感情所动的问题，每一代美国领导人都应该重新问一遍自己。

天定命运

独立以后，美国作为新生国家孤立存在于大陆一隅，其国家利益需要据此重新界定。邦联条款很弱，必须抛弃，因为这会让美国容易受到仍旧留在北美的欧洲势力的威胁。1787年宪法建立了一个更加中央集权的政府，这个政府拥有陆军和海军，尽管在美国历史的大部分时间里，这支军队的规模都很小，但是能“提供共同的防御”。在佛罗里达受到西班牙人的威胁，在路易斯安那受到法国威胁，在加拿大受到英国威胁，在阿拉斯加受到俄国威胁，还受到墨西哥革命的威胁。通过武力或金钱，除了加拿大以外，这些地方都成了美国的领土。

到了19世纪40年代，美国人已经很自信地认为，他们有一种由上帝决定的“天定命运”，要拥有并居住于北美的多数地区。国家利益观点则是每一个步骤的基础。美国对于要和欧洲强国分享北美大陆这件事感到很紧张。如果美国人在北美大陆的多数地区定居，就不会怎么害怕了。土地和不受限制的移民会使美国成为一个强国。这一切的背后逻辑就是偶然事件会必然发生的古老论证：我们不拿到，其他人将拿到。

19世纪的新技术——铁路和电报，使在北美大陆建立共和国变得可能。在法国革命战争爆发后，乔治·华盛顿将美国的国家利益界定为置身于欧洲的战争之外。1793年华盛顿宣布中立，并废除美国1778年与法国的同盟。通过此举，美国与英国在1794年签署《杰伊条约》，英国撤走了在美国西部的要塞。中立还防止了内部分裂，以免支持还是反对法国革命的不同观点造成美国政治的两极化。

美国人涌进法国控制的路易斯安那，而法国在欧洲的战争已经够多的了。1803年，杰弗逊花了1 500万美元从缺钱的拿破仑手里买下了路易斯安那（并不需要国会批准），从而使美国的国土翻番。既要保持中立，又要和欧洲做生意，这很困难。美国需要向欧洲大陆出售谷物，这引发了1812年与英国的战争，战争中美国试图获取加拿大。加拿大人很自豪地说，几次美国的入侵企图被击退。有些历史学家认为美国输掉了1812年的战争，但是这从未被承认。英国人烧了国会大厦和白宫，然后就离开了；他们从未把这算作战争。

1819年，经过游击战，再加上500万美元现金，西班牙把佛罗里达转让给美国。随着拉美摆脱西班牙和葡萄牙的统治获得独立，门罗总统提出了著名的门罗主义，即告诉欧洲不要进入美国的半球，美国也不进入欧洲的半球。美国威胁在俄勒冈（现在属于华盛顿州）的英国人，说要使用武力，其实主要是恫吓，但是一直到1846年都有效果。美国在得克萨斯的定居者引爆了一场战争，这场战争1848年结束，美国给了墨西哥微不足道的1 500万美元，就拿到了西部。单单靠720万美元现金，1867年美国又从俄国手里买下了阿拉斯加。

甚至在内战时期（拿破仑战争后，19世纪第二场最血腥的冲突），联邦政府的外交也是成功的。英国的利益在于棉花，这几乎要推动它承认南部邦联，但是林肯解放奴隶的行动一出，它就不这么干了。英国几十年来一直在全世界反对使用奴隶，因此林肯的举动使英国承认南方从道德上来说变得不可能。在内战激烈进行时，法国利用美国的弱点，在墨西哥短暂地建立了君主制；战争结束后，美国让他们赶快走，他们照办了。

总之，从独立到19世纪的大部分时期，美国的对外政策取得了辉煌的成功。通过让欧洲列强离得远远的、低价购买它们在北美的地盘、有分寸地运用武力，弱小的美国如所规划的那样成长为横跨北美大陆的共和国。不管怎样，19世纪90年代之前，西部的土地也得到了。直到那时，政策目标都是清晰、理性、有限、可行的，因为它关心的是美国在北美的利益。在接下来的时期里，政策困境出现了，政策目标不清、界限不明，因为它们关心的是另一个半球的事情。19世纪90年代后期，美国开始把主要的海外行动纳入国家利益范围，这带来了一个持续至今的争论，即美国的世界战略到底应该是什么。美国在世界上应该怎样前进？

帝国主义

美国短暂的帝国主义狂欢的原因仍处在争论中。有人将其视为开疆拓土精神的延续：抵达太平洋后，就必须继续向西进发。美国政府的帝国思维，即马汉的海权理论以及大型、现代化的舰队的建立，始于19世纪80年代。1894年，美国面临严峻的经济萧条，这促使一些人把帝国式扩张看作美国为商品获取新的市场的手段。

扣动扩张扳机的事件，即把古巴从西班牙暴政下解放出来，只是故事的一部分。古巴的爱国者在19世纪70年代就曾反抗西班牙的统治，但是却被残酷地镇压了，当时美国毫不在意。90年代，当古巴人再次起义时，美国才为此进行了战争。在四分之一的世纪里，古巴从无关紧要变成了国家利益。

因为时代变了。19世纪70年代，美国仍在调养内战的创伤，还在填满西部。美国人不在意对外政策。到了90年代，事情不一样了。美国经济从农业转向工业。美国大型的铁甲海军已经建成。社会达尔文主义鼓励着美国人，包括泰迪·罗斯福，去把他们自己想象成“最合适的”天生的世界领导者，去领导那些次等的（指的是有色的）人民。对于任何一个渴望成为“强国”的国家，欧洲帝国树立了榜样：它们展开了争夺殖民地的比赛。如果美国想抢到剩下的一点儿，就必须动作快点。而控制着菲律宾的衰弱中的西班牙帝国，无疑是个好的目标。德国也垂涎菲律宾。当时在赫斯特和普利策的报纸之间爆发了新闻战。* 赫斯特通过报道关于西班

---

* 威廉·赫斯特（William Hearst，1863—1951）、约瑟夫·普利策（Joseph Pulitzer，1847—1911）都是当时美国报业的风云人物。——译者注

牙殖民者暴行的耸人听闻故事（特别是针对妇女的暴行），煽动起美国人对古巴的兴趣。赫斯特在社论里得意洋洋地写道："我这场新闻仗打得不错吧？"

到了麦金莱总统时期，帝国主义者把美国的国家利益界定为向海外扩张，将其看作一种新的"天定命运"。在哈瓦那港口沉没的"缅因"号战列舰（可能是因锅炉事故而沉没）激起了一阵叫嚣："记住'缅因'号，让西班牙见鬼去吧！"麦金莱并不想要战争，但是整个国家群情激奋；马德里政府也不知道怎么在不投入战争的情况下从混乱状态中脱身，他们输掉了战争。在1898年，这一切发生得很快。

在整个美国，志愿者们报名参军去打泰迪·罗斯福所说的"光辉夺目的小仗"。美国自内战以后就没有战争了，年轻人渴望冒险。罗斯福和他的第一志愿骑兵团骑兵一起去古巴，但是早就通过电报安排美国太平洋舰队的海军上将杜威（Dewey）在香港待命，接着攻击了在马尼拉湾的西班牙舰队。没有经过什么战斗，衰朽的西班牙帝国就在美国手里土崩瓦解。西班牙正式把菲律宾交给美国，换了2 000万美元。起作用的又是大棒和金元。1898年这年，美国获得了古巴（表面独立，实际为美国保护国）、波多黎各、菲律宾，还有关岛、夏威夷、威克岛（Wake Island）、美属萨摩亚（1899年）。美国一下子成了一个帝国。（美国1867年就得到了中途岛。）

一些菲律宾人希望独立，反抗美国接手。1899—1903年的菲律宾暴动很像后来的越南战争：顽强的抵抗，美国派来更多的军队，伏击，严酷的报复，焚烧村庄，美国大学校园和国会日益增加的憎恶和反对。这场暴动引发了某些迟到的思考：美国正在做什么？在地球的另一边向不要美国待在那里的陌生人开枪？这真的是美国的国家利益吗？马克·吐温和安德鲁·卡内基这样的"反对帝国主义"的人，尖刻地谴责了美国在海外的扩张。

美国把自己的利益扩张到中国。在那里，美国的商人和传教士长期以来都很活跃。1899—1900年，国务卿海约翰发出了著名的"门户开放"照会：中国的商业机会应该对所有国家开放，中国不应该被瓜分为欧洲或者日本的势力范围。这开启了美国通过言辞而不是军队和军舰"保护"中国的政策。日本军方认为美国是虚张声势，因此在入侵中国时并不在意美国的反对。美国曾经把国家利益与实力分开，珍珠港把它们重新连接起来。关于夏威夷，美国定居者已经控制了它，当时的看法是，美国最好夺取它，否则日本将要这么做。到了1900年，美日战争的种子已经播下。

新的美国海军和商业舰队必须有能力迅速从大西洋到达太平洋。当哥伦比亚为了在它的巴拿马地峡开凿运河而没完没了地讨价还价时，在美国的支持下，1903

年，独立的巴拿马国家建立，美国用炮舰挡住了哥伦比亚，接着从巴拿马手里买到了开凿运河的权利。又是大棒和金元。几个加勒比和中美洲国家因为欠债受到欧洲国家干涉的威胁，于是美国抢先一步进行干涉，设立海关破产接收来重新还债，从而把欧洲国家挡在门外。威尔逊总统把美国军队派到了墨西哥的韦拉克鲁斯（Veracruz）和墨西哥北部。

突然从孤立状态变成世界强国导致了强烈抵制。正在出现的国际关系学科贡献了对世界问题的法律与道德的解决方法。（这个领域的其中一位学者就是政治学家伍德罗·威尔逊。）政客与学者推进了通过有约束力的仲裁解决冲突的方式。和平运动到处涌现。成为世界强国的一个伴生物就是冷嘲热讽，而美国人当时对此并不习惯。很多人现在仍然不习惯。扩张很容易，但是扩张意味着增加了脆弱性和制造了敌人。有人质疑，将势力扩张到东亚导致了与日本的战争，这是不是美国的国家利益？

▶▶▶ 经典思想：马汉的海权理论

1890年，当美国正在扩大它的舰队规模时，美国海军舰长阿尔弗雷德·塞耶·马汉出版了一本书，告诉帝国主义者他们想听的东西。《海权对历史的影响》认为，国家不是扩张就是衰落，而海权是扩张的关键。为了保护海外商业，一个国家需要一支强大的海军，海军反过来需要殖民地作为“加煤站”来服务舰只。马汉的样板就是英国的舰队和帝国。马汉的追随者中就有西奥多·罗斯福，麦金莱总统时期，西奥多·罗斯福担任了助理海军部长。

第一次世界大战和孤立主义

1914年，战争在欧洲爆发后，德国努力让美国不要介入，英国则努力让美国介入。德国潜艇战威胁到美国商船的安全。伍德罗·威尔逊总统当时具有法律—道德主义倾向，他在1916年再次当选时有一句口号：“他让我们免于战争。”可是到了1917年早些时候，德国的潜艇战把威尔逊推进了大战。美国曾努力保持中立，但是没有成功。

其他力量也起了作用。一条截获的德国电报向墨西哥建议，它可以重新得到1848年被美国夺取的领土。英国的宣传覆盖了美国，一直在强调“德国佬”的野蛮。1917年初，俄国的沙皇政府被废黜，那时战争看起来就像民主与专制之间的冲突。威尔逊用“为了民主而让世界安全”来推销战争。他也意识到德国征服欧洲将威胁美国的国家利益。

在战争已经进行了三分之二的时候，美国军队加入战场，使得战局不利于德国。战争在1918年后期结束。但是胜利者，特别是英国和法国，并没有赞同威尔逊新的国际联盟保障和平的理想主义观点。它们要为自己惊人的损失而报复德国。伦敦和巴黎接受了将威尔逊建立国联的提议作为《凡尔赛和约》的一部分，但是它们继续剥夺德国的部分领土，并压榨德国，让它不可能复原。美国参议院拒绝批准《凡尔赛和约》。美国因不满威尔逊的理想主义和不可靠的欧洲国家，没精打采地走入孤立主义。

美国人很快意识到第一次世界大战并没有解决什么问题。欧洲依旧不稳定。欧洲国家从战争中什么也没有学到。更糟糕的是，它们还不打算偿还战债。美国人感到他们的仗白打了，血白流了，以后再也不能做类似的事了。

在两次战争之间的日子里，美国还是有海外利益，但并没有用实力去维护；相反，它转向了法律与豪言壮语——两者没有一个有用。1921年，美国发起了华盛顿海军会议，限制了主要海上强国的战列舰数量。（日本很快决定退出。）1928年的《凯洛格—白里安公约》（以美国国务卿和法国外长的名字命名）宣布战争非法。多数国家都签了字，只不过签字时就根本不相信罢了。

光说不做的政策不能掩饰一个事实：美国没有在海外做许多事的实力。在两次世界大战之间，美国的陆军和海军都快缩减没了。驻守菲律宾的美军力量薄弱，已经被遗忘了。大萧条使美国把注意力放在国内经济的复苏上，外国只是简单的贸易竞争者，不准进入美国市场。参议院的奈委员会（Nye Committee）指责美国卷入第一次世界大战是为了军火商（merchants of death）的利益，是开银行的和造武器的把美国带进了冲突。《中立法案》就是从这些听证会里产生的，它就是要让美国不再被拖入类似的战争。谁要是建议美国表明反对侵略的立场，谁就会被愤怒的吼叫压倒。

产生于世界大战之间的孤立主义没有能够认识到，德国、意大利、日本这些轴心国威胁要建立一个封闭、敌对的世界，身处其中的美国会遭到军事围困与经济孤立。美国的国家利益将受到巨大的威胁，但是世界大战之间的孤立主义蒙蔽了许多美国人的双眼，使他们无法看清这个事实，直到“珍珠港事件”发生。到了那时，人们一下子都明白了，不过已经太晚了。就像黑格尔说的，密涅瓦（象征智慧）的猫头鹰要等黄昏到来才会起飞。

第二次世界大战

越来越多的美国人认为，1939 年第二次世界大战的正式爆发（对中国来说至少要前推到 1937 年）证明了孤立主义是错误的。富兰克林 · D. 罗斯福是威尔逊总统的助理海军部长，他一直钦佩威尔逊，并且慢慢恢复了一些威尔逊式的理想主义，其中一个就是把美国的国家利益扩展到海外。在《大西洋宪章》里，这一点显而易见。富兰克林 · 罗斯福从威尔逊的失败中吸取了教训，不能太理想主义，在带领美国进入战争和担当世界领导角色方面，他只比国会和公众舆论走得快一点点。

罗斯福的战略是在不刺激美国孤立主义者的情况下援助英国，孤立主义者当时想，英国在 1940 年就会被击败，战争从此与美国人也无关了。（甚至美国驻英国大使、约翰 · F. 肯尼迪的父亲也这样想。）罗斯福绕开《中立法案》，在“现金购买、运输自理”（cash and carry）的原则下让英国可以购买美国的货物。美国卖给英国 50 艘旧的驱逐舰填充百慕大的海军基地。法国 1940 年投降后，英国的外汇也耗尽，此时通过《租借法案》，美国直接向英国提供战争物资，1941 年德国进攻苏联后，也提供给苏联。在运送这些物资穿越大西洋的过程中，美国的商船、军舰成了德国 U 型潜水艇的目标；美国回应以深水炸弹——在珍珠港事件爆发之前的几个月，美国已经和德国在北大西洋开始了未经宣告的战争。日本 1941 年 12 月 7 日的攻击让丘吉尔和罗斯福同时脱离了困境。丘吉尔知道现在英国处在胜利的一方，美国的孤立主义者则集体闭嘴。有了美国的领导和物资供应，同盟国在 1945 年获胜。这次，美国将承担领导世界的责任。

罗斯福避免了威尔逊的错误。还在战时有共同的敌人把联盟凝聚在一起时，独立于任何和平条约的《联合国宪章》就起草完成。美国的军事帮助使美国政府获得了巨大的影响力，吸引许多国家接受《联合国宪章》。向轴心国宣战是成为联合国成员的先决条件。国会 1943 年批准了组建联合国，这次是在共和党的会商和支持下通过的。1945 年在旧金山，世界上多数国家签署了《联合国宪章》。好像是为了强调美国的地位，联合国总部设在了纽约。

▶▶▶ 外交：《大西洋宪章》

1941 年 8 月 14 日（那时美国还没有正式参战），在纽芬兰外的洋面上，知道美国将很快参战的罗斯福总统与英国首相温斯顿 · 丘吉尔会面，并签署了一份关于战争目标的理想主义声明。他们不谋求领土扩张，但要求所有国家都能裁军和自决以及保障贸易与海上自由。《大西洋宪章》继承了威尔逊“十四点计划”的精神，建立了联合国、北约，以及美英紧密关系的基础。

冷 战

罗斯福逐渐地、聪明地拒斥了两次世界大战之间的孤立主义，接受了威尔逊主义关于美国国家利益的概念，即促进和平、在海外扩展美国的贸易和影响。美国为此做好了准备，但是斯大林拒绝合作。罗斯福想自己能吸引斯大林与美国合作，但罗斯福在战争结束前不久去世，斯大林对诱惑无动于衷。美国为了实现罗斯福战时界定的国家利益，就必须拥有巨大而永久的军事建制，其中一些还要驻扎在海外。

美苏迅速违背了1945年的《雅尔塔协定》，冷战开始了。苏联没有在东欧国家举行自由、民主的选举，而是安排了听命于莫斯科的共产党政权，他们还在东欧保留了大量驻军。丘吉尔在1946年发表演说，认为苏联卷下了“铁幕”，使东欧隔绝。

杜鲁门总统和他的国务卿乔治·马歇尔、迪安·艾奇逊很快就警觉到，莫斯科正在把东欧国家变成苏联的卫星国，正在把美国人所展望的和平、自由的世界切割开来。为了应对苏联的力量增长，1947年春天，华盛顿阐明了包括军事、经济和意识形态的综合性政策。杜鲁门主义、马歇尔计划，还有凯南的“X”文章，所有这些相隔几周就全部出台，界定了几十年的美国国家利益。

一开始，遏制实施起来相对耗费不大。美国有世界上最庞大的工业，还有原子弹。美国空军战胜了1948—1949年的柏林封锁。美国1949年建立了北约。苏联1949年爆炸了第一颗原子弹后，事情变得更加复杂——美国不再拥有核垄断地位。同年，中华人民共和国成立；1950年，朝鲜战争爆发。杜鲁门在未经国会或者公众赞同的情况下派遣军队到亚洲和欧洲。总统在这方面的权力从来没有被确定过。

遏制看上去就像一场目标不清楚的、没有尽头的、无法取胜的战争。美国人喜欢目标清晰、短时间能取胜的战争。美国公众对世界性的义务与事物的复杂性感到不习惯，灰心丧气与恼怒情绪在增长：为什么美国不能打一仗然后获胜？这场冷战会永远持续下去吗？为什么我们不能把原子弹扔向那些共产党？遏制有其代价，它们体现在50年代共和党人的选举胜利中，也体现在麦卡锡主义中。民主党提出了遏制战略，此后就被指控做得不够，无法实施遏制战略。美国陷入了冷战思维中。

▶▶▶ 概念：冷战

冷战是第二次世界大战以后美国与苏联之间军事与政治紧张的时期，因为两个大国间没有直接进行战争。它的起讫年份差不多是1947—1989年。有人说冷战1946年开始、1991年底苏联解体才结束。双方武装并运送军队到其他国家，间接交火（就像在朝鲜）；双方试图维持现有的同盟并从对方阵营获取新盟友。冷战带来了两极体系，世界被分为两个敌对的阵营。

艾森豪威尔总统没有拒斥遏制战略，而是以不同的方式实施。虽然他的国务卿约翰·福斯特·杜勒斯竭力鼓吹把共产党“推回去”，但在实际操作中很小心。艾森豪威尔结束了朝鲜战争，同时威胁要使用核武器，让杜勒斯宣布了一个名为“大规模报复”的政策，为的是针对未来苏联集团的入侵。艾森豪威尔的国防部长查尔斯·威尔逊说，依赖核武器可以“花小钱办大事”，让美国维持较低的开支。一开始，美国公众喜欢这种花钱少的力量投入。但是，批评者很快公开反对这一政策，用杜勒斯自己的话说，这一政策把美国“三次带到战争边缘”，况且这还将是核战争。

民主党人把艾森豪威尔的政策描画成消极与僵硬的。现在轮到民主党利用冷战来赢得选举：只需要指责现任没有尽职就行。1957年，苏联发射的人造地球卫星（Sputnik）让肯尼迪在竞选中声称美国与苏联存在“导弹差距”，说苏联走在了前面（这被证明并不正确）。肯尼迪指责艾森豪威尔，在苏联威胁增长的情况下，他却让整个国家睡大觉。（几十年以后，里根从肯尼迪那里复制了这一路线。）肯尼迪在1960年以微弱优势险胜，他计划要增加国防开支、武装部队数量、导弹数量，还要用特种部队（Green Berets）对付叛乱。艾森豪威尔认为肯尼迪的行为鲁莽冲动，而且是错的。艾森豪威尔对自己感到很骄傲：能用低廉代价维持美国安全，而且在他的两个任期内没有再出现在朝鲜发生的那样的战争。

肯尼迪积极进取的热情迅速撞上一些严峻的现实。入侵卡斯特罗领导下的古巴的行动由中情局策动、古巴反共流亡者实施，艾森豪威尔时期就在计划这一入侵行动。1961年4月入侵失败，这让肯尼迪很丢脸，也使他更下决心要在别处阻止共产党成功。肯尼迪规模庞大的军事发展让苏联人很警惕，他们将其看作威胁。到1962年，美国的战略导弹领先苏联的比率已经是7:1。赫鲁晓夫孤注一掷，想纠正这种不平衡状态，命令将中程导弹部署在古巴，这样就离美国的目标很近。这导致了1962年10月的古巴导弹危机。最终，赫鲁晓夫做出了让步，但是危机很有可能会引爆第三次世界大战。

▶▶▶ 转折点：1947 年春天

捉襟见肘、疲惫不堪的英国再也无法维持它在东地中海的传统利益，1947 年初它这样告诉了美国。希腊的共产党游击队控制了那个国家的许多地方，苏联向土耳其施加强大压力，要求得到领土和控制具有战略意义的土耳其海峡。杜鲁门总统感到美国不得不接过这个责任，并清晰表达出一个新的政策和新的美国国家利益。这是朝全球主义的巨大转向。

1947 年 3 月 12 日，杜鲁门在国会联席会议上说，美国不仅必须援助希腊和土耳其，而且要更普遍地阻止共产党扩张。杜鲁门说："那些自由人民正在抵抗企图把他们变成仆从的武装的少数分子或外来压力，支持他们必须是美国的政策。事态正在快速发展，伟大的责任已经降到了我们肩上。"

杜鲁门把已经在华盛顿酝酿了几个月的政策变成正式的官方政策。美国将不再回到孤立主义，而是在全世界积极地反对苏联。这是美国新的责任，比威尔逊或富兰克林·罗斯福展望的责任更大，也更有分量：长期的、全球性的美国军事与政治行动。

几周以后，在 1947 年哈佛大学的毕业典礼上，国务卿乔治·C. 马歇尔提出了一项巨大的美国援助计划，旨在帮助被战争撕碎的欧洲复原。这是对外援助成为美国对外政策固定组成部分的开始，尽管当时几乎不受关注。1948 年开始的马歇尔计划共向欧洲注入大约 120 亿美元，是美国遏制共产党扩张的一个主要行动。同时它也使西欧国家开始走上经济一体化的道路。

与此同时，一位暗中有影响力的国务院官员制定了整个冷战时期美国的意识形态路线，并且发明了"遏制"这个词。乔治·F. 凯南会说俄语，长期研究苏联的行为。在美国驻莫斯科使馆任职期间，他对苏联和斯大林产生了强烈的厌恶与怀疑。第二次世界大战期间，当美苏还是盟友时，华盛顿几乎没人会听凯南的警告：斯大林战后将是侵略性的扩张主义者。随着冷战的开始，华盛顿听从了他的警告。

凯南把 1946 年的一份内部电报扩成了一篇文章，发表在有影响的《外交事务》季刊上。《苏联行为的根源》登在 1947 年 7 月刊上。这篇文章把苏联描绘成不会停止的扩张主义者，无论在意识形态还是在地缘政治方面都如此。凯南以"X"的署名匿名写道：苏联害怕、憎恨西方，寻求颠覆民主国家政府。（作为一名与苏联政府打交道的美国外交官，他不想使用自己的名字，不过很快就泄漏了出来。）

凯南提出，美国的战略应该是“一种坚决的遏制政策，当苏联人显露出侵害和平稳固的世界利益的迹象时，这种政策将在各个方面用不可改变的反击力量正面与其对抗”。如果坚持得足够久，将“导致苏联政权的分裂或逐渐转为温和。因为没有任何神秘主义的、救世主式的运动能够在面对无限制的挫败时，不会转而寻求各种方法来适应事态发展的逻辑，克里姆林宫的运动也不会例外”。2005年，凯南以101岁的高龄去世，他会很满意地写道，自己的政策最后成功了。美国持续40多年冷战的政策就是从1947年春天开始的。

越南

越南是形成政治世代的某个分水岭事件。在冷战期间成长的人们那时在讨论，战争的意义在于继续遏制；共产党在哪里扩张，就在哪里制止他们。艾森豪威尔使用“多米诺骨牌”的隐喻来说明，如果又一个东南亚国家落到共产党手里将会发生什么事情。任何一个美国总统，只要听任共产党扩张势力，都会被认为是懦弱的。从1947年开始，冷战把美国的国家利益变成了僵硬而未经权衡的教条。

▶▶▶ 概念：政治世代

社会学家卡尔·曼海姆（1893—1947）认为，重大事件会把自己的印记刻在整个一代人身上，他们终其一生会带着年轻时形成的态度。他把这叫作“政治世代”。例如，第一次世界大战在欧洲和美国产生了厌倦战争的“失去的一代”。大萧条产生了永远不会渴望职业保障和福利措施的人。越南战争使许多美国人对任何美国的海外军事干预都小心翼翼。

有一种战争理论（不是完全有说服力的一种）采用了政治世代的方法。经历过战争恐怖的一代人不会愿意把自己的孩子送进另一场战争。这使国家倾向于和平。但是新的一代人只知道和平，就会重新捡起对战争的浪漫主义和英雄主义想象，从而可能走向引发战争的武断冲动的对外政策。我们可以称其为“忘记”理论。忘记战争的一代人更倾向于进行战争。

冷战之后，年轻的一代可以不带感情地审视美国在越南的国家利益，发现那里并没有美国的利益。南越1975年被共产党领导的北方政府控制，对美国来说没什么意义。非常弱小的“多米诺骨牌”老挝和柬埔寨倒了，但是仅此而已。与走向高潮相反，共产党国家 15 年后在欧洲崩溃。假如美国没有采取军事介入的方式，而是签约雇用生活在统一的越南的劳动力为美国市场生产运动鞋和服装，就像现在做的那样，那么，美国或许就在越南“赢了”。但是，无论是美国还是越南共产党当时都不知道这些。1995 年，肯尼迪和约翰逊政府的国防部长罗伯特·麦克纳马拉公开说了曾经长期萦绕在他脑海里的一句话：“我们错了，完全错了。”

当时，美国人仍坚信遏制政策符合美国的国家利益。从 1947 年被放进神龛供起来以后，遏制政策就不能被修正或者丢弃。制定的政策都在执行遏制战略；政客与官僚习惯于遏制，而不去想一想遏制之外有什么。肯尼迪自己就没有怀疑过遏制战略，相反，他以遏制的逻辑推断越南的局势，决定在南越增加美军力量。1954 年，在美国的扶持下，在越南南方建立越南共和国，为的是阻止共产党在越盟击败法国殖民者后的进一步扩张。* 他把越南问题看作美国重要的国家利益，多数美国人都接受了这一点。

美国人对越南知之甚少。几乎没人知道越南人多么好勇斗狠和民族主义情绪严重，愿意为他们的国家而战死。法国人在 19 世纪把“印度支那”变成殖民地，尽管一直有越南人的地下运动要赶走他们。日本人 1940 年未开一枪占领了越南，随后越南共产党和美国特种部队一起打日本人。

第二次世界大战结束后，由共产党领导的越盟的克里斯玛型领导人胡志明宣布独立，但是法国人不肯。1946 年战争爆发，直到 1954 年法国在奠边府被打败。艾森豪威尔想到了去援助法国，但是做得很谨慎。艾克 ** 刚刚在 1953 年让美国结束了一场不受欢迎的战争，他不想要另一场。1954 年日内瓦和平谈判的结果是，法国人撤出越南，越南的狭长国土暂时被分为两部分。美国从来没打算把南越当作一个分裂出来的国家，艾森豪威尔和杜勒斯建立和资助南越只是为了挡住共产党的扩张。

艾森豪威尔政府时期，美国的政策是只送几个顾问过去；艾克把顾问的数量限制在 685 人。但是当肯尼迪掌权后，南越的共产党反叛加剧，因此他增加了美国在越南的军事人员，1963 年达到 16 000 人，这足以把美国搭进去。有个问题一直萦绕在人们心头：如果肯尼迪不死，他会避免越南战争吗？根据公开发出的信号，两种可能都有，但是他私下和亲近的助手说，（假如）连任，他会撤出来。这对林登·约翰逊不是什么好事，因为他继承了肯尼迪所有的政策和顾问。

约翰逊 1964 年一直在拖延。他让国会通过了《东京湾决议》，发誓要在越南采

---

* 越盟，即越南独立同盟，由越共领导的抗日抗法组织。——译者注

** 艾森豪威尔的昵称。——译者注

取强硬措施，但并没有说具体的内容。1964年，约翰逊以一个和平政纲参与竞选，结果压倒性地战胜了鹰派人物巴里·戈德沃特（Barry Goldwater）。但是到了1965年春天，随着越南南方民族解放阵线的胜利，约翰逊利用两院联合决议，开始向越南运送成千上万的美国军队，到1968年美军数量达到54万人。约翰逊祈望得到快速且代价低廉的胜利，但与此同时，北越通过老挝的"胡志明小道"渗透人员和武装。地面战斗很残酷，而美国空军猛烈轰炸了北越。这场战争拖得漫长而可怖，很多景象都被呈现在美国电视上。眼见结束无望、美军伤亡日增——到战争结束时伤亡总计6万——美国公众舆论转向反战。约翰逊看到他在政治上已经没有前途，于是谢绝了竞选连任。讽刺的是，他在1965年开始战争为的是确保共和党不会在1968年的选举中指责他懦弱。

理查德·尼克松不希望看起来是美国输掉了越南战争，但是他知道美国不能再待在那儿。他的解决办法是逐渐撤出美军，然后把责任交给南越军队，这个战略被称为"越南化"。他还削弱了越南作为国家利益的重要性，解冻了和中国的关系，并于1972年初访问了中国。尼克松的国家安全顾问亨利·基辛格私下对朋友说，我们所能期待的是，在美国撤出和越南共产党胜利之间，有个两到三年的"体面间隔"。这样就不能把越南看成美国的失败，尽管很多人还是将它算进美国的失败当中。

基辛格与河内外交官（在巴黎郊区）就停战和交回美国俘虏（其中包括约翰·麦凯恩）的问题进行了秘密谈判。但是1973年的协定并没有建立和平，还把差不多15万北越军队留在南越。虽然美国实际上撤走了所有的战斗部队，但是南越还有充足的武器和兵力。尽管如此，南越军队还是士气低落。美国教官过去常说："脊梁骨是没办法移植的。"1975年，一次北越的侦察就让南越军队惊慌失措，共产党迅速占领南越。就像美国兵过去常开的玩笑，南越军队的步枪从来不会开火，被扔掉后就不会再被拿起来。

▶▶▶ 反思：伊拉克、阿富汗和越南

伊拉克战争、阿富汗战争和越南战争在哪些方面相似？由于伊拉克战争和阿富汗战争是美国历史上两场最长的战争，所以批评者把它们与越南战争比较，断言美国又一次"陷入泥沼"。通常，这样的比较会展示出一些相同点和不同点。不过要小心简单化的类比。

第一，战争发生的场景极为不同。2003年，伊拉克战争最接近理想型常规战

争。回想起越南，美国军官调侃说："我们在沙漠里打仗，不是在丛林里打。"阿富汗起伏的高山更有利于叛乱武装。参加越南战争的军人大多数是应征入伍者，没有预备役；伊拉克战争中没有应征入伍的军人，预备役倒是有很多（有时达到了在伊美军总数的40%）。阿富汗战争中也有一些预备役军人。伊拉克有丰富的石油，越南没有。阿富汗最主要的出产物是鸦片。

最大的不同是敌人的本质。在所有三场战争中，美军都要与至少部分游击队作战，但是越南的共产党是团结的，而且处于河内的中央控制下。伊拉克和阿富汗的反叛武装都属于逊尼派，但没有集中的控制，是碎片化的。越共能够把他们的民族主义意识形态兜售给其他越南人。伊拉克的逊尼派武装人员无法让别人接受逊尼派比什叶派或库尔德人优越。这也是伊拉克逊尼派的最大弱点：他们可以打内战，但是没法打赢内战。阿富汗塔利班面临着类似的问题：他们多数是普什图人（阿富汗最大的族群，但仍旧没有过半数），其他阿富汗族群并不希望生活在普什图宗教狂热者的统治下。

这三场战争也有一些相同点。反美的民族主义是三个国家叛乱者的首要驱动力："美国人滚出我们的国家！"伊拉克20世纪20年代由英国建立，南越50年代由美国建立，两者都是"人造"国家，政权缺乏合法性。阿富汗从来不是一个统一的国家。三个国家最主要的弱点都是政治上的，而不是军事上的，即腐败和不称职的政府几乎得不到民众支持。

由于东京湾事件和"9·11"事件带来的恐慌情绪，三场战争都得到国会支持：不是宣战，而是通过两院联合决议。民主党总统肯尼迪、约翰逊和奥巴马在共和党的压力下都要展示他们多么强硬。共和党把战争和强大的国防、安全或者恐怖主义联系在一起，而民主党当权者则害怕不派军队去打仗会影响他们再次当选。然而，眼见三场战争都没有尽头，国会开始把责任推卸给总统，甚至是总统所属的政党。美国在三场战争中几乎都没有盟友，还面对着许多国际危机。

最大的类似之处在于美国的公众舆论。随着时间的推移，以及对美军伤亡状况的反应，舆论的支持度都在下降。三场战争开始时，大约三分之二的民众是支持的，三年内降到三分之一。美国人不喜欢长期的、没有结果的战争。战争前期，关于"阻止共产党"和"反恐战争"的论调还能被广泛接受，后来就不能说服人了。两党的各个政府都重新审视了美国的国家利益，设定了退出战争的时间表。对成功的界定标准被下调。大致看上去稳定的伊拉克和阿富汗就足够好了，民主则几乎没被提及。就像佛蒙特州的共和党参议员乔治·阿金（George Akin）为越南战争开的药方："宣布胜利，然后撤出来。"

正是民族主义给了共产党力量。越盟能打败法国人，因为越南民族主义力量在他们一边；而法国人是外国殖民者。美国人不知不觉地一步步进入了法国的角色；美国看上去就像新殖民主义者。越共不知道或者不在乎马克思或列宁；他们为把外国人赶出自己的国家而战。如果你们的国家被长相奇怪、不懂你们的语言和文化的外国军队占领，你们会怎么想？你会不会相信他们声称的来这儿是为了解放你们？这就是越南人眼里的美国。

西贡政权的愚蠢使事情更糟，它没有能力团结自己的人民。美国用金钱、专家、武器越是“帮助”西贡，它越是无能。在可能得到南越人民政治和道德支持的地方，我们依赖火力，这产生了反作用。看到他们的房子、农场、孩子被大炮、凝固汽油弹，甚至之宝打火机（Zippo lighters）毁了的人们，当然恨死了做这些事的外国人。我们仗打得越多，结果越糟糕。我们正在毁灭这个国家。

道德性与可行性在国际事务中是密切联系的。如果一个符合道德的目标是不可行的，那么用蛮力去实行就会导致不道德。我们必须要问的不仅是目标是什么，而且是这些目标可否在危害比益处小的情况下得到。

到了 20 世纪 70 年代，冷战开始平静下来。美苏关系变得更加灵活；达成了一些军备控制协定。中苏分裂消除了共产主义运动最具威胁性的特质——团结，美国长期以来试图破坏的就是团结。理查德·尼克松总统通过访问北京得到了中苏分裂的好处。不管人们在别的地方可能说他什么，尼克松是最早认识到两极和遏制不再适应世界形势的人。（尼克松是极少数会读国际关系书籍的美国总统。）尼克松明白，现在已经有比两个还多的集团，而正确的美国战略是在其中取得平衡。

▶▶▶ 经典思想：战争与和平

“他们制造了荒漠，却叫它和平。”

罗马历史学家塔西佗阐明了罗马帝国在征服和压制英格兰的过程中的罪恶。罗马人最终带来了和平，但是这种和平是种讽刺：墓地一样死气沉沉的和平。越南战争的批评者回想起塔西佗的尖刻言辞，认为这就是美国正在越南做的。很快，关于越南的精确言论出现了：

“为了拯救城镇，我们不得不破坏它。”

这句话是一位美国军官说的（无心的塔西佗式言辞），为的是解释为什么要把湄公河三角洲的一座城镇夷为平地。这句话广为报道，因为概括了美国正在越南做的事。美国结束“拯救”越南之后，什么会留下来？

阿奎那的“正义战争”

13世纪的圣托马斯·阿奎那强烈反对战争，但是认可一种满足了以下条件的“正义战争”可以存在：

（1）目的是保卫和重建和平；

（2）战争的理由就其本身来说是正义的；

（3）非战斗人员不受伤害；

（4）手段和目的是相称的。

圣托马斯的“相称性”原则是他最为重要的理论。这意味着你不能为了捕鱼权摧毁一个国家。有些学者认为美国在越南的战争符合第一点和第二点，但是违背了第三点和第四点。

下一个挑战

显然，美国的国家利益随着时间而变化，有的时候，比如在越南问题上，会发生180度的改变。现在，美国必须根据两个问题调整国家利益，一个正在发生，另一个正在出现：即短期内的恐怖主义和长期内的中国兴起。这两个挑战要求两种不同的确定国家利益的方式。两者都不会发展成另一场冷战，而且美国应该避免回到两极思维方式。20世纪的下半叶，美国只有一个主要对手苏联。恐怖主义是非中心的、弥散型的，就像一缕一缕的烟雾。在一个国家被剿灭，又会在另一个国家蹦出来。因此，入侵每一个藏匿极端主义分子的国家并不会捣毁整个极端主义运动，但是却会摊薄美国的力量，甚至制造更多的敌人。

▶▶▶ 概念：米德关于美国对外政策的四种流派

在一本经常被提及的2001年出版的书里，历史学家沃特·拉塞尔·米德（Walter Russell Mead）综合了不同时期的合众国历史，勾画出美国对外政策的四种流派或基本路径：

1. 汉密尔顿主义——以商业为导向的政策，主要通过经济手段，即通过促进国内繁荣和贸易关系，谋求美国的安全与强大。汉密尔顿主义在商业界和银行界的影响很大，持这种观点的人力图避免战争，但是战争发生后会支持。

2. 威尔逊主义——通过条约、国际法和国际组织寻求和平的理想主义观点。

威尔逊主义者通常在教会和法律界比较多，要求推进人权和民主，会为了反对残暴的独裁者而投入战争。

3. 杰弗逊主义——警告太多的对外卷入会伤害美国国内的制度，会把生命和金钱白白扔在不需要的战争中。杰弗逊主义者通常在学术与知识界，他们批评说，美国无法改变世界，当美国作为民主与繁荣的榜样存在时，就已经做到了最好。

4. 杰克逊主义——普通人的观点，通常对外交事务无知，平时也漠不关心，一旦美国遭到攻击，则立即变得义愤填膺。情绪化又缺乏相关知识的杰克逊主义者是天生的孤立主义者，但是一旦战争开始，又会要求用所有的手段取得完全的胜利，在平民死亡问题上也不会很谨慎。他们不喜欢汉密尔顿主义和威尔逊主义的政策，因为那些政策太伤脑筋、太复杂了。他们喜欢简单的政策，例如保护美国人的工作和建立一支强大的军队。

米德说，美国的对外政策及其领导人从来不只是持其中一个流派的观点，而是上述流派的不同组合。不同流派之间有时也会达成一致。前三种——汉密尔顿主义、威尔逊主义、杰弗逊主义，都是精英流派，杰克逊主义是大众观点，是长期、有力支撑对外政策的基础性要素，外国人不能理解（“那些美国牛仔！”），美国政客也不能忽视。根据米德的分类，现在哪一种看上去是在主导美国的对外政策？为什么？

强大的中国的兴起是比苏联更为微妙的问题，因为苏联是个军事挑战，而非经济挑战。中国没有搞一圈卫星国围着自己，也没有像苏联那样企图颠覆他国政府。北京并不以苏联输出共产主义的方式对外输出意识形态。相反，它把经济增长作为指导原则，而且不让任何东西中断经济增长。在这方面，中国在世界范围内得到了尊敬。但中国人是高度民族主义的，中国提高其军事能力，特别是海军，并警告美国海军不要靠近它。美国对外政策的一大问题在于：一个中国主导的亚洲是威胁吗？或者美国可以与之和谐相处吗？

美国首先需要一张全球体系的清晰图片，可美国还没有。全球体系是多极还是“文明的冲突”？是全球化还是资源战争？关键区域的“混乱地带”有多重要？那里会滋生恐怖主义吗？全球体系是一种不稳定的美—中两强霸权吗？接着，美国必须在该体系中确定自己的国家利益。美国有多少海外干涉？美国是否有资源进行重大长远的部署？美国是否应该试图控制中东石油产地，还是应该从任何可以产油的地方购买？美国只是使恐怖主义不要跑到家里伤害自己，还是要在全世界追捕铲除它？东海和南海与美国是否有关系？几乎不能就此给出什么明确的答案，但是摩根索经常强调的可行性是一个重要的指向标。

▶▶▶ 回忆：凯南论历史

乔治·F. 凯南是我继父菲利克斯·科尔（Felix Cole）大使的朋友，在我读研究生之前，他和善地给了我一些建议。他写道：

“我能说的就是，我衷心支持这样的观点：如果政治科学是你想要追求的，你可以先读文科硕士学位；如果可能，读政治史的博士。我对政治科学作为一个学科是疑惑的，除非它建立在严肃的历史研究之上。”

凯南自己成为了一位拥有广泛读者的历史学家。历史揭示了人类行为的模式、哪种行为塑造了哪种事件，以及这些事件的可能后果。历史是国际关系研究者必须具备的知识。

——尼古拉斯·贝里

复习题

1. 国家利益是什么？为什么国家利益经常很难确定？
2. 美国早期对外政策是否真的“技艺高超”？怎么做到的？
3. “天定命运”时期美国的利益是什么？
4. 1898 年之前与之后的美国对外政策有什么不同？
5. 首要利益与次要利益的区别是什么？
6. 冷战怎样从第二次世界大战中自然产生？
7. “遏制”是什么？谁发明的？
8. 越南问题是否曾是美国的国家利益？现在是吗？
9. 比较美国在越南、伊拉克和阿富汗的战争。

第五章　俄罗斯与地缘政治

2009 年，新任国务卿希拉里·克林顿访问莫斯科，送给俄罗斯外长一个电子重启按钮，象征着两国冰冷的关系有一个新的开始。双方都笑了，特别是俄罗斯外长指出“重启”的俄语写错了的时候（糟糕的准备工作）。但是微笑的气氛无法改变莫斯科的怀疑。亨利·基辛格几十年前就警告说，不要把外交会谈的独特氛围误解为实质性的东西——这是一种熟悉的美国倾向。微笑和握手不能保证弥合分歧有进展。美俄的紧张关系是实实在在的，根植于非常不同的历史和地理条件，无法简单地重启。

战争和布尔什维主义

从俄罗斯那里，我们可以学到许多国际关系的历史、术语，以及地缘政治。新生的美国几乎没有面临威胁，但是俄罗斯没有自然屏障，东西两边都极易遭受入侵。1240 年，蒙古游牧部落消灭了第一个俄罗斯国家。面对来自东方的千百万聪明、进取的人民，俄罗斯人至今仍感不安。15 世纪，莫斯科大公伊凡三世击退了鞑靼人，建立了一个新的俄罗斯国家。他的孙子伊凡四世（1530—1584），被称作“恐怖的伊凡”，16 世纪用野蛮的方式扩大了俄罗斯的疆土。对俄罗斯人来说，他的“恐怖”是好的，意味着在碾压外来入侵者和内部破坏者的过程中非常强大和严厉。俄罗斯人还是喜欢被一个强者统治。

▶▶▶　地理：地缘政治

地理对国际政治具有深刻的影响，因为国际政治中几乎所有单位都有领土这一构成要素。地理并不必然决定命运，但它却是多数国家历史上反复出现的问题。美国相对的孤立状态迫使我们发问，我们的防御应该从哪里开始：是大洋的此岸还是彼岸？

地缘政治说产生于19世纪，一定程度上是为帝国主义扩张提供辩护。这使它本身变成了不可靠的、彻底的简化，对此我们必须警醒。英国人哈福德·麦金德1919年说了一句名言：“谁统治东欧，谁就控制了心脏地带；谁统治了心脏地带，谁就控制了世界岛；谁统治了世界岛，谁就控制了世界。”这个公式与纳粹德国和苏联的地缘政治行动都能匹配。美国人尼古拉斯·斯皮克曼回应以“边缘地带”理论：谁控制了欧亚大陆的边缘地带，谁就主宰了欧亚大陆。这与凯南的“遏制”战略以及美国海军的思想合拍。哪一个理论更正确？可能哪一个都不正确。地缘政治式的思考需要看着地图或者地球仪，然后提出下述问题：

1. 我是应该扩张我的领土还是仅仅保护现在拥有的？
2. 从自然资源、工业、贸易、防范侵略，以及作为扩大影响力的基地来看，其他地区的价值何在？
3. 夺取和守住这块地区有多困难？
4. 如果我不能得到这个地区，谁可能得到它？
5. 如果这个地区掌握在敌对力量手中，是否会成为我的威胁？
6. 哪些自然界限，例如海洋、高山，有助于或者有害于我的状况？
7. 我能够通过外交和商业加强自身的力量吗？还是需要用军队？
8. 如果我真的进入这个地区，会引发什么样的新问题和新敌人？
9. 那里的人民欢迎我还是憎恨我？

扩张主义的领导人忽视了这些问题，直到把他们自己弄进了无法维持的境地、过度扩张，或者陷入不能取胜的战争。纳粹德国和日本军国主义信奉一种侵略性的地缘政治思想——生存空间，这毁灭了他们自己。强大的国家倾向于在宽泛的意义上定义自己的地缘政治利益，这会导致扩张主义和战争。英国奋力阻止荷兰或者东地中海被敌对势力控制，这就是地缘政治的考虑。美国提出门罗主义或夺取菲律宾，这也是地缘政治的考虑。莫斯科仍然持有传统的地缘政治观点，并努力控制接壤的国家。

在俄罗斯 / 苏联地缘政治方面，有几个持久因素。长期以来，深处内陆的俄罗斯为了获得一个不会结冰的“温水”港而奋斗。18世纪早期，彼得大帝（1672—1725）赶走土耳其人获得通往黑海的通道，打败瑞典人获得波罗的海“面向西方的窗户”，在那里，他建设了圣彼得堡。彼得大帝是第一位到西欧旅行的沙皇，他对西欧的工业留下深刻印象，命令在俄国复制。他确立了进口西方技术的模式，迫使俄国自上而下地进行现代化。作为俄罗斯伟大的扩张主义者和现代化的奠基人，彼得大帝在今天受到高度尊崇。

莫斯科还渴望伊斯坦布尔和土耳其海峡，既可以解放东正教的起源中心，又可以确保俄国出黑海的海上交通不受限制。为此，俄罗斯在两个世纪里与奥斯曼帝国进行了十次战争。与沙皇一样，斯大林试图在第二次世界大战结束后得到海峡，把黑海变成俄罗斯湖。对俄罗斯来说，地缘政治具有持久意义。

欧洲国家眼里的俄罗斯是为它们入侵准备的。条顿骑士团沿着波罗的海东进，直到 1242 年被亚历山大·涅夫斯基（Alexander Nevsky）领导的俄罗斯人打败。1707 年到 1709 年，卡尔十二世率领的一支强大的瑞典军队攻击俄国，最后消耗殆尽，只能放弃。1812 年，拿破仑确实占领了莫斯科。第一次世界大战中，德国军队进入俄国境内很深的地方。1941 年，希特勒聚集起一支有史以来规模最大的军队，要去征服和奴役苏联。第二次世界大战中最大的战役都发生在东线战场。苏联损失了 2 600 万人口，美国还不到 50 万。

战争对俄罗斯有深刻的影响，使这个国家产生了至少两次系统性的剧变。蒙古人的征服导致伊凡建立起中央集权、军事化的俄罗斯国家。第一次世界大战带来了沙皇制的瓦解和列宁建立的布尔什维克国家。如果没有战争，逐步演进而不是革命，会成为俄罗斯可能的路径。

20 世纪早期的沙皇俄国经济在增长，并且开始出现选举的议会——杜马。许多俄国知识分子因憎恨沙皇制而转向了社会主义和马克思主义。其中一些加入了小规模的、地下的俄国社会民主工党，这个党后来变成了布尔什维克党，再后来变成共产党。俄国在 1904—1905 年日俄战争中的屈辱失败引发了无结果的 1905 年革命，而第一次世界大战摧毁了整个系统。俄国军队规模很大，但是领导他们的将军们却不能胜任指挥军队的任务。德国军队压得他们停止前进，到了 1916 年，俄国军队开始垮掉。1917 年初，随着经济和军队濒临崩溃，一群温和派攫取了权力，并迫使沙皇尼古拉二世退位。

1917 年的临时政府（7 月之前一直由温和派亚历山大·克伦斯基掌权）知道俄国不能继续进行战争，但是受义务驱使，没有背叛它的西方盟友。美国 1917 年 4 月才参加第一次世界大战，然后向俄国北部运送了许多战争物资。那时，德国安排列宁从瑞士流放地回到俄国。1917 年 11 月，列宁领导的布尔什维克党夺取了政权，随后枪杀了沙皇一家，开始和德国谈判退出战争。

列宁的马克思主义意识形态给他带来了错误的推论。他认为欧洲已经为革命做好了准备，所以俄国革命将迅速扩散。他认为德国将是宽大仁慈的，但是德国却要求得到俄国西部的大片土地和一个独立的乌克兰。列宁犹豫不决。此前，他是一个要推翻国家政权的革命者，现在，讽刺的是，他不得不保存俄罗斯国家。意识形态与现实发生了冲突。由于俄国的虚弱和分裂，1918 年 3 月，列宁接受了德国要求的投降令。因为新加入的美国军队改变了西线的平衡，11 月德国战败，只有这样，才使得《布列斯特—立托夫斯克和约》作废，从被肢解的前景中拯救了俄国。

列宁的革命并没有扩散，甚至在陆海军人民委员列夫·托洛茨基把新组建的红军向西派遣入波兰时也没有扩散。毕苏斯基指挥的、复国的波兰（波兰被德国、奥地利和俄罗斯瓜分了一个世纪）的军队把红军击退，为波兰占领了更多的领土——主要是白俄罗斯人和乌克兰人居住的土地，斯大林最后拿回来了。到 1920 年底，列宁变得谨慎，集中注意力保卫苏联和巩固共产党（布尔什维克那时这么称呼自己）的权力。*

列宁要求全世界的社会主义者帮助新生的苏联。1920 年和 1921 年，社会主义运动分裂，共产党从中脱离，加入了列宁的纪律严格、中央集权的国际组织——共产国际。所有共产党必须听命于莫斯科。共产党相信帮助苏联可以支援社会主义，其结果就是苏联对外政策的许多不合理扭曲和转向。对于信仰者来说，共产主义成为一种世俗的宗教，它的中心在莫斯科。

▶▶▶　外交：第一次世界大战——斯拉夫人的联合

第一次世界大战的原因有许多，其中一个是斯拉夫人民对作为奥匈帝国一部分的不满。19 世纪，在民族主义和泛斯拉夫主义的双重影响下，生活在这个多民族帝国里的塞尔维亚人、克罗地亚人、斯洛文尼亚人、捷克人、斯洛伐克人、波兰人激发起一种情感：所有斯拉夫人都是有亲缘关系的，应该处于最大的斯拉夫国家俄罗斯的善意保护之下。在塞尔维亚人、黑山人、保加利亚人为从土耳其的统治下解放而斗争时，泛斯拉夫主义在巴尔干半岛尤为重要；他们很自然地求助于自己的“大哥”——东正教的俄罗斯人。甚至在今天，塞尔维亚人差不多还会本能地寻求俄罗斯的保护。

当俄罗斯和奥匈帝国都向南挤压衰弱中的奥斯曼帝国时，它们在巴尔干的帝国野心发生了冲撞。1908 年奥匈帝国吞并了波黑，波黑的邻国塞尔维亚也想合并它。1914 年波黑—塞尔维亚的民族主义者刺杀了奥匈帝国大公弗朗茨·斐迪南；维也纳作为报复，要求实际接管塞尔维亚。遭到贝尔格莱德的拒绝后，奥匈帝国发动了进攻。

塞尔维亚求助于俄罗斯，沙皇命令动员大量俄军。与此同时，德国给了奥匈

* 苏联于 1922 年正式成立。——译者注

帝国处罚塞尔维亚的权力。在俄罗斯动员时发出警告的德国皇帝也开始在本国动员，微不足道的战争变成了第一次世界大战。如果没有斯拉夫人的联合，战争将会是奥匈帝国与塞尔维亚局限在巴尔干的冲突。

斯大林的政策错误

列宁 1924 年去世，没有指定继承人。他的其中一份遗嘱要求共产党不要接受斯大林，因为他"太粗鲁"。但是在那时，斯大林控制着党的官僚机构，利用他担任总书记的职位亲手挑选了自己的支持者占据党的高位。这使他能够击败和流放托洛茨基。1927 年，斯大林已经建立了牢固的控制。1928 年他开始了第一个五年计划，进行工业化和农业集体化。苏联变成了一个主要的工业国。

斯大林害怕 1929 年被驱逐出苏联的托洛茨基在共产党和托洛茨基一手创立的红军里还有支持者，严重的不安全感让他在 1934 年发动了"肃反运动"，以不忠诚为名杀害了近百万名党内同志，其中包括多数军队指挥官。同时，斯大林还逮捕了数百万的普通苏联人并将他们流放到西伯利亚，其中包括抵制集体化的农民、上班迟到的工人，以及少数族裔，他们中的很多人死在劳改营。

在对外政策上，没有对外交流经验的斯大林犯了可怕的错误。20 世纪 20 年代，他命令当时还很弱小的中国共产党不要对抗强大的国民党；他认为中国还没有准备好一场无产阶级革命。1927 年蒋介石开始打击共产党，从那时起，在毛泽东的领导下，共产党才开始走向成功。中苏冲突的根源要追溯到斯大林的糟糕建议。

在欧洲，斯大林也对形势理解错误。他告诉共产党与"资产阶级"政党保持距离，不要与他们合作，甚至不要与社会主义者合作。* 德国发生大萧条后，纳粹党的选票快速增加。联合的社民党—共产党阵线可能会阻止他们，但是斯大林认为纳粹党将很短命，因而拒绝考虑这一联合。德国共产党当时的口号是："希特勒之后将会是我们。"认识到这个错误时已经太晚了，斯大林因而命令共产国际与所有反法西斯政党建立"人民阵线"。共产党之后的口号是"左派中没有敌人"，努力解释他们是与法西斯作斗争的真正的民主主义者。人民阵线政府在法国和西班牙短暂存在。30 年代后期斯大林的目标是让英法成为苏联反对德国威胁的盟友。

---

* 这里指西欧的社会民主党。——译者注

▶▶▶ 转折点：对俄罗斯北部的干涉

布尔什维克带着俄罗斯退出战争时，西方联盟很害怕，因为这使德国可以把一百万军队从东线转移到西线；同时它们也盯着布尔什维克和德国的代理人。很多战争物资，多数是美国的，运到俄罗斯北部的港口阿尔汉格尔斯克和摩尔曼斯克，西方害怕这些物资落入挺进的德国人手里。英国和美国1918年向那里派遣了小分队。有人认为西方可以帮助白俄军队打内战，但是行动混乱，一无所成。

在11月战争结束之前，俄罗斯的北方港口结冰关闭。美国人不得不待到1919年中期，他们与新成立的红军打了几次小规模战斗。美国人和苏联人很早就让对方流血，尽管不是很多。外交家和历史学家乔治·凯南的研究表明，这里的问题在于，所有英国人和美国人考虑的都是赢得战争，而所有布尔什维克考虑的都是巩固革命。双方都不承认对方的动机是合法的。有人说冷战1918年爆发于北俄罗斯。

但是伦敦和巴黎拒绝了斯大林的提议。如果与莫斯科站在一起反对希特勒，三个国家可能阻止第二次世界大战的爆发。可是相反，1938年3月在慕尼黑，英法试图通过牺牲捷克斯洛伐克来安抚希特勒。在斯大林看来，英国人和法国人想要德国的战争机器瞄向东方——苏联。斯大林作了现代史上最具讽刺意味的反转，使局面有利于自己：1939年希特勒与斯大林签订《苏德互不侵犯条约》，这使英法单独面对德国。条约签订后一个星期，1939年9月，希特勒入侵波兰，第二次世界大战正式爆发。根据条约的秘密条款，斯大林占领了东边三分之一的波兰，把波兰1921年拿走的领土夺了回来。

1939—1941年的《苏德互不侵犯条约》奇怪而不稳定。势不两立的敌人停止相互诅咒。斯大林认为英法与德国势均力敌，双方精疲力竭后苏联将成为欧洲最强大的国家。但是1940年5月和6月，德国坦克集群横扫法国北部，年迈的贝当元帅与德国占领者达成了屈辱的和平，“虚假的战争”（phony war）结束。此后的一年，英国坚持独立抵抗纳粹德国。

斯大林猜想希特勒对东欧不感兴趣。苏联甚至提出了强硬的领土要求：合并了波罗的海国家立陶宛、拉脱维亚、爱沙尼亚，以及叫作摩尔达维亚的罗马尼亚的一部分。这让希特勒很生气，把他的注意力再次转到东方，那里是他的陈年旧恨：一般来说是斯拉夫人，具体来说是共产党。1940年底，希特勒下令进行大规模的军事集结，准备1941年6月入侵苏联。

斯大林收到超过一百份关于攻击的情报，有些还是来自他自己的间谍，但是并没有相信他们。如果你不相信，情报就是没有价值的。英国告诉斯大林，他们从破获的德国密码中得知，入侵正在迫近，但是斯大林却嗅出了要把他拉进战争的英国诡计的味道。当入侵发生后，斯大林十分震惊，但是却出来重新振作苏联人民的精神。莫斯科多年来的路线就是，苏联人始终知道希特勒想干什么，也在花时间准备。为什么他们会毫无防备地被攻击？

▶▶▶ 概念：意识形态与对外政策

意识形态是为了改进社会的一种信仰体系或理论。通常意识形态词汇用“主义”结尾，例如自由主义、保守主义、社会主义、共产主义，以及原教旨主义。意识形态的对立面是实用主义，但是实用主义也经常用来服务于某种意识形态。甚至美国人也具有意识形态动机，一种自由市场、民主、基督教的混合物。人们通常不是真的相信意识形态，而只是作为自我利益的面具。

意识形态式的对外政策很少能持久。革命国家一开始可能试图输出意识形态，但是当代价太大时，就缩回去了。苏联的对外政策一开始是意识形态式的，但是很快马克思列宁主义就与苏联的国家利益缠绕在一起。俄罗斯是第一个社会主义国家，因此它的利益也是社会主义的利益——列宁和斯大林对轻易相信他们的全世界共产党就使用这个方法。他们说，对俄罗斯好的就是对社会主义好的。这就是用意识形态掩盖国家利益。

斯大林在意识形态方面做出过急转弯：先是在30年代初忽视纳粹，接着在30年代中期反对纳粹，不久之后在1939年又和纳粹做交易。斯大林使用意识形态借口掩盖他的错误并保住了权力。对意识形态式的对外政策要心存怀疑。它们或者带来一时的狂热，或者是自我利益的伪装。

希特勒的“巴巴罗萨”行动接近成功。头一个月就有超过50万苏军士兵被俘。但是从地理上看，征服苏联很困难。当侵略军向东进攻，需要很长的补给线；随着深入俄罗斯越来越广阔，战线的正面也越来越大。泥泞和大雪延缓了推进。德国军队没有冬衣。11月，德军接近莫斯科，但是被阻挡住了。冬天很早就来了，从西伯利亚来的增援维持住了战线。1943年初，随着纳粹在斯大林格勒失败，那些敏锐的德国人已经知道他们赢不了了。红军一路追击过东欧，把德国人赶回了柏林。1945年5月，战争在欧洲结束。苏联人获胜不是靠高级的武器、领导能力，或者战术，而是靠敌人在攻击中自己消耗殆尽，然后通过更多的人力把他们击退。这是代价高昂的传统作战方式，但是拯救了苏联。

▶▶▶ 转折点：西班牙内战

20 世纪 30 年代，弱小的西班牙共和国分裂。1936 年，弗朗哥将军的保守民族主义者反叛左翼的人民阵线政府。1939 年，令人痛苦的内战以弗朗哥的胜利告终，不但拉开了第二次世界大战的序幕，而且为大战铺平了道路。墨索里尼和希特勒立即援助弗朗哥。德国和意大利的炸弹 1937 年把格尔尼卡（Guernica）夷为平地。斯大林让共产国际招募国际纵队，并向共和国政府出售坦克和大炮。大约 3 200 名美国人组成林肯纵队，为共和国而战，其中一半丧生。

在斯大林的命令下，共产党在西班牙内战期间推行温和的中间路线政策。他们压制了想要进行无产阶级革命的西班牙托洛茨基主义者和无政府主义者。斯大林这时的想法是，让英国和法国（两国在法西斯摧毁西班牙民主时保持中立）相信，苏联在反法西斯斗争中是可以信赖的伙伴。伦敦和巴黎认识到希特勒和墨索里尼在西班牙只是磨刀、其他民主国家将是第二个西班牙时，已经太晚了。

雅尔塔和冷战

1945 年初，战时的三大国领导人罗斯福、丘吉尔、斯大林在苏联克里米亚度假地雅尔塔会晤，决定中东欧的命运。一些共和党批评罗斯福和民主党在雅尔塔把东欧送给了苏联，雅尔塔由此变成了“背叛”的同义词。这是不地道的外交，但不是背叛。苏军已经占领了东欧的大部分并且决心将此局面维持下去。没有人知道西方能够向东深入多少，他们或许可以占领德国和捷克斯洛伐克更多的地方。

在雅尔塔，双方关于东欧的“民主”有不同的观点。西方的意思是自由民主，即多党自由和公正的竞选。苏联的意思是“人民民主”，即驱逐资产阶级和保守分子，把权力交给“工人的政党”（例如共产党）。对雅尔塔协议的争执是引发冷战的部分原因。

冷战是第二次世界大战之后美国和苏联之间政治和军事的紧张时期。苏联于 1945—1948 年接管东欧，并使东欧国家共产党化。随着斯大林在一个个国家安置共产党政府，西方的愤怒也随之累积，害怕他会继续向西欧推进。

冷战可能在 1962 年古巴导弹危机达到顶峰，不过有人认为随着尼克松和基辛格 70 年代初的外交缓和政策，冷战也结束了。现在大部分人同意，冷战随着 1989 年柏林墙的倒塌而结束。

冷战显示了感到不安全的帝国自相矛盾的困境。第二次世界大战后，苏联是欧洲最强大的国家，在东欧还有一圈安全地带。但是这让西方国家警惕，其领导者美国重新武装，并在世界的每一个角落安插反对苏联的力量。斯大林的新的权力促发了一个巨大的、敌对的反苏联盟。苏联越是努力变得安全，就越是会面对更大的不安全。

▶▶▶ 外交：雅尔塔协议

1. 波兰将有新的边界，把东部的领土给苏联并从西部德国那里得到补偿。结果就是，波兰就像被提了起来向西移动了 100 英里。

2. 东欧将成为对苏联友好的民主国家。

3. 德国将被分为三块（法国加入进来后是四块）临时军事占领区。柏林作同样的划分。

4. 德国将解除武装，对造成的损害提供巨额赔偿，特别是对苏联。

苏联的衰落

冷战期间，许多美国分析家和政客都害怕一个强大的、扩张性的苏联。“做最坏的打算”导致高估了苏联的实力。我们现在知道，大约不迟于 1970 年，苏联已经进入衰落的轨道：军队耗费了经济总量的四分之一，帝国在援助中慢慢耗尽，技术每十年都落后得更多。长期的物资短缺产生了大量的不满，怒气在苏联人中间升腾。

美国的政客、学术界、新闻界都没有能够预料到苏联权力的崩溃。执着于冷战形象，几乎没有人注意到苏联在斯大林 1953 年死后所出现的不稳定。这是人类心理的永恒问题：怎样才能清楚认知。例如，不迟于 1960 年，“中苏集团”已经为中苏分裂代替，但是我们的认识远远滞后。

斯大林死后，他的跟班们争夺权力。到 1955 年，党的领导人尼基塔·赫鲁晓夫像斯大林一样，把自己的支持者安置在关键岗位上，以打击其对手。为了打击斯大林的影响和巩固自己的权力，赫鲁晓夫在 1956 年党的大会上做了一个长达数小时、刺激性的“斯大林罪行”的控诉报告，包括战争中犯的大错和杀害党内同志。

他认为自己是在封闭的党内会议上做报告，但是报告很快泄漏出去，伤害了共产主义运动。全世界曾经崇拜斯大林的共产党员一下子看到了他的可怕，很多党员退党。在匈牙利，激进的改革主义共产党掌了权，直到苏联坦克进来干涉。同样的事情差不多也在波兰发生。

赫鲁晓夫也没有找中国的毛泽东商量报告的事，毛泽东反对这个报告。毛泽东仍然把斯大林当作一种象征，不喜欢冲动、鲁莽的赫鲁晓夫，因为他损害了国际共产主义运动。正当赫鲁晓夫警告核战争的危险时，毛泽东号召世界革命。1960年，苏联撤出了对中国的所有援助和专家，1969年中苏在东部边界发生小规模冲突。

中苏分裂把中国推向了美国。当美国70年代初从越南撤军时，北京把苏联看作最大的威胁。经过一些试探，尼克松1972年访问中国，这对双方都是好事。苏联不得不在漫长的中苏边境保持四分之一的军队。1972年以后，中国不再害怕两个超级大国联合起来对付它，但是苏联不得不担心美国—中国的联合。失去中国削弱了苏联集团，尼克松认识到了中苏分裂，并在均势外交中利用了这一分裂。

冷战期间，东欧处于苏联的霸权之下。斯大林、赫鲁晓夫、勃列日涅夫，甚至戈尔巴乔夫早期都发誓，不会放弃作为俄罗斯防御盾牌的从波罗的海到巴尔干的宽广地带，尽管这些卫星国从一开始就给莫斯科带来很多麻烦。斯大林占据东欧是冷战的起源，因为这带来了巨大的军事开支以及与西方关系的恶化。斯大林最初掠夺了东欧的土地，但是他的继任者不得不通过原材料（特别是石油）的优惠交易来安抚它们。东欧国家的生活水平比苏联高，控制东欧是克里姆林宫的一项昂贵的对外补贴。多数东欧人不喜欢共产党，东欧国家政权的合法性很低。它们的政府通常很弱，而且依赖莫斯科。

1948年，南斯拉夫从苏联阵营分裂出去，当时斯大林想要把铁托变成傀儡。阿尔巴尼亚1961年也背离莫斯科去寻求一种极端激进的政策。东欧的每个国家都至少反叛了一次：捷克斯洛伐克1953年和1968年，东德1953年，匈牙利1956年，波兰1956年、1970年、1980—1981年，每次各国都出动了军队和坦克镇压。请注意，反叛没有早于1953年的，因为斯大林的去世激起了事情可能很快变得更好的希望。（还请注意，在与俄罗斯有着长久宗教与历史联系的巴尔干没有发生反叛。）莫斯科从来没有把东欧这个俄罗斯认为的防御盾牌看作可以被永远安抚的。1989年，米哈伊尔·戈尔巴乔夫认为维持帝国的代价太大了。他让东欧自由，实际上结束了冷战。

▶▶▶ 概念：霸权

“霸权”一词从希腊语“领导”而来，意思是对土地具有支配性权力。强大的国家如果在某种程度上控制了弱小邻国的内政外交，那么就对弱国拥有了霸权。冷战时期，苏联显然对东欧有霸权。有人认为美国也对中美洲行使了霸权。

由于害怕变得脆弱，国家才行使霸权。莫斯科估算，它需要东欧作为防御盾牌。华盛顿厌恶西半球存在敌对的国家。两者都感到它们不得不扩大控制与影响力，因为如果它们不这样做，有人就会夺取对它们来说至关重要的地区。“如果我们不去占据，其他人就会占据”这类“偶然性有必然性”的观点差不多都会占优势，被不加批判、有时是愚蠢地接受。霸权的麻烦在于，受霸权控制的国家憎恶霸权。多数东欧国家憎恨苏联霸权，是不可靠的盟友。有些西欧国家怨恨美国霸权。霸权不会赢得长久的朋友。

赫鲁晓夫与古巴导弹

冷战的高峰是 1962 年 10 月，当时一架美国间谍飞机拍下了苏联在古巴建造导弹基地的照片。1957 年，苏联的第一颗人造地球卫星（Sputnik）震惊了世界，从那时起，核战争就是一件近在眼前的事情。美国惊慌失措，因为苏联人造卫星上天好像证明了苏联人在导弹实力上领先美国。肯尼迪参议员使用“导弹差距”一词帮助他当上了总统，接着开始进行大规模的防务建设，重点在于造更多更好的导弹。事实上，美国一直在导弹实力方面处于领先位置，但是华盛顿花了一些时间才认识到这一点。

克里姆林宫惊恐地看着美国的军备发展。苏联的将军们都知道，苏联的火箭数量少、航程短、也不准确。赫鲁晓夫想出了一个又快又省的主意：把导弹运进古巴。再说，卡斯特罗也提出保护的要求。关于导弹的传言从古巴泄漏了出来，U2 侦察机 10 月 14 日证实，苏联导弹基地差不多要建成了。美国总统的高级顾问们不停地开会。肯尼迪选择了海上封锁，因为这不用直接打击苏联人，还给了他们出路。几十年以后才知道，苏联在古巴已经有了三打核弹头；如果美国入侵古巴，他们将动用核弹，引爆核战争——第三次世界大战。

当载着长方形板箱的苏联船只向着古巴奋力前进时，世界屏住了呼吸。船停了，并调头，同时克里姆林宫出了价：如果华盛顿承诺不入侵古巴、撤出在土耳其的导弹，那么古巴将不会有苏联的导弹。这是一个公正而对称的解决方案，但是却损害了冲动的赫鲁晓夫在克里姆林宫的政治地位：两年后，政治局因为赫鲁晓夫“内政外交的轻率行动”而投票将其拉下了台。

尼克松总统在70年代初采取措施缓和与苏联的紧张关系。美国人民与国会已经对越南战争心烦意乱，他们要求停止继续派兵、减少军事开支。国内压力为尼克松的缓和提供了背景。尼克松访问莫斯科，签署了限制导弹的条约（SALT Ⅰ），并鼓励与苏联的贸易。看上去冷战很快就要结束了，但是事情又变糟了。1973年发生的“水门事件”使得尼克松的总统职权瘫痪，直至1974年辞职。强大的国会声音攻击缓和。苏联看来也破坏了缓和的规则。他们增加了在东欧的导弹和军队，在第三世界挑选新的代理人。许多美国人，特别是共和党右翼认为美国被欺骗了。缓和需要双方配合，之所以失败，是因为莫斯科不乐意为之。

▶▶▶ 苏联领导人和他们的成就

党的领导人	任　期	主要业绩
弗拉基米尔·伊·列宁	1917—1924年	领导革命；使俄罗斯退出第一次世界大战；内战中打败白军
约瑟夫·斯大林	1927—1953年	强制工业化 第二次世界大战中打败德国；控制东欧；与中国结盟
尼基塔·赫鲁晓夫	1955—1964年	镇压匈牙利起义；在埃及获得影响力；与古巴结盟；增强了导弹实力；疏远中国
列昂尼德·勃列日涅夫	1964—1982年	在安哥拉、埃塞俄比亚、南也门、叙利亚培植了苏联代理人；得到短暂的缓和、短时间与美国军事力量平衡；入侵阿富汗
尤里·安德罗波夫	1982—1984年	无——任期太短
康斯坦丁·契尔年科	1984—1985年	无——任期太短
米哈伊尔·戈尔巴乔夫	1985—1991年	从阿富汗撤军；和里根签署《中导条约》；试图改革、但摧毁了苏联

1979 年底，主要出于地缘政治的考虑，克里姆林宫命令苏联军队进入阿富汗。1978 年通过政变取得主导地位的阿富汗共产党政权正面临被推翻的威胁。如果穆斯林“圣战”武装（mujahedin）获胜，他们将会把组织扩展到暗潮涌动的苏联加盟共和国。控制阿富汗还会使苏联靠近战略要道霍尔木兹海峡——世界上大量的石油都通过该海峡运送。

莫斯科为此付出了巨大代价。他们在阿富汗投入了约 12 万军队，其中约 2 万人死亡。就像美国在越南，苏联人在阿富汗也看不到战争结束的日子。苏联公众对战争知晓甚少，除了被告知这是他们的“国际主义义务”，要保卫祖国，打击美国支持的阿富汗匪帮。

阿富汗战争还损害了莫斯科的影响力，让朋友远离，特别是在穆斯林世界。莫斯科与美国的缓和破产了。吉米·卡特总统宣称他“在一个星期里了解到更多的苏联”，比之前所有时间加起来还多。他开启了美国的军力发展，取消了对苏联出售谷物，抵制了 1980 年莫斯科奥运会。更加严酷的国际环境增加了苏联的负担，促进了多年后的制度崩溃。苏联撤出阿富汗的年份——1989 年，也是克里姆林宫撤出东欧的时间。随着柏林墙 1989 年 11 月倒塌，冷战实际上已经结束。其原因在于：苏联的衰弱。

▶▶▶ 外交：缓和

“缓和”（détente）是法语，意为“紧张状态的松弛”，作为传统的外交用法，缓和指两个国家采取措施脱离武装敌对。这就是“缓和”的全部，而没有建立一种新的、和平的关系的意思。然而，尼克松 70 年代早期使用这个术语是要说明一个美苏和平的时期。由于使用过度、兜售太多，到了 1976 年的总统选举，“缓和”成了一个肮脏的词汇，暗示向俄国人投降，以后也不再使用。

历史学家戈登·克雷格（Gordon Craig）和政治学家亚历山大·乔治（Alexander George）强调，从敌对到信任有许多步骤，所有步骤都是可逆转的。在古典外交意义上，离开武装敌对紧张状态的第一步就是缓和。如果进程持续下去，两个国家就会“重建相互关系”（rapprochement）——这也是法语，意思是双方接近建立适当的关系。如果做到了这一步，那么它们就可以继续向前达成谅解（entente），即相互理解各自的势力范围。如果成功走到这一步，一方就可以向另一方提供一个善意的象征，古典外交称之为“安抚”（appeasement）——在 1938 年张伯伦试图安抚希特勒后“安抚 / 绥靖”变成了一个令人诅咒的词汇。最后，如果两个国家看到了一种相互间的利益，它们甚至可以组成一个联盟（alliance），即相互帮助防御的契约。

17、18世纪的外交实践者理解，这些阶段不能急于求成、也不能跳过。可能在某一个阶段停滞不前，甚至退回到敌对状态。尼克松和基辛格假定“缓和”就是“重建相互关系”或者“达成谅解”，从而忽视了传统外交的谨慎。

苏联为什么崩溃?

马克思的理论认为，资本主义带来的萧条如此严重，使得工人阶级非常生气，他们于是夺取政权，开辟一个新的制度——社会主义。资本主义注定灭亡，社会主义（这里的意思是指生产资料国家所有）必然到来。

经济增长的方式有两种：一种是靠投入更多的劳动、资本、原材料，以及能源；另一种是变得更有效率，即用更少的投入产出更多的产品。只有第二种方式才产生长期的、稳定的经济增长。苏联宣扬生产而不是生产率。第一种方式下，投入最终会枯竭；第二种方式下，主要由技术革新造成的生产率的不断增加能够永不停止，并使得经济更有效率。就像一家天然气公司的广告曾经说的：“有效率，就有未来。”

苏联工业无效地制造出大量低质量产品，是因为技术落后。中央指令经济没有为更能产生效率的创新提供计划、资金、人力和动力。有些苏联经济学家认识到这一点，主要是在60年代早期赫鲁晓夫“解冻”的时期，他们提议进行市场模式的改革，但最后什么也没有实现。1964年赫鲁晓夫下台后，可能的改革者也就销声匿迹了。

从30年代到60年代，苏联制度带来的发展令人瞩目，但是70年代初开始，许多投入已经达到了极限，苏联经济增长由此慢了下来——有些年份接近于零增长。至少两类苏联精英日益忧虑：知道苏联经济有多落后的经济学家们，以及知道战争的高科技含量越来越高、而苏联落后于美国的将军们。这两类精英要求改革，支持米哈伊尔·戈尔巴乔夫1985年掌权。

▶▶▶　概念：精英

政治学家把政治体系中高层或最有影响的人叫作“精英”，指那些有真正政治影响力的人。很难精确地指出谁是精英，但他们是在人口中只占百分之一的很小一部分。政治精英未必是最有钱的人。一个国家可能有几类精英：高级官员、商业领袖、将军、重要的学者。有些国家还可能有特殊的精英：苏联的政党精英、伊朗的穆斯林神权政治精英。政治生涯中的大部分时光都充满了斗争，公众通常看不到这些；控制国家方向的人在精英内部产生，大众一般都是追随者。

对外政策天生是精英的游戏。提出一项新的对外政策的人只有极少数。在美国，这些人是国家安全委员会成员，包括国务院、国防部和情报机构的首脑。在苏联，这些人是政治局成员，也就一打左右位于共产党最高层的人。在中国，这些人是共产党政治局的25名成员，与中央军事委员会成员部分重叠。

外交官用国家的首都快速指代对外政策的精英。他们说“巴黎”或“莫斯科”，指的是法国或俄罗斯。这比说“俄罗斯人”更准确，因为99.99%的俄罗斯人在对外政策上毫无发言权。在指称其他国家时，请尽量避免使用“他们”，因为“他们”意味着所有的国民都持一种观点。政府的政策可能是敌对的，但是敌对国家的人民常常是友好的。

米哈伊尔·戈尔巴乔夫从未想要终结苏联的制度，而只是对它进行改革。但是改革当时的政治系统就像试图给气球接种疫苗。戈尔巴乔夫继承的是一个日渐衰落的苏联经济，它亟须改革。戈尔巴乔夫确实实施了公开性和改革，但是这只把事情搞得更糟。公开性使公民和媒体开始强烈抱怨。特别危险的、而且戈尔巴乔夫完全没有预见到的是，组成苏联的许多民族开始表达他们被压制的情绪。改革几乎没有兑现，1989年食品短缺仍很严重。戈尔巴乔夫不断地与保守势力斗争（就像赫鲁晓夫那样），犹豫了很多年也没有采取一项认真的经济改革计划。

苏联经济的衰落促使戈尔巴乔夫实施真正的缓和。他不顾一切地需要西方的援助和贸易。他和里根总统的第一次会见是1985年在日内瓦。两人很合得来，建立起互信。1987年底，他们在白宫签署了重要的《中导条约》(INF)，消除一整个类别的核武器。戈尔巴乔夫视线中的一个亮点就是他与里根的关系。

苏联对东欧国家的霸权制约了这一关系。不过，戈尔巴乔夫不喜欢旧式的勃列日涅夫式领导人那样指挥东欧。1988年，戈尔巴乔夫告诉东欧要搞它们自己的公开性和改革。但是东欧的政权缺少合法性，当它们开始放开一寸时，它们的公民就迈进了一里。在1989年波兰有一定程度自由的选举中，共产党政权被彻底击溃；接到了戈尔巴乔夫的一个电话后，波兰共产党让位给了一位天主教的总理。1989年夏天，匈牙利开放了与奥地利的边界，让数以千计的东德人跑到了西德。捷克斯洛伐克做了同样的事。东德爆发了抗议。东德政府命令向抗议者开枪，但是共产党中的自由派接手了政权并在11月开放了柏林墙，这标志着冷战的结束。

戈尔巴乔夫对未来从来没有过明智合理的愿景；他想着他能够改革共产党政权。到了此时，更能够接受新的批判性思想的第二代或第三代精英群体，认识到了苏联制度的缺陷。苏联共产党分裂为保守派和自由派，而自由派正在不断获得政治影响力。戈尔巴乔夫最初支持自由派，启动了去中央集权化进程，但是“半吊子”的经济改革损害了制度。新的市场部门撞上国有部门，造成经济崩溃和通货膨胀。

戈尔巴乔夫几乎每年都要改变他对改革的立场。到了 1990 年，俄罗斯人已经对他极其不满。同时，一些自由派党员退出了共产党，并以非共产党员的身份赢得了选举。1991 年，在俄罗斯千年历史上首次进行的自由选举中，鲍里斯·叶利钦赢得这个苏联最大的加盟共和国的总统席位。这给了叶利钦戈尔巴乔夫所缺少的合法性，因为戈尔巴乔夫从来不是经公众选举任职的。1991 年 8 月，在戈尔巴乔夫亲手挑选的内阁发动的未遂政变中，叶利钦态度坚决，公民都向他集结，军队分裂，政变策划者失去了勇气。

1991 年底，戈尔巴乔夫下台，苏联解体，由 15 个独立的共和国取代，其中的 12 个组成了一个模糊松散的“独立国家联合体”。克里姆林宫塔楼上的红旗被旧俄白、蓝、红三色旗取代。不到四分之三个世纪，苏联在列宁的领导下诞生，在残酷的斯大林主义下成长成熟，在勃列日涅夫时代慢慢衰落，最后消失在戈尔巴乔夫未遂的改革中。

▶▶▶ 地理：继承苏联的国家

曾经只有一个苏联的地方，现在有 15 个独立国家，其中的许多还是受到莫斯科的控制。它们可以分为五类国家：前三类各有三个国家；中亚国家多一点，有五个（五个“斯坦”，意思是“之地”）；外加一个说罗马尼亚语的国家。

斯拉夫国家：俄罗斯联邦，乌克兰，白俄罗斯

波罗的海国家：立陶宛，拉脱维亚，爱沙尼亚（波罗的海国家不属于独联体）

高加索国家：格鲁吉亚，亚美尼亚，阿塞拜疆（穆斯林占优势的国家）

中亚国家：土库曼斯坦，哈萨克斯坦，吉尔吉斯斯坦，乌兹别克斯坦，塔吉克斯坦（中亚都是穆斯林占优势的国家）

说罗马尼亚语的国家：摩尔多瓦（以前叫摩尔达维亚）

对外政策：内生的还是外驱的?

制定对外政策是基于国内的政治、需要和要求，还是对外部威胁与机遇的反应？换言之，对外政策主要是由国内因素还是国外因素驱动的？两种说法都可以在苏联这个素材中找到佐证。

一种观点把苏联对外政策看作国内压力的产物，例如精英谋取权力的需要，或者高层领导人向人民展示进步的需要。如果他们不能提供更高的生活水平，他们可以给苏联人一种生活在一个强大的正在发展的帝国的感觉。有人声称苏联的对外政策由意识形态驱动。马克思和列宁预言了资本主义的崩溃，克里姆林宫感到它必须有助于实现这一过程。这一方法把苏联的对外政策看作主要基于国内因素制定。

另一种观点强调，苏联生活在一个敌视它的世界里，并持续不断地对事件和机遇做出反应。当它感到威胁时，就会发展军事力量。如果代理人遭到攻击，它会去救援。如果共产党在一个小国掌了权，苏联肯定要保护它。根据这一观点，克里姆林宫的对外政策主要由国外因素驱动。

国内与国外因素很难分得清清楚楚。例如，为什么苏联入侵阿富汗？是不是对共产主义的意识形态承诺（内部因素）？还是因为一个敌对的阿富汗将对苏联边境施加威胁（外部因素）？是什么促使戈尔巴乔夫缓和与美国的紧张关系？是不是里根搞的军事发展和在军控上的强硬立场（外部因素）？还是苏联的经济缺陷与对增长的不满（内部因素）？关于苏联解体的三种理论阐明了内部—外部问题。

1. 帝国的过分扩张。耶鲁大学历史学家保罗·肯尼迪在他 1987 年的著作《大国的兴衰》中认为，大国倾向于扩张，直到扩张过度；此时，帝国的开支和减慢的经济增长将耗干资源、把它们拖入衰落。哈布斯堡、英国和苏联都是很好的例子。苏联在防务、援助卫星国和代理人上的花费大约是国内生产总值的 25%，这迫使戈尔巴乔夫在军备控制、阿富汗、东欧，以及国内经济改革方面变得灵活。这一分析符合“外部驱动”的理论。

2. 制度缺陷。另一种强调“内部驱动”的思路认为，苏联经济和政治制度具有内在的缺陷。共产主义运转不灵，时间一长就停顿了。首先，指令式经济快速建立了一个重工业的基础，但是中央计划阻碍了建成一个更先进、更复杂的经济。人民现在需要的是物质刺激。而垄断了政治的共产党却忽视了大众的不满，直至这种不满失去控制。

3. 糟糕的改革。第三种思路的研究起点是，当苏联精英承认经济真的在不断下滑时，发生了什么。他们强烈要求改革，但是“半吊子”的改革把事情搞得更糟糕。保守的共产党组织拖延和蓄意破坏改革。改革者寻求共产主义和资本主义之间的“中间道路”，但是并没有这条路。苏联加盟共和国之间的冲突以未曾预料的剧烈程度显露出来。在这样的环境下，几乎任何改革的努力都将是失败的。在试图修补制度的努力中，他们打碎了制度。

▶▶▶　外交：乔治·F. 凯南论俄罗斯与西方

由外交官成为历史学家的乔治·F. 凯南在美国讲授俄罗斯事务。但是他也在改变关于俄罗斯的看法。强烈的保守主义者凯南1947年以他著名的“X先生”文章创造了“遏制”战略，这发展成顽固不化的反共路线，凯南后来对此感到遗憾。

在早期著作里，凯南说共产党在敌视西方时“像蛇一样”。离开对外事务工作后，凯南反思了冷战。在他1962年权威性的著作《列宁和斯大林治下的俄罗斯与西方》(*Russia and West under Lenin and Stalin*)中，凯南更加公正地看待俄罗斯与西方的对抗，甚至对美国的无知与前后不一致进行了一些指责。他有一个一贯的主题：美国倾向于用“法条主义—道德说教”的对外政策取代现实主义政策。

凯南还强烈反对美国政策的过度军事化，他心目中的“遏制”更加强调外交与经济形式。遏制要持续多久？在他1947年的“X先生”文章中，凯南认为在10到15年里我们可能会看到苏维埃大厦出现一些裂缝。他是对的。1956年，赫鲁晓夫去斯大林化的讲话开启了共产党世界的分裂。60年代，中国从苏联阵营脱离。根据凯南的观点，耐心比武器更加重要。

俄罗斯权力的恢复

资本主义在俄罗斯并没有按照我们所料想的那样运转。私有化以极低的价格出售国有资产给内部人士，把他们变成了亿万富翁。半开玩笑地说，这叫“盗贼统治的国家”。俄罗斯的经济依赖出口石油、天然气，以及其他原材料。从来不是很好的健康水平和医疗条件陡然下坠。俄罗斯人生的孩子少，死亡率高。俄罗斯男性的平均寿命只有60岁。俄罗斯的人口现在已经降到了1.42亿，还在缓慢下降。

俄罗斯变成了一个弱国，无法无天、腐败丛生。尝试过民主，但是失败了。财富和权力集中在极少数人手里。议员、记者、银行家、商人，以及普通公民被枪杀是家常便饭，凶手难得会被抓住，让人联想到警察也参与了这些交易。许多俄罗斯人对腐败、经济停滞感到愤慨，特别是愤慨被操纵的 2011 年立法机关选举和 2012 年普京再次当选总统。有些人谈论移居国外，有一小部分人在西欧有银行账户和住房。俄罗斯人还丧失了国家的自豪感。他们曾经是抵抗得住美国的强大帝国，可是后来，他们先是丢掉了东欧，然后丢掉了历届沙皇建立起来的历史上的俄罗斯。历史上的俄罗斯分裂成的现在的那些国家——它们从来没有名字，直到斯大林把它们发明出来。有一部俄罗斯动画片，里面彼得大帝在打叶利钦的屁股，因为他丢掉了俄罗斯帝国。普京称苏联解体为“20 世纪最大的地缘政治灾难”。

就像历史上一样，俄罗斯人转向手腕强硬的领导人。克格勃军官弗拉基米尔·普京迅速上升：从籍籍无名到被任命为总理，再到代总统，接着 2000 年当选为总统。两届任期后，2008 年普京亲手挑选了自己的门生——德米特里·梅德韦杰夫——担任弱势总统，而自己当上了强势的总理，继续操控一切。2012 年，通过事先安排，普京重返总统职位。普京曾经是俄罗斯情报机构 FSB（俄罗斯联邦安全局）的负责人，他抓住了某些人的把柄，然后用这些获得那些人的顺从。普京的掌权在结果上等同于一场克格勃的和平政变，多数他亲手挑选的强力集团成员（siloviki）都是前克格勃成员。

普京仍然在掌权，不过是作为一个权威主义者，而不是斯大林式的统治者。他镇压了反叛的车臣人。批评当局的新闻记者被禁言，有些还是永久禁言。国家重新控制了能源工业和主要新闻媒体。普京基本上不会面对媒体批评和政治对手。普京打垮了“寡头”新贵，把他们的财产重新收归国家控制。他扩大了自己的权力，在杜马得到了一个“听话”的多数派。为驾驭住俄罗斯的 89 个行政区，他把俄罗斯划分为七个大的地区，每一个都任命了有综合性权力的主管。

这些对俄罗斯的对外政策有什么意义呢？俄罗斯的民族主义在叶利钦时代被强化，普京又推波助澜。在俄罗斯的外国非政府组织很有限。普京不喜欢它们推动民主或者报道不好的事情。许多俄罗斯人，包括高层领导人，认为美国飞扬跋扈、傲慢横行。他们觉得是美国搞垮了苏联和俄罗斯（通过错误的经济建议）。他们和塞尔维亚站在一起，支持其对科索沃的主权要求。克里姆林宫把北约东扩和美国的军事技术看作威胁。就像多数欧洲人一样，普京反对 2003 年的伊拉克战争。他很少采取直接敌视美国的政策，因为他知道俄罗斯太弱了。俄罗斯军队缩减到不到一百万，给养和训练都很差。普京的目标是克格勃军官的目标：恢复俄罗斯的力量。为了做到这一点，他打出了能打的牌：

1. 通过石油和天然气出口来重获影响力。管道铺通后，权力随之跟进。俄罗斯有时切断对乌克兰的供气，以警告在能源上依赖俄罗斯的欧洲。莫斯科不可能恢复它的东欧卫星国，因为所有这些国家现在都是北约成员国，但是它能够诱使它们谨慎行事，并尊敬俄罗斯。

2. 通过民族主义方法和象征恢复俄罗斯的自豪感，向俄罗斯人和世界展示他们仍然是主要的大国、必须受到尊敬。普京及其部长们出访并接待外国领导人，以强调莫斯科的重要性。普京 2013 年关于叙利亚化学武器的倡议提升了他的声望。

3. 使俄罗斯保持团结。没有地方脱离俄罗斯联邦。任何试图这么做的都被镇压了，例如车臣。普京重新把权力集中到克里姆林宫。

4. 建立“欧亚联盟”，称之为俄罗斯的“特殊利益区域”。白俄罗斯和哈萨克斯坦是最初的成员。中亚的内陆国家曾经依赖俄罗斯，而现在与中国有更多的贸易。

5. 阻止乌克兰和格鲁吉亚加入北约。俄罗斯通过支持阿布哈兹和南奥塞梯的分裂部分肢解了格鲁吉亚。2008 年，俄罗斯通过入侵南奥塞梯来“保护”它，使它从格鲁吉亚分裂出来。这还使俄罗斯的军事力量离国际石油和天然气管线非常近。在乌克兰，莫斯科支持亲俄的政党，基辅现在倾向莫斯科。*

6. 与欧盟合作，但是并不加入，也不让它领头。相反，把欧盟作为临时的砝码平衡美国的“霸权”。

7. 培育和中国的纽带以抵消美国的力量。暗示中俄联盟以吓住华盛顿。俄罗斯向中国出售石油、原材料、武器，购买中国的消费品。俄罗斯和中国举行联合军事演习，显示它们将不会被美国摆布。然而长远来看，弱小的俄罗斯可能不会希望只是强大的中国的原材料提供者。

8. 维持与美国冷淡、但并不具威胁的关系。华盛顿在其他地方忙得很，对俄罗斯关注很少，但是普京想使俄罗斯作为一个重要的大国被美国接受。

俄罗斯的对外政策显示出与苏联，甚至沙俄时期政策的连续性，因为地理决定了国家利益的许多方面。如果俄罗斯通过经济手段、而不是威胁或武力寻求它的利益，美国就不应该担心。这是正常的国际关系。但是俄罗斯的破坏性权力仍然是危险的，这些权力通过军售、军事技术出口、支持像叙利亚这样的流氓政权来行使。

美国想当然地认为俄罗斯将很快变成民主的资本主义国家。最终俄罗斯可能还是会走到这一步，但不是几年就能行的。自从 1998 年卢布崩溃后，俄罗斯依靠世界石油价格获得了井喷式的经济增长。俄罗斯的劳动力价格是波兰或墨西哥的一半、德国的二十分之一。俄罗斯拥有惊人的自然资源和聪明灵活的人民。俄罗斯迟早会变得繁荣、民主、友善，但不可能很快。

---

* 本书写作时乌克兰还没有发生 2014 年事变。——译者注

复习题

1. 地理对俄罗斯的影响有哪些？
2. 意识形态式的对外政策明智吗？
3. 苏联什么时候、以什么方式参加第二次世界大战？
4. 冷战是什么？什么时候开始的？
5. 美国是如何认识苏联的？观点准确吗？
6. 苏联对东欧的霸权是什么？
7. 缓和与友善谅解的区别是什么？
8. 帝国过度扩张的理论是什么？
9. 俄罗斯如何会是一个持续存在的问题？

第六章　美国能够领导世界吗？

1941 年 2 月，出生在中国、父母都是传教士的出版商亨利·鲁斯（Henry Luce）在《生活》杂志写了一篇著名的社论《美国的世纪》。他敦促仍处于孤立主义的美国担负起建设一个安全而民主的世界的领导责任。12 月的“珍珠港事件”后，美国人一头扎入这项事业，并且在第二次世界大战后持续了很久。

现在，许多人怀疑美国还能否担当这样一个角色，主要基于四个理由：

1. 美国还没有弄明白自己正身处其中的世界体系。在第二次世界大战和冷战中所使用的简单的两极指导原则，已经不再有效了。

2. 世界经济已经不在美国的掌管之下。经济权力正在转向亚洲。债务影响了美国的经济，并对美元的价值投下了不确定因素。

3. 经济、军事、国会、公众舆论等国内制约因素切断了很多路径。海外干预所需要的金钱和军队力量被摊得很开。由于陷在伊拉克和阿富汗内战多年，美国人已经疲累了。

4. 最大的障碍是，现在几乎没有盟友愿意追随美国的领导。甚至像英国这样的传统的朋友，都会对美国请求派遣更多军队的要求说不。世界舆论调查表明，对美国的对外政策有很多否定的声音。

尽管世界的权力关系持续变化，但是没人能够预测上述观点多久会变成真的。让我们从长时段的趋势来思考美国对外政策在干涉主义与非干涉主义之间的变化。

美国对外政策的变化

越南战争之后的几年，美国一直畏惧进入另一场战争。华盛顿追求一种“不承担风险”的战略。甚至言辞强硬的罗纳德·里根总统对外干预起来也十分小心。1983 年，当在贝鲁特执行维和行动的美国海军陆战队遭遇一场爆炸后，他就把海军陆战队全部撤出。1983 年，美国入侵小国格林纳达则不冒什么风险。

可是到了 1991 年，美国已经把越战的痛苦忘了一大半，这使第 41 任总统老布什得以把伊拉克撵出科威特。美国人对快速获胜很是自豪，这似乎显示了美国是世界的天然领导者。1989 年苏联集团崩溃、1991 年苏联自己寿终正寝，都给了美国一种“胜利者”的感觉：美国赢得了冷战。“9・11”事件后，美国人已经准备好新一轮的干涉主义，随之而来的就是小布什总统发起的阿富汗战争与伊拉克战争。

阿富汗战争与伊拉克战争是美国历史上最长的战争，渐渐消耗了一些美国人的自信。美国还准备干涉吗？还是重新回到小心谨慎？时隔 40 年，越南战争和海湾战争对美国对外政策有了相似的影响。三场战争开始时都赢得了三分之二的国内支持，但是随后都下降到了一半。多年后，多数美国人认为伊拉克战争是一个错误，对阿富汗战争也有同样的感觉。美国人的生命与大量金钱被消耗了多年，而两个国家还是处于混乱与不民主的状态。美国人转而反对进一步的干涉，甚至在残暴政权对自己人民使用毒气的叙利亚也是如此。

大约从 1941 年的“珍珠港事件”到 60 年代末的越南战争，美国实行了干涉主义的对外政策。在 60 年代的最高峰，美国的承诺差不多覆盖了全球，以包围当时的“中苏集团”。所有的事情都与美国有关，美国向许多国家派遣军队。多数情况下美国都取得了成功，或者不管怎么说，没有明显的失败。美国的对外援助和军队阻止了苏联向西欧扩张。美国的军队在朝鲜半岛把共产党的进攻推了回去。中情局策动的政变驱逐了伊朗和危地马拉不受欢迎的政府。美国就像世界警察。

但是越南战争属于过度干涉。美国的对外政策从此转向非干涉主义，缓慢地且不情愿地回到越南战争前的大规模干涉主义。1989 年，苏联权力崩溃，美国不再有敌人。许多美国人奇怪，我们还在海外做什么：冷战已经结束，我们赢了，所以让我们回家吧。甚至冷战时期一些鹰派的国会议员也转向了非干涉主义。工联主义者、环保主义者、左派、基督徒、无政府主义者等抗议者组成了奇怪的联盟，想要扰乱国际会议、阻止美国和中国发展正常贸易关系。他们主张，美国卷入外部世界是错误的、有害的。

看起来，美国的对外政策差不多在一代人的时间里在干涉主义和非干涉主义之间转换。美国人对第一次世界大战的反应是垂头丧气地回到孤立主义，并发誓再也不会去救那些忘恩负义的欧洲人。但是随着德国和日本的扩张，孤立已经不可能，就像“珍珠港事件”所证明的那样。经历了第二次世界大战的一代人深受全球主义的影响，这或多或少是两次大战之间孤立主义的对立物。此时，海外的所有事情都是重要的。美国干涉了许多地方，直到最后在越南引火烧身。从越南脱身后，多数人希望美国再也不要卷入像这样的事情。而当美国人厌倦了伊拉克战争时，类似的情绪又出现了。2012 年（就像 1992、1994、2000 年一样），对外政策在总统选举中很少被提到。

▶▶▶ 概念：干涉主义

曾经在拿破仑（拿破仑其实恨塔列朗）政府任职的了不起的法国外交部长塔列朗，在回答一项关于非干涉主义的政策时曾回答："啊哈，是的，非干涉主义是一个形而上学与政治术语，意思差不多与干涉主义一样。"塔列朗以冷嘲热讽的方式指出，不干涉另一个国家的事务可能产生与干涉同样重大的影响。

干涉意味着把你的力量投入另一个国家去建立、维持，或推翻外国政府。就本章在美国对外政策上的运用而言，干涉主义是一项在海外使用美国武装力量的政策。当美国向其他国家派遣军队时，它就在寻求一项干涉主义的对外政策。中央情报局策划的政变或叛乱也是干涉主义的，只是不那么公开而已。另一方面，当华盛顿不愿意派遣军队或间谍（中情局特工）时，它就在寻求一项不干涉的政策。两者之间也有中间立场：在特定条件下愿意在海外使用某些力量可以被称作一项温和的干涉主义政策。

美国人本质上是孤立主义者吗？

政治学家加布里埃尔·阿尔蒙德（Gabriel Almond，1911—2002）在 1950 年发现，"公开的国际主义者和'负责任'的美国隐藏着一种不为人知的孤立主义的渴望"。到了 90 年代，这种渴望不再隐而不现，两党的头面人物都反对干涉主义政策。国内事务主导了政治。盟国越来越被看作不合作的、不公正的贸易竞争者。像"9·11"事件这样的"重振精神的事件"可以暂时给公众舆论当头棒喝、让他们支持戏剧性的行动，例如 2001 年的阿富汗战争与 2003 年入侵伊拉克，但是无法持久。政治学家约翰·缪勒（John Mueller）在朝鲜战争、越南战争、伊拉克战争中都找到了类似的模式——不断下降的公众支持率。战争开始时有三分之二的支持，三年后，当美国人还在伤亡、而战争却看不到尽头的时候，公众舆论就变成三分之二反对，所有三场战争都是这样。

关于海外行动的公众舆论是异变、不稳定的：这一年支持某一种理由，过几年就抛弃了。抽象来讲，美国人经常说他们支持美国在世界上的领导地位。而在具体的情境下，当一场战争持续多年、付出了许多士兵的生命和千百亿美元后，美国人就对领导角色疲倦了。2009 年和 2013 年，在皮尤民调（Pew poll）中，半数的美国人同意，美国应该"在国际上照管它自己的事务，其他国家的事让它们自己去尽最大的努力"。2002 年，只有 30% 的人同意这一观点。

舆论常常看上去是矛盾的。美国人对老布什总统的海外成功很满意，甚至当他们批评他花了太多的时间在对外事务上、而不是去解决国内问题时也是如此。1991 年海湾战争的速胜使他的公众热度达到了最高点，但是一年后舆论就因经济衰退而走向反面，老布什也没能再次当选。美国公众经常是分裂的、迟疑不决的。1994 年美国维和部队进驻海地之前，舆论对于干涉还是不参与就发生了分裂。美国人并不想冲进那个复杂的环境，当美国快速而不费力地完成行动后，他们才放心。

对外政策舆论也有精英与大众的分裂。受过良好教育、关注领导地位的美国人认为世界事务很重要，几乎全部支持美国承担世界责任。另一方面，大众一般不太关心海外问题，除非被攻击震惊。由于缺乏热情与知识，大众对国际主义兴趣寥寥。1997 年皮尤研究中心的调查发现，63% 的人赞成北约扩大，但是只有 10% 的人能够说出三个将要加入北约的国家（波兰、捷克、匈牙利）中的哪怕一个。精英的观点通过媒体、教育和演讲，会逐渐向下渗透、并被普遍接受。例如，对战争的批评一般都是从精英开始的。

▶▶▶ 经典思想：斯皮克曼论干涉

尼古拉斯·斯皮克曼（Nicholas Spykman，1893—1943）在荷兰殖民管理学院接受教育，他带到耶鲁大学来的是一种关于世界事务的地缘政治观点。1942 年，斯皮克曼提出了关于美国外交与防务政策的经典问题：“我们应该通过防御大洋的这一边来保卫我们的利益，还是通过深入大洋那一边陆地的积极行动来保卫？”换句话说，干涉还是不干涉？“珍珠港事件”之后的几天，斯皮克曼，这位美国现实主义的奠基者之一的回答非常明确：及早干涉。而我们今天的回答则不是这么清晰。

连续性原理

一项基本政策制定出来后，就会持续下去。某个政党的总统候选人经常指责另一个政党现任政府的对外政策。而一旦掌了权，新的总统一般会继续这些政策，有时还会往前推进一步。小布什竞选时批评克林顿在科索沃驻军的政策；六个月后掌了权，就称它们是“必不可少的”。他还批评克林顿的“国家建设”（nation-building），但是当选总统后在这方面做得比克林顿还多。奥巴马竞选总统时批评小布什孤立伊朗的政策，但是掌权后却努力推进这一政策，对伊朗的制裁甚至更为严苛。政府之间的政策连续性大于变化。

连续性原理意味着，通常与一位总统相联系的政策，经常由其前任发起。艾森豪威尔的大规模核报复战略就隐含在杜鲁门的行动中；艾森豪威尔只是把它明确阐释出来。和尼克松连在一起的从越南撤军事实上是从约翰逊开始的。里根的大规模防务发展其实在卡特任内就已经开始。克林顿的削减防务政策，在老布什时代就已经开始做了。许多趋势在被普遍认识到之前就已经开始。

当然，不同政府之间有时还是有政策变化。肯尼迪发现艾森豪威尔的防务预算和战略完全不能令人满意。他能在1960年当选，一定程度上是基于指责艾森豪威尔的谨小慎微；接着他就用大量新的资金重组国防部。肯尼迪把美国的注意力从欧洲转向了亚非拉的发展中区域。越南是肯尼迪干涉主义的一个例证。

为什么会有可观的连续性？最显而易见的是，从杜鲁门到里根，冷战对所有总统施加的基本挑战是一样的：苏联的威胁不能被忽视。第二，竞选的说辞是一码事，现实完全是另一码事。竞选者很容易指责现任做得不够、卷入无止境的战争，或者没有发展新的技术；而一旦入主白宫，新总统就会发现事情没有那么简单。总统候选人奥巴马批评小布什总统的伊拉克战争，但是奥巴马总统计划对叙利亚的毒气进行空中打击。总统候选人想要的是赢得选票，但是竞选成功后，现实经常不会配合他的说辞。新总统会被他们未曾期盼过的事务牢牢困住。

▶▶▶　概念：美国对外政策的周期性理论

在1952年的一篇文章里，行为主义政治学家弗兰克·L. 克林伯格（Frank L. Klingberg）准确地预见了当时美国盛行的干涉主义将在60年代末结束。能够预测任何事情的社会科学研究者都值得尊敬。克林伯格把诸如海军开支、吞并的土地、军事远征、外交压力，以及在总统演讲和政党纲领中提到对外事务等指标量化，从而揭示“内向”（主要待在家里）与“外向”（向边境以外扩张美国的力量与影响）交替出现的模式。

克林伯格发现，内向阶段平均持续21年，外向阶段则是27年。1940年美国进入了外向阶段，加上27年，就是1967年，正是美国被越南战争和各种海外干涉行动搞得精疲力竭之时。当然，在写作论文的时候，克林伯格并不知道越南将成为一个重要的美国战场和政治议题。他仅仅是提出，基于过去的表现，我们可以预料外向阶段将在60年代末结束。下表概括了克林伯格的发现：

内向	外向
1776—1798年	1798—1824年
1824—1844年	1844—1871年
1871—1891年	1891—1919年
1919—1940年	1940年—

我们可以继续编制这张表格。1967年加上21年（内向阶段的平均长度），就是1988年。老布什总统1989年入侵巴拿马，1991年把伊拉克赶出了科威特。我们是不是回到了外向阶段？接下来，1991年加上27年，就是2018年；不过有人觉得伊拉克战争与阿富汗战争早就结束了外向阶段。克林伯格的理论确实令人着迷，但是不要把它具体化。上帝不和美国对外政策玩数字游戏。这很大程度上取决于你对在海外使用武力怎么看。

一个很大的问题就是美国的联邦预算赤字已经很多年高居1万亿美元。其中许多都与伊拉克战争和阿富汗战争的开支有关——加起来有2万亿美元，2008年又发生了金融崩溃。美国的防务开支差不多占国内生产总值的5%，相当于排在美国之后十个军费支出最大的国家的总额。补贴占了预算大头，因为政客们害怕削减社会保险、医疗支出或者增税会惹恼了选民。经过了2008年和2009年大规模的财政救援，国会面对新的大额支出项目畏缩不前。赤字在经过一个财年后会自动变成国家债务，其中的组成部分还包括从国外的大量借款。哈佛大学经济学家拉里·萨默斯（Larry Summers）问道："世界上最大的债务国还有多久能保持世界上最强大的国家地位？"美国的全球领导地位取决于美国的经济复苏。

总统们面临着数不清的制约：他们并不是可以自由地做任何最初认为有能力做的事。例如，重新开始征兵就需要出现重大的危机和国会法案。美国人从来不喜欢被征召入伍，越战时期的年轻人尤其讨厌被征召。尼克松1973年结束了征兵，转而实行全志愿兵役制（AVA），从而平息了学生的愤怒；从那时起，志愿兵就成了惯例。志愿兵都受过高水平训练，效率高，但是相对规模小。1968年，美国的现役军人人数达到350万的高峰（也是越南战争时期的高峰），到了最近的几十年，所有服役的美军部队员额下降到140万。

▶▶▶ 反思：理想原则还是自我利益？

年轻人经常想知道，他们应该在什么基础上讨论对外政策，理想主义还是自我利益？许多人在学校和教堂学到了一种道德主义传统，它指向以世界利益为目标的理想主义。有人接着在大学里接触了关于对外政策应该以“国家利益”为基础的观点，一心为自己的国家谋取利益。

哪种观点是对的？每一种都会变成错误。为了防止平民遭受毒气攻击的恐怖而实施一项轰炸叙利亚军事目标的理想主义的政策，可能导致美国军队介入叙利亚，从而带来又一场漫长的战争。该项政策的良好意图不能代替对叙利亚错综复杂局势的冷静而清晰的分析。但是国家利益的理论路径可能太狭隘了，从而忽视了正在酝酿的危险。仅仅考虑自我利益，我们可能会无视远方一个狂热的穆斯林政权，什么也不会关心。这就是1989—2001年我们对待阿富汗的方式。但是阿富汗庇护了恐怖分子，后者在美国船只和大使馆制造爆炸，还用喷气客机撞击了世贸中心和五角大楼。我们应该早点对阿富汗多一些关注。

理想主义和自我利益并不总是相互冲突。有时最聪明的事情就是帮助别人，别人会反过来成为我们的贸易伙伴和客户。大西洋两岸的繁荣就是第二次世界大战后美国援助欧洲的马歇尔计划的加倍回报。要当心在分析中过于理想主义或过于自我利益。政策是否可行？它们的长期后果可能是什么？也要当心那些很难实施的理想主义政策。一项政策需要相当成分的理想主义，但如要被人接受，则必须同时显示可以带来回报。我们在构建政策时必须融合理想主义与自我利益。

漫长的伊拉克战争和阿富汗战争要求数倍的军力部署，从而拉长了美国的战线。许多陆军和海军陆战队的现役作战力量都被部署到海外。应对新任务的作战力量所剩无几。在海外服役对士兵的婚姻和精神健康很不利：回国士兵的自杀率很高。精神饱满的美国军队迅速摧毁了伊拉克和阿富汗政权，但是接下来不得不在敌对的环境中维持秩序。许多士兵说，他们的任务已经完成了，要回家。陆军的高层埃里克·新关（Eric Shinseki）* 将军警告说，这是在“用十个师的兵力执行需要十二个师的战略”。

一些批评者说这是“军人思维”，还想当然地认为将军们渴望战争。这就离题

* 日裔美国人，曾任美国陆军参谋长。——译者注

万里了，因为政府里最大的鸽派往往是五角大楼的首脑。毕竟，死于战场的是他们的士兵。美国高层的将军们经常对总统向海外派兵发出警告和限制。他们知道战线拉得太长了，也知道只要伤亡增加，公众和国会的舆论就会迅速转向。由于没有听从参谋长联席会议关于伊拉克战争的警告，小布什总统和国防部长唐纳德·拉姆斯菲尔德惹得几位高级军官愤而辞职。

▶▶▶ 外交：总统与他们的“主义”

冷战期间，美国总统阐述的政策被记者们冠以“主义”之名。政策基本上不会那么简单，而称之为“主义”可以使它们听起来比实际上清晰易辨。尽管如此，“主义”是帮助我们记住每位总统政策的方便标签。请注意，所有这些“主义”都只是第一个“杜鲁门主义”(有时称作“遏制”政策，出自乔治·凯南1947年的文章）的变奏。遏制共产党扩张这一美国对外政策的总体目标并没有什么改变。只有强度和代价的变化。

总　统	任职时间	主　义
杜鲁门	1945—1953 年	在预想的所有地方遏制共产党扩张
艾森豪威尔	1953—1961 年	使用核武器与间谍阻止共产党和其他激进力量掌权
肯尼迪	1961—1963 年	对共产党的扩张（特别是游击战）采取灵活反应
约翰逊	1963—1969 年	通过承诺美国军队介入越南坚持完成了肯尼迪主义
尼克松	1969—1974 年	向对抗共产党的国家提供武器而不是军队
福特	1974—1977 年	继续尼克松主义
卡特	1977—1981 年	明确告诉苏联波斯湾是美国极其重要的利益
里根	1981—1989 年	支持力图推翻亲苏政权的反共游击队

对抗的国会

国会在对外政策中的准确作用从来没有被界定过。确切地说，国会的作用多年来一直在变化，大部分时间，其作用在下降。这种让人烦恼的作用之所以暧昧不明是由宪法导致的，宪法规定国会有宣战的权力，但同时又规定总统是统帅。那么谁有最后的发言权？是不是总统必须等到国会通过了宣战以后才能在海外用兵？这个问题以前就出现过，但是越南战争使它以一种报复性的形式暴露出来。

越南战争从未正式宣战过。取代宣战的是，约翰逊总统采取国会联合决议的方式授权他阻止共产党的侵略。参众两院议员没有完全理解，通过1964年的《东京湾决议》（差不多全体一致通过）将交给总统一张空白支票。在决议撤销以后，尼克松还认为总统作为三军统帅的权力允许他进行战争，甚至可以把战争扩大到柬埔寨。狂怒在国会累积，因为在总统闪过制造战争的念头时，议员们成了无能为力的旁观者。为了修补这种失衡，1973年国会通过了《战争权力法案》（否决了尼克松总统的否决），在没有国会批准的情况下，只给了总统90天的时间在海外用兵。

无论是共和党总统还是民主党总统，没有谁喜欢《战争权力法案》。他们声称法案侵害了总统作为军队统帅的至高权力，而且他们很容易就能绕开法案——只要不向国会报告已经向"战争区域或者战争状态即将发生的区域"派遣部队就行了。1982年，当里根总统派遣美国海军陆战队进入贝鲁特时，他小心地指出这是"维和"部队，接下来也没有卷入战争行动。国会允许他在18个月内使用海军陆战队维和，甚至在局势已经很危险的时候也是如此。国会自己都没有理会《战争权力法案》。然后，一辆自杀式卡车在美军营房爆炸，241名军人在睡梦中死亡。总统于是命令撤回全部的军队。然而，总统在任何时候都没有承认部队已经进入了战争行动。

最近几十年来，美军有好多次明显处于战争行动之中，但是白宫从来没有如此报告过，《战争权力法案》也就从来没有启动过。法案中没有任何条款能够强制总统报告战争行动。白宫的回应经常如下："战争行动？什么战争行动？"《战争权力法案》是有缺陷的、不可实施的，甚至可能是违宪的（1983年最高法院"查德哈判例"[*Chadha decision*] 裁定立法否决权不合法）。

1990年，伊拉克入侵科威特之后，老布什总统迅速派出美国军队保卫沙特阿拉伯。他没有要求国会授权，而是说美军的任务是"完全防御性的"。1991年1月，随着部队集结达到顶峰，老布什总统得到了授权他使用武力实施美国所支持的联合国决议的国会联合决议。五天后，战争开始。布什总统隐瞒了他的目的，但是现在我们都很清楚，他从一开始就以战争为目标。计划制定好了，军队部署完毕，国会也就支持了。

"9・11"事件以后，小布什总统要求不受拘束的权力。在高度情绪化的氛围中，他得到了国会对阿富汗战争和伊拉克战争的支持（但不是宣战）。他还坚称，在紧急状况下，扣押世界各地的嫌疑者、窃听电话，都是总统固有的权力。批评者害怕，总统对几乎不受限制的权力的要求曲解了宪法，最高法院在某些情况下也同意这一点。但是国会却通常跟着总统走，投票同意总统要求的战争拨款，而根本不是制衡总统。

开国元勋们并不是这样想的。他们把宣战的权力只给了国会。可是渐渐地，这一权力变得无关紧要。总统可以采取外交和军事步骤带领国家进入战争行动。然后，他会在第一枪打响后要求国会的支持。国会就自动给予他支持，因为“我们的孩子”正被枪口瞄准，任何建议削减战争拨款的人都是叛徒。国会在许多对外政策中都被绕开了：对尼加拉瓜反政府武装的秘密资助，对伊朗的秘密军售，与科威特、沙特阿拉伯和巴基斯坦的秘密协议。这些行动使国会的愤恨爆棚，愤恨不时以充满敌意的委员会听证会、指控行政机关违法、削减预算、阻止行政机关的政策和人员任命的方式出现。无效率是国会所固有的——宪法起草者就是这样设计的；但无效率能拖延和妨碍美国的对外政策。

尽管国会一般会在对外政策方面跟着总统走，但是它也能起干扰和破坏性的作用。有时它为了报复被总统欺骗而拖延不作为。有时对总统所犯的政策错误幸灾乐祸，特别是当总统来自另一个党派时。

为了得到国会的支持，总统经常利用危机或者巨型压力。这样国会就会站在总统周围，显示出一种“两党都拥护的对外政策”。“9·11”事件后就是这种情况。总统经常敲响警钟，并把某种形势称作极其严重的紧急情况。如果没有批评性的见解，危言耸听是危险的，而且会走得太过头。凯南就抱怨他的“遏制”政策被夸大和错误实施了。总统还可能赢得强有力的利益集团的支持。2000 年，国会投票同意与中国的贸易正常化，而没有顾及公众的反对，特别是劳工团体的反对。强大的商业利益支持带来的压力通常很大。

行政结构有缺陷吗？

托克维尔在 19 世纪 30 年代就注意到，美国这样的民主共和国在实施连贯的对外政策方面总是会遇到困难。民主国家不得不关注公众舆论，而专制国家则不必。选举获胜的需要产生了能够吸引大众、却过于简化的口号和不切实际的政策。多年来，美国政府任命的高级官员来自商界、法律界和学术界。许多人都是能量充沛的外行，只是短时间担任公职。只有劳伦斯·伊格尔伯格（Lawrence Eagleburger）在被任命为国务卿之前是一位职业外交官，他也只是在老布什任期的末尾当了一个半月的国务卿。

美国涉及外交事务的部门结构也是一个问题：大而无当，经常处于无人做主的状态。超过一打的联邦部和局主要处理对外事务，力图协调这些机构的是国家安全委员会（NSC），但是这又带来了新的问题。名义上掌管国家对外事务的国务卿在与国防部长、国家安全委员会顾问争夺地盘时，通常是失败者。

20 世纪 80 年代，一团乱麻的伊朗和尼加拉瓜反政府武装事务就说明了美国的政府部门何处出了问题。国家安全委员会的一名海军陆战队中校奥利弗·诺思（Oliver North），与非政府资金募集组织和“顾问”一起执行一项轻率的计划——无视国会的意愿和美国的法律，把美国武器卖给伊朗，并用由此得来的利润支持尼加拉瓜反政府武装。很难讲谁须对此负责？而这也是美国对外政策的问题之一：谁明确对此下了命令？如果听任令出多门，不同的部门和机构就会在没有协调或联系的情况下从事目标交叉的工作。如果由国家安全委员会或者国防部集中指挥，其他机构就会感到被压制；这也会让外行滥用权力，这些人最主要的任职资格就是能接近总统或是总统的友人。近几任总统都依靠少数关系密切的僚属实施对外政策，完全绕开了惯常的政府结构。

这一政府结构是固定不变的吗？有人建议，应该要求国家安全顾问的任命得到国会批准并且向国会负责，就像国务卿和国防部长一样。这有助于监控秘密计划，但是却授予国会对白宫更多的审查权，大多数总统都不会愿意。总统坚持认为，国家安全顾问只对总统负责，这让总统行事灵活、易于保密。另一种方案想指定国务卿为对外事务的最高负责人，但是这并不能确保国务卿得到其他机构的合作，五角大楼、中央情报局、国家安全委员会，以及新成立的国土安全部都可以不理睬或不向他们提供情报。

“9·11”事件以后，一个新的结构性问题变得清晰了。中央情报局、联邦调查局、移民与海关执法局（ICE），以及州和地方的警察局之间几乎没有相互间的沟通联络。中央情报局根据法律规定和机构文化收集情报，但是不与其他机构分享；它只为总统和少数高级官员起草报告。对于“基地”组织正在准备一次大规模袭击的迹象，中情局没有兴趣或途径与其他机构分享。中情局拥有非常扎实的对外事务领域的专业技能，但是没有执法权。联邦调查局正好处于另一头：有很大的执法权，但是没有对外事务领域的专业技能。如果中央情报局和联邦调查局能够沟通，就会很好；如果它们还能与处置恐袭前线的地方警察局和移民官员联络，那就更好了。还是没有计算机系统能把所有这些相关的机构串联起来。国土安全部这个 2002 年匆忙成立的新部门，在设想中就被赋予了整合与协调的功能，但是联邦调查局和中央情报局都不在它的监管之下。

美国的行政结构并不胜任实施一项前后一致、理性的对外政策；而且，从深层次来讲，也不愿意为此目的而改变。美国人和他们的国会担心一个遮遮掩掩的、中央集权的体系。掌管对外政策的超级机构与美国的气质不符。因此，涉及对外事务的机构缺少协调的、无计划扩展的特征可能会继续存在，而自认为掌控政策的总统可能会发现，他自己正在被行政结构掌控。

▶▶▶ 外交：国家安全委员会

当美国调到冷战轨道时，国会通过 1947 年的《国家安全法案》提高了外交与防务政策制定的效率，使其部分集中化。《法案》建立了中央情报局，并规定成立由总统、副总统、国务卿、国防部长组成的国家安全委员会。

每位总统对国家安全委员会的利用程度不同，有的多一点，有的少一点。但是经过了几十年，国家安全委员会集中的权力已经增加了，并且形成了一套庞大的班子来辅助总统。到了尼克松政府时期，1947 年的《法案》没有提及的国家安全委员会班子成员比国安会本身或者常规的各部门都要重要。

这个班子的负责人叫作国家安全顾问，作为个人助理由总统任命而不对国会负责。在总统听取对外政策意见方面，国家安全顾问比其他人更重要。总统多数时候从学界和军界挑选顾问与助理。最著名的（也可能是最有影响力的）顾问是哈佛大学教授亨利·基辛格（Henry Kissinger）。他迅速凌驾于国务卿威廉·罗杰斯（William Rogers）之上。小布什总统对国家安全顾问康得莉扎·赖斯（Condoleezza Rice）的依赖超过了国务卿科林·鲍威尔（Colin Powell）。“9·11”事件之后，副总统迪克·切尼（Dick Cheney）和国防部长唐纳德·拉姆斯菲尔德（Ronald Rumsfeld）占据了政策制定的主要地位。鲍威尔只能做公关工作，在小布什的第二个任期也被赖斯取代。

国家安全委员会成员在增加权力方面有其优势。第一，这个班子就在白宫内部，而不需要穿过城市。它是一个情报集散地，接收来自国务院、国防部、情报机构的所有电报和报告。它规模小，行动迅速，不易泄密，能够得到总统的信任。让国会以及常规部门中的许多人恼火的是，国家安全委员会起初只是为简单的政策协调而建立的，如今却变成了一个无须担责的超级机构。

官僚机构在制定对外政策吗？

20 世纪 70 年代流行的政治学风尚之一，就是从执行和影响决策的官僚机构入手来分析决策。我们想象决策者理性地讨论一个问题，然后得出一个符合逻辑的解决方法。但是如果他们的信息是扭曲或不完全的，如果事务官僚们对上司说上司想听的话，那么决策就不是理性的。况且公务员实施政策的方式可能并不是决策者所希望的。官僚机构这根“尾巴”可以摇动行政部门这条“狗”。

官僚机构有它们自己的生命和利益，但它们真的在制定政策吗？我们用官僚政治的角度分析一下越南战争。当总统发布阻击越南共产党的命令时，他们不想听到任何诸如这有多难、这会失败之类的顶撞。他们需要从充满热情的军事和文职官员那里得到“能够做到”的回应。因此，返回来的报告都是美国的援助、顾问和计划都在起作用。官僚机构成员告诉总统的都是总统想听的。从这个角度看，过分乐观的报告加深了美国在越南的介入。

上述观点被广为接受，直到 1971 年公布了一系列国防部越南问题的决策秘史——《五角大楼报告》。这些报告表明，总体来说，来自掌握充分信息的高层官员的报告是准确的、悲观的、客观冷静的；没有人保证这是一场短暂而容易的战争。一些最冷酷、最现实的警告来自中央情报局。越南战争中没有证据表明官僚机构成员欺骗了总统。当然，为媒体机械拼凑出来的公关材料都充满了愚蠢的乐观。

一旦总统做出了决定（始终都是秘密的），各种官僚机构就要尽其所能服务战争。他们是有纪律的公职人员，要服从命令。当然存在着通常都会有的官僚机构间的对抗，也会弄出个烂摊子，但是所有的机构都在为达成白宫确定的目标而工作。同样，当美国驻伊拉克大使阿普丽尔·格拉斯皮（April Glaspie）1990 年 6 月告诉萨达姆·侯赛因美国不会介入伊拉克与科威特的争端时，她并不是一个自行其事的政府代表，而是在执行美国与巴格达的友好政策。这一盲目而愚蠢的政策不能完全归咎于格拉斯皮大使或是作为官僚机构的国务院身上。官僚政治确实存在，但是在此之前搭台和确定方向的都是白宫。

有人指责“官僚们”要为“9·11”事件负责。好多的机构完全没有对警示采取相应措施，也没有相互沟通，但是它们的建立和职责都是由国会所赋予的。问题在于，没有人——无论是总统、国会，还是官僚机构自身——能够理解我们正面临着新的威胁。为冷战设计出来的官僚机构在处理分散性质的恐怖主义时很笨拙。官僚机构一旦建立，便倾向于一成不变地轰隆隆向前：“可我们这里一直是这样做的。”官僚机构自己不会重建或改革，这是总统和国会的职责。很多事实表明，小布什总统在独自掌控美国的伊拉克政策。当他需要伊拉克大规模杀伤性武器的证据时，虽然情报并不准确，但官僚机构还是给了大老板想要的东西。官僚机构成员一般要服从命令。

▶▶▶ 概念：官僚政治

在一篇读者甚广的文章里，哈佛大学政治学家格雷厄姆·艾利森（Graham Allison）声称，1962 年古巴导弹危机的展开方式是由于“官僚政治”。这个术语由此流行开来，并催生了一个新的分支研究领域。后来的证据表明，这一研究没有考虑重要的信息。

具体来说，艾利森发现，决定性的因素是苏联正在古巴部署导弹的证据提交到总统及其顾问面前的时机。这取决于 U2 侦察机飞行的时间。由于空军和中情局为谁去驾驶飞机的问题争执不下，飞行推迟了一个星期。如果它早一点飞，国家安全委员会就有时间考虑其他的、不那么对抗性的应对方法。但如果它迟一点飞，将可能引起某种战争性的选择，军方当时正在怂恿肯尼迪总统这么做。因此，艾利森认为，情报收集的时机取决于官僚政治，而所有的不同后果也由此产生。

然而，哈佛大学历史学家欧内斯特·梅（Ernest May）编辑的肯尼迪总统当时的谈话录音带表明，肯尼迪总统从来都没有考虑过任何形式的军事打击。他刚读了芭芭拉·塔奇曼（Barbara Tuchman）的《八月炮火》(*Gun of August*)，知道第一次世界大战是如何因为一系列误解的行动而升级为一场全面战争的。肯尼迪不打算让事情脱离控制。因此，艾利森想象的那些国家安全委员会的选项——空袭、两栖登陆、空降部队，从来都没有摆上桌面。肯尼迪从一开始就决定不使用这些手段。官僚政治对他的决策的影响不是极小，就是根本没有。

单边主义的诱惑

与孤立主义有关的是单边主义，即我们自己单干，不用和其他国家协调。华盛顿警告不要卷入欧洲事务，第二次世界大战之前，美国没有参加过正式的同盟，甚至在第一次世界大战中也是如此。* 美国也没有加入国际联盟。第二次世界大战之后发起建立联合国与签署《北大西洋公约》是重大的突破，因为最终美国正式与世界缠绕到了一起。然而并非所有的美国人都喜欢这样。有人说这侵害了美国的主

* 美国对参加第一次世界大战的解释是：美国是站在协约国一边作战，而不是加入协约国集团作战。——译者注

权。该由联合国或北约告诉我们何时何地走入战争吗？而当我们认为有必要进行战争时，该由它们阻止我们这样做吗？该由外国将军指挥美国士兵吗？国会通过法律和批准条约是为了讨好外国人，还是应该服务于我们自己的利益？

小布什总统由于滑入单边主义而广受指责，帮助他这么做的是新保守主义分子。新保守主义者认为，如果美国想在世界上做些什么，就要努力劝说北约盟国和联合国成员国支持美国，但是美国不能依赖它们。它们胆小怕事、四分五裂、错误百出、面对邪恶无力表明清晰立场。美国必须常常自己干。奥巴马在处理叙利亚问题时就采纳了这一逻辑。单边主义回应了美国的传统，因而得到了许多公众的支持。例如，2001 年 178 个国家签署了寻求控制温室气体的气候协定——《京都议定书》，小布什称它有“致命的缺陷”，所以没理它。总的来说，美国签署的协定不多，而得到参议院批准的则更少。

不幸的是，美国的单边主义使得世界上其他国家与其对立，让美国看起来就像一个国际恶霸。美国人认为，只有美国拥有训练有素、快速机动、高科技武装的部队，能够迅速控制像中东地区的“邪恶”政权，而盟友们只会碍事。从纯粹军事的角度看，这可能是对的，但是它忽视了单边行动带来的政治问题。单边行动预示着可能形成一个“制衡”的体系：世界上的其他国家站在一起批评美国，拒绝跟随美国的领导。

许多美国人对此的反应是：“那又怎么样？谁需要它们？”可是美国需要。美国需要它们作为市场和投资者。如果没有大量的外国投资和储蓄注入美国经济，2008 年金融崩溃的影响会糟糕得多。美国人过去常把自己看作世界经济的支柱，但是随着中国、印度，以及其他国家的快速增长，美国已经不再如前。

美国也不能只靠自己维持世界的安定；它已经把摊子铺得太大了。美国需要许多国家的政治支持与维和力量，即使它们不会投入真枪实弹的战争。在对抗恐怖主义和毒品犯罪方面，美国还需要它们的警察与情报服务。奥巴马总统已经离开单边主义，试图重建多边主义。

那么，美国能够领导世界吗？从本章我们的讨论来看，似乎行不通。因为有许多限制因素：预算赤字、孤立主义态度、摇摆不定的国会、规模太小的军队、没有内聚力的行政结构，以及不明晰的战略。但是这些限制都可以倒转。一项明了当前世界现状、修补美国经济薄弱环节的正确的战略，会重塑美国的角色。美国此前已经经历过艰难的岁月，当它走出来后将变得比过去更加强大。

▶▶▶ 转折点：奥巴马与利比亚决策

奥巴马总统2013年在叙利亚面临的困境表明，各种事件和约束条件如何引导了决策。你担心陷入无法控制的局面，但还是栽了进去。非常意外，2011年专制政权的反叛者横扫北非。先是突尼斯，接着埃及，对于变成腐败的威权统治者的“终身总统”，大众被压抑的怒火爆发了。美国必须欢呼，因为小布什和奥巴马政府都在鼓励中东的民主。

当反叛在石油富国利比亚爆发后，局势变得更加棘手。从1969年起，穆阿迈尔·卡扎菲就以一种浮夸而捉摸不定的方式在那里统治。卡扎菲把自己打扮成伊斯兰革命者，选择与美国对抗。2011年，我们已经知道，1988年他本人下令在泛美航空公司109航班实施爆炸袭击，飞机在苏格兰洛克比上空失事，270人死亡。（如果华盛顿1988年就知道这些，可能会成为发动战争的理由。）

2011年2月，当针对卡扎菲的大众反叛爆发时，一开始不愿冒风险的美国不想介入，但是英国和法国推着华盛顿去发挥积极的作用。在相互矛盾的压力之下，奥巴马小心翼翼地承诺美国力量的介入，说这将是“几天的事，不是几个星期的事”，但是却花了几个月。最后也仅仅是空袭，没有美国大兵的“靴子踏上利比亚土地”，也没有伤亡。

同时，叙利亚经历着三年的内战，10万人死亡，带来的后果比伊拉克更为致命，而且正在引发整个地区逊尼派和什叶派的冲突。美国最初没有介入，但是2013年一排排叙利亚儿童遭毒气袭击死亡的电影片段促使奥巴马采取行动。他开导说，如果美国不领着干，没有人会干，我们不表明立场，世界将更糟糕。美国公众分裂了；所有人都很震惊，但是多数认为这不是我们的战争。普京提议在国际监督下销毁叙利亚的化学武器，这把奥巴马拉出了陷阱。

奥巴马试图不扩大对利比亚和叙利亚的介入，可是这两个国家的许多民兵，其中一些是极端主义者，把自己的国家搞得一团混乱，而且还有把美国拖进去的征兆。在利比亚的班加西，“圣战”分子袭击了伪装成美国“领馆”的中情局基地，杀死了四名美国人，其中包括美国大使。就此而言，从最好意图出发的小规模干涉可能使任务慢慢改变，从而把美国拽进更深的冲突。

复习题

1. 伊拉克战争和阿富汗战争如何影响了美国的对外政策？
2. 干涉主义的对立面是孤立主义吗？
3. 美国对外政策是周期性的吗？由什么因素引起的？
4. 战后各位总统的对外政策“主义”有多少相似性？
5. 美国对外政策的精英—大众分裂指什么？
6. 美国对外政策应该基于理想原则还是自我利益？
7. 官僚机构在制定对外政策方面的重要性如何？
8. 美国的行政结构能否很好地适应对外政策？
9. 单边主义是怎样变成孤立主义的？
10. 奥巴马政府在利比亚和叙利亚的困境是什么？

第三部分
南方国家

事实上当前的所有冲突都发生在南方国家或者叫第三世界。从某种程度上说，大多数南方国家都是殖民主义的遗产。发达世界，即欧洲、北美、日本、澳大利亚，在第二次世界大战以后一直和平安定（巴尔干是一个例外，不过它也有奥斯曼帝国殖民主义留下的遗产）。中东是迄今为止冲突最严重的地区，非洲排在第二位，亚洲和拉美也有少量。这一切的来龙去脉将是本部分的主题。

第七章　从殖民主义到非殖民化　第七章结合帝国主义五百年的兴衰评述了世界的南方发生的剧变。印度、南部非洲、尼日利亚、肯尼亚解释了非殖民化的广泛影响。南非是个特别有趣的案例，因为即使独立以后，在将近一个世纪里，它仍然在国家结构和心理上维持着殖民地特征。它也说明，冷战的结束使双方都失去了各自的外部支持者，从而迫使他们达成和解。

第八章　“圣地”的无尽战火　第八章追溯了阿拉伯和以色列民族主义的发展。当前中东的紧张局势部分仍然源自这两个民族对同一块土地的争夺。许多巴勒斯坦人和以色列人现在已经认识到，经过六次糟糕的战争和两次巴勒斯坦人的暴动“因提法达”(intifada)，他们必须把故土分隔开才能生活。但是经过了多次尝试，和平依然无法获得，而双方的好战分子也在破坏和平进程。有人担心他们之间的战争永无停息之日。

第九章　石油搅起的混乱：波斯湾　第九章展示了石油混杂宗教在波斯湾制造的权力冲突，以及有人所说的，文明的冲突。战争揭露了伊斯兰世界内部的分裂、阿拉伯世界的分裂，以及地区力量将美国拖入伊拉克的两场战争，而且可能长期卷入其中。我们特别关注阿富汗与伊拉克战争及其后果。

第十章　拉美的困境与希望　第十章把我们带到拉美，我们试图对那里视而不见，可是并不能做到。一个世纪以来，美国在那里与游击队作战，最近还和大毒枭作战。西班牙殖民主义留给拉美的是中央集权、贫困，以及经济依附。美国不断地干涉中美洲和加勒比地区，每一次都助长了不稳定。危地马拉和古巴尤其难办和危险。当前在墨西哥的流血事件说明，犯罪行为渗透入政治的现象在许多第三世界国家都能找到。

第十一章　富国和穷国的发展　最后，第十一章考察了为什么有的国家富、而有的国家穷。文化水平、技术，以及导向进步的价值观是关键因素。第三世界国家的人口爆炸也是一个重要因素，它阻碍了这些国家的增长，并刺激了向第一世界的移民，带来诸如整合、就业、官方语言，以及市场资本主义力量能否支撑世界等问题。不过，一些新兴市场的经济快速发展表明，正确的政策可以让成百上千万人摆脱贫困。

第七章 从殖民主义到非殖民化

五百多年前，西欧开始现代化，建立了强大的国家。发现新大陆与开启殖民主义是这一进程的一部分。当君主为新的土地与财富而相互竞争时，帝国主义必然会产生，不过领头的是小国葡萄牙。和西班牙人一样，几个世纪以来葡萄牙人以一种复仇的心态竭力摆脱摩尔人的统治。他们憎恨阿拉伯中间商控制了欧洲与亚洲的贸易，发誓要绕过他们。

那个时候，受过教育的人就知道地球是圆的（从古希腊人的著作里知道的），可以绕过非洲到达亚洲。他们并不知道非洲向南面延伸到多远（比他们认为的还远）。葡萄牙王子航海家亨利（Prince Henry the Navigator）早年曾与摩尔人作战，宗教仇恨和经济收益共同激发了他的航海热情。他鼓励葡萄牙探险者沿着非洲的大西洋海岸一路向南，最终，到了1488年，巴尔托洛梅乌·迪亚士（Bartolomeu Dias）绕过了好望角——如此命名是因为它将带来财富。很快，葡萄牙小小的轻快帆船穿过印度洋，在印度（1498年）、中国（1514年），以及其他地方设立了贸易口岸。

1492年，西班牙人和哥伦布赶上了葡萄牙人，他们试图通过向西航行到达亚洲。美国小学生都知道，哥伦布的航行是真正重要的，但是在改变世界方面，葡萄牙人开启非洲和亚洲的大门至少同等重要。在非洲的西海岸，葡萄牙人建立了贸易口岸，贩卖奴隶到新大陆的甘蔗和棉花种植园。这是欧洲人在非洲殖民主义的开端。1975年之前，几内亚比绍、安哥拉、莫桑比克都是葡萄牙的殖民地。葡萄牙是欧洲的第一个，也是最后一个殖民国家。

法国和英国紧随其后，把非洲变成了一系列殖民地。19世后期，德国、意大利、比利时也加入了竞争。1885年大国为解决竞争性的边界要求，主张在柏林召开中部非洲瓜分大会。许多非洲国家的边界就是在柏林会议桌上划定的。只有埃塞俄比亚没有被殖民过（虽然1936年至1941年它被意大利占领）。

非殖民化持续了两个多世纪，欧洲列强被赶回了欧洲。最早丢掉的是英国在北美的十三个殖民地。接着就是19世纪20年代西班牙和葡萄牙被赶出了拉美。第一次世界大战让德国和土耳其失去了帝国 *，但是它们的大多数领地都被战胜国英国和法国拿去，置于国际联盟的委任统治之下。真正的非殖民化在第二次世界大战结束后才到来，先是涓涓细流，然后变成滚滚洪流：1947 年印度和巴基斯坦独立，1948 年以色列（原先的巴勒斯坦地区）建国，1949 年印度尼西亚（荷兰的东印度地区）独立，1957 年加纳（黄金海岸）独立，1960 年 17 个国家独立，大部分是英国和法国在非洲的殖民地。到了 20 世纪 60 年代中期，除了葡萄牙以外，所有的老殖民帝国都终结了。1975 年，里斯本的殖民地也垮台了。1980 年罗得西亚变成津巴布韦后，南非成了非洲最后一个白人统治的孤零零的堡垒。

▶▶▶ 地理：如何命名

该怎么称呼生活在亚洲、非洲、拉丁美洲，并占全球人口 85% 的我们的同类？法国人口学家阿尔弗雷德·索维（Alfred Sauvy）1952 年创造了一个术语——“第三世界”，因为它既不是富裕、完成工业化的第一世界，也不是共产党控制的第二世界。这个术语慢慢地流行起来，但是很多人不喜欢，说它概括得大而无当、还带有轻微的贬损、现在也过时了。随着苏联集团的崩溃，不再有第二世界，剩下的只是“西方与非西方”。美国学术界一般喜欢用“发展中地区”。美国国务院用的是“不发达国家”(less-developed countries)。商界喜欢用“新兴工业化国家”或“新兴市场”。2001 年高盛集团发明了“金砖国家”，指的是经济快速增长的巴西、俄罗斯、印度、中国。我们喜欢用“南方国家”，因为这些国家中的大部分都比更加工业化、总体稳定的世界的北方离赤道更近。

“新兴经济体”、南方国家、第三世界——你想怎么叫都可以。这一群体很复杂，包含着许多例外。它们大多数都很穷，但一些产油国和新兴工业化国家除外。不过，大多数南方国家人均年国内生产总值不到 1 000 美元，不到西欧和北美工业化国家的三十分之一。而穷国一旦工业化，差距就会很快缩小。很不幸，并不是所有的国家都进行了工业化。

有人说南方国家就是非白人国家，但是多数拉美和伊斯兰世界的居民都是白人。有些亚洲经济体已经进入富裕行列（日本、新加坡），有的也很接近（韩

---

* 作者把土耳其与德国、英国、法国这些殖民主义国家并列是不对的。奥斯曼土耳其帝国是一个古代的帝国，而英、法、德的海外殖民帝国则是现代资本主义、帝国主义殖民扩张的产物。这是性质完全不同的两种帝国。摆脱土耳其统治与非殖民化也是性质不同的过程，在世界史和国际关系史中从来不会放在一起讨论。——译者注

国）。没有人注定贫穷。事实上，2008 年以后世界经济的增长主要发生在发展中国家。几乎所有的第三世界国家在过去都被殖民过。有些至今仍然憎恨傲慢而残酷的殖民主义国家，有些还没有忘记武装解放的斗争。冷战时期，有的国家经常亲苏反西方；而多数南方国家则喜欢称呼自己为“不结盟”，即在第一和第二世界之间保持中立。

很多南方国家是弱国家，犯罪集团会渗透进政治生活。你经常不能说清政治在什么地方停止、而犯罪行为又在什么地方开始。弱国家很腐败，没有能力实施法律、控制领土、提供基本公共服务。很多国家很脆弱，很容易就被革命与军事政变推翻。哥伦比亚的游击队和毒贩就是一个例子。南方国家中极少有民主国家，而印度是显著的例外。印度现在的经济也快速增长。印度的邻国巴基斯坦则是另一个典型：军事独裁与吵吵闹闹的民主交替，一个完了另一个登场，经济增长也很缓慢。第三世界在经济与政治上都是欠发达的（underdeveloped），两者相互加强。

无论怎么命名，都无法完全涵盖第三世界的多变性与复杂性。有的国家正在令人惊异地脱贫、走向民主，而有的国家还深陷于衰退和独裁中。像索马里那样的几个国家，符合“失败国家”的标准。南方国家包含许多“混乱地带”。

殖民主义的遗产

殖民帝国的所作所为贻害至今。有些国家，特别是非洲的一些国家，本来就不应该存在。在正常的环境里，许多非洲国家可能会一起形成一个更大的单位，或者也可能分裂为更加自然的部族实体。但是非洲统一组织（2002 年更名为非洲联盟）决定保留殖民主义时期的边界，因为没有好的方式去重新划定，而如果国家合并，许多官员可能会失业。又是因为帝国主义者，相邻的国家说着不同的官方语言（英语、法语、葡萄牙语）。殖民主义者所建立的已经被非洲人接受，尽管还是有人在梦想统一整个非洲的泛非主义。

欧洲人所划定的边界现在成为一个问题，而且这个问题不仅发生在非洲。人为划定的边界有一个明显标志，就是一条直线，这在非洲有许多。英国人的典型做法是，在为他们的殖民地划界时会划入部分相邻的土地。当英国人离开后，邻国通常会要求回到最初的、殖民化之前的边界。例如 1914 年，英国人私自沿着喜马拉雅山脊划了一条“麦克马洪线”作为印度的边界。中国，无论是国民党还是共产党，都主张这一条线是无效的，拒绝承认。1962 年中国与印度就边界问题发生了一场历时不长的战争，中国大获全胜。中国仍然对被印度占领的藏南地区有领土主张。英国给了印度一条它不能防卫的边界。同样，英国为圭亚那从委内瑞拉划过来一块条状地带。埃塞俄比亚与厄立特里亚为了意大利人划的边界进行着一场几乎是永久性的边界战争。

1923 年英国把整个加利利海（Sea of Galilee）地区划归巴勒斯坦。叙利亚从来不接受这条边界，这一争议引发了 1967 年的“六日战争”。无论当前还是以后，以色列的边界都是个头痛的问题。伊拉克和伊朗关于相互间确切边界的主张针锋相对，可以追溯到几个世纪以前，这是 20 世纪 80 年代它们之间发生可怕战争的一部分原因。伊拉克一直主张科威特应该是伊拉克的一部分，在 1990 年占领了科威特，这导致 1991 年的海湾战争。伊拉克北部的库尔德人认为他们从来不应该被并入伊拉克，而且现在和独立也差不多。我们今天在中东卷入的那些纠缠不清的问题，好多要归咎于英国人在第一次世界大战后所划的边界。

帝国主义者还留下了几十年不散的族群问题。* 在一些地区，他们有意夸大族群或部族差异，以便于更好地控制当地居民。卢旺达的比利时统治者大肆宣传胡图族与图西族之间的差异，结果酿成了种族屠杀。英国人把沿海的基督徒和内地的穆斯林人为地并在一起，发明了尼日利亚，结果该国至今仍受着宗教和部族紧张关系之苦。曾经被看作统一而稳定的肯尼亚，也重新部族化为吉库尤人（Kikuyus）、罗人（Luos）、康巴人（Kambas）、基西斯人（Kisiis），等等（贝拉克·奥巴马的父亲就是罗人，肯尼亚人颇为苦涩地开玩笑说，奥巴马是第一位罗人总统——但不是肯尼亚总统，因为主导肯尼亚的吉库尤人不可能允许）。在许多地区，殖民国家采取“分而治之”的策略把挑选出来的族群吸收入体系，并且对挑选出来的个人给予奖赏，这样就在当地居民中制造了不平等和对立，而当地居民之后也因此而暴怒。

帝国主义干的最糟糕的事，是它们没有为殖民地独立做好准备工作。受过教育的当地居民太少了，无法在独立后接过治理的责任。英国人通过间接统治做得稍好一些，在多数殖民地都留下了受过教育的精英。例如甘地（Gandhi）和肯雅塔（Kenyatta）都在英国读了大学。比利时是另一极端，它在刚果实施直接统治，结果当刚果 1960 年独立时只有少数受过非洲高中教育的毕业生。

因此，毫不奇怪，非洲几乎没有民主政体、却有不少失败国家——那是些假装

---

* 作者使用 imperialism，与我们熟悉的霍布森、列宁的帝国主义概念不同，其实指的是通常所说的殖民帝国。由于殖民帝国的建立持续到列宁所说的帝国主义阶段，所以译文还是直译为“帝国主义”。——译者注

有政府的国度。它们无法养活自己的人民、无法维持秩序。突出的例子就是无法无天的索马里。我们只能猜测，如果帝国主义者没有建立殖民地，非洲是否会比今天要好。多数非洲国家一开始是建立民主政体的，至少在纸面上如此，但是很快就沦落为蛊惑人心的专制或军人独裁，有些还伴随着可怕的人权伤害。民主几乎无法在穷国扎根，解决方案是经济增长，目前在一些国家正以不同速度进行着。

世界不知道该对非洲怎么办。有人说，这块大陆许多地方的状况是如此无望，我们只能置身事外。虽然有些国家经济衰退，还有内战、大屠杀，以及激增的艾滋病例（一个最糟糕的国家是南非，五分之一的成年人都感染艾滋病），但是非洲也有成功的故事。不过从总体来说，撒哈拉以南非洲的人均国内生产总值下降（撒哈拉以南非洲国内生产总值中的 45% 集中在南非，这是该地区唯一的工业化经济体）。

意图良好的帮助往往出岔子。许多外国援助被搞歪门邪道的官员截留了。美国试图给处于无政府状态的索马里带去食品和秩序，但随着 18 名美军士兵在 1993 年的巷战中被杀，美国也放弃了。此事留下了错误的教训：1994 年我们没有派军队去阻止卢旺达的部族屠杀，而是在邻国刚果建立了难民营——这使得屠杀蔓延到刚果，局势变得更糟糕。在塞拉利昂，联合国试图恢复和平，但是维和部队却被偷盗钻石的叛军解除武装并扣押。只需不多的美国军队就可以制止局势崩溃的利比里亚的杀戮和混乱，然而，美国并没有派出军队。大国从在非洲的行动中看到的多是危险而少有回报，因此它们很少直接干预。2013 年，少量法国军队在马里和中非共和国击退了极端武装，但是很难打败他们。包括多数非洲国家在内的很多国家赞成法国人这么做，但是几乎没有其他国家会派部队帮助他们。

非洲是人类的起源之地，但是大自然对这块大陆并不仁慈。许多土地很贫瘠。有的时候、有的地方雨水太多，其他时候、其他地方又太少。繁盛的是虫害和疾病，而不是人类。适应性强、能维持生存的农民分散在小村庄，在整个非洲分布稀薄。家庭与生存就是一切，没有组织或者经济的增长。非洲很少产生欧洲那样的"强国家"或者民族主义（埃塞俄比亚和祖鲁人是例外）。传统的非洲基本上不设防，先是被阿拉伯人在东海岸、葡萄牙人在西海岸进行的奴隶贸易搅乱；接着，欧洲殖民主义者来了，他们和非洲当地武装一起接管了奴隶贸易。

非洲的许多问题要追溯到欧洲人，先是殖民主义，接着是冷战。19 世纪，欧洲人把非洲划成人为的殖民地来剥削，这个过程中毁灭了很多传统文化。欧洲人给了殖民地人工决定的边界、过分集中的行政，而没有给它们任何合法性，随后又使它们成为冷战中的卒子。接手国家的是少数受过西方训练的精英，他们不过是在模仿欧洲人，而其中多数又只关心自己的发家致富。几个世纪以来，非洲一直遭受着错误的统治。

不过，冷战的确迫使美国、苏联、英国和法国更多地关注非洲。随着冷战结束，许多外来的支持都撤走了，混乱局面也日益严重。现在，只有法国比较多地关注非洲，因为那里有它的商业利益。一名在非洲的美国政府专家意识到再也没人需要他的专业技能时，难过地开玩笑说："非洲是一艘拖网渔船，目的地是南极洲的中心地带。"

▶▶▶ 地理：殖民主义

首先，殖民主义是在没有主权的土地上存在的一种法律状态（legal condition），最终的立法权威保留在遥远的母国首都。伦敦控制着统治印度的法律，巴黎控制着统治印度支那的法律，布鲁塞尔则控制着统治刚果的法律。第二，"当地居民"没有政治权力，因为殖民主义国家认为他们太落后、太愚昧。没有成为殖民地的非欧洲国家名单是令人震惊的，因为实在是太短了：泰国、土耳其、埃塞俄比亚、阿富汗，以及日本。中国和伊朗也曾沦为半殖民地。

殖民主义经常与殖民国家的经济剥削联系在一起。殖民地供应廉价的农业和矿业原材料，殖民国家用来制造成工业品，再返销到殖民地。马克思主义认为，殖民地是垄断市场，只有维持贫困才能使殖民主义者获利。实际上，殖民政府在多数殖民地的行政与防务开支要多于它们从殖民地获得的收益。当然，个别公司常常能获取丰厚的利润。

从种族上看，统治殖民地基于肤色，以及"最低等的欧洲人也比最高等的当地人要好"的原则。河内的法国交警比越南医生地位高。雅加达的荷兰办事员也比印度尼西亚教授的社会地位高。种族主义编织进殖民主义的纹理，助推了独立运动领导人的精神愤怒："你们不能在我自己的国家把我视为粪土！"这些社会与心理因素至今仍然存在于一些非洲领导人的心中。

毫无疑问，殖民主义在道德上是错误的，但是它也是不可避免的——一个强有力的、贪得无厌的西方，与传统的、看起来很容易得手的南方国家遭遇，殖民主义不过是其逻辑结果。只有一个传统国家抗拒了欧洲：日本。日本将军们统治良好而牢固，赶走了外国人，杀掉了改宗基督教的日本人。殖民主义国家没有权利征服与统治其他国家，但是它们有枪。要是欧洲人留在家里就好了！（不过，那就没有美国了。）"殖民地时期"在美国人听来还不错，因为会联想起新英格兰老式而别致的乡村。可是对其他国家来说，却是苦痛的记忆。殖民主义给南方国家留下了挑衅的情绪，这有助于解释为什么许多南方国家会反西方。

南非的不平常的故事

和多数殖民主义一样，荷兰帝国主义也是从商业企业开始的。荷兰东印度公司在通往印度群岛（今天的印度尼西亚）的漫长航行中需要一个中途“休息站”，于是1652年在好望角建了一个。荷兰农民，即后来的布尔人，逐渐向内陆扩展，获得了所有他们想要的土地、征服了当地土著。拿破仑战争期间，英国占领了好望角，随后又占领纳塔尔省（Natal province）。许多布尔人恨英国人统治他们，长途跋涉到内陆*，建立了两个小共和国——德兰士瓦（Transvaal）和奥兰治自由邦（Orange Free State）。英帝国主义者，包括罗得斯奖学金（Rhodes scholarship）的创立者塞西尔·罗得斯（Cecil Rhodes），于1899年发动了与布尔人的战争，为的是夺取布尔人的黄金与钻石资源丰富的地区。布尔战争并不轻松，英国人最终采用把布尔人连家带口送入“集中营”的办法，在那里死于伤寒的就有差不多26 000人。1902年布尔人屈服，但是他们的后代，现在叫阿非利卡人（Afrikaners）**，赢得了对政治系统的控制，他们把自己看作英帝国主义的牺牲者。

1948年，占白人人口绝大多数的阿非利卡人组成南非国民党（National Party），赢得了只有白人参加的选举，接着通过法律建立了严密而复杂的种族隔离制度，他们称之为隔离对待（apartheid***，字面意思就是“隔离”）。黑人被隔离开来、低人一等。黑人与白人不能待在一个社区、一个教堂、一个学校、一个运动队。黑人在城市就业需要得到允许，而且只能从事那些白人不愿意干的工作。黑人只能接受有限的、低级的教育。在“流入控制”（influx control）的名义下，黑人必须持有色人种身份证，而且要被从城市或白人农场地带遣送（endorse out）到荒凉的“黑人家园”。可以想见，占南非国土13%的十块分散的“黑人家园”，最终会自给自足。黑人是博普塔茨瓦纳（Bophuthatswana）、特兰斯凯（Transkei）、西斯凯（Ciskei），或者其他“黑人家园”的公民，在白人的南非则只是临时工。这就剥夺了黑人所有的南非公民权，便于控制他们。黑人对自己的未来没有发言权，反抗也是非法的。

对我们这些局外人来说，无法想象人怎么能长时间忍受如此的对待。但是阿非利卡人却习惯于生活在一个种族、社会和心理上的殖民环境，对他们来说，大多数

---

* “长途跋涉”原文使用的是trek，是一个荷兰词汇，作为名词指的就是19世纪布尔人的这次集体迁徙。——译者注

** Afrikaner可以翻译成“南非白人”“布尔人”。该词一般指以南非荷兰语为第一语言的南非白人，通常都是荷兰后裔，也有法国、德国人后裔。一般直译为“阿非利卡人”。——译者注

*** Apartheid是特指南非种族隔离制度的词汇，一般译为“种族隔离”，这里为了与上文有所区别而译作“隔离对待”。——译者注

黑人会默认由白人政府加诸他们的命运也很正常。许多白人认为，由于黑人仍然很落后、处于部落制，他们将乐于在“黑人家园”与自己人生活在一起。

南非是一个有趣的案例，因为它的白人政府在大多数殖民地赢得独立之后很久还保留着殖民主义心理。冷战的对立支撑着白人的南非。一旦冷战结束，白人政府和非洲人国民大会这两大南非的对立力量就失去了外部的支持者（分别为美国与苏联），不得不展开对话。冷战的结束掀动了新的力量。苏联对东欧放手之后没几个月，比勒陀利亚就释放了被判处终身监禁的纳尔逊·曼德拉。苏联刚刚解体，白人南非政权就与以前的黑人敌手坐下来就新的宪法进行谈判。国际体系对国内政治具有巨大的影响。1994 年南非举行了首次不分种族一人一票的大选，非国大和曼德拉由此掌权。议会和内阁都是多种族组成的。这是一个令人惊异的突破——某种国内的非殖民化进程的完成，并没有伴随曾经担心的那么多暴力。

▶▶▶ 回忆：黄金海岸变成加纳

很早之前在加州大学洛杉矶分校，我认识了三名来自黄金海岸的学生。那是英国在西非隆起部分的殖民地，已经有 113 年历史。1957 年它变成了加纳，于是学生也成了加纳人。他们极为自豪。其中一名学生告诉我：“在英国统治下，我们感受不到丝毫的爱国主义，因为那不是我们的国家。现在它是我们的了。”学生们还预测，抛开了英国加载的负担，加纳将释放出能量、取得快速进步。

然而，“加纳的进步”折戟沉沙。受过美国教育的加纳总统克瓦米·恩克鲁玛（Kwame Nkrumah），变成了一个亲苏的独裁者。“大救星”（他这样称呼自己）热衷于搞作秀的项目，包括给自己树立雕像，而不是致力于经济增长。1966 年，恩克鲁玛的统治在第一波军事政变中被推翻。民主从来就没有多大的机会；与此同时还有经济停滞、生活水平恶化。这就是很多非洲国家独立后的经历。我想知道我的三名学生朋友怎么样了，他们现在怎么想。

——迈克尔·罗斯金

印度分裂为两个国家

印度是另一个重要的案例，因为旧印度在当代的两个部分——印度和巴基斯坦，是拥有核武器的两个敌人。和在非洲一样，我们要问：英国在印度是把事情弄得更好还是更糟？英国人到来之前，印度基本上没有统一过，差不多由各个王公领地拼凑在一起。印度并不穷，反而是世界上最大的经济体之一。印度知识分子指责英国人把印度弄得贫穷。印度教徒占支配地位，但是穆斯林占四分之一的人口；双方关系紧张。

和南非一样，印度的殖民化始于一个商业企业。1600 年获得特许状的英国东印度公司为了进行香料、丝绸、棉花、茶叶等贸易在海岸建立了一些飞地。渐渐地，公司控制了整个次大陆。伦敦并没有预谋这样做；但飞地旁边的未驯服地区可能会带来安全威胁，于是就被罗伯特·克莱夫（Robert Clive）将军这样的指挥官征服，结果就是英国对次大陆的控制。直到美国革命的时候，东印度公司都是以牟利为基础来统治印度。棉花产量在上升，特别是在美国内战期间，但是棉布纺织和利润都回到英格兰，而不是留在印度。印度越来越穷。

英国对印度的统治就像它对大多数殖民地的统治那样，采用罗马人经典的分而治之的技巧：把当地人分裂开来，这样更容易统治。英国允许很多传统的统治者继续保持财富与地方权力，从而保证他们的合作。印度教徒与穆斯林之间的一些紧张关系同样是有用的。1857 年印度士兵叛乱（Sepoy Mutiny），杀死了很多英国人，伦敦震惊，因此结束了东印度公司的统治，由殖民政府取而代之，这被称作英国对印度的直接统治（Raj）。

英国统治也不都很坏。他们带来的士兵和公务员不多，因而训练印度人（主要是印度教徒）来填充军队和政府的下级职位。由于主权控制在伦敦手里，英国的统治暂时抑制了印度教徒和穆斯林之间的冲突。英国人引入了铁路、医院、电报以及现代教育。如果没有英语，印度人将很难在全国范围内交流，因为没有专门的印度语。（印地语是印度北部的语言，南方人讨厌它。）通过为印度人提供交流的工具，殖民主义发明了印度民族主义。在印度现代化的过程中，英国人播下了让他们自己滚蛋的种子：因为受到教育、觉醒的印度人越多，就越不能容忍傲慢而掠夺他们的英国人。

受过教育的印度人讨论民主与印度最终独立的问题，于 1885 年成立了印度国民大会党。如今国大党（仍然是印度最大的两个政党之一）已有一百多年的历史，这是保证制度稳定的因素之一。但是穆斯林担心印度教徒的支配地位。1906 年，他们组成穆斯林联盟（Muslim League），向殖民政府施加压力寻求一个分离的巴基斯坦。独立运动由此开始。

莫罕达斯·甘地（Mohandas K. Gandhi）是受过英国教育的印度律师，他在南非待了 20 年，磨砺了自己的能力；1918 年把“非暴力抵抗”带进了民族主义运动——他的灵感来自美国作家亨利·梭罗（Henry Thoreau）。20 世纪 20 年代和 30 年代，甘地通过进行大众能够理解的简单的、直接的反抗而在全印度有了一大批追随者。他徒步穿过一个个村庄，穿着土布衣服（有些布还是他亲手纺的），领导抵制盐税，进行绝食抗议。

第二次世界大战期间，英国担心日本夺取印度（有些印度人投靠了日本），因此许诺战后让印度独立。1947 年英国通过谈判仓促草率地分割了印度与巴基斯坦，方案混乱、难以落实。分界线是靠猜测划的。在蒙巴顿爵士（Lord Mountbatten）的指导下，巴基斯坦从印度分离出来，成为一个穆斯林占绝对多数的国家。更糟的是，巴基斯坦又分割为东（东巴就是今天的孟加拉国）西两部分，中间隔着印度。大约 1 450 万人逃离家乡——穆斯林跑到巴基斯坦，印度教徒则去印度。这是历史上最大的人口迁移；大约有 50 万人在混乱中丧生。对立种族之间的暴力让甘地深感震惊；一名印度教狂热分子认为甘地对穆斯林太软弱，结果刺杀了他。英国人长期以来一直警告印度教徒和穆斯林之间的暴力。他们说："离开了我们，你们将自相残杀。"这是为殖民主义辩护的基本观点，但是，该论点却没有看到，英国早就应该为印度渐进、稳定的独立而有所作为。然而，它非但没有这样做，还因间接统治而加剧了印度诸多种族与宗教群体之间的紧张关系。

印度和巴基斯坦是一个比较研究的案例。虽然两国的居民基本上没什么差异，但是印度独立后已经成为一个民主国家（有时不那么完美），而巴基斯坦却带有军人政权性质*，在弱的选举政府与军事接管之间摇摆。巴基斯坦于 1958 年、1977 年、1999 年都发生了军事政变，国家历史的超半数时间由将军们统治。印度近些年的经济增长非常好，而巴基斯坦的经济却不行。很多人也看到了印度的世俗主义与巴基斯坦伊斯兰国家之间的不同，后者的政府与宗教缠绕在一起。对此，有两个重要的结构性因素可以进行解释：印度的国民大会党和受过训练的公务员带来了稳定，而巴基斯坦两者都没有。

尼日利亚：石油的诅咒

尼日利亚是非洲人口最多的国家，也是一个新的、人造的国家。和很多非洲与中东国家一样，尼日利亚由英国人于 1901 年建立。也像南非与印度一样，最早到达这块地区的欧洲人是葡萄牙航海者。疾病使欧洲人在西部非洲的活动受到限制，直到出现了治疗疟疾的奎宁，英国与法国的探险家、商人、传教士才在 19 世纪渗透入西非内地。

---

* 原文是 praetorian，指古罗马的军事执政官。——译者注

▶▶▶ 地理：阿尔及利亚的苦难

欧洲定居者多的殖民地，其非殖民化的难度大于定居者少的，因为定居者要为他们的土地和特权地位而战。阿尔及利亚就是如此。法国人1830年为了打击海盗来到这里，但是不久后就把它变成了殖民地，100万欧洲移民统治着数量占大多数的穆斯林。阿尔及利亚甚至被宣布为法国的一部分。阿尔及利亚人在法国军队服役，但是不能成为法国公民。

阿尔及利亚的民族主义者受到埃及领导人纳赛尔的鼓舞与帮助，1954年起通过抢劫银行与进行爆炸活动，开始为独立而战。法国殖民机构也用杀人和轰炸来回击。谋杀成了几乎任意的与胡乱的行为。

法国军队刚刚丢了印度支那，这回下决心要赢。他们随意使用酷刑。当法国政客谈论着结束战争时，军队1958年搞了军事政变。最后时刻，退休的戴高乐将军被请出来组织新的政府。欧洲定居者和军队认为，他会把阿尔及利亚留在法国，但他却通过一系列全民公决从阿尔及利亚退了出来。随着1962年阿尔及利亚独立，一百万欧洲定居者痛苦地放弃了农场和产业，重新回到法国定居。

阿尔及利亚的恐怖并没有终止。带有社会主义倾向的军政权把经济搞得一团糟。失业人数飙升，无数人跑到法国，其中有许多是非法的。极端主义者积聚了大众的怒火，在1992年的选举中差不多要把现政权赶下台。现政权反过来镇压那些极端主义分子，靠屠杀来回击，有时杀掉整村的人。1992年以来的死亡人数超过了7.5万。

1807年，在基督徒的压力下，英国议会宣布奴隶贸易非法。一支在几内亚湾实施禁令的英国中队被拉上岸去压制沿海的奴隶制。1851年，英国人炮击港口城市拉各斯，接着在1861年将其吞并。和在印度一样，英国不得不扩张其占有的地区，为的是制服边界上的敌对部落。到1900年，英国在沿海地区已经有两个受保护的领地，到1903年占据了大多数北部穆斯林地区。1914年英国把它的保护地合并，根据尼日尔河命名为尼日利亚。在英国人来之前，那里从来没有一个“尼日利亚”。

与南非和印度相比，尼日利亚的独立很容易。大致来说，到1960年，英国和法国认识到殖民体系已经终结。他们自己在第二次世界大战中为自由而战，怎么能剥夺殖民地的自由？二战结束后，欧洲破了产，也无法维持殖民地。1957年黄金海岸第一个独立。1960年，17个殖民地获得自由，它们多数在非洲；到了60年代中期，除了葡萄牙的殖民地安哥拉、莫桑比克、几内亚比绍，其他都独立了。只有阿尔及利亚和肯尼亚在独立进程中经历了流血。

▶▶▶ 地理：刚果——现在还是“黑暗的心”

刚果，有一段时间曾叫扎伊尔，现在的正式国名为刚果民主共和国。非洲发生的最糟糕的事在这个国家都找得到（有两个刚果：比较小的那个，叫作刚果共和国，就是以前法国的殖民地刚果-布拉柴维尔）。比属刚果，面积是西欧的三分之二，1885—1908 年是比利时国王利奥波德的私人财产，曾经作为整齐划一而又有利可图的犯人拘役营地统治。要感受比利时殖民主义的恐怖，可以读一读约瑟夫·康拉德（Joseph Conrad）的小说《黑暗的心》，发生的场景就是刚果（电影《现代启示录》就是据此改编的）。

就像多数非洲国家独立一样，1960 年刚果人暴乱，而布鲁塞尔匆匆忙忙让刚果独立。亲苏的卢蒙巴（Patrice Lumumba）赢得了选举，但是许多势力（包括中情局）密谋要干掉他。1961 年他被杀害。比利时人没有训练和准备过刚果未来的领导者；当部族战争爆发而刚果分裂时，比利时人很高兴。他们想把矿产资源丰富的南部加丹加省（Katanga province）分裂出来，成为比利时矿业公司的傀儡国家，从而继续榨取利润。联合国秘书长达格·哈马舍尔德 1961 年在力图恢复刚果秩序的过程中，死于飞机失事。联合国的干预（有些是美国行动的掩饰）维持了刚果的统一，并使其处于约瑟夫·蒙博托（Joseph Mobutu）上校的独裁统治之下。

美国支持蒙博托作为反共的稳定力量。他大肆宣传民族主义，把国家重新命名为扎伊尔，给自己也起了个新名字塞塞·塞科（Sese Seko）。蒙博托是世界上最大的窃贼之一，他偷了扎伊尔大量的财富，而人民却越来越穷。年人均国内生产总值 300 美元的刚果是世界上最穷的国家之一。蒙博托掌了三十年的权，拉着他的官员和支持者一起腐败——非洲许多国家都是这样：当上政府官员就意味着搜刮贿赂。冷战结束后，美国不再关注刚果，也就停止支持蒙博托。

部族暴力从临近的小国卢旺达扩散而来。卢旺达也是比利时的殖民地。比利时在那里是典型的分而治之：让其中一个部族图西族掌权，作为贵族统治者，而把另一个部族胡图族贬为低下的被统治者。就像在非洲常见的那样，殖民主义促进了部族主义和部族仇恨。1962 年比利时离开卢旺达后，胡图—图西族的争斗和屠杀每隔几年就要爆发。其中一个因素是人口增长而土地却过度拥挤。平均每个卢旺达妇女要生八个孩子。

最近的恐怖屠杀发生在1994年，当时胡图族进行了种族灭绝性质的大屠杀，共有大约50万到80万图西族人被杀害。许多图西族人逃到扎伊尔，并加入了由洛朗·卡比拉（Laurent Kabila）领导的反叛军队；1997年，卡比拉的军队很容易就推翻了蒙博托的统治。没有人去帮助蒙博托这个超级窃贼，哪怕是他自己的士兵。卡比拉（2001年被一名保镖刺杀）把国名改为刚果民主共和国，他比蒙博托更差：除了一般的腐败以外，他还受到外部军队的煽动，发生了激烈的内战。卢旺达和乌干达的军队为了钻石而打作一团。在刚果东部，卢旺达图西族报复性地屠杀胡图族难民，使得大约300万人死亡，大多数死于饥饿与疾病。卢旺达和刚果的死亡人数加在一起，估计有400万，是第二次世界大战以来最严重的人道主义危机，却几乎没有得到世界的关注。联合国现在刚果有一些维和部队，但他们受命不得投入战斗。在很大程度上，由于殖民主义和外来干涉，刚果成了一个失败国家。

尼日利亚政党1923年就形成要求独立的压力。1947年，目睹着印度的混乱，英国人开始为尼日利亚的独立作准备。他们建立了一个包括三个地区的联邦体系：北部是伊斯兰教的豪萨和富拉尼人（Hausa-Fulani），西部和东部分别是主要信基督教的约鲁巴人（Yoruba）和伊博人（Igbo）。与非洲普遍存在的情况一样，政党沿着部落的边界形成，没有像印度国民大会党那样的政党。1954年英国给予联邦自治，1960年允其独立。总之，英国在尼日利亚（以及多数非洲殖民地）比在印度做得好。

可是，这并没有给尼日利亚带来和平、民主，而是让它跌落为军人政权。独立后，尼日利亚经历了七次政变，三分之二的时间由将军们统治。为了少数受到优待的、各自为政的部落与宗教群体而滥用石油收入，则破坏了合法性。特别危险的是北部的穆斯林与南部的基督徒之间的紧张关系。当出现混乱时，军队就接管政权，然后可能再次这样做。1966年伊博人军官政变导致穆斯林反对伊博人的暴乱，这又引发了1967—1969年可怕的比夫拉战争（Biafra War），战争中伊博人宣布独立，在尼日尔河三角洲曾建立一个叫比夫拉的国家。战争的深层原因是，主要的石油储量都位于尼日尔河三角洲。这块地区的农业和渔业都被石油工业破坏，至今仍是动乱不止的舞台。

把尼日利亚捏到一起的是石油，给它带来重大损害的也是石油。尼日利亚的总统，无论有无军人背景，都会通过分发石油收入来勉强获取各个州首脑（共有36

个州）的忠诚——这是一种在中东广为应用的代理人关系。大量的石油收入流进了私人的腰包，而不是为发展所用。这也是为什么多数石油资源丰富的国家又穷又腐败又不民主的原因。把财富集中在少数人手里阻碍了民主，有人把这个叫作“石油的诅咒”。

产油的尼日尔河三角洲正在经历着低烈度战争，有可能会升级。本地人从石油收入中几乎没有获益，却因污染而毁坏了原来的渔业和农业。三角洲的部分地区看上去就像但丁笔下的地狱。自称解放阵线的全副武装的团伙破坏了尼日利亚三分之一的石油产量，还威胁要进行大规模的战争。这事的要紧程度超出了你的想象，因为尼日利亚是美国重要的石油供应国。少了尼日利亚的石油，汽油价格又会飙升。

▶▶▶ 地理：津巴布韦的错误道路

津巴布韦是另一个例子，让我们看到一个非洲国家能做得多差，能多容易变成一个腐败、贫穷的独裁国家。19 世纪 80 年代，黄金和钻石大王塞西尔·罗得斯爵士在商业基础上建立了罗得西亚，但 1923 年英国接手，把它变成了两个殖民地：北罗得西亚和南罗得西亚。北罗得西亚的欧洲定居者很少，1964 年独立后成为赞比亚；经过几个腐败而暴虐的统治者之后，拥有了一个公平选举出来的政府。南罗得西亚的欧洲定居者比较多，情况就比较复杂。白人统治者由于害怕出现黑人政府，因而在 1965 年宣布从英国独立，建立了一个少数白人的政府，并仿效南非建立了种族隔离制度。不久，游击战爆发，国际禁运也在试图孤立罗得西亚的经济。1980 年，精疲力竭的白人政府最终把权力交给了罗伯特·穆加贝（Robert Mugabe），他恢复了古代的名字——“津巴布韦”。

穆加贝总统很聪明，又受过良好的教育。他于 1980 年赢得了选举，开始掌权。他所属的政党津巴布韦非洲民族联盟（ZANU），代表人口占多数的马绍那部族（Shona tribe），在选举中使用暴力手段。与非洲普遍存在的情况一样，政治是部族性的。穆加贝的军队杀害了许多人口占少数的恩德比利人（Ndebele tribe）。该国大多数良田都掌握在极少数白人手里。穆加贝谴责他们，命令剥夺他们的土地，但只把这些土地分给军队和他的政治支持者。很多白人离开了津巴布韦，也带走了技术。穆加贝的措施不当导致极度通货膨胀、80% 的失业率、饥饿、疾病。商店的货架空空如也。很多津巴布韦人逃到邻国南非，而南非竭力不让他们进来。南非人担心贫穷的津巴布韦人会抢走他们的工作，因而发生了反津巴布韦人入境的骚乱。

作为反对党的民主变革运动（MDC，简称民革运），集中在城市和恩德比利人聚居区；如果记票公正，民革运会赢得选举。但是，他们得到的是逮捕和杀戮。外部的观察者称选举受到操纵。穆加贝以不大可能获得的 61% 的选票赢得了 2013 年选举。当年他 89 岁，显然与现实脱节，还是把自己看作津巴布韦的革命救星，声称自己做得非常好，津巴布韦的经济运行良好。

津巴布韦在一个精神错乱的独裁者手里衰败，这也提出了一个问题：外部世界是必须遵照传统的主权原则不干涉津巴布韦的内政，还是应该进行干预以结束这种疯狂？

过分自信的新国家

根据上文，你们可能会认为，一般来说，南方国家命中注定将是失败的，尤其是非洲国家。但是，这并不是事情的全部。当前越来越多的新兴国家有着比发达国家更快的经济增长。一些长期遭到忽视的撒哈拉以南的非洲国家，年增长率都有几个百分点。极需资源的世界发现，非洲拥有大量的矿物储量，还有未被开发的农业潜力，于是正在大量投资非洲。欧洲犹豫不决是否要在非洲启动项目，而中国猛然出现，目前是非洲最大的贸易伙伴。金砖国家快速兴起；土耳其、印度尼西亚、南非正与它们建立联系。* 普林斯顿大学的经济学家、诺贝尔奖得主保罗·克鲁格曼（Paul Krugman）指出，没有人能够预测经济快速增长的下一个国家或地区；它们总是让人惊讶。

随着经济的增长，新兴国家坚定主张自己的国际观点和政策。虽然几个大国诱惑它们，但是它们没有成为美国或其他大国的跟班。例如，土耳其和巴西就和伊朗谈判以监控其核计划。华盛顿认为自己是这类事情的领导，不喜欢安卡拉和巴西利亚的主动行动，但是它们能和德黑兰对话，而华盛顿不能——准确来说，由于它们都是新兴国家，所以相互之间没有妖魔化。土耳其现在把自己看作中东的领导，在调停伊朗问题上处于有利地位。拉美的领先经济体之争在巴西和墨西哥之间展开。在“交天下朋友”（friends with all）的对外政策下，巴西与中国、伊朗都建立了联系纽带。

华盛顿对新兴国家这些过于自信的政策并不开心，但是却无能为力。小布什政

---

* 现在南非已经是金砖成员国。——译者注

府试图“引导”新兴国家，却遭断然拒绝。奥巴马政府以慎重的态度重新定位针对重要的新兴国家的政策。奥巴马总统的 2010 年国家安全战略指出，“世界上每个地区的新兴国家都在不断坚持它们的主张”，但是他也几乎没有施加什么影响。奥巴马与一个重要的新兴国家印度尼西亚有着私人联系，印度尼西亚是世界上最大的穆斯林国家和第三大民主国家。奥巴马 6—10 岁时曾在雅加达生活并上学。我们时代的重大趋势之一，就是第三世界的快速发展。这些国家的兴起正把全球政治转向多极方向，华盛顿必须要考虑这些。

复习题

1. 欧洲帝国主义是由什么引发的？是否可以避免出现？
2. 主要的殖民帝国有哪些？
3. 英国的统治与结束统治对印度造成什么影响？
4. 种族隔离时期的南非是怎样保持着殖民心态的？
5. 促使南非改变的外部因素是什么？
6. 经过彻底改革的殖民主义能继续下去吗？
7. 从理论上讲，什么是非殖民化的最好方式？
8. 多数非洲国家独立后都发生了什么？

第八章 “圣地”的无尽战火

美国人是天生的乐观主义者，因此当预想到“圣地”可能不会有和平，就感到很悲伤。看看六十年内的六次战争、看看双方的互不信任与极端主义的要求、看看长时期拖延的“和平进程”，悲观主义可能是有道理的。双方有很多人都要求得到具有重大历史意义的巴勒斯坦的整个地区。两个民族怎么会与同一片土地联系在一起？历史与宗教创造了两个共同体，民族自觉意识从中生发，并固定在巴勒斯坦这同一块土地上。因此，两种强烈的民族主义在相互冲突中逐渐形成，至今仍阻碍着和平的努力。它们能被克服吗？

两种民族主义的形成

犹太人的民族意识根植于“圣地”与《希伯来圣经》。古代希伯来人曾被亚述、波斯、亚历山大大帝、罗马征服。他们四处流散，却仍然通过《希伯来圣经》保存着同一个民族的意识。

罗马帝国以后的几个世纪，犹太人散居各处，无数人改宗其他宗教（有时是被迫的），无数人融入了当地的生活。这种混居的后果从另一个角度也能看见：今天在以色列你能看见长得像德国人、西班牙人、俄罗斯人、土耳其人、阿拉伯人、印度人的犹太人。人与土地的联系更多是心理上的、而非基因决定的。犹太人在欧洲的生活从可以忍受变成了无比恐怖。而犹太人在阿拉伯地区的生活总体上更好一点，因为伊斯兰教在历史上不干预少数基督教和犹太教徒。19世纪的民族主义唤醒了犹太人，就像唤醒了殖民地人民一样。民族主义教导说，每个民族必须有他们自己的国家。犹太人19世纪后期开始发明出他们自己的民族主义——犹太复国主义。

犹太复国主义的关键事件是19世纪90年代的德雷福斯事件（Dreyfus Affairs）：一名法国犹太军官被诬陷为德国从事间谍活动，基于捏造的证据被判有罪。大革命以来遭到严重分裂的法国社会，又一次因反动分子辱骂犹太人、自由派维护犹太人而陷入分裂。一位已被同化为维也纳人的犹太记者西奥多·赫茨尔（Theodor Herzl），惊惧于德雷福斯案审判中法国的愤怒和暴力，因而认为犹太人只有在自己的国家中才能得到安全。1896 年赫茨尔发表了《犹太人的国家》(*Der Judenstaat*)，成为现代政治性（与宗教性相对）犹太复国主义的主要倡导者和组织者。1897 年他组织了第一次犹太复国主义者大会，并预言 50 年之内他梦想的犹太人国家就将成为现实。他的预言只推迟了一年实现——1948 年以色列国家就宣告成立。

俄国的状况有助于为赫茨尔的新运动招募人员。当时的俄国包括波兰东部，那里有着最密集的犹太人口。沙皇政府为了把不满转移到犹太人身上，鼓励了对犹太人的集体迫害（反犹暴乱）。许多犹太人移居西欧和美国，但一些受到犹太复国主义深刻影响的人则到巴勒斯坦地区定居。

1900 年，巴勒斯坦地区是奥斯曼土耳其帝国治下的一块死气沉沉的土地：人口不多，主要是阿拉伯人。犹太复国主义移民吟诵道："没有人民的土地应该给予没有土地的人民。"他们几乎没有注意到当地的阿拉伯人。年轻的犹太复国主义者都是世俗主义者、社会主义者，以及开荒者。犹太民族主义是他们的宗教，耕耘土地就是他们的敬神。以色列人大批转向宗教是晚近的事，且大多数至今仍是世俗主义者。

犹太复国主义者人数不多，但能量巨大。一个犹太国家基金在海外筹措资金，一家土地开发公司购买土地，并训练年轻的犹太定居者建立基布兹（kibbutzim，共有农场）与莫夏夫（moshavim，合作农场）。开荒者排干沼泽、灌溉沙漠；恢复希伯来语作为口语，而不再仅仅用作祈祷。1903 年，在阿拉伯港口雅法以北，建成了一座现代犹太城市——特拉维夫（意为"春天的山冈"）。

阿拉伯民族主义同样根植于宗教，即 7 世纪在阿拉伯半岛爆发式传播的伊斯兰教。穆罕默德相信他是真主安拉（阿拉伯语的上帝）最后的使者。他口述出的真主启示形成了《古兰经》，或者叫"圣经"。阿拉伯语由此成为穆斯林（"穆斯林"指服从于真主意愿的人）的礼拜语言。随着伊斯兰教的传播，阿拉伯的语言和文化也相应得到传播。阿拉伯语和希伯来语是有亲缘关系的闪米特语言。

阿拉伯人传播了新的信仰，就像野火蔓延一样。几个世纪之内，伊斯兰教传遍了现在的中东、波斯、中亚、印度西部、北非，以及西班牙。他们都建立了哈里发，在文化上远远领先于陷入"黑暗时代"的欧洲。感谢阿拉伯语的翻译，古希腊的经典才保留下来并在基督教的欧洲传播。医学、艺术以及商业在阿拉伯帝国繁荣兴旺。

这些哈里发随着时间的推移而崩溃了。基督教十字军和 13 世纪残暴的蒙古人入侵使得阿拉伯文明衰落——它萎缩了，不再有能力扩张。葡萄牙人开辟了经非洲到亚洲的新航路，绕过了阿拉伯商人。到了 16 世纪，奥斯曼土耳其穆斯林扩张到中东，阿拉伯人几乎没有抵抗。作为奥斯曼帝国落后的省份，阿拉伯土地从此陷入了"沉睡的世纪"。

但是到了 19 世纪，欧洲民族主义同样在衰败中的奥斯曼帝国掀起波澜。奥斯曼帝国军队里的阿拉伯军官因未得到土耳其军官的同等待遇而心生怨恨。一些军官组成了阴谋团体，致力于阿拉伯独立。19 世纪中叶，“阿拉伯觉醒”首先在黎巴嫩以文学复兴的形式开始，其领导者很多都是阿拉伯基督徒。差不多被遗忘的经典讲述了阿拉伯文化和历史的荣耀。

1913 年，第一次阿拉伯人大会在巴黎举行，寻求在奥斯曼帝国内获得阿拉伯自治。伊斯坦布尔拒绝了这一要求。第一次世界大战前夕，阿拉伯民族主义者认识到，需要一个强有力的同盟来帮助他们从土耳其统治下获得自由。就像犹太复国主义者一样，为了自己的民族主义目标，阿拉伯民族主义者引入了英国的力量。英国在第一次世界大战中同时引发了犹太复国主义和阿拉伯民族主义运动，并最终陷入了争夺土地的竞争。

▶▶▶ 概念：民族主义

民族主义是一种有时会狂暴的信仰，它追求本民族的独立和强大。民族主义经常包含着对外国统治者或有威胁的外国人的怨恨或敌意：“没有外国人能摆布我们。”民族主义是所有意识形态中最强大、最情绪化的一种。世界上的多数民族，包括美国人，都是民族主义者，差别只是程度的多少。

民族主义的现代概念来自 17 世纪试图取代地方意识（例如勃艮第）的绝对主义君主（例如法国）。然而，法国大革命之前民族主义并没有兴起。法国大革命基于“一个民族”，给了法国人一种洋洋自得的感觉，感到他们是欧洲的领导者和解放者。（要想体会民族主义的情感力量，请听一听法国国歌《马赛曲》。）

拿破仑傲慢的军团征服了哪里，哪里的民族主义就被唤醒。民族主义教导说，被外国人统治是极大的错误。法国的占领催生了西班牙、德国和俄国的民族主义。（托尔斯泰的史诗《战争与和平》展现了一名亲法国的俄国人如何学会憎恨法国人并成为俄国的民族主义者。）19 世纪，一块又一块的欧洲土地被唤醒，要求建立自己的民族国家。欧洲的各个帝国出于无心，也在散播民族主义。由于以不同民族为单位料理事务，并在教育中使用民族通用的语言和文化，殖民主义者教会了“当地人”思考他们自己是一个民族，进而怨恨被外国人统治。变成殖民地的时间越晚，民族主义就越是强烈，因为对外国人的憎恨仍然鲜活。特别是当民族主义与宗教缠绕在一起时，就会极具爆炸性，例如在印度、巴基斯坦、前南斯拉夫、阿富汗，以及中东地区。

第一次世界大战和委任统治

在第一次世界大战中，土耳其与德国结盟。伊斯坦布尔知道，英国、法国、俄国都觊觎着奥斯曼帝国的领土。一名英国军官 T.E. 劳伦斯（T.E.Lawrence）组织了 1916 年的阿拉伯暴动，意在把土耳其从两河流域的肥沃新月地带（Fertile Crescent）赶走，从而扩展大英帝国。但是参加这次暴动的阿拉伯人，在麦加和麦地那酋长侯赛因的领导下，认为他们正在为阿拉伯的自治而战斗。为了动员美国和俄国的犹太人舆论以支持战争，英国同时还在支持犹太复国主义运动。

英国很快就彻底毁坏了阿拉伯人的雄心壮志。不顾阿拉伯人的反对，英国和法国分割了肥沃的新月地带。1922 年，由英法控制的新组建的国际联盟给了它们自己对该地区的委任统治权。英国一度履行了《贝尔福宣言》的承诺，让犹太人在巴勒斯坦地区建立一个国家。1919—1931 年，平均每年有 1 万名犹太人来到巴勒斯坦。巴勒斯坦的阿拉伯人被英国人的背信弃义激怒，并且害怕犹太移民会占据整个地区，因而在 1920 年和 1921 年发动了反对犹太人的暴乱，造成超过 100 人死亡。从此，两个民族间开始了暴力对抗。

▶▶▶ 外交：承诺、承诺

英国在第一次世界大战中孤注一掷，为赢得盟友许下很多诺言，而没有去关心这些诺言是不是相互重叠、相互矛盾、日后会导致狂暴的冲突。

1. 麦克马洪-侯赛因通信：1915—1916 年，英国的埃及总督，亨利·麦克马洪爵士（Sir Henry MacMahon，1914 年他划了“麦克马洪线”）与沙里夫·侯赛因（Sharif Hussein）通了十封信，鼓励阿拉伯人起义反抗土耳其人。麦克马洪同意侯赛因的意见，即那里应该是阿拉伯人的土地，但是他在边界问题上含糊其辞。侯赛因要求得到整个阿拉伯半岛和肥沃的新月地带（包括巴勒斯坦地区）。麦克马洪模棱两可。但是阿拉伯人认为他们达成了一致。

2. 赛克斯-皮克协定（the Sykes-Picot Agreement）：与此同时，英国、法国、俄国秘密同意战后分割奥斯曼帝国。阿拉伯人可能得到阿拉伯半岛，但是英国和法国将分割肥沃的新月地带：英国控制巴勒斯坦和美索不达米亚地区，法国控制叙利亚和黎巴嫩。布尔什维克公布了协议，以暴露帝国主义者的卑鄙怯懦。很明显，赛克斯-皮克协定与麦克马洪-侯赛因谅解不一致。

3. 贝尔福宣言（the Balfour Declaration）：1917 年秋，为了赢得全世界犹太人

对战争的支持，英国内阁发布了一份以外交大臣命名的宣言：

“英王政府赞成在巴勒斯坦地区建立一个犹太人民的民族家园，并将竭尽所能促成这个目标的实现；需要充分理解的是，不应有任何行为歧视巴勒斯坦地区现有非犹太人社区的世俗与宗教权利。”

请注意，宣言并没有承诺一个犹太人的国家，只说是一个“民族家园”（national home）；它同样也注意到阿拉伯人的权利。尽管如此，它看上去与前面两份协议还是矛盾的。你能向多少民族许诺同一块土地？

20世纪30年代，德国和波兰的反犹政权加速了犹太人移居巴勒斯坦。犹太人的组织购买了更多的土地，由此引发了1936—1939年巴勒斯坦阿拉伯人和犹太人之间的争战。英国人对此几乎无能为力。一支名为“哈伽拿”（Haganah）的犹太自卫武装组织了起来，这就是后来以色列军队的核心。基布兹成员白天耕作土地，晚上则击退阿拉伯人的进攻。

1938年，巴勒斯坦有41.3万名犹太人，仍处于少数，因为阿拉伯人口也在增长。1939年，英国知道战争就在眼前，而德国渴望得到中东的战略位置和石油。希特勒确实曾向中东派过两支军队：一支从俄国到高加索，另一支从北非到埃及。德国情报机构支持阿拉伯人和伊朗人发动反英国的暴动。英国吓坏了，试图安抚阿拉伯人。

1939年英国发表了白皮书，严格限制犹太移民：未来四年内，只有7.5万名犹太人被允许移居巴勒斯坦。这样做安抚了阿拉伯人，但是背叛了犹太复国主义者。恰好在欧洲犹太人需要庇护所的时候，英国关闭了移民的大门。不过，巴勒斯坦犹太人还是不得不支持英国。犹太复国主义领袖大卫·本·古里安（David Ben Gurion）说：“我们要像没有战争一样与白皮书作斗争，我们要像没有白皮书一样与轴心国作斗争。”

战争把犹太复国主义从一个浪漫主义的梦想变成了对犹太人国家坚定不移的需求。当犹太人绝望地离开欧洲时，实际上并没有地方能接纳他们。英国不允许他们进入巴勒斯坦。有些犹太复国主义者由此陷入愤怒和失意，转而寻求恐怖主义行动反抗英国的委任统治：“纳粹要杀死我们，英国人不让我们活。”其中就包括后来成为以色列总理的梅纳赫姆·贝京（Menachem Begin）和伊扎克·沙米尔（Yitzhak Shamir）。

1945年纳粹死亡集中营的解放确证了犹太复国主义的主张，一个最早由赫茨尔开始论证的主张：犹太人只有在自己的国家里才能得到安全。纳粹在全世界几乎没有注意到的情况下就灭绝了大约600万犹太人。幸存者要求被允许去巴勒斯坦，犹太复国主义者则要求一个犹太人的国家。巴勒斯坦的犹太恐怖主义者刺杀了英国士兵。为一个犹太人的国家战斗是最高的道德，任何人只要挡着路就是不道德的。以色列人形成了一种心态，就是再也不相信可以把自己的命运交托给其他人，因为当他们遭受大屠杀时很少有人维护他们。到了今天，以色列人也不喜欢外部力量提出的那些危害他们安全的“和平计划”。

▶▶▶ 地理：英国发明了约旦

最初的巴勒斯坦国际联盟委任统治地包括今天的约旦。1921年英国把外约旦（Transjordan，即“约旦河那一边的土地”）分出来，交给侯赛因的其中一个儿子，报答他在战争中的帮助。那些时日，英帝国可以发明出整个整个的新国家。英国给外约旦国王出主意、给他资助、装备和训练他的军队——阿拉伯军团。1948年，英国撤出巴勒斯坦，外约旦王国改名约旦。一些以色列人认为，约旦最初作为巴勒斯坦的一部分，这意味着巴勒斯坦人已经有了一个国家——就在约旦河的那一边。但是没有巴勒斯坦人认可这个观点。

历次中东战争

1948年

第二次世界大战后，英国在巴勒斯坦的地位已经难以维持。精疲力竭、力不能支之下，英国于1947年把这个问题扔给了新组建的联合国。联合国的一个委员会建议把巴勒斯坦地区分成阿拉伯区域与犹太区域，耶路撒冷则为中立地带。联合国大会以33票赞成、13票反对、10票弃权通过了该计划。美国和苏联以及它们的盟国都投了赞成票，但是所有的中东国家都反对。莫斯科把它当作将英国赶出中东，并提升自身地区影响力的途径。

此时犹太人占据巴勒斯坦总人口的三分之一，他们接受了分割方案；但是阿拉伯国家和巴勒斯坦的阿拉伯人拒绝该方案。阿拉伯人否定了以色列在该地区存在的权利，因而看不到任何妥协的理由。1948年5月14日，当英国委任统治结束、本·古里安宣告以色列国家成立时，埃及、叙利亚、伊拉克、约旦、黎巴嫩等五个阿拉伯国家的军队进入巴勒斯坦抢占地盘。

阿拉伯国家大受震动。哈伽拿投入一支 4 万人的军队，这是他们第二次世界大战老兵的一半；他们或者四处搜集战时多余的武器，或者自己制造。而他们最好的武器则是产生于绝望的士气：如果他们失败了，整个犹太民族将被“赶下大海”。以色列军队的信条基于 *ayn brayra*：别无选择。

除了约旦由英国军官指挥的阿拉伯军团以外，阿拉伯军队打得很糟糕。没有一个阿拉伯国家想要一个分割出来的巴勒斯坦阿拉伯国家。以色列打败了除约旦外的所有阿拉伯国家；约旦人则占据并保住了今天叫作“西岸”的地区、东耶路撒冷的老城与多数圣地遗址。以色列占据了西耶路撒冷。

1949 年，在联合国的支持下，埃及、叙利亚、约旦、黎巴嫩同意与以色列休战，但并未达成和平。以色列拥有巴勒斯坦委任统治区 80% 的土地。大约 70 万不时处于威胁下的巴勒斯坦阿拉伯人逃离以色列，他们的财产则宣布“被放弃”，并被夺占。阿以冲突长久不变的核心要素就是巴勒斯坦人问题。

1956 年

1956 年的战争，也叫苏伊士运河危机和西奈战役，再次诠释了外部势力在发动与结束阿以战争中的作用。英国和法国进攻埃及，美国和苏联施压让它们退出。

埃及总统伽马尔·阿卜杜尔·纳赛尔是位新生代的阿拉伯领导人。埃及军官耻于被以色列打败，指责腐败的君主统治，1952 年在纳赛尔上校的领导下推翻了法鲁克国王。纳赛尔认为自己不是简单的埃及民族主义者，而是泛阿拉伯运动的领导人。他支持阿尔及利亚民族主义者反抗法国、反对美国和英国支持的《巴格达条约》——该条约的目的是防止苏联的影响力进入中东。

随着双方相互被激怒，各种事件迅速展开。开始是巴勒斯坦难民问题。加沙地带 1948 年以后由埃及控制，那里的一些巴勒斯坦人成了突击队员（fedayeen），或者叫“自我牺牲者”，他们向以色列发动袭击。这些突击队员由埃及武装和训练，作为纳赛尔利用与以色列的冲突来唤醒和统一所有阿拉伯人政策的一部分。以色列进行报复，对加沙地带的埃及港口实施大规模袭击。纳赛尔愤怒地寻求购买武器。美国和英国拒绝其要求，而苏联则高兴地卖给他大量武器。有了苏联的武器，纳赛尔在西奈半岛建立了面对以色列的军队；以色列对此日益紧张。

美国与英国对纳赛尔转向苏联很失望，撤销了援助建造埃及梦想中的尼罗河阿斯旺大坝的资金。英美的食言激怒了纳赛尔，1956 年 7 月 26 日，他将英国和法国所有的苏伊士运河国有化。纳赛尔说，苏伊士运河是殖民主义的残留物，现在埃及需要运河的收入来建造阿斯旺大坝。纳赛尔收回运河惹怒了英法，它们暗中与以色列共谋，要把运河拿回来。以色列首先攻击，英法接着以“保护”运河的名义加入。

1956 年 10 月 29 日，以色列军队猛然急速地通过西奈半岛，攻向苏伊士运河。伦敦和巴黎向交战双方发出了最后通牒，要求撤离运河十英里。11 月 5 日，英法侵入并占领了运河区。1956 年战争结束时，以色列占领了西奈半岛，英法占领了运河区。纳赛尔遭受打击，但是并未被击败。艾森豪威尔对伦敦和巴黎不顾美国劝告进入埃及很生气。他判断，英法帝国主义最后的喘息只会把阿拉伯民族主义者推向苏联。美国支持联合国要求撤出入侵军队的决议，还用经济施压的办法让英法退出苏伊士运河区——12 月英法果然退出。

劝说以色列要更费功夫。艾森豪威尔以经济制裁相威胁，并许诺会让埃及开放蒂朗海峡（Tiran Strait，以色列通过亚喀巴湾进入红海的通道）供以色列船只航行。随着联合国应急部队（UN Emergency Force，UNEF）在西奈半岛巡逻，以色列 1957 年 3 月撤出。就像接下来的历次战争一样，西奈战役的胜利者一无所获，没有一个问题在战争中得到解决。

1967 年

1956 年战争的一个后果就是，埃及和叙利亚倒向了苏联。巴勒斯坦突击队员又发起袭击，以色列也再次报复。1963 年，以色列开始实施从约旦河（在美国人看来是条小溪）引水的工程，这激怒了叙利亚和约旦。地区紧张局势不断累积。1967 年春天，一系列事件促使纳赛尔走向战争，他宣布已经准备好与以色列的战争。以色列人称纳赛尔可能在虚张声势，但是却认真地对待这一威胁。这部分源于两种文化的冲突：阿拉伯人好夸大其词，而以色列人则直言不讳。

“六日战争”失败的责任很多应归咎于叙利亚和苏联的谎言。叙利亚在戈兰高地可以俯瞰以色列丰饶的上加利利地区（Upper Galilee），还向以色列农场开炮。作为回应，以色列飞机袭击叙利亚炮兵阵地，还击落了六架叙利亚的苏制米格战机。大马士革谎称，以色列在加利利集结了大规模部队，准备进攻叙利亚。大马士革询问，在这种情况下，纳赛尔这位阿拉伯的大英雄将会做什么？叙利亚其实是在驱动纳赛尔做出强烈反应。以色列否认有这种意图，并邀请苏联大使去现场看看：因为在这个狭小的山谷里，部队很容易就被看得一清二楚。苏联大使谢绝了邀请，却重复以色列正在准备入侵叙利亚的说辞。

纳赛尔现在不得不表示他将帮助叙利亚。他要求 1957 年以来作为停战观察员的联合国军队撤出西奈半岛，接着关闭了供以色列船只航行的蒂朗海峡，又命令在西奈半岛集结部队。1967 年 5 月 30 日，他与约旦国王侯赛因签署了防御条约——埃及和叙利亚也有这样的条约。谨慎的侯赛因国王先前曾避开与纳赛尔站在一起，也没有威胁以色列。

这样，以色列就被满腔仇恨的阿拉伯国家刺眼的“战争”叫嚣包围。以色列位于约旦河与海岸之间狭窄的细长国土，有些地方不超过 10 英里的宽度。以色列的战略来自它的地理位置：或者是先发制人，或者是为人所制。以色列不动声色地开始动员预备役军人。6 月 4 日，以色列知道美国将不会像 1957 年承诺的那样迫使埃及开放蒂朗海峡。美国当时正陷在越南战争的泥沼里。以色列感到处于危险中，而且已经被抛弃，因此在 6 月 5 日先发制人。

结局来得很快，而且令人惊愕。以色列战机运用美军教程里的战术，首先摧毁了埃及停机坪上的战机，接着击毁了装甲部队。以色列飞速跨过西奈半岛，6 月 8 日就推进到苏伊士运河。

约旦一开始对以色列进行了炮击，这给了以色列人夺取耶路撒冷老城的借口，而这个借口他们从 1948 年就开始寻找。以色列用三个营占领耶路撒冷老城后，宣布耶路撒冷已经统一，并且是以色列的永久首都。这是一个令人激动的象征。以色列同时占领了整个西岸地区。

占领戈兰高地对以色列来说是最为困难的：从 6 月 8 日到 10 日，持续向上爬坡进攻叙利亚掩体。以色列人发誓他们将永远不会放弃具有战略意义的戈兰高地，并在 1981 年将其并入以色列。1967 年的以色列人知道给他们的时间很少。超级大国看到了战争扩大的危险。当亲苏联国家的军队土崩瓦解时，莫斯科威胁要干涉，而华盛顿则告诉以色列人快点弄完。“六日战争”之所以这么短都是因为超级大国。

三个阿拉伯国家丧失了 1.4 万名士兵，以色列仅为 700 名。看上去是个辉煌的胜利，但是战争又一次什么也没有解决。以色列没有占领一座阿拉伯国家的首都，也没有占领核心地带——超级大国确保了这一点。对阿拉伯国家来说，也没有什么急迫的需要像在古典外交中那样“求和”。他们所做的，是当年 9 月在喀土穆宣布：“不谈判、不承认、无和平。”联合国通过了不偏不倚的 242 号决议，从此以后成为和平计划的基础，决议要求以色列撤出被占土地，要求阿拉伯国家以和平方式接受以色列的存在。双方都不理睬 242 号决议，每一方都声称不能信任对方。1973 年战争的舞台已经搭好。

以色列在胜利的振奋中仍然面临着重大的问题。新近占领的西岸和加沙地带有 130 万巴勒斯坦人（现在已经增长到超过 300 万人），大多数是 1948—1949 年战争的难民及其子孙。以色列现在不得不管理这些它在 1948 年想要赶走的居民。

1973 年

纳赛尔 1970 年去世，他的继任者埃及总统安瓦尔·萨达特（Anwar Sadat）认为，必须要反抗以色列占领西奈半岛、戈兰高地和约旦河西岸。这么做部分源自要克服阿拉伯国家失败后士气跌入低谷的状态和以色列的获胜者心态，部分是要让超级大国对其采取积极态度。

1973 年 10 月 6 日，以色列在震惊中遭到了埃及和叙利亚的打击。超过两千辆苏制叙利亚坦克穿透防御薄弱的戈兰高地。以色列以一场巨大的坦克战击退了他们。与此同时，埃及军队穿过苏伊士运河，突破了以色列防御力量稀少的巴列夫防线（Bar Lev Line），进入西奈半岛。以色列将军阿里埃勒·沙龙（Ariel Sharon）——就是以后的总理，进行了一次大胆的赌博：他率领部队突击到苏伊士运河西岸，从而截断了东岸的埃及军队。

美国和苏联此前都曾不顾一切地不断补给自己所支持的国家，到了此刻，则力图在联合国通过另一个停火决议。莫斯科威胁要运送部队去帮助埃及人。尼克松总统命令美军进入全球戒备状态，以慑止苏联的干涉。美国推迟向以色列供应物资，使得以色列停止了进一步的推进。就像以前一样，外部大国施加了巨大的影响力。

此次战争被称为“十月战争”，震动了世界。阿拉伯石油出口国对亲以色列的国家（美国和荷兰）实行石油禁运，并将石油价格提升了四倍。此举引发整个世界多年的通货膨胀。在军事上，全世界的军队都认真记下了笔记：战争显示，小型制导导弹能够打掉飞机和坦克。阿拉伯国家告诉人们，以色列并非不可战胜。严重的损失（以色列死亡 2 500 人，叙利亚死亡 8 000 人，埃及死亡 8 000 人）使得以色列担心一场长期的战争。

心态上的变化让安瓦尔·萨达特得以震惊世界。1977 年，萨达特接受了以色列的邀请，飞到耶路撒冷与以色列总理梅纳赫姆·贝京进行面对面的会谈。萨达特不是作为失败者，而是作为平等的一方与以色列人谈的。这带来了 1978 年在美国总统位于马里兰州度假地的戴维营会谈。卡特总统斡旋并劝说贝京和萨达特于 1979 年签署了阿以第一个和平协议。双方都得到了一些东西。萨达特收回了西奈半岛，得到更多的美国援助以防止埃及穷人因食品而发生骚乱。贝京有机会分裂以色列的阿拉伯敌人——埃及被开除出阿拉伯联盟，并使美国增加了财政支持。

▶▶▶ 外交：后勤与和平

1973 年战争显示，现代战争消耗的军需品达到了惊人的程度。战争高度依赖于后勤保障。以色列国防部长 1973 年说：“我们下午打掉的炮弹早上还不在这个国家。”这些炮弹由美国配备空中加油的飞机穿越大西洋空运而来。美国的空运能力保证了其无可匹敌的力量投送。

美国国务卿亨利·基辛格不是中东问题专家，可他写过关于均势的书。当以色列面临失败时，美国不得不再次给予其补给。但是基辛格知道，以色列的再一次胜利将不会带来和平，而是1956年和1967年战争的重复。因此基辛格谨慎地控制向以色列的再补给，使以色列缺乏继续推进的军需品。1973年战争没有胜利方，双方在心理上达到了平衡。

基辛格在开罗、耶路撒冷、大马士革之间不断进行“穿梭外交”，确保达成停火。在西奈半岛和戈兰高地，他都详细规划了无人的中间地带，两侧由双方少量人员巡逻，再往后则是各自强力控制的区域。这个想法是为了把双方主要的军队隔开。交战方签署了协议。该协议构成了埃及与以色列和平协议的基础。基于力量应该达到平衡的思想，基辛格实施了一段光彩夺目的外交。

巴勒斯坦民族主义的兴起

巴勒斯坦民族主义主要是在以亚西尔·阿拉法特（Yasser Arafat）为首的巴勒斯坦解放组织的领导下形成。巴勒斯坦人曾经遭到英国、以色列以及其他阿拉伯国家的恶劣对待，成为达到这些国家目的的工具。无论在哪里，他们都是外国人，无家可归。没有一个阿拉伯国家大量接收他们。这简直是一个巨大的讽刺：巴勒斯坦人变得和犹太人很像——四散飘零、遭人疑忌、无国可归。同样，就像犹太复国主义者一样，巴勒斯坦人也得出结论——他们需要自己的国家。

1978年戴维营协议并没有解决根本的巴勒斯坦问题，它导致了另一场战争。以色列允诺接受“巴勒斯坦自治”，但是就没有下文了。为了安置新的定居者，以色列在东耶路撒冷和西岸占领的土地增加了，现在有超过50万以色列人住在那里。西岸的以色列定居点、道路、安全防护设施占用了更多的巴勒斯坦土地，还把这些土地隔成了小块，有人称之为“事实上的吞并”。巴勒斯坦人要从他们国家的这一块去到那一块，必须在以色列检查站前等好几个小时。有些以色列人公开说要占领整个西岸，把阿拉伯人赶出去。其他以色列人担心这将使他们的国家陷入长久的战争状态。

1967年战争终结了所谓埃及或约旦“在保护”巴勒斯坦人的错觉。这也使得巴勒斯坦人能在以色列工作，从而第一次看到他们祖先的土地。但是他们没有公民权。以色列人鄙视他们，犹太人和阿拉伯人社区之间几乎没有联系。敌意还在不断加深。现在，为了防止炸弹袭击，以色列不再使用巴勒斯坦劳工，改作雇用其他各国的工人。

一系列因素导致了两次流血的“因提法达”（intifada）*。巴勒斯坦人的命运已经有几十年悬而未决。他们仍然没有自己的国家。巴勒斯坦人的出生率位列全球最高的行列。一个世纪以来，巴勒斯坦人的数量从50万增加到500万，许多人都居住在其他国家。有限的经济体量与过多的人口结合在一起，产生了愤怒的失业青年大军。极端主义在整个中东生长，鼓励一些年轻人充当恐怖分子和自杀性炸弹袭击者。巴勒斯坦恐怖主义的每一个行动都引发了以色列的报复——拆毁巴勒斯坦人房屋、“有针对性的暗杀”，以及强硬的占领限制措施；这反过来又加剧了巴勒斯坦人的怒火，为下一个“因提法达”做好准备。

▶▶▶ 外交：奥巴马的等距离外交（even-handedness）

奥巴马总统试图进行一种美国等距离接近以达成阿以和平的外交，但是并未成功，只好退回到惯常的对以色列的支持。美国政治迫使他放弃了原来的主张。2011年奥巴马提议回到1967年边界，辅以一些调整与土地交换，这是中东许多谈判的基础。2013年，国务卿约翰·克里企图恢复和平谈判，但是具有引爆整个地区危险的叙利亚内战将他的努力搁置一边。

许多支持以色列的犹太教徒和基督徒都在怒吼，说奥巴马是反以色列的。2012年，要求对以色列进行无限制支持的共和党重复了这一指控。极少有美国政客胆敢冒险对抗亲以色列的院外集团，这就使得某些中东话题在华盛顿的辩论中成为禁忌。2013年，对查克·哈格尔（Chuck Hagel）国防部长的任命就因虚假指控他不够亲以色列而拖延。

以色列建国后的最初数十年间，美国曾执行了对以色列和阿拉伯国家的某种等距离外交。杜鲁门立即承认以色列，但是亲阿拉伯的国务院警告不要疏远阿拉伯国家，因为无论对石油还是对冷战站队来说，阿拉伯国家都很重要。1956年英法以进攻埃及时，艾森豪威尔很生气，要他们退出来。1967年战争中，约翰逊同情以色列，但是美国深陷越南，无法介入。

虽然美国犹太人大多数都投民主党的票，但是政策急速向以色列倾斜是共和党总统完成的。尼克松把以色列看作冷战中的反苏盟友，向苏联传递了可靠的威慑，阻止莫斯科干涉1973年的十月战争，与此同时，他为孤注一掷的以色列空

---

* “因提法达”即1987年后反对以色列占领的巴勒斯坦人暴动。——译者注

运美国军需品。老布什总统是位有许多阿拉伯关系的石油大亨，他实行等距离外交，但是他儿子很过分地赞颂和支持以色列，认为在充满敌意和不稳定的中东地区，以色列是美国的民主盟友。批评者担心小布什总统对以色列的倾斜会损害美国“诚实的中间人”角色，还会默许以色列扩张西岸定居点的行为。而许多狂热的美国基督徒把以色列看作基督复临（Second Coming）的标志，要求全力支持以色列。

奥巴马总统寻求加强与阿拉伯国家的联系纽带，并警告以色列不要扩大西岸定居点。白宫说，这是重启和平进程所必需的，而不是反对以色列。他还举行了由美国外交官在以色列和巴勒斯坦之间调停的间接近距离会谈（indirect proximity talks）（这是一种古老的外交技巧），但是一无所获。包括总理本杰明·内塔尼亚胡在内的以色列右翼公开反对奥巴马的努力。内塔尼亚胡和奥巴马个人之间也相互看不顺眼。2011 年，内塔尼亚胡在对他热情欢呼的美国国会演讲中暗示，他可能会绕过白宫。有人称此时为半个世纪以来最糟糕的美以关系。奥巴马尝试的美国等距离外交是短命的，很快被重启和谈的敷衍性吁求所取代。内政压力就是如此，没有哪个美国总统处理该问题的方式能够与众不同。

▶▶▶ 阿以历次战争

时间	名称	结果
1948—1949 年	以色列独立	以色列建国，并占领大部分巴勒斯坦地区
1956 年	西奈战役	以色列打败埃及，占领西奈半岛
1967 年	六日战争	以色列从埃及手中夺取西奈半岛、从约旦手中夺取西岸、从叙利亚手中夺取戈兰高地
1973 年	十月战争	以色列击退了埃及和叙利亚
1982 年	入侵黎巴嫩	以色列入侵黎巴嫩南部
2006 年	真主党战争	以色列再次进入黎巴嫩

1982 年

1975 年，黎巴嫩因基督徒和穆斯林的内战而分裂，这使得巴勒斯坦解放组织在黎巴嫩南部建立“法塔赫”控制区（Fatahland），如同在一个国家之内建立了另一个国家。黎巴嫩的许多宗教—政治民兵组织进行混战，有些得到叙利亚的支持；

而叙利亚则占据着它长期以来一直有领土要求的黎巴嫩东部。1982 年 6 月，以色列入侵黎巴嫩，摧毁了巴勒斯坦解放组织的基地，帮助基督徒重新掌权，但是却被穆斯林民兵组织拖住。美国派来了“维和”部队，但很快就支持基督徒。美国的指导思想错误，竟然在内战中站了队。黎巴嫩真主党的一卡车炸弹炸死了 241 名睡梦中的美国海军陆战队员，然后美国就撤走了。以色列也撤出军队，但是在黎巴嫩南部保持着大约 9 英里纵深的“安全区域”。真主党战士每周都要对以色列人进行炸弹袭击和伏击，直到 2000 年他们全部撤走。2006 年，真主党劫持了两名以色列士兵，以色列以再一次入侵回击，造成了平民的大量损失。有人把这算作第六次阿以战争。黎巴嫩真主党吹嘘他们是唯一一支始终与以色列作战的阿拉伯武装。

还有希望吗?

开战易，求和难。在双方抵制主义者（rejectionists）的反对下，和平谈判可以很快被瓦解。在紧张和受挫折的气氛中，极端主义者刺激出一种螺旋式下降的状态。巴勒斯坦组织说，只有暴力才有用，因为以色列夺去了他们的土地、无视他们的权利。以色列民兵组织说，他们有资格以牙还牙，因为阿拉伯人要把他们所有人都杀死。螺旋一而再地下降、下降。

双方更冷静的人知道，他们必须搞出一个协议，但是双方都受到约束：一是担心可能引发某些事情恶化，二是受制于各自的国内组织。如果不变成一个权威主义的警察国家，以色列就无法控制西岸数百万愤怒的巴勒斯坦人。可是以色列也害怕一个巴勒斯坦国家会成为恐怖分子的“训练营”，一门心思要拿走整个具有历史意义的巴勒斯坦地区。许多巴勒斯坦人仍然希望毁灭以色列。

以色列事实上对西岸的吞并使任何和平机会都变得不可能。宗教意义和提供住宅混杂在一起，对犹太定居者有很大的诱惑。以色列的右翼分子主张，这些地区是《圣经》赋予他们的，他们为此付出了血的代价，如果把这些土地交给以色列的死敌，将有毁灭性的后果。以色列的自由派和左翼人士说，能以这些定居点换来持久和平，将是值得的。2012 年，联合国大会同意将巴勒斯坦权力机构的地位升级为联合国观察员国。美国仍在抗拒，认为决定草率、会搅动起麻烦。以色列的报复措施是：下令建设新的大规模定居点，这将有效地把西岸切成两半。

局势并不稳定，可能导致另一场战争。巴勒斯坦人知道，他们必须快些在不要做过多让步的情况下建立一个巴勒斯坦国，否则极端主义者将触发新的战争，这就会给以色列把成千上万名巴勒斯坦人“迁移”（不过是“驱逐”的委婉说法）出西岸，并拿走大多数西岸土地以借口。有些以色列人甚至在公开谈论“迁移选项”。双方的抵制主义者都乐意为和平进程设置障碍。2000年爆发的“因提法达”，就是因为阿里埃勒·沙龙这位右翼的以色列前将军（后来的总理）挑衅性地访问了耶路撒冷最高级别的穆斯林圣地。上千人死亡、大多数是巴勒斯坦青年，其中有一些是自愿进行自杀式炸弹袭击的人。巴勒斯坦人和以色列人中都有为和平谈判的失败而欢呼的，认为谈判给了对方太多的东西。

2006年以色列建设完成了一个很长的防护装置，以阻止巴勒斯塔炸弹袭击者接近以色列。但是在两个引人注目的点——加沙地带和南黎巴嫩，冲突很容易重新开始。2005年，以色列单方面撤出加沙，留下一个贫穷、孤立、被描述为“世界上最大的露天监狱”的加沙。军事组织哈马斯占据加沙，2008年末向以色列发射火箭弹，引来以色列空中和地面的报复性攻击，造成1 400名巴勒斯坦人死亡，其中多数是平民。2012年末，哈马斯又向以色列发射了几百枚火箭弹（大多数由伊朗供应），以色列以猛烈的空中打击进行报复。2006年，什叶派的黎巴嫩真主党绑架了两名以色列士兵后，以色列在黎巴嫩与真主党打了一个月，在毫无结果的情况下撤离。真主党向以色列发射了12 000枚伊朗供应的火箭弹，然后自夸为胜利者。

在中东，预测战争比预测和平容易得多。以色列总理伊扎克·拉宾（Itzhak Rabin）和阿拉法特1993年在白宫草坪许诺将为和平而工作，但一名以色列抵制主义者1995年在一次和平集会上枪杀了拉宾。埃及和以色列1979年签署了和平协议，约旦和以色列1994年也签了和平协议，但是这些只是带来了几乎没有接触、没有商业往来、没有良好感情的“冷和平”。能够达成两个和平协议的原因是，在某个时刻，双方结束战争状态的所得大于所失。两个和平协议都由美国发起，而美国是这三个国家主要的外部援助者。以色列每年得到大约30亿美元的援助，埃及差不多有20亿美元。如果美国砍掉给埃及的谷物援助，埃及将爆发食品短缺骚乱。援助带来了影响力。

以色列—巴勒斯坦早些时候的谈判指向“两国”解决方案（最早在1937年提出），但是随着以色列定居点占据了更多的西岸土地，“两国”方案被策略性地抛弃。阻碍达成协议的有三个重大问题：1. 以色列必须放弃西岸的许多（或许是多数）定居点，以形成一个领土聚合在一起的巴勒斯坦国家。许多以色列人，包括总理内塔尼亚胡（Netanyahu），都拒绝考虑这个问题。2. 巴勒斯坦人要求回归的权利，要拿回1948年的家园和农场。以色列人害怕自己将很快被巴勒斯坦人淹没，因而拒绝这个要求。3. 巴勒斯坦人还坚持对东耶路撒冷的主权。以色列人主张整个耶路撒冷永远是他们的，并且向东扩展，差不多要把西岸切成两半。巴勒斯坦人和以色列人之间的和平将给该地区带来经济繁荣。然而现在，没有什么可以妥协，外交成了空洞的仪式，对和平毫无用处。

阿以冲突教给我们大量关于冲突的一般知识，下面就是其中的一些教训：

1. 没有什么能支持对土地的永久主张。相信是历史或宗教教义给了特定的人民以土地，只会导致无尽的战争。

2. 人民有长久的记忆，尤其是对不公正的记忆。以色列人记得大屠杀，巴勒斯坦人记得他们失去了家园。为了和平之故，记忆必须淡化。

3. 外部力量开启了冲突。英国、美国、苏联的军队、金钱和政策，支持着中东的历次战争。

4. 恐怖会产生恐怖。每一方都有恐怖主义，恐怖主义带来了对方恐怖主义的反应、阻碍了和平。

5. 一次战争为下一次战争埋下伏笔。一条清晰的因果线连接起第二次世界大战，1948 年、1956 年、1967 年、1973 年、1982 年以及 2006 年的战争。

6. 不要说谎或者对战争虚张声势。你的对手可能会当真。

7. 不能忽视让人感到麻烦的人。无论是以色列人还是巴勒斯坦人，都不会消失。

8. 不多的极端主义者能够打乱和平进程。如果强硬路线主导了事情的进展，那么将不会有和平。

9. 承担责任的外部调停者对和平进程很关键。美国必须起这样的作用。

10. 我们有权利绝望，但是最好不要这样。抛弃和平努力会加强极端主义者的力量，从而导致伤害我们的新的战争。

▶▶▶ 外交：极端主义者会转向务实吗？

巴勒斯坦军事组织已经逐渐缓慢而勉强地从情绪化演变为注重实际。巴勒斯坦解放组织于 1964 年在埃及成立，一开始就通过无线电波放出大话要摧毁以色列——这也是以色列 1967 年进行先发制人打击的原因之一。与此同时，亚西尔·阿拉法特把他的法塔赫组织发展为一支游击军事力量，并于 1969 年控制了巴勒斯坦解放组织。巴勒斯坦解放组织成为在约旦、黎巴嫩和突尼斯成功流亡的巴勒斯坦政府，并总是被以色列驱赶。1988 年，侯赛因国王放弃对西岸的领土要求，暗示西岸应该成为一个巴勒斯坦国家。1991 年的海湾战争使巴勒斯坦解放组织分裂并被孤立，它的行为缓和了，从突袭转变为外交。阿拉法特并不总能得到更好战的巴勒斯坦人的支持，他接受了以色列的存在，并与其开始进行断断续续的谈判。挪威的斡旋带来了1993年的奥斯陆和平协议，该协议创造了一个巴勒斯坦权力机构。巴勒斯坦权力机构现在控制了加沙地带和部分西岸地区。阿拉法特在2005年去世前都是巴勒斯坦权力机构的主席。2012年联合国投票后，巴勒斯坦权力机构称自己为“巴勒斯坦”。

阿拉法特渴望摧毁以色列，但他做不到，从而被迫变得更为务实。与埃及穆斯林兄弟会有关的哈马斯，还在发誓要毁灭以色列，并进行自杀式炸弹袭击。通过发放救济金、提供学校教育和卫生服务，哈马斯比腐败而效率低下的巴勒斯坦解放组织更为强大。哈马斯赢得了2006年巴勒斯坦权力机构议会选举，并且控制了加沙地带。哈马斯向以色列发射火箭弹，以色列声称这证明它无法与哈马斯合作。以色列的报复行为包括封锁加沙、2008年末短时间入侵、2012年再次入侵。2010年，以色列登上一艘试图偷偷穿越以色列封锁、进入加沙的土耳其救济船，杀死9人。重大的问题在于：以色列残酷的报复和经济困难，是否会迫使致力于毁灭以色列的哈马斯放弃这个目标并与以色列谈判？还是说，这将会使局势更为糟糕？

这在很大程度上要看“阿拉伯之春”的发展结果。如果世俗主义者或温和的伊斯兰主义者掌权，他们可能会向巴勒斯坦人施压寻求和平。但是，如果在埃及和叙利亚力量很强的好战分子掌权，他们可能会进一步激化局势，把接连不断的长期战争继续下去。

复习题

1. 民族主义是什么？它是从什么地方产生的？
2. 以色列人和巴勒斯坦人是怎样成为民族主义者的？
3. 英国是怎样引发阿拉伯—以色列冲突的？为什么？
4. 以色列打了多少次仗？各自的时间以及根本原因是什么？
5. 基辛格采取什么战略结束了1973年战争？这对当前的和平努力有什么启发？
6. 这是宗教之间的冲突还是只是争夺土地的冲突？
7. 美国在和平进程中发挥了什么作用？
8. 最终会有阿以和平吗？为此该怎么办？

第九章　石油搅动的混乱：波斯湾

1980年以来，波斯湾经历了四场战争。美国打了其中的三场，而另一场可能更糟糕的战争在2013年通过外交方式避免。面对严峻的石油出口制裁，新的伊朗总统一改其前任怒气冲冲的说辞。华盛顿和德黑兰开始谈判。

无论喜欢与否，美国已经深深卷入中东——连接非洲、欧洲和亚洲的那块宽广的地带，"世界岛的中心"。"中东"这一术语太宽泛，没啥用处，我们必须对它进行分类说明。属于中东的一个地区，有时叫作"黎凡特"(Levant)，包括地中海东岸，阿以冲突就发生在这里。另一个地区往东几百英里，包括富含石油的波斯湾地区，这是世界上最混乱、最具爆炸性的地方。当伊朗威胁要"把以色列从地图上抹掉"、以色列考虑先发制人打击伊朗核设施时，这两个地区则部分重合在一起。

干预波斯湾地区从来不会容易。美国2001年底在阿富汗、2003年春在伊拉克的胜利，最初都是迅捷而夺目的。但是占领这两个国家则是漫长而棘手的，没有什么容易的退路可走。多数美国人都同意，两个国家的政权是令人憎恶的，推翻掉没什么冤枉，但是几乎没有人了解阿富汗和伊拉克，也没有人知道占领两个国家会带来多么复杂的局面。美国人就像在越南一样，不喜欢漫长的、拖拖拉拉的战争，因此两场战争都变得不得人心。在穆斯林世界，美国从未像现在这样招人憎恨。进入阿富汗和伊拉克作战非但没有根除恐怖主义，反而助长了它。

多数美国人会喜欢离开中东，但是石油、政治，甚至宗教都把我们拖了进去。伊斯兰不仅是一种宗教，它是一种特征显著的文明。伊斯兰教曾把世界分成伊斯兰世界的"和平之家"(dar es-salaam)与非伊斯兰世界的"战争之家"(dar al-harb)。伊斯兰原教旨主义者仍然以这种方式看待世界："我们"对"他们"。

在中东，宗教和民族主义融合成为一种政治工具，用这一工具把外国人推了出去：先是英国人，后来是俄国人，现在是美国人。如果中东是火地岛(Tierra del Fuego)这样的地方，那倒无关紧要，但是波斯湾地区蕴藏着世界上一半已探明的石油储量。另一处大规模的石油储藏地在环里海(Caspian Sea)地区。两个地方都不是稳定的区域。

怒气冲冲的伊朗

伊朗是伊斯兰国家而非阿拉伯国家。它是非常古老的波斯文明的继承者，使用的语言是属于印欧语系的波斯语（Farsi）。阿拉伯人在公元642年征服了波斯，使波斯人从拜火教改宗伊斯兰教。但是1501年伊朗采纳了伊斯兰教的什叶派旁支，与大多数穆斯林信奉的逊尼派相对。逊尼派认为什叶派是异端，甚至不是穆斯林。狂热的逊尼派教徒用自杀式炸弹谋杀伊拉克、阿富汗和巴基斯坦的什叶派教徒。

19世纪，波斯陷入持续衰弱，成为外来势力的捕获物。北边的俄国把帝国扩张到高加索和中亚后，从腐败的恺加王朝（Qajar）国王（shahs）* 手里得到经济与领土特权。英国从印度向北推进，得到了同样的东西。1907年，英俄两国通过条约划分了具有主导权、并能控制贸易的势力范围，从而分割了波斯。波斯像中国一样，陷入半殖民地状态。波斯人憎恨这一状况，时不时在外国外交官身上发泄他们的怒气。伊朗人至今仍然感到他们被利用和剥削了一个多世纪，现在轮到他们把这些报复在外国人头上了。

波斯政府试图用一个强国平衡另一个：用英国制衡俄国，然后是用德国制衡英国与俄国。这样，波斯才有了一点儿自由和独立。这种在比自己强大的外部大国中间搞制衡的做法，是弱国努力维持独立的理性反应，现在仍在运用。

1908年，英国首先在波斯湾发现了石油；通过付给德黑兰16%的微不足道的开采使用费，得到了独占的开发特权。英伊石油公司（Anglo-Iranian Oil Company，AIOC）势力很大，支配着伊朗许多的经济产业，这引起了伊朗人的忿恨。20世纪初，许多波斯人寻求民主和立宪君主制，而他们并没有得到英国人和腐败的德黑兰统治者的注意；这又加深了他们对英国的怨恨。1925年，一名精力旺盛、但没什么文化的骑兵军官礼萨·汗（Reza Khan），宣布自己是国王（沙）。从来不受大众喜欢，也从来没有推行民主，但是礼萨·汗坚决地对伊朗进行现代化；他还重新用“雅利安”命名伊朗、波斯，这个词后来成为纳粹意识形态家的宠儿。

当希特勒在中东寻找缺口时，发现礼萨·汗很愿意当他的盟友；因为伊朗国王想利用德国人把英国人赶走。但事与愿违，礼萨·汗自己被英国人放逐。1941年，苏联加入战争，随即苏军进入了伊朗北部，与此同时，英国根据1907年条约的具体规定，也进入伊朗南部。** 战争期间，伊朗成为美国供给品进入苏联的一个主要

---

* shahs，沙，波斯语“国王”之意。——译者注

** 这里只写了英国军队进入伊朗的条约依据，实际上苏军进入伊朗北部也有条约依据：即1921年的《苏伊条约》。——译者注

渠道。双方都同意在战争结束六个月内撤出伊朗。斯大林没有这么做，甚至还在伊朗北部建立了苏联的傀儡国。一些历史学家认定，正是斯大林获取伊朗部分地区的企图开始了冷战的最初回合。

1951年，选举产生的伊朗民粹主义首相穆罕默德·摩萨台（Muhammad Mossadeq）将英伊石油公司国有化，并且逼迫年轻的国王，礼萨·汗的儿子逃到了罗马。受到最大伤害的是英伊石油公司的英国所有者，他们跑到华盛顿寻求帮助。艾森豪威尔总统担心共产党的影响，1953年派中情局的科米特·罗斯福（Kermit Roosevelt）带着装有100万美元的箱子来到德黑兰，雇来的暴民助长了反摩萨台和亲国王的抗议，并策动了政变。摩萨台倒台，国王返回伊朗，不过再也不那么受欢迎了。

国王建立了腐败的独裁统治，控制了石油收入、议会以及所有的大众传媒。他的秘密警察既镇压左翼分子，又镇压原教旨主义者。可怕的萨瓦克（SAVAK）* 逮捕和折磨反对者。美国故意不看这些，把国王当作朋友，当作中东这个世界上重要地方的一个稳定支柱。国王想要加强军事力量，华盛顿则很乐意卖给他武器。伊朗的许多石油收入拿来换取武器，这一点激怒了很多伊朗人。而美国在德黑兰的外交、军事以及私人商业的存在，冒犯了某些伊朗人，特别是虔诚的穆斯林。一名高级穆斯林神职人员，阿亚图拉（ayatollah）** 霍梅尼（Khomeini）后来就利用了认为“美国人是邪恶不洁净”的这种情绪。

美国和巴列维国王都相信，石油收入将支撑伊朗的现代化。国王推行了“白色革命”（指自上而下的革命，相对于自下而上的“红色革命”），把土地所有者的地分给穷苦的农民。但是许多伊朗人反对土地改革，特别是失去许多土地的穆斯林慈善机构。反叛的暴乱爆发了。政治发展则为零。没有政党、议会、选举等等大众政治参与渠道的经济增长，意味着大众的不满只能通过暴力和革命的方式表达出来。

▶▶▶ 外交：美国知道什么？什么时候知道的？

20世纪70年代，美国有可能警告伊朗巴列维国王他的统治正在松动吗？或许通过正确的改革，他可以防止革命发生。美国没有告诉他，因为美国不知道——事实上，也不想知道。中情局在美国驻德黑兰大使馆的情报站同意不去与反对国王的反对派联络，可这是中情局的重要职责。美国认为伊朗秘密警察萨瓦克会向中情局传递情报，但是并没有——因为巴列维国王政府拒绝承认存在着各

---

* SAVAK，National Security and Intelligence Organization，即国家安全与情报机构。——译者注

** 即伊斯兰教什叶派领袖。——译者注

种问题。因此，大使馆的报告没有注意到反对国王的情绪在上升。

外交官不是自由的工作人员，他们必须像军官一样遵守一套命令系统。1977年巴列维国王访问华盛顿，1978年卡特总统访问德黑兰。两次访问期间，美国总统传递的信息是：巴列维国王是美国的朋友，正在进行重大的改革。美国大使采纳了这些说辞，而美国外交官不敢去挑战这些说法。结果就是不准确、过度乐观的报告。还有一个重要的空白：中情局并不知道国王正在遭受癌症的折磨。

很少有美国外交官会说波斯语，只有不多的美国外交人员能讲当地语言。美国外交部门并不要求其工作人员能说一门流利的外语，只有美国这样。当伊朗的激进主义者1979年占领了美国在德黑兰的大使馆时，53名人质中间只有6名能讲波斯语——这个比例不同寻常地高，因为大使馆已经缩减到只剩下基干人员。

巴列维国王的政府的公关很好，却成了烟幕，让有影响的美国人认为伊朗的一切都挺好。伊朗大使扎赫迪（Ardeshir Zahedi）在华盛顿频繁地开奢华派对、送奢华礼物。职业公关人员（包括某位参议员的妻子）为了获得丰厚的酬金，粗制滥造出伊朗欣欣向荣的新闻和影像。只有少数美国学术界的专业人士看到了伊朗的衰败，并预测了它的崩溃。

霍梅尼专门攻击国王，1964年被流放到邻国伊拉克。在那里，他继续不懈地向巴列维国王“发射仇恨的怒火”，还指控萨瓦克谋杀了他的儿子。国王向伊拉克施压，伊拉克于1978年把霍梅尼驱逐到法国。霍梅尼反巴列维国王的坚定不移的布道，通过电话从他巴黎郊外的住所传到伊朗，并被录音。录音磁带随即在全伊朗分发，在清真寺播放，越过了国王对大众传媒的控制。便宜的磁带播放机也是巴列维倒台的助力。

真正损害巴列维国王统治的是，钱太多了。他不断敲打西方石油公司，获得了一个更好的合同——最终伊朗得到75%的分成；他的伊朗是石油输出国组织欧佩克的创始成员；他从1973年阿以战争中得益，控制了伊朗石油国际财团中的外国股权，提高了四倍油价。国王所做的就是摩萨台当年做的事，只不过晚了20年。他（正确地）认为，付给石油生产国的钱太少了。现在石油收入源源不断地流入伊朗，国王就能够追求使伊朗成为主要的工业和军事大国的宏伟愿景。一些伊朗人，特别是国王和他的亲戚朋友，很快暴富，这也点燃了别人的妒忌。乡下的穷人进入城市找工作，想要更好的生活。然而，许多人找到的却是失业、通货膨胀，以及腐败。他们在地方清真寺得到安慰和支持，也获取了反对国王的消息。到了20世纪70年代后期，巴列维国王几乎已经不受公众支持。

1978 年，大规模示威震动了伊朗。警察和军队向抗议者开枪，从而更加激怒了他们。士兵开始与示威者站在了一起。国王感到在劫难逃（而且还受癌症折磨），于 1979 年 1 月离开伊朗。两周后，霍梅尼回国，得到成千上百万人的欢呼。

霍梅尼的支持者是反对巴列维国王各个群体的一个松散联盟：有原教旨主义者，有共产党和其他左翼力量，有世俗知识分子，还有民主的坚定信仰者。霍梅尼上台之后，只留下了伊斯兰主义支持者。

四次海湾战争

▶▶▶ 地理：霍尔木兹海峡

海峡通往波斯湾的最窄处只有 24 英里宽。有两条宽 2 英里的航道供超大型油轮航行，一条供向东行驶的船只使用，一条供向西行驶的船只使用，两条航道之间的距离为 2 英里。每天大约有 15 艘超大型油轮穿过霍尔木兹海峡，装载的石油大约占世界石油贸易的 20%；大多数石油运往东亚。关闭霍尔木兹海峡将对世界经济造成巨大破坏。

20 世纪 80 年代，在第一次海湾战争中，伊朗通过在航道布设水雷或发射导弹，很容易就可以关闭霍尔木兹海峡。他们甚至不用凿沉船只。油轮的保险费用将会飞涨，涨到船东们都付不起为止。但是伊朗没有这么做，因为他们自己的石油出口都是靠海运，要走这个通道，而他们的阿拉伯敌人还可以通过输油管向地中海和红海出口。伊朗说，如果受到威胁，它将毫不犹豫地关闭霍尔木兹海峡。而南边深入海峡的狭长地带属于阿曼，是美国的盟友。

伊朗西边的邻国伊拉克（古代的美索不达米亚）是一个新的国家，1922 年才建立。几个世纪以来，这里都是奥斯曼帝国的三个行省。从印度开来的英国军队在第一次世界大战时征服了美索不达米亚。由于欠了助其赶走土耳其人的阿拉伯哈希姆（Hashem）家族一个人情，英国让一位哈希姆王子登上伊拉克王座（他的兄弟则是从巴勒斯坦委任统治地分割出来的新创造的国家——外约旦的国王）。1932 年伊拉克独立；但是，当它 1941 年倾向德国时，英国立即占领了它，直到 1947 年。英帝国主义的行为激起了伊拉克民族主义军官的怨恨。1958 年他们杀死了所有王室成员和高级军官，急速地把伊拉克拖离西方，站到了苏联一边。萨达姆·侯赛因最初在革命中是行刺者，1979 年变成了伊拉克的独裁者。

▶▶▶　概念：亨廷顿关于文明的理论

已故哈佛大学政治学家塞缪尔·亨廷顿认为，冷战结束以后，世界上真正的分裂不是存在于国家之间或者贸易集团之间，而是存在于“文明”之间，而文明则主要建立在宗教的基础之上。在1993年发表的一篇有争议的文章中，亨廷顿列出了七种主要文明：西方文明（北美和欧洲）、斯拉夫/东正教文明、伊斯兰文明、儒家文明、印度文明、日本文明、拉美文明。一个文明内部的国家共享相同的价值观，相互之间可以移情共鸣；冲突总体上是有限的。文明之间的理解更为困难，因而冲突的规模将大而激烈。

亨廷顿声称，最大的冲突发生在伊斯兰文明与其他文明遭遇之时。他说：“伊斯兰的边界是血淋淋的。”比如说以色列人与阿拉伯人，俄罗斯人与车臣人，亚美尼亚人与阿塞拜疆人，波黑和科索沃的穆斯林与塞尔维亚人，黎巴嫩基督徒与穆斯林，印度与巴基斯坦，以及针对美国目标的恐怖主义。

更进一步说，伊斯兰内部目前也存在一场谁将统治伊斯兰国家的争斗：是温和派还是原教旨主义者。原教旨主义者已经在伊朗和苏丹把伊斯兰教法《沙里亚法》确立为国家的法律。1992年，阿尔及利亚的伊斯兰主义者已经做好获胜的准备了，但是军方接管了政权并取消了选举。接下来就是大规模的屠杀。20年后，这一幕再次上演。埃及的穆斯林兄弟会2012年获得了一半选票，制定了一部以《古兰经》为基础的宪法，推出一位独裁的总统。埃及的温和派反对伊斯兰主义者的独裁统治，并欢迎军方2013年接管政权。激进的哈马斯（与穆斯林兄弟会有关联）2006年赢得了巴勒斯坦议会选举。沙特阿拉伯和巴基斯坦也可能“陷入”伊斯兰主义者之手。在2003年的伊拉克战争中，全世界的穆斯林都站在伊拉克一边，美国占领伊拉克更是激起了穆斯林的仇恨。

两伊战争

伊朗和伊拉克之间的流血冲突已经几个世纪了，特别是在阿拉伯河（Shatt al Arab）流入波斯湾河口处的边界冲突。20世纪70年代早期，伊朗和伊拉克为此差一点儿打起来，直到伊拉克放弃原来的主张，1975年以有利于伊朗的方式划定了边界。但是伊拉克对此很不高兴，声称是被强迫签的条约。

伊朗的伊斯兰主义者在1979年夺权后，鼓励伊拉克占人口多数的什叶派教徒起来造反。伊拉克独裁者萨达姆·侯赛因对此愤懑不已，认为伊朗已经被革命削弱了好多，而且没有美国的保护，很容易拿下。1980 年 9 月，伊拉克撕毁了 1975 年的条约，对伊朗发动进攻。而伊拉克的入侵激发了伊朗人的民族主义，整个国家在霍梅尼的领导下众志成城。伊朗青年加入革命卫队（Pasdaran），在对伊拉克的人浪攻击中牺牲了自己的生命。很多人还带着小的霍梅尼像和象征打开天国之门的塑料钥匙。战争的损失是惊人的：大约 50 万人死亡，三分之二是伊朗人。伊朗在人数和士气上占优，他们比伊拉克人更愿意战死；而伊拉克的武器占优。

经历了恐怖的八年之后，战争基于几个因素最终结束。从经济因素上看，形势对伊朗不利，因为它不能像伊拉克一样出口同样多的石油。伊拉克则从保守的海湾君主们那里得到了大量贷款，因为他们害怕发生伊斯兰革命。伊拉克几乎能够从所有地方买武器；伊朗则不行。美国的卫星照片告诉伊拉克，伊朗军队在哪里部署（是的，美国帮助过萨达姆）。在战场上，伊拉克的毒气使伊朗军队仓皇撤退。1988 年，伊朗终于接受联合国安理会 598 号决议，同意通过联合国调停结束战争。霍梅尼那时 85 岁，他说他宁可“喝下毒药”，但是不得不拯救伊斯兰共和国。

▶▶▶ 地理：阿拉伯河（the Shatt al Arab）

伊拉克人自豪地说，底格里斯河与幼发拉底河汇聚成的 120 英里长的航道叫作阿拉伯河——即阿拉伯人的河流。阿拉伯河最低洼处的 40 英里形成了伊拉克和伊朗的边界。问题在于，边界应该划在何处。巴格达要求拥有一直到东岸的整条河，从而控制所有的河道交通。德黑兰主张边界应该沿主航道中心线划定（thalweg），从而使伊朗的霍拉姆沙赫尔（Khorramshahr）和阿巴丹（Abadan）的石油港口可以有通向开放海域的直接通道。

根据 1847 年的条约，奥斯曼帝国拥有了整条河流，但是伊朗总是试图得到其港口周围的更多权利。1937 年的条约给伊朗在阿巴丹周围划了一块 5 英里的区域，但是也以这种方式确认了伊拉克对阿拉伯河的主张。1969 年德黑兰通知废除 1937 年的条约，说它是英帝国主义的产物，进而以主航道中心线作为边界。为了向巴格达施加压力，伊朗还帮助伊拉克北部造反的库尔德人。一个与美国结盟的强大伊朗在那些日子占了上风，1975 年伊拉克同意签订以主航道中心线为边界的条约。1980 年，伊拉克声称 1975 年的条约是被强加的，因而入侵伊朗、撕毁了条约。伊拉克打这场战争的目标是：得到阿拉伯河东岸，伊拉克叫作阿拉伯斯坦（Arabistan）。* 那里的半数居民是阿拉伯人，巴格达认为他们应该归属伊拉克。

* 即伊朗与伊拉克接壤的胡泽斯坦省。——译者注

▶▶▶　地理：曼德海峡（the Bab al Mandab）

中东地区另一个海上交通咽喉要道就是从南部通往红海的入口——曼德海峡，阿拉伯语的意思是“泪水之门”。这里是阿拉伯半岛的西南端，旁边是也门——这个国家不稳定，现在又是“基地”组织好战分子的大本营。海峡的非洲一端是从埃塞俄比亚分裂出来的国家厄立特里亚，以及曾由法国统治的吉布提。无论控制海峡的哪一边，都会使激进武装有能力关闭曼德海峡，切断通往苏伊士运河的大部分海上交通。这条通道不像过去那样重要，因为超级油轮太大了，无法通过苏伊士运河，必须要完全绕过非洲到达欧洲或美洲。

海湾战争

对伊朗的仇恨蒙蔽了华盛顿的双眼，以至于没有注意到萨达姆·侯赛因独裁统治下的伊拉克所带来的危险。华盛顿对伊拉克使用毒气（包括对它自己的库尔德居民）几乎什么也没有说，还在 1984 年与巴格达重建了外交关系——其理由是：增加包括武器销售在内的联系，将使伊拉克具有合作性。20 世纪 60 年代和 70 年代，伊拉克曾是苏联的扈从国，美国在 80 年代还很自豪地认为自己从莫斯科把伊拉克“赢”了过来。除了建立了世界上第四大常规军事力量以外，伊拉克悄悄地购买了生产毒气和中程导弹的设备，还在研制核武器。德国是它最大的供货者，不过某些技术来自美国。

萨达姆确实在抱怨某些东西。科威特和沙特阿拉伯都是美国的扈从国，它们开采的石油超过了欧佩克的定额，使油价下跌；而伊拉克想要让油价保持在高位。伊拉克从来没有完全接受作为一个独立国家的科威特；巴格达声称，在奥斯曼帝国时期，科威特是巴士拉省的一部分。伊拉克和科威特分享巨大的鲁迈拉（Rumaila）油田，但是伊拉克控诉科威特远远超过了其开采份额。巴格达还说，科威特和沙特阿拉伯应该忘掉在两伊战争中给伊拉克的贷款，因为伊拉克已经挡住了伊朗向外输出的伊斯兰革命。然而，萨达姆抱怨的背后，其实是要控制海湾石油以扩大其军事机器，从而使伊拉克成为地区超级大国。萨达姆是新的纳赛尔——将统一并领导阿拉伯人的自封的英雄。

让萨达姆吃惊的是，美国强烈反对他入侵科威特；入侵的时间是 1990 年 8 月 2 日，在他入侵伊朗的十年之后。很快，美国军队就来保卫沙特阿拉伯——沙特阿拉伯可能是萨达姆的下一个目标。10 月，老布什总统在没有和国会商量的情况下就下令备战。华盛顿集结了一个很大的国际同盟，包括欧洲国家、阿拉伯国家、亚洲国家。决定战争的是美国军队，但盟友在政治上至关重要：它们显示，这不是美国的帝国主义行为，而是联合国和整个文明世界的意愿。苏联在联合国安理会上支持美国提出的决议，中国则避免使用否决权。老布什总统组织起了全世界来反对萨达姆。

地理环境也有利于美国。基地、港口、机场在沙特阿拉伯都已经准备好。美国有差不多半年的时间使部队就位。美国军人挺讨厌越南战争那种逐步升级的做法，而海湾战争是一场压倒性的、快速的打击。开阔地带使伊拉克无处隐蔽。1991 年 1 月，由巡航导弹、隐形战机、激光制导炸弹组成的大规模空袭迅速摧毁了伊拉克的空中防御力量、通信、电子和沟通联系设施。萨达姆·侯赛因看上去未受此干扰，还在欢迎即将到来的“所有战争之母”（mother of all battles）。* 他向沙特阿拉伯和以色列发射了准头不好的飞毛腿导弹（SCUD），希望以此刺激以色列加入战争，从而分裂阿拉伯国家的联盟。38 天的空中打击以后，美国领导的地面部队直接切入伊拉克南部，经过 100 小时的战斗，萨达姆的各个师土崩瓦解，或投降或仓皇退却。解放被侵占的科威特城的荣誉留给了阿拉伯联军。美国损失了 150 人，伊拉克则是 2 万—3.5 万人。

一个比较大的问题是，萨达姆为什么没有使用化学武器？在前一次海湾战争中 **，伊拉克曾使用很多毒气对付伊朗和伊拉克库尔德人，为什么 1991 年不用？一些伊拉克导弹具有装配化学弹头的能力。合适的答案只有一个：美国和以色列都可能用核武器回应。老布什总统传递出可靠的威慑：如果伊拉克使用毒气，将引发美国非常严厉的反应。萨达姆确实想让以色列加入战争，但不是使用核武器。第二次海湾战争 *** 期间发生了有效的威慑：一个化武国家没有使用毒气攻击核武国家。核武器慑止了化学武器。

然而胜利之后才面临着真正的问题。多国部队应该继续向巴格达推进、废黜萨达姆吗？许多美国军官想再要四天时间，以彻底压倒萨达姆（有些人后来后悔没有在 1991 年拿下巴格达，以至于 2003 年再进行一次战争）。当时的国防部长迪克·切尼（Dick Cheney）反对，他指出，（1）联合国 678 号决议仅仅要求把伊拉

---

* 萨达姆称海湾战争为“所有战争之母”，意思是指多国部队对伊拉克的军事行动将引发整个中东的连绵战争。这与萨达姆一开始对战争发展的构想有关。他认为空中打击不可能解决问题，最后还是要转入地面大战；而在地面战斗中，伊拉克可以拖住以美军为首的多国部队。时间一长，将引发支持美国的阿拉伯国家的分裂，还可能再引爆一次阿以战争，从而使中东陷入美国不可应付的混战。——译者注

** 此处指两伊战争。——译者注

*** 此处指 1991 年战争。——译者注

克从科威特赶走，没有更多的要求；（2）我们的阿拉伯盟友强烈反对继续推进；（3）伊拉克将陷入混乱，我们打下去就不得不去料理这些麻烦；（4）伊朗会由此得到加强。具有讽刺意味的是，这些问题在2003年的战争以后都出现了。

除此之外，白宫估计，无论如何伊拉克人将很快推翻萨达姆。躁动的南部什叶派、北部的库尔德人，在美国的推动下会起来反对巴格达政权。但是，伊拉克安全部队完好无损，他们残酷地杀害了成百上千遭到怀疑的反对者。库尔德人逃到土耳其与伊朗边境的山里，靠着国际救援才勉强活着。美国推行一项同时孤立伊拉克和伊朗的"双重遏制"政策，但盟友们不理睬，最后只能徒劳无功。

关于伊拉克儿童问题则显示了一种道德困境：萨达姆把营养不良、缺医少药的儿童们推到了来访者面前。在联合国监督的"石油换食品"计划中，伊拉克实际上有足够的收入购买食品和药品。但萨达姆却一边把儿童拿来做宣传，一边用援助买军事装备、为自己建造奢侈的宫殿。相对于可以用来制造大规模杀伤性武器的"两用技术"（dual-use technology），什么才是"人道主义物资"？联合国的计划因意见分歧而摇摆不定。伊拉克和联合国武器督察员玩儿"猫和老鼠"的游戏，一直玩儿到他们沮丧地离开。

伊拉克战争

"9 · 11"事件发生后，小布什总统决定，美国必须摧毁阿富汗的伊斯兰狂热政权塔利班，该政权庇护了"基地"组织和它的领导人奥萨马 · 本 · 拉登。2001年底，为数不多的美国特种部队与当地反塔利班的阿富汗人一起推翻了塔利班政权，但是本 · 拉登逃到了邻国巴基斯坦。这是美国的辉煌胜利，得到世界上绝大多数国家的支持。

小布什总统还决定推翻伊拉克的萨达姆；2002年间，他更明确地做了决定。此时大半个世界都在反对美国，怀疑地看着美国所说的伊拉克有大规模杀伤性武器以及资助恐怖主义。最终美国没有找到大规模杀伤性武器，而那是美国进行战争的主要理由。联合国武器督察员确实在20世纪90年代中期监督销毁了伊拉克的大规模杀伤性武器。为什么那时萨达姆要玩儿"猫和老鼠"的游戏、而不是公开展示他已经没有大规模杀伤性武器？分析家们战后分析说，萨达姆还是害怕伊朗，想要德黑兰相信他有大规模杀伤性武器。他估计小布什总统是虚张声势的，不会入侵，因为华盛顿仍然需要伊拉克去遏制伊朗的扩张——这也是1991年老布什总统还让他继续掌权的真实原因。萨达姆在2003年的推测是错的，但却是理性的。而小布什则并不理性，他说："有时，你不得不听从自己的内心情感。"

▶▶▶ 外交：入侵的绿灯

在掌握伊拉克萨达姆政权侵略性和危险性的本质方面，美国遇到了困难。有人认为，国务院的阿拉伯问题专家所受到的训练只是如何促进与阿拉伯国家的良好关系，他们看不到萨达姆的邪恶。美国认为，伊拉克–科威特的纷争只是关于边界和石油权利。当萨达姆 1990 年 7 月向科威特提出威胁性的要求时，能讲一口流利阿拉伯语的美国大使阿普丽尔·格拉斯皮（April Glaspie）与他有过一次良好的交谈，敦促他用和平方式解决边界争端，但是加了一句——美国不会卷入。然后她就去休假了。但格拉斯皮并不是自己决定这样做的，安抚性的政策来自白宫。萨达姆把这个信息当作华盛顿对他入侵科威特所开的绿灯。

真正的问题在于华盛顿一边倒的反伊朗政策，当伊拉克入侵伊朗、并使用毒气时，它就避而不谈。只是在战争结束后，当联合国观察员揭露了伊拉克大规模的核武器与化学武器计划时，大家才知道我们曾经支持过一个计划攫取整个地区的残忍的侵略者。

如果美国 1990 年 7 月警告了萨达姆，事情会不一样吗？要实施一项可信的威慑，我们需要在科威特和沙特阿拉伯有美国的地面部队，但这两个国家不会同意。由于担心美国的军事存在会惹恼激进力量——巴勒斯坦人中的和当地的极端主义者，科威特和沙特阿拉伯要求美国“在地平线上”提供保护，就是说，在船上而不是上岸保护。只是在侵略发生后，沙特的王爷们害怕他们将是萨达姆的下一个目标，才“邀请”（其实是在华盛顿的敦促下）美军进入。科威特和沙特的担忧使得不可能向萨达姆传递可信的威慑警告。即使格拉斯皮大使试图这样做，她自己也不相信。慑止侵略不可能只靠说辞。

与 1991 年相反，2003 年沙特阿拉伯不允许美国从它的领土上发起攻击。只有科威特和海湾一些小国允许美国在那里建立基地。盟国中只有英国派出了可观的部队，甚至美国的老盟友土耳其都不来帮忙。美国与大半个世界对立。2003 年 3 月，美国装甲部队急速冲入底格里斯河（Tigris）与幼发拉底河（Euphrates）流域，三周内拿下了巴格达。又过了两个星期，整个伊拉克都是美国的。5 月 1 日，小布什总统宣布主要战斗结束。不过，伊拉克从未投降、也没有签署停火协议；伊拉克的士兵和安全警察溃不成军，有些则想以后再打。萨达姆躲了起来，但美军在 2003 年底抓获了他。2006 年，一个伊拉克法庭宣判并绞死了他。但是这都没有使伊拉克稳定下来。

随着美国的占领，抢劫和无法无天的情况立即爆发，这些美国未曾料到。电力、供水、石油开采停顿。美国疏忽了，没有立即派出宪兵、民事专家、工程师，直到几个星期后才这样做。最初大多数伊拉克人欢迎美国，然而失去了安全或者工作后，许多人立即怨恨美国。美国占领当局遣散了伊拉克军队和警察，而美国人很快就后悔了。主要由逊尼派阿拉伯人组成的抵抗者，向美国、联合国，以及伊拉克什叶派目标开火、投掷炸弹，想让伊拉克局势失控。超过 4 400 名美国人在伊拉克被杀。某些渴望“圣战”的外国恐怖分子（大多数来自沙特）悄悄进入伊拉克。中东比以往更加“怒火冲天”。

美国的新保守主义者在掌握战后的伊拉克政策。他们料想，美国支持的伊拉克流亡者将受到欢迎，并能很快建立一个民主政府，从而扩散到整个地区。但是伊拉克经历了几十年压碎所有独立声音的残酷独裁统治，已经在政治上四分五裂，其主要群体——南部的什叶派（占人口的 62%）、中部的逊尼派阿拉伯人（不超过人口的 20%）、北部的库尔德人，相互之间打了起来。2004 年中期，美国将名义上的主权还给了伊拉克。2005 年，伊拉克举行了三次选举：一次选举临时政府起草宪法，一次批准宪法，一次选举正式政府。

专家们怀疑伊拉克是否为民主做好了准备，确实，伊拉克人很难组成一个稳定的政府。2007 年美军大量增兵某种程度上稳定了局面，燃起了某种民主形式得以确立的希望。然而到那时为止，大多数美国人已经厌倦了伊拉克。2009 年，奥巴马总统开始撤军，2011 年底全部美军撤出。2010 年伊拉克人选出的议会分裂为什叶派和世俗派（但有大量逊尼派成员），最终亲伊朗的、由什叶派主导的联盟控制了政府。一些逊尼派转向恐怖主义，反对这个政府。基本上没人把伊拉克算作民主国家。

▶▶▶　外交：战前状态

战前状态（拉丁语 status quo ante bellum）提供了结束前两次海湾战争的方案。意思是恢复战争之前事务的状况。1988 年，伊拉克接受了分割阿拉伯河的边界安排，伊朗同意不再提其他要求。1991 年，伊拉克不得不接受科威特的独立以及与科威特的边界。除了伊拉克以外的其他国家都认为海湾的战前状态是可以接受的。

阿富汗战争 *

实际上是第四次海湾战争的阿富汗战争，则成为美国最长的战争。阿富汗是一个不同部落、不同语言、不同家族丛生的地方，整个国家深受美国称之为“山头主义”（valleyism）的折磨——也就是说，哪怕是阿富汗人的中央政府，也总是受到抵制。外国占领者则不断遭到骚扰，直到他们撤走。英国为了保护印度的北部边界，曾经三次入侵阿富汗：1839 年、1878 年、1919 年，但是每次都被狠勇的部落原住民赶了出去。吉卜林（Kipling）称英俄在中亚的竞争为“大博弈”（Great Game），这是他的小说《吉姆》的社会背景。苏联人 1979 年入侵阿富汗，十年后放弃。阿富汗成了著名的“入侵者坟墓”。很多人说阿富汗是一个“失败国家”，因为它几乎没有中央政府。

美国的漫不经心的疏忽源自当时面临的问题。20 世纪 80 年代，美国中情局（与沙特阿拉伯、巴基斯坦一起）向伊斯兰主义者输送金钱和武器，为的是对抗苏联支持的阿富汗政府。当这些他们曾经支持的伊斯兰主义者调转枪口对准他们时，所有人都被强大的后坐力伤害。在苏联 1989 年（这一年他们也从东欧撤军）撤出阿富汗后，华盛顿也从无政府状态的阿富汗一走了之。那时的阿富汗，十几个群体互相杀戮而不受惩处，各种势力为争夺控制权而打在一起。巴基斯坦三军情报局（Inter-Services Intelligence，简称 ISI）为了保障北方的安全，建立和资助了塔利班。塔利班最早是在巴基斯坦极端主义学校（madresas）兴起的运动。1996 年，塔利班控制了大部分阿富汗。一开始，大部分厌倦了互相残杀的阿富汗人都欢迎塔利班，因为塔利班按照伊斯兰教法建立了一个粗糙的秩序。塔利班强制实施极端的伊斯兰教规，禁止音乐、妇女教育、剃须，以及放风筝。

1996 年，曾经与苏联作战的奥萨马·本·拉登在阿富汗建立了“基地”组织总部，开始策划针对美国目标的恐怖袭击，这在“9·11”事件发生时达到了顶点。直到此时，美国才注意到阿富汗。喀布尔塔利班政权拒绝交出本·拉登后，小布什总统向阿富汗空投了美国特种部队和中情局特工，串联起坚持反塔利班的组织，要求进行空中打击。塔利班那些半心半意的支持者转换了立场，这个招人讨厌的政权迅速在 2001 年底被推翻。但是本·拉登及其支持者越过边界，跑到了巴基斯坦。

2001 年，当国会在欢庆胜利时，华盛顿任用哈米德·卡尔扎伊（Hamid Karzai）为阿富汗总统，认为这样一来，美国的使命就完成了。美国 2003 年入侵

---

* 一般意义上的中东，不包括阿富汗。本章题为“石油搅动的混乱”，但阿富汗与石油问题无关，和海湾国家之间的争夺也基本无关。——译者注

了伊拉克，在卡尔扎伊统治薄弱的阿富汗没有什么资源要获取，也没有什么利益。卡尔扎伊被称为“喀布尔市长”，因为他的政令不出首都。北约部队关注国家建设，但是在遏制腐败、军阀和鸦片贸易方面鲜有进展。阿富汗的警察和军队大部分都是文盲，未经训练，一点儿也不可靠。一般阿富汗人的生活没有公平正义、没有工作、没有安全，也没有民主。很多人说，塔利班没有现在的政府那么腐败，还提供福利。塔利班的大多数成员是普什图人，在巴基斯坦的普什图地区很稳固地进行活动。经常被忽视的一点是：塔利班是伊斯兰主义运动的同时，还是一种普什图民族解放运动。2001 年以后，塔利班重新集结，再次渗透入阿富汗；没有足够的美国、北约、或阿富汗军队能够阻止他们。小布什总统没有管这个问题，但是奥巴马总统不能不管。

问题从阿富汗外溢到巴基斯坦。塔利班的巴基斯坦分支在巴基斯坦的广阔区域内活动，而巴基斯坦拥有核武器。有些人担心“控制不严密的核武器”可能落入恐怖分子手中。2010 年透露出来的美国军事文件证实了长期以来的怀疑：三军情报局和阿富汗塔利班接触时两面都在下注。在荒凉的西北边疆省份，巴基斯坦军队无法做所有的事，在更荒凉的部落联合管理地区，塔利班和“基地”组织都能半公开地活动。美国军队不能进入巴基斯坦。美国的无人机攻击有时是有效的，但是会激怒当地人民。美国和巴基斯坦的联系曾经很紧密，但是现在严重恶化。多数巴基斯坦人憎恨美国，因为无人机攻击杀死了巴基斯坦士兵和平民。多数人怨恨杀死本·拉登，他在一个巴基斯坦的有围墙的大院子里住了十年，2011 年被一支美军海豹突击队杀死。很多美国调查探员相信，是巴基斯坦三军情报局把拉登藏在了那里。美国穿过巴基斯坦到阿富汗的主要补给通道不再可靠。

2009 年，卡尔扎伊在受到操纵的阿富汗选举中获胜，继续执政，但是这却触发了对美国和北约正在为一个腐败、没有合法性的政权而战斗的批评。批评者认为，派遣更多的军队去阿富汗会导致更多的阿富汗人恨美国，从而有助于塔利班实现其目标。尽管美军的目的是帮助当地平民，但是不可避免地也杀了一些。飞行器，包括无人机，无法把平民从战斗人员中区分开来。美国的将军们认识到，现在的问题基本上是政治性的，而非军事性的，我们不能在阿富汗永远待下去。2010 年，奥巴马总统向阿富汗派遣了 3 万名美国军人，通过增兵控制好局面后，第二年就撤了出来，并保证 2014 年底之前结束美国在阿富汗的行动。美国开始悄悄与塔利班进行外交接触，目的是结束冲突。美国能够说，美国摧毁了“基地”组织；而塔利班则能够说，他们拖得美国人筋疲力尽。经过了十年的战争，几乎没有美国人会在意用什么理由让美军撤出来。

▶▶▶ 地理：受到苛待的、愤怒的库尔德人

世界上至少有2 500万库尔德人，但是他们从来没有过自己的国家。他们大多数生活在土耳其，少部分生活在伊朗、伊拉克、叙利亚与土耳其交界的地方。伊拉克北部的库尔德人目前与巴格达不和，像一个独立的国家一样行事。库尔德人为了产油城市摩苏尔（Mosul）和基尔库克（Kirkuk）进行过战斗，说这是他们的城市。巴格达说不是，这将分裂伊拉克。库尔德人大多数是逊尼派穆斯林，但不是阿拉伯人、土耳其人，也不是波斯人。他们各自说自己的方言；内部经常打仗，没有形成一个联合阵线。库尔德人是勇猛的山地战士，曾经不断骚扰亚历山大入侵希腊——这是库尔德人在历史上首次出现。最著名的库尔德人是具有骑士风度的萨拉丁（Saladin）*，他曾经与十字军大战。

19世纪后期，随着民族主义在中东发酵，库尔德人也开始想要他们自己的国家，于是起来反抗巴格达、德黑兰、伊斯坦布尔（奥斯曼帝国的旧都），以及之后的安卡拉（现代土耳其的新都）。土耳其残酷地镇压了库尔德工人党（Kurdish Workers Party，简称PKK）的反叛，这一冲突在20世纪晚期已经造成了大约3.7万人死亡，而且现在仍在激化。土耳其不断促使境内库尔德人被同化，也确实同化了不少。

20世纪60年代以来，库尔德人的斗争集中在伊拉克北部，那里有很多油田。巴格达不断试图粉碎库尔德人的武装抵抗，但是顽强的库尔德人坚持了下来。70年代初，伊拉克库尔德人从伊朗那里得到了帮助。巴列维国王与以色列、美国的秘密行动部门一起，向伊拉克库尔德人提供武器。巴列维国王想以此向巴格达施加压力，以保证伊朗在阿拉伯河的权利。以色列则想削弱一个敌人，这个敌人拥有通过1967年战争而得到的大量苏联武器库存。伊拉克1967年与美国关系破裂、站到了苏联一边，因此中情局想挖伊拉克的墙角。

接下来就是讽刺性的背叛：当巴列维国王通过1975年条约得到想要的边界后，就切断了与伊拉克库尔德武装的联系，让巴格达放手干最坏的事。两伊战争期间，德黑兰又鼓励伊拉克库尔德人起来造反。一些库尔德人相信，伊朗的胜利将给他们带来独立的最好时机。巴格达杀掉了大约5万名自己的库尔德公民，有的还使用了毒气。1991年，美国鼓励伊拉克库尔德人起来反抗萨达姆·侯赛因，但是在他们这样做了以后，并没有对他们进行帮助。不足为怪的是，库尔德人再次感受到背叛。有句库尔德老话说："库尔德人没有朋友。"

---

* 萨拉丁（1138—1193），埃及阿尤布王朝的创立者。曾打败十字军，占领耶路撒冷。——译者注

阿拉伯世界天翻地覆了吗?

2011 年的“阿拉伯之春”最终把革命（未必是民主）扩散到大多数阿拉伯国家，包括波斯湾保守的石油酋长国。几十年来，埃及、利比亚、叙利亚，以及伊拉克政权都自称为革命的，但他们都是靠政变上台，并通过安全警察、顺从的议会，以及操纵选举掌权了几十年，他们的合法性并不稳固。波斯湾保守的君主们还是按照这个方式统治，但他们死后将引发分裂和对继承权的争夺。石油资源丰富的国家靠着高油价带来的丰裕收入，买来了公众的支持。

但是一些变化正在阿拉伯世界发生。30 年来，人口翻了一番，年轻人口在人口统计中成了凸出的部分，而增长缓慢的经济无法给他们提供工作。中东和北非有着全世界最高的失业率。1996 年，一家新的卫星电视台，在卡塔尔开张的半岛电视台（Al Jazeera）迅速成为阿拉伯世界收视率最高的电视台。半岛电视台报道的巴勒斯坦人的苦难、美国在伊拉克与阿富汗的战争，以及阿拉伯世界的各种问题，造就了遍及阿拉伯的带有批判性眼光的电视观众。恢复巴勒斯坦成为一项神圣的阿拉伯事业，是不能妥协的。“萨拉菲主义”(salafiyya）不断扩散。“基地”组织就是一种“萨拉菲”运动，其目标之一就是推翻现存的阿拉伯政权，因为它们腐败、不够虔诚，而且亲美。

也有一些带来希望的迹象。部分是基于美国大学在海湾地区各个分校的加速作用，教育水平正在急速提高，特别是在女性中间。出生率与前一代人相比，下降了一半。各个国家允许更多的机构经选举产生，因此民主也在缓慢而蹒跚地往前走。作为穆斯林国家、而非阿拉伯国家的土耳其显示了民主可以在中东运作，而且伊斯兰主义政党也可以行之有效而又受人欢迎。许多阿拉伯人担心，“萨拉菲主义”者掌权将压制其他的观点。他们注意到，“基地”组织最主要的牺牲品就是穆斯林。半岛电视台、手机、电脑前所未有地把人们连接起来，并向他们提供信息。海湾埃米尔的酋长国成了现代商业中心。有人发现，在通向民主稳定的现代化与通向革命、极端主义的混乱之间，阿拉伯国家正在进行一场赛跑。

“阿拉伯之春”提供了一个机会，让我们去看一看阿拉伯世界的革命是否会转变为权威主义。埃及选出来自穆斯林兄弟会的议会和总统。穆斯林兄弟会成立于 1928 年，有着“萨拉菲主义”的信条：“真主是我们的目的；《古兰经》是我们的宪章；先知穆罕默德是我们的领袖；圣战是我们的道路；为真主而死是我们最高的志向。”2012 年，穆斯林兄弟会的穆罕默德·穆尔西（Mohamed Morsi）当选为总统，他获得了独裁性的权力，并实施了新的根据伊斯兰教法而制定的伊斯兰主义宪法。穆斯林兄弟会用虚假的民主论证来为自己辩护：“我们赢得了选举，所以我们现在能决定所有的一切。”埃及人发现，这并不是民主，因而爆发了大规模的反抗，直到埃及军方（曾于1952—2011年掌权）于2013年逮捕了穆尔西并接管权力。埃及民主化的企图使它重新回到军人专制（praetorianism）。“阿拉伯之春”在埃及、突尼斯、利比亚都没有好的结果，这些国家可能都没有为民主做好准备。

与伊朗的战争？

伊朗与美国、以色列之间已经怒气冲冲地吵了起来。伊朗的武器、资金和顾问流入到伊拉克的什叶派军阀手中，被后者用来对付美国人和逊尼派穆斯林；还流入黎巴嫩和加沙的军阀手中，用来对付以色列。在叙利亚血腥的内战中，伊拉克的什叶派政权允许伊朗穿过伊拉克向叙利亚巴沙尔政权运送武器。这个巴格达政权是因为美国的入侵才上台，但德黑兰还是对它有着更大的影响力。不要指望中东各国政府对美国说“谢谢”。小布什总统和奥巴马总统都警告德黑兰不要发展核武器，暗示美国将动用军事选项阻止它们。

奥巴马总统最初采取了主动姿态，期待德黑兰能够松开拳头。但是伊朗政权对此不屑一顾，还加速了伊朗“和平的”核计划——那可是很快就能造出核弹的。伊朗自豪地宣布，它能够把核裂变材料浓缩到超过核电水平的95%，即可用于核弹制造。它最新的核设施在地下很深的位置，这使得用常规空中打击的方式很难将之清除。

伊朗总统穆罕默德·艾哈迈迪内贾德（Mahmoud Ahmadineijad，2005—2013年在任）公开宣称，他想“把以色列从地图上抹去”。以色列把这种威胁当真了，而在不确定的时候就会先发制人。以色列于1981年轰炸了一个伊拉克的核反应堆，2007年轰炸了一个叙利亚的反应堆（靠朝鲜的帮助建的），为的是尽早阻止威胁发生。1991年的战争显示，伊拉克有一个实质性的核计划。以色列从来没有承认过它的秘密行动（没有国家会承认），但是人们相信，2010年暂时瘫痪了伊朗离心机的计算机蠕虫病毒，是美国和以色列一起干的。好多位伊朗核研究科学家被暗杀；德黑兰指责是以色列干的。

以色列和美国或单独或联合对伊朗的战争仍然可能发生，而且还可能变成核战争。以色利时常回想起纳粹大屠杀（艾哈迈迪内贾德否认有这件事），发誓不能忍受再次发生这样的事。以色列能真正实施一次瘫痪伊朗核能力的打击吗？这可能需要：（1）使用特殊的常规掩体炸弹（“bunker-busting” conventional bombs），或是使用核武器——以色列有大约200枚核武器；（2）中途加注燃料；（3）允许穿越几个阿拉伯国家的空域。像沙特阿拉伯这样的保守的海湾国家真的不喜欢伊朗，但是也不会帮助以色列。

美国则担心中东整个地区范围的战争会把世界拖入经济衰退，因而努力劝阻以色列。这给了以色列可观的影响力。以色列实际上告诉美国：“如果你不想让我打击伊朗，你最好确保伊朗不要制造核武器。”美国领导盟国向伊朗施加了严厉的制裁：禁止与经手所有石油支付的伊朗国有银行进行商业交易。这减少了伊朗的生命线——石油出口。作为报复，伊朗威胁要关闭霍尔木兹海峡，通过简单的布设水雷和密布小型快艇的战术，伊朗即可做到这一点。奥巴马总统和美国海军发誓确保霍尔木兹海峡维持开放。这个局面已经集齐了所有的战争要素。

但战争并非不可避免，因为有许多不利于战争的因素。美国和伊朗都不想要战争。伊朗人对他们疲软的经济不满，这里的很多责难指向了艾哈迈迪内贾德的管理不善。什叶派的伊朗几乎没有盟友，因为逊尼派国家不会跟着它走，而且很多还反对它。伊朗分裂为激进派和温和保守派，后者对艾哈迈迪内贾德持批评态度。2009年，艾哈迈迪内贾德在受到操纵的选举中再次“获胜”，但是宗教领袖哈梅内伊是进行所有重要决策的人，他约束着艾哈迈迪内贾德。2013 年，一名温和的神职人员哈桑·鲁哈尼（Hassan Rouhani）当选为伊朗总统，并开始与西方国家进行核问题谈判。希望隐约可见。

我们还应该记住，许多伊朗人喜欢民主、与美国有着联系。2013 年，他们大规模地投票支持鲁哈尼和他的改革许诺。如果没有他们，伊朗人可能会推翻那个不得人心的政权。德黑兰和华盛顿都知道，石油可以带来财富，特别是把中亚石油输往世界市场的石油管线。美国提议输油管线通过土耳其，但是最好的路线是通过伊朗。（俄罗斯的输油管线通过车臣——这是俄罗斯镇压车臣反叛者的其中一个原因。）有人还记得，当美国和伊朗是伙伴时，伊拉克不敢进攻伊朗。互利互惠将使我们再次成为伙伴。

中东，特别是波斯湾，为研究国际事务提供了丰富的教案。以下是其中的一部分：

1. 要打一场大仗，不必一定要等到成为一个大国。就算是南方国家也能够建立大规模的军队、购买武器。

2. 经济和军队一样重要。20 世纪 80 年代，伊拉克能比伊朗打得时间长，因为它更有钱。

3. 武器卖家喜欢将武器卖给侵略者。伊拉克在国际军火市场可以买到它想要的差不多所有东西。

4. 战争在不断地电子化。瘫痪通信联系的能力、“激光制导炸弹”，以及无人机可以在某些条件下（但不是所有条件）给我们带来优势。

5. 威慑能起作用。萨达姆对伊朗与库尔德人使用化学武器，但不对美国和以色列用。对核报复的担心慑止了他。

6. 政府控制了媒体对战争的报道。我们在 1991 年的战争报道中没看到什么实质性的内容，2003 年也只看到小规模战斗单位的随军记者带来的视角狭窄的报道。

7. 战争的后果与战斗过程一样重要。独裁者还在掌权吗？我们准备去管理一个陷入混乱的国家、并用我们的钱去重建它吗？如果不能坚持到底，就不要去做。

8. 一场战争的政治效果与军事胜利同样重要，特别是当占领他国会把我们变成这个国家、这个地区，乃至整个世界的新的敌人的时候。

9. 如果不能理解一个国家的复杂局势，就不要去占领它。我们对伊拉克、阿富汗的语言、宗教、政治以及地理都没什么概念，于是自己插进了别人的内战之中。

10. 无论愿意与否，美国都已经卷入了中东。地区局势的不稳定、世界对石油的渴求，以及巴基斯坦的核武器把我们拖了进去。

►►► 外交："敌人的敌人是朋友"

从其阿拉伯的源头看，"敌人的敌人是朋友"这句格言很有逻辑，诠释了国家利益思维。例如，以色列和土耳其真心实意地建立起了纽带，尽管土耳其是穆斯林国家，并且阿拉伯国家极力反对。土耳其的精英主要是世俗性的，尤其是高级军官；土耳其与叙利亚、伊拉克都有领土和河流争端。土耳其转向另一个有着同样敌人的国家以色列，这符合逻辑。国家利益胜过意识形态和（或者）宗教。

可是 2002 年土耳其选出了一个伊斯兰主义的政府（2007 年和 2012 年再次当选），使该国的穆斯林根源再获生机。土耳其怀疑欧盟是否会接纳其入盟，因而将自己重新界定为中东的领袖（第一次世界大战之前它就是这个地位），加强与阿拉伯国家、伊朗的联系，对华盛顿越来越冷淡。与 1991 年海湾战争形成对比的是，2003 年土耳其不允许美军从土耳其领土进入伊拉克。安卡拉对以色列大怒，尤其是 2010 年以后——以色列在 2010 年曾用暴力对付企图越过加沙封锁线的土耳其救援船。"共同的敌人"这一土以合作的基础消失了。

巴列维国王统治的伊朗与美国有密切的关系，与以色列的关系虽然不是官方的，但很友好。伊朗、美国和以色列都把伊拉克作为共同的敌人。但霍梅尼使伊朗的首要关注点变成了伊斯兰革命，并将美国和以色列妖魔化。德黑兰新的统治精英重新界定了伊朗的国家利益和敌人。

更近的事是，“基地”组织成了一个奇怪的“友敌”(frenemy)。在反对苏联入侵阿富汗和反对利比亚的卡扎菲时，它可以与美国有共同的事业，但从来没有成为朋友。令美国感到痛苦不堪的一个问题是，如果干涉叙利亚，就会帮助“基地”组织，因为“基地”组织是最好的反巴沙尔武装。中东评论员发明了一个新说法：“敌人的敌人还是敌人。”

复习题

1. 为什么波斯湾地区这么重要?
2. 中东地区的战略航道有哪些?
3. 亨廷顿的关于文明的理论讲了些什么?
4. 伊朗和阿拉伯国家有什么不同?
5. 为什么伊朗爆发了伊斯兰革命?
6. 第一次、第二次、第三次海湾战争各自是为了什么?
7. 为什么萨达姆在第一次海湾战争中使用了化学武器，而在第二次、第三次海湾战争中没有使用?
8. 美国在伊朗和伊拉克的外交是怎么搞砸的?
9. 阿拉伯世界发生的革命可能导向民主吗?
10. 你愿意为了海湾石油而战斗吗?

第十章　拉美的困境与希望

2012年美国总统大选的三次电视辩论大约60次提到中国，而包括墨西哥的拉丁美洲一次也没有提到。美国人正在忽视他们南边的国家。许多人不能区分拉美、南美和中美洲。美国对大西洋东岸国家、对太平洋西岸国家的关注度，都高于同一半球的邻国。但是它们无论对美国的未来还是对全球的总体稳定，都至关重要。有人甚至提出，美国的政策对南方的关注（甚至还可以分一些关注给北方的加拿大）应该超出对东方和西方的关注。

以墨西哥和巴西为首的几个拉美国家已经取得了较快的经济增长。虽然巴西的增长依赖全球对其农矿产品出口的需求，因而像坐过山车一样起伏，但是巴西受过教育的中产阶级数量很大，人均国内生产总值也超过了1.2万美元。墨西哥的强劲增长靠的是从中国转移过来的制造业，因为中国的劳动力价格已经上涨，以及横跨太平洋海运所需的燃料费用也很高。墨西哥现在是平板电视生产的世界领头羊。

同时，拉丁美洲也更加稳定。西半球大多数是民主国家。一个世纪以来，巴西蛊惑人心的政客通过军事政变轮番上台，但是现在，巴西的民主制已经稳固。巴西最后的政变发生在1964年。将军们在1985年交出政权时曾警告说，如果出现骚乱，他们将回来。但是巴西已经通过现代化走出了军人专制主义。20世纪的大多数时间，墨西哥都由半独裁的革命制度党这一个政党控制，2000年的公正选举将其赶下了台。2012年，同样通过公正的选举，经过改组的革命制度党又重新执政。

西班牙对新大陆的殖民

拉丁美洲是如何陷入政治与经济欠发达（underdevelopment）状态的？就像在非洲一样，问题的根源要追溯到欧洲的殖民主义。用美国历史学家保罗·韦尔曼（Paul Wellman）的话说，西班牙人为了“荣耀、上帝和黄金”，热切地一头扎进新大陆。很快，超过80%的印第安人死于天花，对这种病，他们没有免疫力。西班牙刚刚用八个世纪驱逐了摩尔人，现在用同样的方式对付印第安人：碾碎他们的王国和文化，实施完全的统治。他们没有把印第安人赶出家园，但是奴役了他们，并给他们注入欧洲血统，从而建立了一种封建式的等级制：少数由官员和土地所有者构成的克里奥耳人（creole）阶级处于最上层，中层是人数较多的梅斯蒂索混血儿（mestizos）阶级，* 他们从事主要的工作，下层则是被剥削的贫困而孤立的印第安人。经济则建立在金银采掘业与种植园农业之上。

受到美国革命与法国大革命的鼓舞，西班牙和葡萄牙殖民地在 19 世纪 20 年代赢得了独立。他们模仿美国和法国的革命宪法所制定的理想化宪法，在封建的社会结构面前，差不多瞬间失败。拉美国家有的只是总统府、大量的官僚（实在太多了）和军队这些权力的象征物，而缺乏维持民主所需的经济以及受教育的公民。一小部分精英支配了政治。中央政府的政令不出首都，腐败习以为常。在频繁的动荡中，军官发动政变、接管政府。玻利维亚自 1825 年独立以来发生了超过 190 次政变。

尽管多数美国人几乎没有关注，但是加勒比海盆地（Caribbean basin）对美国很重要：那里的国家很弱、离美国很近，且具有战略性。有很多原因可以解释这一地区的虚弱。国家的阶级结构很有代表性：一边是少数非常富有的家庭，另一边则是大量非常贫困的人口。政治制度脆弱，常常听命于富裕的阶级（例如，保障他们的财富）。经济主要靠生产原材料，直到最近还是增长缓慢。人口却增长很快，有些中美洲国家年增速超过 3%，这导致该地区的人口远多于能提供的就业岗位。

自从 15 世纪末欧洲人进来以后，该地区就一直从属于大国。欧洲人看到了中美洲和加勒比地区的战略和经济上的重要性。法国、西班牙、英国、美国这些帝国，以及后来的古巴和苏联在这一地区的竞争，阻碍着民主和经济发展。中美洲是其地缘政治的牺牲品。

哥伦布发现新大陆就是从加勒比开始的（他认为自己正在靠近印度的海岸），这使得西班牙控制了该地区。西班牙想要的是：（1）控制贸易路线；（2）控制土地以供定居；（3）新大陆的黄金白银；（4）把原住民转化为天主教徒。西班牙在哈布斯堡家族（同样统治着奥地利）的统治下，为了获得欧洲的支配地位而打仗，需要从新大陆得到黄金白银供养庞大的军队。墨西哥是西班牙最富有的殖民地。

为了控制贸易和土地，西班牙建立了殖民地、要塞，以及港口。巴尔沃亚 1513 年穿过巴拿马地峡到达太平洋。六年后，科尔特斯从古巴出发征服了墨西哥的阿兹特克帝国。** 没有被西班牙殖民的少数地区，被英国（牙买加和伯利兹）、法国（[Martinique] 马提尼克岛）、荷兰（[Netherlands Antilles] 荷属安地列斯群岛）

---

* 梅斯蒂索混血儿在美洲指西班牙人与印第安人的混血儿。克里奥耳人指出生在美洲的欧洲人及其后裔。——译者注

** 巴斯科·努涅斯·巴尔沃亚（Vasco Nunez Balboa）和厄尔南多·科尔特斯（Hernando Cortes），都是西班牙探险家。——译者注

殖民。加勒比地区成为殖民大国的战场。英国私商为牟利而捕获西班牙船只，英国为此发出捕拿敌船报复（letters of marque）的皇家许可证，加勒比海盗行为由此开始了。（请注意，美国宪法允许国会颁发捕拿敌船报复许可证。）加勒比地区的法国舰队给予了北美独立战争关键性的帮助。中美洲在1821年从西班牙统治下解放，随后试图以“中美洲邦联”（Central American Confederation）的名义统一在一起，但是邦联于1839年分崩离析。

▶▶▶ 经济：经济国家主义（statism）

西班牙把它的经济国家主义（从法国国王那里学来的）带到了拉美：政府作为第一号资本家，拥有并管理着大部分经济活动——这在殖民时代意味着黄金和白银。晚近的经济国家主义者认为，如果需要建设铁路、钢铁厂，或者电话网络，必须由政府做，因为只有政府才具有进行大工程的规划和财力。有些经济国家主义者仍然认为，没有资本家愿意、也没有能力进行巨大的投资。

从文化上看，拉美几乎没有企业家精神，因此直到最近，大部分经济都是国家主义的。这导致了低增长、失业、官僚机构膨胀、腐化堕落，以及长期消极地依赖外国资本，从而出现了依附论。在过去几年里，许多拉美国家从经济国家主义走向私人企业，随着亚洲对原材料的需求激增，创造了非常好的增长。

经济依附

在这样的环境里，拉美在经济上与外部大国联结在一起：19世纪与英国，20世纪与美国。冷战期间，拉美左翼把依附论（西班牙语为 dependencia）作为信条：强大而邪恶的美国将拉美维持在贫穷与依附的地位上。依附论认为，通过当地听命于美国公司的中间人，美国控制了弱国的经济。穷国必须低价出售农产品和矿产品，高价购买美国的制成品。这样美国就持续不断地从依附于它的国家中抽取财富，使后者一直贫困。

马克思主义者为依附论增加了恶意的成分：当美国做不到这一点时，就会使用肮脏的手段，例如操纵选举、策划军事政变。必要时，美国会直接干涉，就像20世纪早期在加勒比与中美洲、1989年在巴拿马一样。如果激进力量力图打碎依附关系，例如危地马拉的阿本斯（Jacobo Arbenz Guzman）、古巴的卡斯特罗、智利的阿连德（Allende），华盛顿将施加强大的政治、经济，甚至军事压力来推翻他们。

▶▶▶ 概念：干涉

美国对外政策的干涉主义是指，愿意派遣军队到其他国家去。对接收方来说，这会怎么样呢？拉美提供了一些案例。这里的干涉是指，一个国家进入另一个国家去建立或者推翻政府。国家干涉是为了控制其他国家的对外政策、有时也要控制内政，为了给自己拉盟友、拒绝对手的要求。

干涉通常比战争能省好多钱，还更加微妙。它可以包括向政府官员行贿、对外援助、给政党秘密资助、破坏选举活动、鼓励阴谋政变者、运送武器、利用代理人军队等，最后，如果上述都不起作用，则入侵。历史上，美国曾向加勒比地区派出军队，在更南边则使用非直接的手段。下表列出了美国在拉美的一些主要干涉行动。

时　间	国　家	美国的行动
1846—1848 年	墨西哥	打败墨西哥，划走大片领土
1898 年	西班牙	夺取波多黎各，控制古巴
1903 年	巴拿马	使巴拿马从哥伦比亚独立
1912—1933 年	尼加拉瓜	海军陆战队占领该国并维持秩序
1915—1934 年	海地	海军陆战队占领该国并维持秩序
1916 年	墨西哥	潘兴追捕潘乔·比利亚*
1916—1924 年	多米尼加	海军陆战队占领该国并维持秩序
1954 年	危地马拉	中情局推翻改良主义政府
1961 年	古巴	代理人军队入侵失败
1964 年	巴西	支持推翻左翼政府的政变
1965 年	多米尼加	占领该国镇压反叛
1973 年	智利	支持推翻左翼政府的政变
1981—1986 年	尼加拉瓜	支持反共叛乱者
1989 年	巴拿马	入侵并抓捕了独裁者
1983 年	格林纳达	入侵并推翻了共产党政府
1994 年	海地	入侵并推翻了右翼独裁者

* 潘乔·比利亚（Pancho Villa），墨西哥农民起义领袖。潘兴（John Joseph Pershing），美国陆军上将，参加过美西战争、第一次世界大战。1916 年率美军干涉墨西哥。——译者注

依附论有其正确的方面，但是它忽视了基本的经济问题。西班牙建立了榨取式的经济体系（矿山与种植园）和封建的阶级结构，使得创造资本仅仅是为了出口。就是现在，当地的资本家由于担心财产安全，还把钱存在国外，这叫作资本外逃。由于依附国无法为自己的国内投资产生资本，依附自然而然就发生了。这在一定程度上要归咎于由国家统制的经济不能鼓励当地资本的形成。在当地资本不去投资的地方，外国资本可以。

经济增长已经大大减轻了依附的程度，通过参与、而不是躲避世界经济，可以得到增长。巴西最近的三位总统——卡多索（Cardoso）、卢拉（Lula）和首位女总统罗塞芙（Dilma Rousseff）——抛弃了依附论，支持资本主义和外国投资，巴西经济（特别是农业）得以快速发展，直到它可以不依赖任何人。许多拉美知识分子总结说，只有一件事比被剥削糟糕，那就是没有被剥削。

与巴西相反，委内瑞拉退回到拉美政客长时期以来的倾向：采取蛊惑人心的宣传和经济国家主义：谴责美国佬，把工业国有化。查韦斯（Hugo Chavez，1999—2013 年在任）早期当伞兵军官时曾企图搞政变，最后四次当选委内瑞拉总统。反对党不断受到骚扰，选举也不自由，特别是电视台也由查韦斯主义者（chavista）控制。查韦斯用民粹主义的承诺让穷人振奋。他指控美国公司抽取了委内瑞拉的石油，但是委内瑞拉人将夺取对石油的控制，并用它来结束贫困。油价的大幅上涨使查韦斯得以实施雄心勃勃的计划，但是石油并不是增长的坚实基础，因为油价会波动，石油也会开采光。石油业雇佣不了多少人，却把财富集中到统治者的手里，限制了经济增长，阻碍了民主。尽管查韦斯是卡斯特罗的弟兄和伊朗前总统艾哈迈迪内贾德的朋友，但委内瑞拉对美国并没有战略性威胁。没有一个大国像苏联支持卡斯特罗一样支持委内瑞拉，委内瑞拉的经济问题也在不断积累。

在大部分历史时期，美国都很少注意拉美。美国好像对本半球的邻居有一种文化上的盲点。只有安全问题会触动美国利益：西班牙统治被推翻后欧洲国家的渗透（门罗主义），第一次世界大战之前德国的渗透（罗斯福推论*），以及冷战时期苏联的渗透。安全而不是经济才是美国的首要动机：没有威胁，则没有利益。

美国干涉的模式

从 1846—1848 年美墨战争开始之前，美国就不断干预中美洲和加勒比地区。

---

* 罗斯福推论（Roosevelt Corollary），由西奥多·罗斯福总统提出，核心内容为美国可根据自身利益干涉拉美。——译者注

美墨战争使我们得到了西南的领土，为此我们付给墨西哥 1 500 万美元——这就是美国干涉的模式：武力加金钱、武力或金钱。美国人认为在它南边的国家又弱又傻：它们与美国不平等，它们的主权是名义上的。如果它们威胁了美国的利益和投资，一小队武装远征军就能解决问题。它们就像小孩，需要时不时“教训”一下。

较早的时候，中美洲和加勒比地区还存在大国竞争。美国、英国、法国在建造和控制连接两大洋的运河方面有重要的利益。1846 年，美国总统波尔克（James Knox Polk）与当时包括巴拿马的哥伦比亚签署了开凿运河的条约。美国还想与尼加拉瓜签署类似的条约，但英国也有此意，美英竞争的结果是 1850 年签订的《克莱顿—布尔沃条约》(Clayton-Bulwer Treaty）*，条约展示了美英两国在建造尼加拉瓜运河方面合作的前景。

美国在该地区的投资上升。美国冒险家威廉·沃克（William Walker）集结了一支私人武装，于 1855—1857 年控制了尼加拉瓜，但是不敌美国铁路大王科尼利厄斯·范德比尔特（Cornelius Vanderbilt）。这是为控制连接两大洋的一条主干通道而展开的竞争。对于该地区的咖啡、香蕉和食糖种植，以及相关的船坞、铁路和电报线，美国的投资也在稳步上升。渐渐地，美国把加勒比海看成了美国的内湖，把中美洲看成自己的天然势力范围。1898 年的美西战争让很多美国人巩固了这种观点。让美国人很不高兴的是，费迪南·德·莱塞普（Ferdinand de Lesseps，曾建造了苏伊士运河）名下的一家法国公司于 19 世纪 70 年代从哥伦比亚手中获得了通过巴拿马地峡的运河开凿权。美国人也不用太伤心，因为黄热病和破产让法国人停了工。

▶▶▶　外交：从门罗主义到罗斯福推论

19 世纪 20 年代，美国欢迎拉美的独立。这把潜在敌视美国的帝国从西半球清除了出去，还让美国回想起自己的独立斗争。美国要确保其他欧洲国家不来填补西班牙的位置。1823 年，门罗总统发表了著名的宣言，告诉欧洲，美国不会卷入欧洲事务，但是“把欧洲的制度扩展到西半球任何地方的任何企图，都将被我们视作对和平与安全的威胁”。欧洲任何国家都不应该把新独立的国家重新殖民

* 克莱顿（John Middleton Clayton），时任美国国务卿；布尔沃（William Henry Lytton Earle Bulwer），一般称作亨利·布尔沃，时任英国驻美公使。——译者注

化。一旦你离开了，就要永远离开。

数学上的推论指的是，从之前的结论合乎逻辑地得出的陈述。这个术语从1905年西奥多·罗斯福总统对欧洲国家的警告而来。如果门罗告诉欧洲人：“我们半球不会再有殖民地了！”那么美国就有正当性和责任防止通过间接手段建立殖民地。很多中美洲和加勒比国家欠了欧洲银行大笔的债务，欧洲国家声称有权利控制小国的海关收缴税收，直到还清债务。罗斯福推论说，这种“强收关税还债”（customs receivership）是对门罗主义的违背，将让欧洲国家（特别是德国）的炮舰开进美国的内湖。罗斯福因而告诉欧洲人：我们会为你收债的，你别进来。罗斯福推论是家长式的，在一代人的时间里，它给了美国无限的权利去直接干涉该地区。在很多当地人看来，这差不多就是美国的帝国主义。

西奥多·罗斯福总统在法国人放弃的地方捡起来接着做。他给了哥伦比亚1 000万美元再加上每年25万美元的租金，但是哥伦比亚坚持要更多。一些巴拿马人怨恨哥伦比亚拖延修建运河，又从华盛顿那里得到了支持，于是进行了反叛，并从哥伦比亚分离出来。西奥多·罗斯福派出“纳什维尔号”（Nashville）巡洋舰，强制实施了哥伦比亚的分裂。美国在1903年支持建立了巴拿马。（康拉德［Joseph Conrad］1904年的著名小说《水手长》［*Nostromo*］的大背景就是这次分裂。）巴拿马的运河区由美国“永久”经营，就像“美国拥有领土主权一样”。

根据罗斯福推论，美国军队不断地在中美洲和加勒比地区进行干涉。华盛顿认为，该地区国家的政府“不负责任”，美国有义务去“维持秩序”、让其他大国的势力进不来。美国进行军事干涉的理由有很多：未偿还债务、革命、威胁美国财产，或者美国不喜欢其首脑。海军陆战队登陆，把几个城市占领几年，安排好事情，然后撤走。

当然，他们从来没有真正解决问题，而是经常使事情变得更糟。一般来说，美国会训练一支当地的军队，让军队的领袖当总统，相信他将维护秩序并保持对美国利益的友好态度。这导致了腐败的军事独裁统治，只能产生一种虚幻的秩序，而这些问题日积月累，将带来更严重的革命。

在第一次和第二次世界大战期间，美国把德国的影响力挡在中美洲之外；冷战期间，又与苏联在该地区的影响做斗争。这样做的问题是，促使美国去支持可靠的反共独裁者，而不是冒险与民主改革者们站在一起，因为后者可能让共产党从“后门”进来。冷战期间，容易惊慌失措的华盛顿倾向于把改良主义者看成共产党，并且为反对他们而进行干涉。

▶▶▶　转折点：危地马拉——最糟糕的案例

危地马拉可能是美国对外干涉以及如何把事情搞坏的最糟糕案例。危地马拉是一个真正的“香蕉共和国”，联合果品公司（United Fruit Company）经营着该国的很多产业，拥有巨大的香蕉种植园。联合果品公司是国中之国，危地马拉没有哪个政府胆敢碰它，可是许多危地马拉人对它恨之入骨。1944 年，学生、自由主义者、军官组成的联盟推翻了独裁统治，建立了一个致力于重大改革的民主政府。左翼人士和共产主义者从整个拉美来到危地马拉，参与其间，其中就包括一名阿根廷医学生埃内斯托（切）· 格瓦拉（Ernesto/Che Guevara）。

当阿本斯总统政府通过了针对联合果品公司的农业改革法案时，摊牌在 1952 年到来了。公司拥有的巨大的土地，大多数被征收，重新分给了无地的农民。联合果品公司得到的补偿微不足道：共 18. 5 万美元，也就是每英亩 2.91 美元——这是公司为了税收的目的而列的价格。联合果品公司嚷着“共产主义威胁”，而华盛顿听见了。

国务卿约翰 · 杜勒斯（John Foster Dulles）及其兄弟中央情报局长艾伦 · 杜勒斯（Allen Dulles），1954 年阴谋策划要推翻阿本斯政府。一名流亡的危地马拉上校从中情局得到武器和资金，在洪都拉斯招募了一支 140 人的伪军。中情局通过广播散布想象出来的战斗，以及反叛者获胜的新闻。轻型轰炸机搞了点低空扫射，弄得像一次大规模的入侵。阿本斯命令军队向平民散发武器，但遭到拒绝；当反叛者“入侵”推翻阿本斯时，军队就站在一边围观。以不到 20 人的死亡，美国就颠覆了一个有可观公众支持率的政府。

1954 年危地马拉的政变被作为中情局的胜利而受到赞美，但是它意味着改革的终结与血腥的开始。左翼游击队员用恐怖主义反抗军政府，而军政府则以不加区别的屠杀来对付任何受到怀疑的人。几十年内，大约 20 万危地马拉印第安人、神职人员、教师、劳工领袖被杀害。一个军政府推翻了另一个军政府，直到 1985 年才由公道的民主选举产生了一个平民政府。从那时起，民主得到了增强，1996 年与游击队也签订了和平协议。

1954 年的另一个后果是阿本斯的左翼支持者所吸取的教训。一些人聚集在墨西哥城讨论，到底是什么事搞砸了。他们决定，需要的不是改革，而是革命，尤其要用新的革命军队取代旧军队。参加讨论的就有切 · 格瓦拉，他参加了菲德尔 · 卡斯特罗 1956 年在古巴登陆的行动和三年游击战争。中情局 1961 年试图在古巴复制危地马拉的胜利，他们失败了。

古巴脱离美国的影响

1898年美西战争以来，古巴都牢固地处在美国的势力范围之内。从那时一直到1959年元旦菲德尔·卡斯特罗（Fidel Castro）进入哈瓦那，美国事实上是古巴的保护国，古巴则是美国的商品市场、投资场所，以及美国人的游乐地。一些古巴人憎恨这种地位，因而聚集在卡斯特罗“我们是古巴人，美国佬滚回去”（Cuba si，Yanquis no!）的口号之下。卡斯特罗在古巴东部的马埃斯特拉山脉（Sierra Maestra）领导游击战反抗腐败的巴蒂斯塔（Batista）政权时，并没有宣扬他的共产主义思想。卡斯特罗的胜利带来了短暂的喜悦，但不久卡斯特罗就建立了自己的独裁统治——比巴蒂斯塔的更彻底，而且还转投苏联获取武器和财政资助。通过把在古巴的美国产业国有化，卡斯特罗蓄意激怒艾森豪威尔政府，后者因而断绝了与古巴的外交关系。

▶▶▶ 回忆：夺取天鹅岛（Swan Island）

1960年夏末，我在古巴南边一艘美国扫雷舰上处理爆炸物的潜水队担任军官。突然间，华盛顿的海军行动负责人命令我们到天鹅岛去，那里位于洪都拉斯北面大约125英里，美国和洪都拉斯都声称拥有该岛。我们要去夺取该岛，俘虏或消灭几小时前入侵的“洪都拉斯左翼学生”武装。

当我们的小舰艇以极快速度向天鹅岛驶去时，舰长把我叫进他的船舱，命令道：“当我们抵达时，带上你的潜水队和一些爆炸装置，对学生武装的船进行水下攻击。炸沉它。”我们的三人小队装备整齐、并准备好爆炸装置。

但是当我们接近平坦的、由低矮的菠萝丛覆盖的岛屿时，并没有发现学生武装的船只。一支武装登陆队上岸后发现，学生已经在几小时前离开了。他们在岛上唯一的设施美国汽轮公司通信中心上升起了洪都拉斯国旗，喝了一箱啤酒，发现这个地方很无聊，就拿着他们的旗子走了。我们在天鹅岛守卫了三周，直到另一艘扫雷舰接替。

后来我们才知道，“美国汽轮公司”是中情局的前沿阵地，为1961年4月美国策划的猪湾入侵充当通信中心。我从中知道了什么？第一，人在世界事务中常常只是个小角色，根本不能完全意识到正在发生什么。第二，官方权威部门发出的合法命令使下属愿意去实施。我的小队被派去炸船，也会炸死正好在船上的任何人。没人会提出问题。

——尼古拉斯·贝里

卡斯特罗的目的是使古巴共产主义化，并把革命向外扩展。古巴的军队、情报人员、势力在整个地区出现。古巴全部的上层阶级和很多中产阶级逃到了迈阿密，卡斯特罗对此求之不得。他们的离开清除了卡斯特罗统治的反对力量，为年轻忠诚的革命者留下了位子。两年之内，古巴成了一个共产党国家。

艾森豪威尔政府调集了中情局的力量，并训练了一支由 1 400 名古巴流亡者组成的队伍，要让古巴脱离共产主义。这就是 1954 年接管危地马拉政权的模式。但是卡斯特罗和他的军官已经吸取了危地马拉的教训。卡斯特罗已经完全清除了旧的古巴军队（有时候依靠行刑队），代之以他亲自领导的革命军队。卡斯特罗建立的"居民委员会"（neighborhood committees）使任何有组织的反对力量都无法存在。

中情局的计划要求流亡者在洪都拉斯训练几个月，然后在美国空军没有标记的飞机的掩护下进行两栖登陆。他们设想这个行动可以激发反对卡斯特罗的群众暴动。在流亡者巩固了滩头阵地之后，美国将承认并支持他们。肯尼迪采纳了这个计划，但是取消了空中支援，认为全世界都将把空中支援视为美国的入侵。

所有的事情都落空了。位于古巴南部猪湾的登陆地点不理想，很容易被阻遏。也没有暴动发生：古巴人不是支持现政权，就是保持沉默。1961 年 4 月的入侵者被困在海滩，多数人投降了。美国用机器和药品把他们赎了回来。

肯尼迪很丢脸。他和共产党在第三世界的第一次争斗失败了。这次的彻底失败加强了他的决心，就是决不让这样的事再次发生。为了对抗革命，美国组建了特种部队绿色贝雷帽（Green Berets），发展出名为"争取进步联盟"（Alliance for Progress）的雄心勃勃的对外援助计划。华盛顿发誓，卡斯特罗可以在古巴偷偷成功，但是他的革命不会扩散。约翰逊把古巴的类比（一个糟糕的状况）运用到多米尼加共和国，并派遣美军"防止出现另一个古巴"。

肯尼迪懂得，要阻止革命，改革是急需的。他说："不能进行和平革命的国家将不可避免地进行暴力革命。"在中美洲，某些人很富有而另一些人却越来越穷，革命就是这样发酵的。咖啡、棉花、蔗糖、水果这些供出口的经济作物的广泛种植，减少了诸如豆类和稻谷这些粮食作物的种植面积。种植出口经济作物的农场主赚的钱越多，农民就越要挨饿。当他们饿得不行时，有些人就会支持反叛者，其他人则拥向北方想去美国谋生。

古巴是冷战的遗留物。虽然古巴失去了苏联这个庇护人，但是美国还只是怒视着卡斯特罗兄弟——卡斯特罗兄弟也这样对待美国。对这个麻烦的小岛该怎么办？佛罗里达多数有势力的、情绪激昂的古巴裔美国选民反对任何显出对卡斯特罗屈服的行动：从重建两国贸易到允许美国人访问古巴。两党都知道赢得佛罗里达选票的重要性，因此迈阿密的古巴人想要什么就给他们什么：不承认古巴，不和古巴进行贸易。美国法律对和古巴做生意的外国公司进行处罚，但是其他国家根本不管这种不能实施的法律。

其他人（包括越来越多的古巴裔美国人）认为，要终结古巴现政权，就要通过贸易和接触把古巴的外壳剥掉。向古巴人展示更好的、更自由的生活，将侵蚀古巴现政府统治的基础。许多古巴人已经要靠迈阿密亲戚寄的美元才能紧巴巴地过日子。这一点卡斯特罗的继任者——他的弟弟劳尔已经认识到。暴动是不可能的：古巴还是有秘密警察，而许多古巴人仍然感激为大多数下层人民（其中许多是非洲后裔）提供的教育、就业、卫生服务，以及平等的地位。古巴的孤立状态也确保了权威主义政权的掌权。

▶▶▶ 概念："撕裂的"国家

亨廷顿称有些国家为"撕裂的"国家，在那里，想要加入西方文明的现代化的精英与抵制这一行动的传统势力之间互相拉扯。墨西哥就是一个例证。充满活力、受过良好教育、年轻的专业人士想让墨西哥重新成为现代的、资本主义的北美国家。而许多墨西哥人，特别是左翼人士，反对这一观念；他们在对穷人的社会主义帮助中看到了墨西哥的未来。另一个例证是土耳其，世俗的、支持现代化的力量想加入欧洲，而传统主义者想要回归伊斯兰，并成为中东的领导者。

毒品和民主

美国媒体和学术界一直盯着中国，而很少关心我们面临的第一大问题：墨西哥（顺便说一下，墨西哥其实是一个北美洲国家）。我们对拉丁美洲事务的文化盲区要对此负责。墨西哥是世界上唯一一个可以从第三世界步行进入第一世界的地方。贫穷与失业促使许多墨西哥人走这条危险之路。墨西哥的人口增长很快，1940 年为 2 000 万，现在则达到 1.16 亿；但是经济直到最近也只是断断续续地在增长。

墨西哥是美国边境上的混乱地区，是毒品、犯罪、堕落、动荡、黑工的无尽源头。美国违禁药物大多数都是从墨西哥流进来的，想阻止它流入的人都被杀死了。毒贩（narcotraficantes）的势力遍及墨西哥的军队、警察和法院。警察、士兵、法官、记者，以及无辜的旁观者都在墨西哥与大贩毒集团的斗争中罹难。但是暴力集中在墨西哥北部的几个州，墨西哥的多数地方比美国安宁。认为墨西哥现在是、或者很快将变成一个失败国家，是夸大其词，也已经被墨西哥近期的经济增长证明是错误的。随着美国的就业机会减少，而墨西哥的就业机会增加，非法移民数量急速下降。

1910—1917 年，墨西哥经历了一场重大的革命。1929 年，获胜的将军们组建了革命制度党（the Institutional Revolutionary Party，简称 PRI）。该党连续赢得 14 次大选，大多数都是舞弊的。革命制度党自称是人民的左翼政党，但是却遵循国家主义、官僚主义，而且腐败。墨西哥的总统（只能有一个六年的任期）只需要提出他们的继任者，然后革命制度党的机器就给他的竞选拉票，手段有：压制反对党、分发礼物、命令整个城镇投给革命制度党。商业机构和银行向革命制度党大量转账。在革命制度党于 2000 年在自由而公正的选举中失败之前，墨西哥不是一个民主国家。

▶▶▶　概念：势力范围

"势力范围"与"霸权"有关，指一个大国不通过直接控制另一国政府就能左右其政策。威胁、行贿、经济控制让当地统治者对强大的外国俯首帖耳。大国为了安全和经济收益，有时也为了威望，从而创造和维持势力范围。这个术语在关于中国的交易中形成：19 世纪，欧洲帝国把中国沿海地区划入各自的"势力范围"——即谁在那里起支配作用。

墨西哥的中产阶级更多了，受教育程度更高了，也更加具有批判性。许多商人和政府公务人员在美国的大学获得学位，包括经济学博士学位。墨西哥的很多国有经济都私有化了，但石油没有。经济自由化的推动力是墨西哥加入北美自由贸易区（NAFTA），这使得墨西哥开放边界与美国和加拿大进行自由贸易。靠近美国边境的马基拉朵拉工厂（maquiladora）* 从很多地方获得材料，然后组装包括大屏幕电视机的产品以供出口。饱受失业、通胀、货币崩溃、银行欺诈之苦的墨西哥经济，已经增长到人均 1.6 万美元 **，为稳固的民主打下基础。

2000 年的墨西哥总统选举表明，当一个国家进入中等收入水平、人口受过教育时，会发生什么。墨西哥人已经极为厌倦革命制度党的支配地位，明白民主需要权力更迭。革命制度党从精心挑选出候选人转而采取公开、激烈的初选竞争。尽管有革命

---

* 马基拉朵拉特指外资在墨西哥开设的组装厂，产品销往国外。——译者注

** 原文 Mexico's economy has grown to $16 000 per capita，作者没有说是人均国内生产总值还是人均国民收入。但是按照世界银行的数据，近十年墨西哥这两个数据按照现价美元计算，都没有达到这个水平：最高的 2014 年，人均国民收入也只有 10 180 美元；国内生产总值 1.315 万亿美元，人口 1.24 亿。世界银行数据参见 https://data.worldbank.org.cn/country/mexico?view=chart，2019 年 2 月 16 日浏览。——译者注

制度党惯用的伎俩，例如在尤卡坦州（Yucatan）分发了数千台洗衣机（无疑，他们想要一个“衣服干净”的选举），但是支持自由市场的国家行动党（National Action Party, PAN）候选人文森特·福克斯（Vicente Fox）还是赢得了选举。2006年，国家行动党的费利佩·卡尔德龙（Felipe Calderon）获胜，在继续市场方向政策和增长的同时，向大毒枭公开宣战。在卡尔德龙六年的总统任期内，大约6万墨西哥人死于与毒品有关的暴力。新的革命制度党总统恩里克·培尼亚·涅托（Enrique Pena Nieto），在大多数墨西哥人的赞同下，结束了卡尔德龙十字军式的反毒行动，于是暴力活动下降了。

不可否认，拉美的部分地区仍然是困扰许多南方国家的“混乱地带”。有些国家的毒贩可以买来政客、法官、警察、军队，凡是他们买不来的就杀死。多从南部边境流入的非法毒品已经让美国上瘾。（准确地说，应该是“北美”，因为西半球其他地方也叫美洲，如果“America”单指美国，会让许多拉美人生气，因为他们也是美洲人［Americans］。）大麻、可卡因、海洛因以不断变化的方式从南方流入。在一个国家根除，交易就转移到另一个国家。消灭了一个大毒枭，其他的就会出现。砍掉古柯（当地人种了几个世纪），农民就会种上鸦片罂粟。北美对可卡因的胃口不会减小，利润又巨大，农民当然高兴种植（每公斤5美元，是其他任何作物的数倍），毒贩接着进行加工和走私。这是生意，遵循着供求法则。

根除和封锁不会奏效。安第斯山脉的可卡因生产没有减少，毒品在美国市场充足且价廉。每截获一公斤毒品，就可能有20公斤漏网。对美国的吸毒者采取严厉措施将很容易使我们的入狱人数翻番，同时也没有使问题缓解。在玻利维亚和秘鲁有强有力的禁毒计划，包括飞机喷药、焚烧毒品作物、破坏加工厂、出钱让农民种其他作物等。但它们只是暂时削减了毒品生产，随后都反弹了。交易也转移到哥伦比亚，那里生产了美国吸毒者使用的大部分可卡因和海洛因。种植毒品的活动还扩展到非洲一些国家。真正的问题是美国的吸毒者，各行各业都有，每个城镇都有（校园也有）。有句话说：“我们遇见的敌人就是我们自己。”

▶▶▶ 经典思想：可怜的墨西哥

墨西哥总统迪亚斯（Porfirio Diaz，1830—1915）说过：“可怜的墨西哥，离上帝那么远，而离美国那么近。”这反映了墨西哥普遍的观念：当美国的邻国只能受美国的支配。迪亚斯见证了美国1846—1847年的入侵，这让美国在1848年获得了原属墨西哥北部的一半领土。这种悲伤的呼喊还反映了大量墨西哥人对他们富有、管理良好的邻国的妒慕。很多拉美知识分子都有这样的情绪。

我们能停止毒品的流动吗？近年来，30 亿美国援助进入哥伦比亚。哥伦比亚丛林密布的山脉很难控制。依靠从毒品买卖抽税的游击队依然控制着哥伦比亚的部分地区。近些年，哥伦比亚军队获得了重要的成功，游击队失去了好多战斗人员和指挥官。但是，这对抑制毒品流动没起到什么实质作用。

内战在哥伦比亚是常态：1945—1965 年，30 万人死于暴力，1990 年后又有 3.5 万人死亡。乡村从来没有安全过，到处都是游击队和强盗。在哥伦比亚，游击队和强盗沆瀣一气，许多"革命者"也为了钱而位列其中。爆炸、暗杀、绑架还在发生，有些是刑事犯罪，有些则是政治性的。与哥伦比亚军方绑在一起的右翼暗杀小组，杀人都可以免于处罚（秘鲁处在类似的环境下，1980—2000 年有超过 6.9 万人死于游击战）。很多哥伦比亚法官和记者被杀。哥伦比亚不仅有毒品问题，而且还是一个弱国家无法维持法律和秩序的案例。

我们能做什么？

所有的拉美国家 20 世纪 80 年代在政治上都转向民主国家（古巴是例外），尽管委内瑞拉又滑到威权主义。冷战结束后，中美洲的屠杀也消失了，这有利于支持选举出来的政府。要鼓励拉美走向民主与繁荣，美国能够以及应该做些什么？首先，我们应该吸取历史教训，即美国的干涉，哪怕是间接干涉，也经常带来更糟糕的结果，从而导致独裁统治和大屠杀。军事干预会拖很长时间，而且令人沮丧。1927—1933 年，美国海军陆战队在尼加拉瓜追捕民族主义者、游击队领袖桑迪诺（Augusto Cesar Sandino），但是从来没有抓到他。

长远来说，唯一有效的解决方案是经济增长，这需要法治、良政、参与全球经济、改变经济国家主义。一些拉美国家经济的增长说明，穷国不会永远贫穷。经过这些年，北美自由贸易区已经对墨西哥经济产生了积极的影响。有人担心北美自由贸易区会把美国的就业机会送到墨西哥，但它送到墨西哥的是中国的就业机会。截至 21 世纪头十年，中国已经不再具有它曾经有的竞争力：它的货币升值（部分是出于美国的压力），它的工资上涨，一直涨到墨西哥成为某些产品更好的制造地。从墨西哥到美国的运输成本和时间（一辆卡车就可以把电视机从墨西哥的工厂运到美国的仓储式商店），只是集装箱货船横穿太平洋的一小部分。

▶▶▶ 概念：自由而公正的选举

和大多数南方国家一样，墨西哥在很长一段时间内都没有自由而公正的选举。外部观察者盯着选举是否能秘密投票与准确计票，但这个问题并没有那么简单。问题在于，强有力的群体控制着大量无组织的人口，后者对自己的诉求没有充分的意识。这里的根源在于穷国受教育的人口太少。除了少数例外（印度是最大的例外），穷国都没有民主选举。

代替民主选举的，是掌权的人利用权力确保自己继续掌权。他们禁止或不断骚扰反对党（有时还用杀人的手段），直到反对党不起作用为止。主要通过政府控制电视台，他们阻止了反对党接触大众传媒。他们向支持者提供礼物、恩惠和工作机会，这批人很早投票、也经常投票。他们告诉穷人和无知的人，他们有办法知道选票都投给了谁。在世界上的很多地方，选举在投票日前一天都已经被安排好了。人们不能理解美国在这些国家促进民主选举的“努力”。解决方法是：大规模受过教育的中产阶级。当墨西哥和巴西达到这一标准，它们就成了民主国家。

南方共同市场（Mercosur）成立于1991年，多年来一直推动着阿根廷、巴西、乌拉圭、巴拉圭、智利和玻利维亚的增长，直到2002年阿根廷货币崩溃；此后，南方共同市场也取消了经济一体化行动。2011年由智利、哥伦比亚、墨西哥、秘鲁组建的新的太平洋联盟，将目标定位于自由市场经济整合以及与亚洲的贸易。它的早期效果很好，其他一些国家也加入其中。同一个西半球的观念推动着北美自贸区、南方共同市场，以及太平洋联盟的融合，以形成覆盖大部分西半球的美洲自由贸易区（Free Trade Area of the Americas，FTAA）。我们这一代人可以重新发现拉丁美洲，并参与其经济增长。这样做的一个优势在于：只需要学西班牙语一门语言就可以在拉美大部分地区通行。如果加上葡萄牙语（不考虑听说，它的书写和构成与西班牙语类似），就能够从得克萨斯州一直聊到火地岛（Tierra del Fuego）。

▶▶▶ 回忆：我们在洪都拉斯造房子

20世纪90年代初，洪都拉斯人均国内生产总值不到800美元，而人口却以每年超过3个百分点的速度增长。洪都拉斯需要能得到的所有低成本的住房。我参加了一个门诺派*教会（Mennonite Church）的建筑队，要在圣佩德罗苏拉（San Pedro Sula）之外一个新的定居点建个示范项目。关于洪都拉斯我要学的东西，与我要学的造房子的知识差不多。这些门诺派教徒包括一名建筑师、一名砖瓦匠、一名承包商，他们专心致志地教洪都拉斯人用当地的材料造房子。我们用八天时间造了一座房子，花费不超过 1 000 美元。

让我惊讶的是，尽管非常穷，而且营养不良，但是哪怕是很穷的洪都拉斯人也比我想得更加政治化、更加有活力、也更为自信满满。甚至在我们去过的一个棚户区，都有委派的代表就土地与整个社区问题与当地政府进行谈判。中美洲的情况正在好转。现在洪都拉斯的人均国内生产总值为 4 500 美元，人口增长率 1.8%。

——尼古拉斯·贝里

复习题

1. 为什么美国人会忽视美洲的其他部分？
2. 西班牙殖民统治给今天留下了怎样的问题？
3. 把中美洲称为“美国的势力范围”公平吗？
4. 美国是否应该做好干涉拉丁美洲的准备？
5. 我们能够根除第三世界的毒品种植吗？
6. 美国是否应该把目光转向南边的国家，而不是盯着东边与西边的国家？
7. 墨西哥是一个成功的案例吗？

* 门诺派是基督教的一个派别。——译者注

第十一章　富国和穷国的发展

近年来，经济增长发生了一种惊人的反转。发达的工业化国家仍然处在从2008年大萧条复苏的过程中，经济增长乏力，年增长率只有1%或2%。许多发展中国家的年增长率有6%—8%，其中一些还是长期被鄙视为毫无希望的国家。1990—2010年，发展中国家的极端贫困人口下降了一半——从43%下降到21%，差不多包含有10亿人口。十年间，中国和印度的国内生产总值翻了一番；一些非洲国家也开始这么大干起来。有些经济学家把这些看作"富国和穷国大会合"的起点。

巨大的变化再次提出了这个问题：为什么有些国家富有些国家穷？它们之间的差距仍然非常大。人类中最富有的5%占有了全球收入的五分之四；最贫穷的5%只占有1%，每天的生活费不到1.25美元——即世界银行对"绝对贫困"(absolute poverty)的界定。全球三分之一的人口每天的生活费不到2美元，世界银行称之为"一般贫困"(moderate poverty)。这些数字比20多年前已经有所改进。为什么有些国家的经济增长那么快、而有些那么慢？对这些差距有两个宏观的解释，一个关注外部因素，另一个则关注内部因素。

殖民主义导致贫困的理论

与别的人相比，马克思主义者和第三世界的激进人士喜欢外部因素的解释。英国经济学家霍布森（J. A. Hobson）认为，使殖民主义扩展到全世界的19世纪帝国，给了资本主义新的生命。通过剥削殖民地，即用廉价的劳动力生产廉价的原材料、并为它们的产品创造垄断市场，资本主义经济能够比马克思预期的持续更长的时间。列宁在他1916年的小册子《帝国主义是资本主义的最高阶段》里普及了这些观点。资本主义帝国以它们的殖民地为代价，让自己富有，而使殖民地更加贫困。

支持这一观点的证据并不充分。在有些例子中，个人开办的公司从殖民地贸易中变得富有，从而对殖民帝国的政策有很强的影响力。但是总体来说，殖民帝国政府在管理与防卫殖民地方面的花费要多于从殖民地得到的。比起经济算计来，殖民主义更多是一个表现威势的术语。欧洲最富裕的四个国家——挪威、瑞典、卢森堡、瑞士，从来没有过殖民地。第五大富裕国家德国，在第一次世界大战中丢掉了所有的殖民地。20 世纪 60 年代初，法国让它的殖民地独立后，享受到了一次经济复苏。西欧最穷的国家葡萄牙是第一个、也是最后一个殖民帝国；五个世纪的殖民帝国使它慢慢衰弱，而不是让它富有。经济学家很长时间以来都建议欧洲国家放弃殖民地，因为殖民地是亏损项目。

当然，被殖民的地区境遇更糟糕。殖民帝国把大多数工业留给自己，把它们的殖民地限制在生产农矿原材料方面。殖民地的工业发展受到故意的阻碍。几个世纪之前，中国和印度的经济规模比欧洲国家的要大得多，它们当前努力恢复的就是这一地位。激进人士认为，只能进行原材料出口的国家从富裕国家那里得到的仍然是很低的价格，这样就慢慢抽干了发展中国家的财富，把它们绑在资本主义大国身上，因而像以前一样穷。批评者说，发展中国家当前遭受的是新殖民主义之苦，而非原来的殖民主义。然而，这种状况并不必然是资本主义的阴谋，企业只是简单地在做它们应该做的事：最大化地获取财富，这需要寻找低价的原料产地、生产环境，以及更多的制成品市场。如果一国的主要产品供应过量，它将几无所得；当产品供不应求，国家会收获颇丰。巴西已经进行了产品多样化和工业化，现在不是任何人的新殖民地。有些国家像石油输出国组织（OPEC）一样组成了卡特尔式的联合，从而限制产量、提高价格。石油出口国扭转了局面，占了资本主义石油进口国的上风，转而剥削它们。不幸的是，这对工业化的石油进口国来说没什么影响。日本没有自然资源，在战争中失败并遭到毁坏，还被美国人占领，可为什么日本没有变成美国的新殖民地?

文化导致贫穷的理论

保守主义者喜欢讲内部因素，他们认为文化问题拖了穷国的后腿。缺乏自然资源很少是问题所在。有些自然资源贫乏的地区依靠人力资源，经济发展动力强劲（例如日本），而有些资源丰富的地区却停滞不前（例如尼日利亚和缅甸）。人的创造力和恰当的经济政策远比自然资源重要。增长需要一种心理状态，就是为了改善生活条件，你可以、也应该努力工作。这在传统社会中是稀缺物，因为那里的人们世世代代耕种土地，无欲无求，年纪轻轻就死了。政治和宗教制度通常教导人们服从通过继承取得的权威，接受宿命论和上帝的意志。

“现代”与“传统”在很大程度上是文化性的。现代的头脑通常行事合理、快速，能适应高度的生产力和高级技术。即使他们一开始很穷，但有现代思维方式的人们很快就能创造出繁荣。传统的人看不到快速而认真做事，以及实现经济增长的必要。现代人说：“时间就是金钱。”传统人说：“明天吧。”很多这类文化都在快速改变，我们见证了一些正在兴起的国家，它们从传统而贫穷走向现代而繁荣。

▶▶▶ 经典思想：新教伦理

德国社会学家马克斯·韦伯（1864—1920年）的成就之一就是反驳了马克思的一个观点。马克思认为经济变化促使新思想形成，例如，德国北方的王公和商人从资本主义中得到好处后，才转信新教，从而逃脱天主教对其利润的限制。

韦伯说，不是这样。先有新教，再有资本主义；是新教促成了资本主义。新教徒（特别是加尔文教徒）感到他们必须在现世证明自己，而不是为了来世的报偿而仅仅等待。结果就是，新教伦理强调了勤劳工作和引人注目的个人成就。这就解释了为什么人会开始积累超过当下生活所需要的资本：“看看我。我是多么成功。”韦伯提出，资本主义作为无限经济增长的哲学，它有一个宗教基础。

韦伯关于新教是资本主义催化剂的理论仍存在争议。最早的资本主义因素是意大利北部和德国南部的天主教银行。近年来的历史研究表明，1300—1900年间，说德语的天主教和新教城市，其人口增长处于相同的比率，这说明它们的经济也处于相同的增长比率。而且如何解释亚洲的增长？有人认为，儒家伦理与新教伦理起到了同样的功能：勤奋工作、把钱用作再投资。各个文化都可能产生这样的伦理，但并不是所有的文化都已拥有这样的伦理。

为什么是西方兴起？

解释经济增长问题的一个步骤，是说明为什么有些国家首先开始了经济学家罗伯特·海尔布隆纳（Robert Heilbroner）所说的“大攀登”。中世纪的欧洲是一个传统社会，在财富、教育、科学以及商业方面比阿拉伯人、印度人、中国人落后得多。历史上的大多数时间，我们现在称作“发展中”地区的经济产量大约占全球国内生产总值的80%。但是到了16世纪，欧洲的一些地区开始持续增长；到20世纪，它们大约生产了全球国内生产总值的60%。有趣的是，如今平衡正在往回转，因为亚洲正在夺取它旧有的支配地位。

▶▶▶ 概念：人均国内生产总值

衡量与比较经济体的标准方法是人均国内生产总值（人均 GDP）。每当一辆汽车下线，或者你理一次发，GDP 就根据这些项目的价值增加了。比较老的表述是“国民生产总值”（GNP），现在 GNP 用来指所有的收入，包括海外的；而 GDP 衡量得则更为准确。“人均”则是一国的 GDP 按人口平分。人均 GDP 现在经常用购买力平价（purchasing power parity，PPP）来衡量，在比较各国生活水平时使用得最为广泛。

GDP 不是完美无缺的衡量指标，也不容易计算，因为有些经济行为没有计入账簿，例如地下经济和无偿工作。人均 GDP 是一个平均数，也无法告诉我们收入的不平等，而收入不平等则会让平均数毫无意义。（一个老笑话：比尔·盖茨走入一个房间，平均下来房间里的所有人一下子都成了百万富翁。）尼日利亚人均 GDP 为 2 800 美元，但是这掩盖了大量收入（即石油收入）进入少数人腰包的事实。很多人提出，最好的经济是最平等的经济，但是快速增长制造了不平等，因为有些人在收入阶梯上爬得比另一些人快。中国的快速增长也伴随着收入不平等的急剧上升。人均 GDP 增长并不意味着每个人的生活水平都在改善。为此，必须建立衡量经济不平等的指标，例如基尼系数（Gini index）。高度不平等的国家（例如巴西），基尼系数在 0.5 左右，富人和穷人之间有巨大的鸿沟。像斯堪的纳维亚国家则高度平等，基尼系数在 0.25 左右，已经大规模地消除了贫困。

很多人愿意超越物质指标去衡量整体的生活质量。联合国的人类发展指数（Human Development Index，HDI）通过结合预期寿命、平均收入与教育水平，做到了这一点。人类发展指数的这三个部分应该平均分配，各占三分之一吗？人类发展指数表明，所有发达国家都集中在最前列，因此这一指标对于区分衡量发达国家没什么用。而且总体来说它遵循着人均 GDP 的走向。

有人还说，环境保护也是一个重要的指标。GDP 对我们呼吸的空气、饮用的水以及气候变化漠不关心，只是机械地把各种素材堆在一起。有人认为还应该包含工作与收入的安全性、经济的可持续性等指标。GDP 没有考虑到“坏的”投资，就像那些带来 2008—2009 年金融崩溃的投资。在计算 GDP 时，所有投资都认为是好的。诺贝尔奖得主经济学家约瑟夫·斯蒂格利茨（Joseph Stiglitz）指出：“没有一个单一的指标能够说明我们社会这样复杂的东西。”但是他接着说：“如果我们的衡量标准错了，那么我们探求的就是错误的东西。”

GDP 并不完美，不过，在不把它与人类的完善或幸福混在一起的时候，仍是衡量我们总体经济活动的最好指标。位于喜马拉雅山高处的袖珍国家不丹，提出一项由 72 个变量组成的“国民幸福”指数。国民的幸福能被计算吗？

欧洲现代化的原因有好几个，而且相互关联，但是很多历史学家将其归功于14世纪初从意大利文艺复兴开始流散的思想特性。随着艺术家发现了透视和阴影，绘画有了发展。达芬奇（Leonardo da Vinci）在艺术与科学世界之间建立了桥梁——对文艺复兴时期的人来说，艺术与科学没有区别。伽利略（Galileo）发现的物理与工程规律让我们一直用到现在。活字印刷为普及大众的读写能力打下基础。随着贸易网络覆盖了欧洲，商业也得到发展。人们不知停息地寻求变化与生活的改善。一股新的动能已经在世界上释放出来。

▶▶▶ 概念：现代化理论

经济学和政治学明显相关联。现代化理论发现，人均GDP为5 000—8 000美元是一条分界线。低于这条线，很少有民主国家，而建立新的民主国家的努力经常会失败，从而陷入政客的蛊惑人心和军事政变之中。高于这条线被称作“中等收入国家”，大多数都是民主国家，而且不会滑回威权主义统治（印度很穷，但是一个民主国家，它是这一划分标准最大的例外）。

理由可能是，穷国只有很少的中产阶级，它们的社会分割为少数富人和大量穷人。中产阶级随着一国的工业化与逐渐富裕而产生，他们受过教育，温和节制，不喜欢独裁统治。韩国、巴西、智利在经济增长和中产阶级扩大以后，都从威权主义过渡到民主。这就引出了怎样让经济增长的问题。

从法国开始，君主们集中并加强权力，出现了绝对主义。为了与其他君主竞争，他们资助探险和帝国扩张，以获取可供剥削的领土。哥伦布发现新大陆与早些时候的维京海盗发现美洲处于不同的背景。* 维京人背后没有苛求的君主，没有建立帝国的渴望，也没有印刷媒体传播他们探险的消息。哥伦布发现新大陆的航行并不是开启现代世界的扳机，而是它的表达方式。

关于金钱与物质进步的新文化出现了。在传统社会，人们没有理由积累超过眼前需要的金钱。他们不可能通过努力劳作而变得富有，因而也不会去尝试；财富与地位是世袭的。商人们追求让自己的家庭过上好的生活，但也没有什么理由超过这个目标去扩大经营。然而大约15世纪，资本主义精神在欧洲的一些地区出现了。尽可能多地积累财富、超过你或你的家庭能够花费的，成为善的、令人尊敬的行

---

* 据说维京人在哥伦布之前500多年就到达过美洲。——译者注

为。人们开始想着无限的增长："投资增长，然后再投资再增长。"这一态度取代了求稳的心理。这样的精神状态在当前的东亚随处可见，但在某些发展中国家仍然很缺乏，如果没有它，就不会有自我支撑不停息的经济增长。

发生这一变化的原因从未有定论。韦伯认为它由新教精神所激发，但是其他思想家则将其归功于下述因素：技术变化与革新、改进的交通与通信、王国的巩固与中央集权，以及贸易线路的开辟。例如，1775 年瓦特发明的蒸汽机和动力织布机开启了英国的工业革命。罗马、阿拉伯、中国这些早期的文明虽然在技术和组织上都很先进，但没有产生自我支撑不停息的经济增长。经济起飞的要素这些帝国也有，但是被渐渐消耗掉了。

有些思想家强调文化因素，特别是新教的兴起挑战了中世纪天主教信仰固定不变的心态。天主教会不是变化导向的，它教导人们接受生活中的位置。为了利息放贷是不道德的，应该禁止——这成了经济增长的重大障碍。新教没有这些限制，因而带来了经济增长，尤其是在英国与荷兰。还有一些思想家指出，多个股东持股的股份公司取代规模小的、短期的商业合伙关系很重要，它能在很多年的时间内进行资本积累和再投资。差不多同一时期，科学战胜了宿命论的思维方式。

无论是什么原因，西方走到了前头，征服或转变了其余的世界。欧洲的武器和军事组织迅速打败了阿拉伯、亚洲以及非洲的国家。殖民政府分割了世界，并企图按照西方的口味重新组织。西方强有力的行动和扩张主义（或者说，贪婪，如果你喜欢）接管了大部分世界。

一些非欧洲国家进行了"防御性的现代化"。它们为了挡开帝国主义国家，努力采纳足够的西方技术。日本整个地适应了欧洲的方式，在它擅长的领域打败了西方。奥斯曼帝国和中国采纳了欧洲的武器，但还是被打得七零八落。这就是"半吊子"现代化的困境。你不能只采纳西方文明的一部分（如军事），而在其他方面仍维持传统。那将不起作用，因为你还需要西方的教育、经济学以及民族主义，以使军事武装正确地进行工作。你不得不变成和征服你的国家一样现代。

▶▶▶ 概念：新殖民主义

按照激进主义者的说法，新殖民主义是殖民主义通过经济手段的间接延续。例如，法国让它的非洲殖民地独立，但是独立后那里的法国人比以前更多，法国人在经济、教育和防务上帮助非洲国家。激进主义把这个称作新殖民主义，但是许多非洲穷国发现，它们需要法国继续帮助。例如 2013 年马里的救援。在拉美，新殖民主义的另一个版本被称为“依附论”。

有些批评家现在使用新殖民主义来描述遥远的国家购买或承租大片的非洲可耕地。中国、沙特阿拉伯以及许多欧洲国家认为，它们带去了先进的农业技术，使得没什么用处的土地焕发生机。但许多当地非洲人说，他们被强行拿走自己的土地，只得到很少的回报。

南方国家抵制变得现代——在某些领域依然还在抵制。一些发展中国家不喜欢这种暗示，即它们主张和依赖的东西都是落后的，包括宗教、价值观、文化。它们通常会在采纳西方技术的同时力图保存自己的文化。但是就像亨廷顿看到的那样，当两者距离过远时，革命就隐隐出现了。波斯湾的国家在建立高技术的石油经济的同时，企图维持伊斯兰传统。结果就是不稳定与分裂。伊斯兰教尤其抵制西方文化，因为伊斯兰教认为自己在道德上比西方粗俗的物质主义优越。

当今世界已经没有纯粹的传统国家；所有国家都是现代与传统不稳定的混合。这些混合产生了巨大的问题，有些人被回归田园所吸引，想找个地方过朴实的农夫生活。这是不可能的。人口数量太多了，大家都期望提高生活水平。它反而促成了苦难与饥馑，如同在回归乡村的“红色高棉”（Khmer Rouge）统治下的柬埔寨。这是不可能的。一旦开始了“大攀登”，你就不能回头，甚至无法停下来。

▶▶▶ 回忆：落后的心理状态

我曾经在理论上抽象地研究从传统向现代过渡的国家，一直难以理解，直到我在学习的地方贝尔格莱德拿到一本袖珍日历。南斯拉夫是一个巴尔干国家，在那个时候（1963—1964 年）仍然有一部分是传统的：它的一只脚踩在欧洲，另一只脚留在中东。这里的许多人按过去的方式生活。日历让我迷惑了一些日子，直到我发现了问题。日历少了一天，把 1963 年（而不是 1964 年）作为闰年。直到此时，我才认识到，落后是一种文化或心理问题，即缺乏关注，一开始就没把事情做对。美国学生对此也不是免疫的。

——迈克尔·罗斯金

人口爆炸

人类历史的大部分时期，人口增长都很缓慢，因为高死亡率抵消了高出生率。直到 1830 年前后，全球人口才达到 10 亿。19 世纪，人口增长逐渐加速，1930 年前后达到 20 亿。接下来的增长就更快了，1960 年前后达到 30 亿，1987 年上了 50 亿——马尔萨斯（Thomas Malthus）曾预见过这种几何级数的增长。现在全球人口超过 70 亿，预计到 2050 年达到 100 亿。当前全球人口年增长率为 1.2%，但大多数增长位于发展中地区。工业化国家人口的年增长率为 0.7%，不发达国家是 1.4%，最不发达国家则达到不可思议的 2.4%。如果一国的国内生产总值增长率为 2.4%，而人口增长率也是 2.4%，那么它就不能获得人均国内生产总值的增加，从而继续贫穷。但是当一个穷国稍微富裕一点儿后，比如人均国内生产总值达到 1 000—2 000 美元，那么它的人口出生率将会开始下降。人均国内生产总值达到 4 000—10 000 美元时，通常会降到仅仅保持人口置换水平（replacement level）的出生率。更快的经济增长伴生的是更慢的人口增长率。

►►► 经济："70 法则"

如果计算复合效应，数量上翻倍需要多少时间？如果你知道年增长率，用它除以 70 就得出了翻倍需要的时间（年数）。西欧人口的增长率是很低的，每年只有 0.2%，如果这一增长率一直保持下去，则需要 350 年人口才能翻倍。美国人口的增长率中等，每年 0.7%，如果不计入移民，100 年可以翻倍。但是非洲人口的自然增长率为 3%，不到 25 年就可以翻倍（不过要考虑艾滋病的影响）。卢旺达平均每名妇女生 8 个孩子，带来了 3.4% 的年人口增长率，使卢旺达成为非洲人口密度最大的国家，也使 20 世纪 90 年代的种族灭绝大屠杀如此惨烈。可以反过来使用这个规则：如果一个国家用 11 年使人均国内生产总值翻了一倍，那么它的年均增长率就是 6%。

人口增长之快超出了预期目标。传统社会出生率和死亡率都很高。他们需要出生率能补偿死亡率，以达到大致的平衡。四分之一到一半的婴儿在出生后很快死亡，母亲也是如此；人们只能活到三四十岁。卫生条件的简单改善，例如铺设污水管、有干净的水源，以及可以洗涤的棉质内衣等，提高了寿命。而有了免疫接种、上门服务的护士与助产士、合理的日常饮食，人们就有了接近现代的健康水平。

1960—1995 年，第三世界的预期寿命惊人地增加了 22 年。死亡率降低了，但出生率还是过去那么高，而且仍然预期会有很多婴儿死亡。因为他们喜欢男孩，认为老了以后男孩会挣更多的钱养他们。他们的宗教可能也禁止控制生育。当出生率远超过死亡率时，人口就爆炸了。

▶▶▶ 经济：人口增长失衡

全球人口增长高度不平衡：有些地方太快了，有些地方太慢了。前者一般都是穷国，人口增长过快意味着没有足够的就业；后者一般都是富国，人口增长过慢意味着没有足够的工作人口支撑老龄化的社会保障制度。有一个解决方案已经付诸实施，就是移民。

一个关键指标是生育水平，即平均每名妇女生育小孩的数量（这个与出生率或人口增长率不同）。保证置换水平的生育水平是 2.1 个小孩，这可以保证置换掉父母以及一些死亡的人和没有后代的人。如果低于置换水平，一段时间后人口就会萎缩；如果高于置换水平，人口就会增长。下表是 2005—2010 年联合国的生育水平评估。

北美和西欧每名妇女的生育水平在 1—2 个小孩之间；南方国家妇女的平均水平是 3 个小孩，而她们的母亲那一代则是 6 个。（“世界冠军”是马里，每名妇女生育 7.3 个小孩，该国现在正遭受政变和战乱的蹂躏。）过去的 30 年，全球生育水平下降了差不多一半，将来最终会跌到置换水平之下。富国的人们有很好的养老金，可以活很长。有些国家，特别是德国和日本，正在慢慢耗尽它们的工作年龄人口——他们要交税供养退休系统。因此，穷国向富国的移民不仅是自然而然的，而且在财政上也是必需的。

世界各地区的生育水平

欧洲	1.45
北美	2.0
拉美	2.37
亚洲	2.34
非洲	4.67

随着传统社会迈向现代社会，所有地方的人口增长都在减缓。妇女生的孩子只是她们母亲生的一半。五十年前，一名印度妇女平均生六个孩子，现在不到三个。

有人预计全球人口在21世纪中叶达到100亿的峰值，然后就会稳定下来。一段时间以后，人们会认识到没有必要生那么多孩子，因为他们事实上都会活下来，政府的福利措施也会帮助老年人。生活在城市小公寓里的人，与生活在农场的人相比，孩子更多的是一种负担。工业化国家出生率和人口增长率都很低。欧洲和日本的人口甚至在萎缩。全球人口增长的解决方法是，让发展中国家工业化。减少妇女人均生育小孩数量的最有效办法，就是女孩教育：女孩的学校教育越普遍，生育的婴儿就越少。有人主张，实施严厉的生育控制是必需的，但是现代化可以不加强制就带来出生率的下降。

如果有充足的工作机会，人口增长本身不会有什么问题。但是多数发展中国家都是失业率很高的地方，没有工作的年轻人会走向暴力与革命。墨西哥、巴西、埃及等国家各自都需要每年增加100万个新工作岗位来维持平衡。增加政府职位在石油出口国很普遍，但是会产生臃肿、无效的官僚机构，带来自身的很多问题。

大规模移民

从南方国家移民到北方发达国家，一个重要的理由是寻找工作。无论合法还是非法，无论乘飞机和轮船还是步行，穷国的公民跑到富国寻找工作机会。每年都有人在移民途中死亡。成百万的巴基斯坦人、印度人、加勒比岛国人生活在英国；北非以及从更南端的非洲来的人住在法国；土耳其人和东欧人在德国；墨西哥人、加勒比岛国人、亚洲人在美国。这些都说明了新移民的巨大规模和普遍存在。多数富国试图限制移民。美国每年接纳超过一百万的合法移民，还有很多非法移民。

你能指责移民吗？他们一般都是逃离失业与无望的前途。第一世界哪怕是工资最低、最脏的工作也比他们在家乡挣的多十倍，甚至更多。移民向家乡的汇款是外国援助的三倍，而且更有效、更少腐败干扰，也更稳定。而且第一世界也有工作岗位，因为第一世界自己的老龄化劳动大军不能支撑其农业与工业基础。富国的许多人不愿意从事低端工作，他们更愿意靠福利过日子。

贫穷的移民从事最低端的工作有错吗？这或多或少难道不是我们的先辈初来美国时的历史的重演吗？我们的先辈也处在一种推—拉的环境中：贫穷和有限的机会把他们推离旧大陆，繁荣和无限的机会把他们拉进新大陆。但是一个世纪以前，来到美国的移民主要是欧洲人，因而相当快地同化入美国文化。两代人之后，他们的相貌、语言、思想都和其他美国人一样了。新移民主要是非欧洲人，并不能很容易地同化入东道国的文化；差距太大了。英国的巴基斯坦人、法国的北非人、德国的土耳其人，都趋向于形成自己的聚居区，而且成为比在家乡更虔诚的穆斯林。在美国的一些说西班牙语的人都不学英语，使得美国的部分地区成了双语区——这一点让美国人紧张，因为他们担心国家的统一性。

美国处理这一问题相对比较容易，因为美国已经习惯了移民。但是欧洲国家对拥入的移民潮并不习惯，特别是从欧洲以外地区来的移民。欧洲曾是向外移民的地区，人们一直向外移居，直到最近。欧洲遭遇不同文化的结果就是令人作呕的种族主义，以及停止进一步接收移民的努力。多数欧洲国家都有反对移民的运动或政党，其中很多都有法西斯主义的底色，例如法国“国民阵线”（French National Front）、德国国家民主党（German National Democrats）、匈牙利的尤比克党（Jobbik），他们的领导人靠煽动种族主义恐惧来赢得选票。甚至平静的挪威也在 2011 年经历了一个独狼式枪手的大规模凶杀案，这个杀人狂痛骂移民正在毁掉挪威人的血统和文化。在德国失业率高的地区，年轻的“光头党”靠“新纳粹”运动和袭击外国人来发泄自己的失意。

移民已经变成一个全球政治议题。欧洲和美国的相关部门把非法进入的外国人塞入飞机和汽车，运他们回家。其中一些寻求政治避难：他们说在本国遭到迫害。但是大多数国家对此不屑一顾，作为“经济逃难者”（economic refugees）把他们赶走。美国现在则把他们看作潜在的恐怖分子。很多人说，如果我们不能坚决处置非法移民，将鼓励更多的人拥入。全世界都不喜欢逃难者（refugees）。

我们能做什么呢？答案是在移民的来源国进行工业化。工业化至少有两个对人口的影响：让大家留在家乡工作；降低出生率。富国也不要再去试图支持它们老旧的工业，而是应该把它们转移到发展中国家；发展中国家利用价格低廉的劳动力，可以进入工业化时代。推动这一举措的方法之一是，免除最穷国产品的关税。非洲产的纺织品与服装进入美国的关税曾是 17%（现在免除了），这就扼住了非洲的增长。非洲有农田和矿山，正在增长。非洲现在最大的投资者是中国。

欧洲、日本和美国用纳税人的钱慷慨无度地补贴本国农民，每天总共高达 10 亿美元。这就使第三世界的农民无法出售他们的农产品。富国本可以用这些钱进行对外援助，但是拿去补贴自己的农民，这对南方国家的农业造成了损害。但削减这些讨厌的补贴的建议，在欧洲、日本，甚至是自由市场经济的美国，都被坚决拒绝。

社会主义路径还是市场路径？

直到最近，很多南方国家通过社会主义的方式寻求发展。一些领导人把殖民主义和资本主义看作相同的一件事：不公正、剥削性、不人道。第二次世界大战以后，在欧洲学习的领导人选择了那时流行的社会主义观念，回国后决心通过国家所有和管理的途径来建设一个更好更公正的制度。

结果却是灾难。苏联和东欧的社会主义仅仅是运行不良。但在南方国家，它产生的后果范围很广：从种族灭绝（柬埔寨和埃塞俄比亚）、暴政，到经济衰退（津巴布韦和缅甸）。选择市场道路的国家，尽管也有许多的问题，但仍显示出快速的经济增长和更大的个人自由。第三世界的社会主义经济没有成功的例子。

最终，现实击中了要害。第三世界社会主义者憎恨的资本主义和贸易，被证明是通向快速经济发展和政治稳定的门票。很多国家新一代的领导人推动市场部门兴起，一般都带来了良好的结果：更高的食品生产、生活水平，以及经济增长。甚至在中国，也让市场经济进来。当大多数南方国家正在改变经济发展的道路时，东欧和苏联的共产党垮台了。社会主义和经济国家主义的设想曾在20世纪五六十年代盛行，到了80年代末，基本上没有什么维护者了。整个世界的流行语是“市场经济”。

▶▶▶　经济：对外援助起作用吗？

有人愿意看到以美国为首的、针对发展中国家的对外援助有大规模的增长。美国的对外援助只占国内生产总值的1%，确实很低。西欧和加拿大的对外援助占国内生产总值的份额是美国的三倍。美国对外援助的很大一部分是过剩的谷物，这既帮助了美国农民，又让第三世界国家免于饥饿，但的确对发展它们的经济无甚作用。美国人从来没有喜欢过对外援助，认为那是浪费钱。

美国第一个大的对外援助项目是马歇尔计划，它在第二次世界大战后提振了西欧。但是后来在发展中地区的援助都没有显现出援助与经济增长之间的关联。有些国家得到了很多援助，但是越来越穷；而有些国家没得到什么援助，却有令人印象深刻的增长。腐败吞掉了很多援助。英国经济学家鲍尔（P.T.Bauer）认为援助是“把钱从富国穷人手里转移到穷国富人手里的绝好办法”。鲍尔还发明了一个术语“盗贼统治的国家”（kleptocracy），用来强调在没有法治或良好经济政策的国家，很多援助都进入了私人腰包。有了好的政策，穷国就可以吸引外国投资，在没有援助的情况下获得经济快速增长。非洲从来没有得到过摇滚音乐的援助；自我发展并不是援助的结果。

研究者发现，没有能带来经济增长的固定方式。市场有用，但只有在特定政策的条件下才行。资本主义听上去是一个简单的制度：政府退后，让私人企业和首创精神按市场需要生产和销售。实际上，资本主义是复杂的，要求政府创造适宜的条件和合理的调节。增长最快的新兴经济体通常遵循下述政策：

1. 价格。让价格回到其自身的水平。补贴或固定价格使供需扭曲，阻碍了增长。自由价格是指针，告诉生产者该生产什么、按什么价格生产。不能阻碍这些指针发挥作用。

2. 货币。不要印过多的货币，也不要采用固定汇率。这也是一个指示器：如果在黑市兑换能超过银行 20%，那么汇率已经扭曲了。

3. 教育。为人投资。一个更健康、受过更好教育的劳动大军意味着更快的生产力增长，能吸引更多的外国投资。最好的报偿来自良好的基础教育 *，而不是大学教育。

4. 贸易。向世界开放经济。欢迎外国投资和技术，为全球市场生产，而不是只为国内市场生产。哥伦比亚大学经济学家杰弗里·萨克斯（Jeffrey Sachs）说："现代历史上没有一个例子说明，一国可以在不与世界经济进行贸易及整合的情况下成功发展。"

5. 治理。促进法治。政府不可以因干预和腐败而扼杀增长；它必须执行合约、保护私人财产、保障交易透明。有些发展挺快的经济体在露出其"裙带资本主义"真相的时候，也就坍塌了。

有些学者对南方国家的经济增长过于悲观。事实上，绝对贫困的数字下降了。2005 年以来，新兴经济体贡献了全球超过一半的国内生产总值，而且比发达国家经济的增长要快得多；发达国家则面临着从 2008—2009 年的衰退中复苏的困难。当然，"底层的十亿"仍然陷在绝对贫困之中。亚洲正在重新恢复它直到两个世纪以前还保持的世界经济份额。亚洲的落后是因为错失了工业革命；它现在能够领头跃升，是因为已经加入了工业革命的行列。

▶▶▶ 经济：我的工作安全吗?

不，你的工作不是绝对安全的，就连专业的、高技术的工作也是如此。我们现在不仅从南方国家进口衣服、鞋子、厨房用具，而且进口服务。经济学家过去

* 原文为 K-12，指美国从幼儿园到 12 年级。——译者注

常说，自由贸易既道德又经济，是要做的正确之事。但是近年来有人担心就业流失，还担心把美国的技术和工业基础外包出去。我们外包衬衫生产是一回事，我们外包高技术工作则是另一回事。

古典自由市场主义者认为，如果我们把工厂的职位保留在美国，其中的许多也将被南方国家来的移民占据，因为他们愿意在低工资的情况下长时间辛苦地工作。美国阳光地带的许多工业已经在依靠边界南边来的工人，他们中很多是非法移民。通过把一些工作岗位转移到新兴经济体，我们重新把自己定位在高技术、高工资的工作上，同时又给发展中地区攀登经济阶梯的机会。一般来说，这个阶梯的第一级是纺织品和服装产业。我们也把发展中国家变成了美国的贸易伙伴，想要获得美国的商品和服务。这是好的方面。

但是转移工作机会并不是止步于制造业，还进入了人们认为永远不能外包的领域。为了节约一部分成本，美国通过即时数字通信，让印度的放射科医生为美国医院读X光片、印度的工程师开发新软件、印度的编辑编美国的教科书。当老板从海外廉价的劳务中获利时，一些有技术的、受过教育的美国人却失业了——这是美国收入差距不断扩大的原因之一。民主党在2008年和2012年的大选中打了这张牌，但是为此几乎什么也没做。掌权者大概是唯一不会被外包的美国职位。

有些制造业正在回到美国，因为有了便宜的天然气，生产率提高，而美国的工资水平又停滞不动（或许正在下降）。把设计、工程和制造放在一起的增效作用可以加速和鼓励创新，而美国的设计师却不能很容易地与在中国的生产线联络。像三维打印这样的新技术，一夜之间就可以造出样品。渐渐地，美国公司会至少把一部分生产转移回国内。

英国是工业革命最初发生的地方，它从1780年开始用60年时间，使人均收入翻了一番。美国从1840年开始，用了50年做到这一点。日本从1885年开始用了35年。土耳其从1957年开始用了20年。巴西从1961年开始用了18年。韩国从1966年开始用了11年。中国则从1977年开始，只用了10年，接着继续了快速的增长。为什么会加速？因为老工业国家不得不投资研发新技术，而新兴经济体只需要进口；进口的新技术与它们廉价的劳动力结合在一起，削弱了富裕国家的地位。

后冷战时代的一个好处就是，再也没有两个超级大国在南方国家为争夺代理人而竞争。冷战时期，超级大国把第三世界摆在战略捕获物的位置上，作为零和思维的一部分，因此各种形式的恐怖与荒谬行动相伴而生。两个超级大国都资助武装过独裁者、游击队、暗杀小队，以及残暴的安全部队。它们提出的是些吸引眼球的对外援助项目，几乎对经济增长没有贡献。很多援助都因腐败而让个人捞走了。

▶▶▶ 经济：缅甸通向灾难的道路

缅甸最终还是好了起来。这个国家是第三世界“社会主义”式经济发展的反例。缅甸曾经是世界上首屈一指的大米出口国，却经历过食品短缺。缅甸的自然资源丰富——农业资源丰饶，有柚木森林，还有石油，但是却越来越穷。缅甸的大部分经济活动都无法入账，属于黑市和走私。为了不交那些相当于没收性质的赋税，缅甸人向泰国和马来西亚走私宝石、硬木、橡胶以及海洛因。

怎么会这样？1962 年，奈温将军（General Ne Win）(第二次世界大战期间曾为日本工作）通过政变掌权并维持了军人政府。一个主要由军官组成的政党——缅甸社会主义纲领党（Burma Socialist Program Party)，鼓吹“缅甸式的社会主义道路”，但是自己却靠腐败和国家控制经济而生活富足。将军们还把缅甸孤立起来，被允许入境的外国人极少，甚至对 2008 年飓风造成巨大破坏之后前来进行援助的外国人也是如此。缅甸长期进行反游击作战，针对克伦族（Karen)、掸族（Shan)、克钦族（Kachin）等少数民族，他们想从缅甸分裂出去以及摆脱压迫性的军人集团。

大部分缅甸人都逆来顺受地生活在衰退中，但是每隔几年，就会有大规模反对腐败和压迫的抗议。警察和士兵开枪打死打伤了上千人。甚至 1990 年在自由选举中失败后，军事独裁政权都拒绝下台。相反，军人集团扣押了获胜的总统候选人、诺贝尔和平奖得主昂山素季（Aung San Suu Kyi)，将她软禁了 15 年。

为了表示抗议，西方国家对缅甸实施经济制裁，但是这非但没有让军政府让步，还使缅甸的贫困雪上加霜。西方退出缅甸后，中国的投资进去了。中国投资了 30 亿美元建设一条把波斯湾的石油通过缅甸运进中国的管线，这样可以缩短原先经过马六甲海峡的油轮运输路线。

有些批评者认为，孤立缅甸并不好，而放松制裁则可以让这个国家开始经济增长和政治变化。(这个观点也用在了古巴问题上，对不对？) 1993 年以来，缅甸放松了一点对经济的控制，经济有所增长，2012 年人均 GDP 达到 1 400 美元，虽然还是很低，但已经改善了。2011 年，缅甸开始开放：政府释放了昂山素季（她被选入议会）和其他政治犯，并提升了与最近热情友好的美国之间的关系。缅甸可能还会更自由。

脱离贫困的路径越来越被理解。大多数发展中国家已经接受了上述促进经济发展的政策。当一个国家实行这些政策并取得成功后，它就创造了经济学家所说的“示范效应”，从而鼓励其他国家进行复制。如同经济学家保罗·克鲁格曼（Paul Krugman）指出的，没有人能够成功预测下一个快速增长的国家是哪个，它总是令人吃惊。被忽视几十年后，拉美现在的经济增长速度比美国还快。很多年来，印度被看作毫无希望、成不了气候，但它在1991年抛弃了经济国家主义政策、支持私人企业之后，增长飞速领先，特别是在信息技术领域。

随着新兴经济体的快速增长变得清晰可见，富裕国家出现了一种让人好奇的反转。发达国家以前嘲笑穷国，现在开始害怕它们：“嘿，他们正在抢走我们的工作！”其实没什么可怕的。最终谁都会获益。第三世界从贫穷中爬了出来，第一世界的消费者买到了来自发展中地区的便宜商品。欧洲人和美国人担心丢掉在工厂的工作，但是他们中的很多人升级了技能、获得了工资更高的工作。一个富裕的贸易伙伴比一个贫穷的贸易伙伴更好。根据全球国内生产总值份额来看，中国和印度这样的国家正在回升到两个世纪以前它们曾有的地位。我们不应该阻碍它们。

▶▶▶　经济：作为经济模式的黑市

1987年，一位秘鲁经济学家的书震动了拉美，还在整个第三世界余波连连。赫尔南多·德·索托（Hernando de Soto）反对经济增长的标准社会主义和国家控制模式，提出了发展中经济体最有活力和最具创新性的部门模式：黑市。他那本争议性的书《另一条道路：第三世界看不见的革命》（*The Other Path：The Invisible Revolution in the Third World*）认为，拉美增长缓慢要归咎于臃肿的官僚机构，它们用繁文缛节扼杀了所有的一切。这些社会甚至不是资本主义的，而是前资本主义殖民体系的残存，只会助长腐败和无效率。

德·索托举了秘鲁的几个例子。在政府注册一个小公司要花289天。小型客车的驾驶员需要26个月才能拿到执照。在国有土地上建造一座小房子定居，需要三年半时间办手续，费用超过大多数秘鲁人可以承受的水平。而秘鲁还在疑惑它的经济为什么不能增长得更快。

在正式经济活动遭到繁琐规章扼制的同时，非正式的经济（占据了拉美经济超过40%的份额）却繁荣昌盛。人们可以简单地不去管法律、规章，只为自己工作，根据供需生产。德·索托建议，不应该取缔黑市，而是鼓励它扩张。稍微想一想，黑市就是自由市场，努力要从经济控制下摆脱出来的自由市场。

最近，在《资本的秘密》(*The Mystery of Capital*）一书中，德·索托发现了经济增长的另一个障碍：无法获得贷款。他认为，资本增长的技巧是能以财产为担保获得贷款。在政府公地定居的人对他所建小房子的土地并没有所有权，因此不能用房屋来担保获得贷款，而有了贷款才能开展并扩大商业。解决方案是：给他们明确的土地权利。在大部分主流经济学家忽视的事物上，德·索托独具慧眼。

复习题

1. 民主和经济之间是什么样的关系？
2. 世界的贫困是帝国主义的后果吗？
3. 心理状态对落后有怎样的影响？
4. 西方得以首先进行现代化的原因有哪些？
5. 什么样的道德案例可以用来反对帝国主义？
6. 全球人口增长是否处于危险的水平？
7. 如何解释当前的大规模移民？
8. 南方国家过去为什么倾向于社会主义与经济国家主义？
9. 一个国家怎样才能取得快速经济增长？

第四部分
永远存在的安全问题

尽管近年来数量下降，但是仍然有许多战争伴随着我们。老是希望战争消失的企图让我们对苦涩的现实没有准备。技术发展历史性地带来了新的威胁：现在，大规模杀伤性武器不但扩散，而且还可能被使用。

第十二章　国家安全和不安全　第十二章考察了国家怎么样寻求安全，虽然没有国家可以得到绝对的安全。有的国家想在其他国家制造不安全；还可以预期和忍受某些不安全。典型的情况是，国家会通过防御、威慑、缓和外交、裁军，或者综合运用这些手段来抵御威胁。随着一些不稳定的国家获得核弹头，核扩散成为新时代的大问题。非国家行为体和网络战带来了新的安全威胁。

第十三章　国内冲突　第十三章讨论了与国际冲突相对的国内冲突。国家间的战争现在已经相当少见了，但是内战却很普遍和危险。“阿拉伯之春”的起因和混乱的结果就是例证。美国可能会被拖入这样的冲突，就像在叙利亚。本章将表明，内战和革命不是一回事。相对的剥夺感可能是革命运动的基础，但是很大程度上还要看能否获得资源和人力去对抗国家权力。

第十四章　非对称战争　美国在伊拉克和阿富汗的漫长战争引出了非对称冲突这一较新的问题，第十四章将对此进行讨论。非对称冲突早于“9·11”事件，包括暴动造反、恐怖主义、游击战。中东的过去、现在和将来有助于阐明非对称战争的原因和复杂性。

第十二章　国家安全和不安全

冷战结束好像缓解了大国之间的安全问题。然而，十年间，相继发生的美国驻坦桑尼亚和肯尼亚的大使馆爆炸、科尔号导弹驱逐舰遇袭、“9·11”事件，都带来了新的、未曾预料到的威胁。它们表明，即使国家富有而强大，也必须总是处于警惕状态。还有些国家寻求大规模杀伤性武器，甚至常规武器也会带来问题。例如，在最近阶段的阿富汗战争中，美国提供给阿富汗抵御苏联入侵的武器被用来对付美国军队。

当然，冷战结束后也存在积极的趋势。莫斯科的代理人不再能得到大规模的苏联武器供应，因此国际战争非常罕见。俄罗斯仍然很乐意提供武器，但是现在的买家要付钱。内战并没有随着冷战结束而消失——它们在1993年达到高峰，现在仍然可以数出一打。内战是国家安全的最大危险。由于核生化这些大规模杀伤性武器的扩散，以及事关边界、族群、宗教权力、资源、难民、人权、贸易等的纷争仍然在发酵，安全还是占据着国家议程的显著位置。

差不多所有国家都努力寻求联合国这样的国际组织解决破坏安全的纷争。如果冲突的根源很深、很严重，那么国际组织帮助不大，特别是当大国卷入冲突的时候。联合国的执行权力极其有限，特别是涉及安理会常任理事国的时候。非国家行为体对国际规则和对话冷嘲热讽，国际组织对它们也做不了什么。

那么，国家怎样才能确保自己的生存？在冷战结束后的世界，根据认识到的威胁不同，应对的战略也各不相同。我们首先要说明国家对付来自其他国家威胁的手段，特别是考虑到技术正在不断变化的时候；其次，将说明对付来自非国家行为体威胁的手段。

国家或者通过增强自己的实力，或者通过与他国结盟来实现自己的安全。北约的案例说明，联盟是如何因安全威胁而兴起和衰落的。苏联解体大大减损了北约的活力。联盟能够把成员国的资源集中到一起，从而获得力量去抵御进攻，若是做得更好，则可以在进攻发生前慑止它。四种确保安全的基本战略中，防御和威慑占据第一和第二位，紧跟着的是缓和外交与裁军。国家会单独或者综合运用这四种战略，而技术常常会影响这些决定。

国家安全的战略

马基雅维利主张，君主的首要责任是保住权力，因为这样做就能保全国家。有助于达到这个目标的任何行动都是可以接受的，而不用去管它们的道德意义。至关重要的是生存，而不是道德。好的领导人首先要关心的最重要的问题就是，维护国家的领土完整。国家安全最基本的形态，就是能确保不受其他国家的威胁。（就这样，马基雅维利既帮助形成了现实主义，又帮助形成了意大利民族主义。）冷战结束以后，国家还必须防范来自非国家行为体的威胁，例如跨国恐怖分子。在制定国家安全战略（战略［strategy］一词来自希腊语“将军”［strategos］）时，大多数国家都会努力用最小的代价获得最大的收益。

技术也会推动国家用来自我保护的战略的形成。核时代的保护意味着要整合进全球体系、并在国内建立良好的政府。前面提到的四种战略——防御、威慑、缓和外交与裁军，都是建立在对国家间关系的特定假设之上。每一种战略都会随着技术变化而制定，会采用不同的方式保障国家安全，也都不会完全能达到预期结果。有一些不安全感在国际政治中是很正常的。

►►► 概念：安全

自从第一个有组织的国家与其他国家发生接触以来，安全就成为统治者的最高利益，也一直是整个国家的首要利益。政府不遗余力地保护人民、维护领土和政府本身。安全与主权密切相关，意思是保障国家的整体——包括政府、人民和领土。为此国家至少会采取六种一般的方式。

1. 生存，并让别国也生存。这是最好的方式，让你生活在一个和平的世界里，并有和善的邻国。小岛国有时候会追求这一战略。

2. 旁观。如果你有侵略性的邻国，你可以力图保持中立，就像瑞典和瑞士在两次世界大战中那样。

3. 随大流。弱国可以选择的最安全的路径是和一个更强的国家站在一起，接受它的领导。第二次世界大战期间，泰国被日军包围，于是不情愿地加入了日本集团；20 世纪 50 年代，沙特阿拉伯有一段时间也跟着埃及纳赛尔的指挥走。

4. 推卸责任。推卸责任和旁观有点儿像，国家把责任推给一个强大的霸权国。大部分西欧国家就是用这个方式让美国承担了沉重的波斯湾负担。

5. 均势。国家通常选择集中它们的力量去抵消一个威胁，就像北约针对苏联一样。

6. 霸权。强大的国家成为主导力量，按其认为合适的方式安排事务，不在乎较弱的国家旁观或推卸责任。美国在“9·11”事件以后可能已经采取这一战略。

请记住，没有稳操胜券的战略。成功很大程度上取决于相对的力量和所面对的局势。你所做的可能会过时或使局面恶化。灵活性是关键。

防 御

防御能使敌方的进攻无效。进攻的目的是削弱一个国家、破坏它的政治意志；防御则尽力抵消其效果。如果一国的防御能力很强，而且侵略者事先就已经知晓，防御也可以发挥威慑的作用。可以把防御想象为一个盾牌。防御背后的假设是，世界是危险的，敌对的国家可能会攻击你；协定和国际法不可能限制它们。如果进攻者认为他会取胜，发生战争的可能性就会很大，因为通过战争获得收益的可能性超过了战争的代价。

防御首先作为警告发挥作用：攻击我，你将要付出代价！如果这不起作用，防御可以削弱攻击的力度、保住国家，然后有可能对攻击者进行反击、并摧毁攻击者，就像第二次世界大战中盟国对纳粹德国和日本帝国所做的那样。防御和威慑的区别在于：威慑通过代价很高的报复威胁制止了攻击，而防御通过向攻击者展示他不会取胜而制止了攻击。防御和威慑之间有重叠区域。

每个国家的防御战略都至少要回答两个问题：（1）防御力量够用吗？（2）防御力量的种类是否恰当？由于对这些问题的回答经常发生变动，相应的估算也会出现可怕的错误。

面对第一个问题，一个国家必须发问：“我的战略处境是什么？”今天的西欧几乎没有面临其他国家的威胁，所以能够在防御上花费很少、军队规模也很小。事实上，西欧在冷战期间长期依赖美国的保护，现在甚至防御投入得更少。至少这是大多数欧洲人看到的。几十年前，加拿大就拿定主意：保持一支大规模的军队行不通，也没必要，因为美国总会保护它；因此加拿大只有一支小规模（但训练精良）的军队，主要用于维和行动——这方面它做得很好。从其所处环境来说，加拿大的选择是理性的，还为它赢得了许多国际尊敬。这一选择还把花在国家安全上的资金解放出来，以公共利益的名义用于其他投资。

然而，如果面临严重的威胁、又没有盟友保护，那么最好自己武装自己。法国重整军备得太晚了，结果1940年被德军侵占。英国简直是被英吉利海峡拯救的。戈林告诉希特勒，在德国进行两栖登陆作战之前，先用空中力量摧毁英国。这给了英国时间，不仅得以重组抵抗，还找到了强有力的盟友——美国。英国人还有新的技术——雷达，可以让他们紧急起飞飓风战斗机（Hurricanes）和喷火式战斗机（Spitfires）迎击德国轰炸机。

你还必须不断地探究：你的军队和武器是不是应对可能攻击的恰当类型。在10—20年间，技术已经完全改变了战场。坦克在第一次世界大战接近尾声的时候开始被使用，在英法军队中没有引起什么注意。英国战略家巴兹尔·李德·哈特（Basil Liddel Hart）和法国上校夏尔·戴高乐（Charles de Gaulle）写了关于装甲部队作战的东西，但大部分读者都是德国军官。到了1939年，德国已经围绕装甲部队作战和闪击战理论重新装备了军队。而没有这样做的邻国被它迅速摧毁。1939年，波兰骑兵阻击德国坦克的行动很英勇，但结果可以预料。需要重申的是，改变和灵活性非常关键。

▶▶▶　转折点：君士坦丁堡的陷落

英国人和法国人于1415年进行了著名的阿金库尔（Agincourt）战役，战役没有使用火器。但是战争的技术迅速发生了变化。1453年，时年21岁的奥斯曼帝国苏丹穆罕默德二世用一种新的武器——70门大型火炮或射石炮，彻底摧毁了旧拜占庭帝国的最后痕迹——君士坦丁堡孤城。最重的大炮有19吨，能把1 500磅重的石头球打到一英里之外。40天的大炮打击夷平了堡垒、穿透了城墙，确保了陆海攻击的成功。君士坦丁十一世皇帝在守城中阵亡。保卫拜占庭首都几个世纪的城墙在新的战争技术面前倒塌。火炮是曾经固若金汤的防御工事末日的开始。很快，所有欧洲君主都获得了自己的火炮，并开始建造新型的防御工事。

威　慑

威慑的基础是，假设敌对的国家政府是理性的，且会做出得失评估——其实有时不能总这样假定。如果代价超过了收益，理性的敌人不会发动攻击。威慑就是有能力让敌人付出代价、并让他们事先知晓，这样敌人就能够采取相应的行动。这种能力来自一国武装力量的规模、技能和武器装备。当一个国家在这些领域拥有突出的优势，他们就可能把威慑作为保障国家安全的一种方式。

除了能力，威慑还需要信息传达、可信性，以及估算能力。最困难的可能是可信性。例如，依靠海军摧毁侵略者舰队的能力，英国在 1066 年以后慑止了所有严重的入侵计划（西班牙无敌舰队除外）。西班牙无敌舰队 1588 年彻底失败，则增加了英国威慑的可信度，尽管失败的部分原因是遇到了暴风雨。

常规威慑的问题是，如果一个国家能够击败攻击者，那么它为什么不首先攻击威胁的那一方、在它能够伤害你之前就把它击倒？在这个思路下，威慑能力会导致战争。要长时期维持威慑所必需的军事优势是很费钱的。为什么不用它呢？例如，在打败无敌舰队之前和之后，英国人都突袭和劫掠过西班牙帝国及其船只。西班牙不能慑止英国人或保护自己。常规威慑依赖优势，也依赖克制。

▶▶▶ 理论：安全困境

当一个国家通过逐步扩充其军队和武器装备努力加强自己的安全时，会经常发生一件奇怪的事——它变得更加不安全。这被称作“安全困境”。这与直觉相悖，但符合逻辑。当其他国家看见 A 国在增强军备时，B 国、C 国、D 国就变得不安全，为了减轻这一不安全状态，它们也会加强自己的军备，从而导致军备竞赛。就像亨利·基辛格说的：“对一个国家来说绝对的安全意味着对其他所有国家的绝对不安全。”有些政客仍然要得到完美的安全，但是他们忽视了其他国家将会做出的反应。在所有国家都增加了军备以后，你的安全状况可能更糟糕。

20 世纪，国家变得疯狂，为了得到安全还走入了战争。德国于 19 世纪 90 年代开始了大规模的海军建设，英国受到刺激，为了远远超过德国，1906 年建造了第一艘无畏级战舰。德国不得不做出同样的反应，从而引发了第一次世界大战之前的“无畏级战舰危机”。德国和日本的军备建设导致了第二次世界大战，它们自己的安全也全面崩溃。俄国人长期把东欧看作防御盾牌，但斯大林对东欧的控制很快就带来了冷战、北约和氢弹，这些让苏联更不安全。现在，有些评论者认为，为了铲除恐怖主义威胁，美国入侵和占领了阿富汗和伊拉克，这反而使得其安全问题复杂化。

威慑真正发挥作用是在核时代，因为现在的核大国可以对攻击者实施巨大的破坏，而潜在的攻击者知道这一点。核武器甚至使得较弱的一方也能施加无法接受的代价，从而慑止攻击。甚至在冷战最糟糕的危机时期，威慑理论家都认为，第三次世界大战已经不可能了，因为哪一方都能理性地计算出，在核报复存在的情况下，大战带来的代价大于收益。当国家都具有第二次打击能力时，核威慑最有效。

现在，好几个国家都具有未经公开宣布的核威慑能力，但是当面临非灭绝性的威胁时，也会产生问题。如果一个国家遭受常规力量的攻击，却以核武器报复，那么它难道不会招来对自己的核攻击吗？这叫作“反报复”。常规武器攻击把发动核战争的责任推给了受害者。因为对方使用核武器报复将冒国家生存的风险，那么是否就可以首先使用武力来达到目的？一些理论家认为不行，因为足够的常规力量可用来击退攻击。但是，就像我们考虑的那样，足以击败攻击的大规模常规力量会诱使国家使用它们。就像英国海军劫掠西班牙一样，大规模常规力量可以用来攻击别人，而不用害怕遭到核报复。

不依靠核能力，威慑仍然是可能的。近年来，国际维和部队力求威慑地区冲突中的涉事双方。例如，前南斯拉夫的美国维和部队几年间慑止了塞尔维亚人用武力合并自认为是他们的领土。尽管维和部队的介入条款很少会允许他们使用武力，而且永远不能首先使用暴力，但是他们可以在冲突双方之间起到缓冲作用。维和力量来自其他国家这一事实，增加了联合国维和部队所部署地区发生冲突的代价。总之，和比你弱的邻国敌对是一回事，和一个大国敌对完全是另一回事。

威慑对“无赖国家”有用吗？有人说在两次海湾战争中已经起作用了。1991年，伊拉克有化学武器弹头，但是只对以色列和美国领导的联军使用了没什么效果的高爆弹（high-explosive warhead）。萨达姆知道，如果他动用化学武器，攻击伊拉克的将是什么。2003年，小布什政府担心萨达姆会使用大规模杀伤性武器，但是最后证明他根本没有这类武器。萨达姆让我们以为他会使用，这样做显然是为了慑止伊朗攻击伊拉克；但是小布什让自己相信，美国必须入侵伊拉克摧毁萨达姆（并不存在）的大规模杀伤性武器。实际上，在2003年战争之前很久，美国就强制伊拉克放弃了大规模杀伤性武器，但美国并不知道自己已经成功。这种类型的威慑叫作“强制解除武装”，美国对叙利亚的化学武器、伊朗的核计划也使用过。

▶▶▶ 概念：威慑

威慑是要阻止一个敌人不要做它还没有做的事情。通过发出这样的威胁“如果你做了X，我就会做Y”，A可以慑止B不做X。B必须感知到，A做了Y的代价比B做了X的收益要大得多。威慑假设B是理性的。如果做X的代价超过收益，理性动物就不会做。威慑还假设A能够看到B对代价—收益的准确估算。

我们用家常事来解释一下*：尼克·贝里的妻子把一根香肠掉在厨房的地板上，在她家的狗迅速接近香肠时，她大叫一声“不能吃”。狗没有被慑止，它叼起香肠跑开了。狗知道，女主人不会打它，唯一的代价就是让她骂一声“坏狗”！这个和香肠相比，不值一提。但是，如果是尼克掉了一根香肠，他大叫一声“不能吃”就可以出其不意地阻止狗。狗知道，尼克会打它，这比一根香肠的代价大多了。这个小故事说明，高级理性并不是威慑所必需的，可卡犬（cocker spaniels）并不理性，但它们会害怕。

威慑依赖于四个“C”：

1. 传递（communication）：A 必须在 B 决定行动之前完成传递威胁。

2. 能力（capability）：B 必须认识到 A 有能力实施威胁并施加给自己代价。

3. 可信（credibility）：B 必须认识到，如果 B 做了 X，A 一定会做 Y。A 绝对不能被看作在虚张声势。

4. 计算（calculation）：B 必须估算出，X 的收益比 A 做了 Y 给其带来的代价要小。

缓和外交

缓和的意思是放松弩机，指敌对国家从准备进行战斗的位置后退。缓和这个词（détente）起源于中世纪的战争，那时弩机还是可怕的武器。当弩机拉紧时，就会射出穿透骑士盔甲的箭镞（比较小的箭）。而如果箭镞没有射出，要么是弓弩没有拉紧，要么是弩机摇下来了。Détente 是法语，就是放松的意思。它不是指两个国家已经达成相互间的谅解（entente），而只是指不大会发生战争。

缓和外交需要两个条件。第一，争议各方合作比冲突获益多。这意味着，与其他替代方案相比，谈判达成解决方案带来的收益可以超过付出的代价。一些其他的替代方案是令人不愉快的，包括继续维持僵局，屈从投降，威胁升级，使用武力达到军事胜利。各方会发现，缓和是一种更好的选择，就像可怕的古巴导弹危机以后美国和苏联在 20 世纪 60 年代开始做的那样。经历了核战争边缘之后，美苏很快认识到核战争的潜在后果，并希望避免它。伊朗在 2013 年可能也进行了类似的估量。

缓和外交依赖于相关各方遵守他们达成的协议——国家一般会遵守符合其利益的协议。那么，为什么国家一开始会接受协议？如果一个国家违反了协议，就很少

---

* 这里是用作者之一尼古拉斯·贝里举的例子。——译者注

会有国家和它交往。一方严重违约会导致另一方的严重违约，协议很快就会被破坏殆尽；协议遭破坏就可能意味着重新回到紧张状态，而达成协议的各方都想防止出现这一状态。因此，大多数国家会遵守协议——至少要保持到破坏协议的收益大于维持协议之时。当朝鲜抛弃不建造核武器的协议时，它曾有希望与韩国、日本、美国达成的贸易、援助以及技术协议就化为乌有了。

三种趋势促进了缓和外交的运用，第一，作为一种结束冲突的直接方法，使用武力因核武器及其快速运载系统的出现而变得危险。存在克什米尔争端的印度和巴基斯坦，就在相互核威慑的阴影下不时地进行缓和外交。第二，世界贸易在增长，大多数国家需要加入其中。国家之间的关系越缓和，带来的贸易也越多，缓和外交就是达到此目的的途径。朝鲜需要缓和来拯救它的经济，停滞的伊朗经济也需要如此。最后，委婉地统称为"国家技术查实手段"的方式——间谍卫星、电子窃听、地震监测、处在下风的空气样本，都使得违反协议、特别是对军控协议的违反难以隐藏。朝鲜进行核装置试验可以通过地球的噪声被听见，并通过空气样本得到证实。技术使得对遵守协议的监测有了更多的自信。潜在的违约者必须要考虑违约后暴露的可能性会更大，随之而来的还有国际舆论的代价。

缓和外交并不是一直起作用的。如果合作的利益的确比冲突的利益小得多，或者一方没有信守承诺的打算，那么签订协议就是一个巨大的错误。因为协议不会限制一方的行为，而另一方却被骗入了一种错误的安全感觉之中，导致对攻击或威胁不做准备。希特勒就是个假装进行缓和外交的高手。

▶▶▶　外交：对希特勒绥靖

缓和外交失败的典型案例是20世纪30年代英国和法国对德国的缓和。英法领导人想，希特勒反对《凡尔赛和约》不公正之处的主张是有道理的，可以允许他把德国以外的德国人（如奥地利和苏台德地区）都合并进第三帝国。他们认为这些绥靖举措可以给欧洲带来和平和稳定。希特勒说，他只要公正和民族自决，却隐藏起真实的目标——德国对欧洲的权力和控制。

在1938年秋天的慕尼黑峰会上，英国首相内维尔·张伯伦和法国总理爱德华·达拉第允许希特勒占领捷克斯洛伐克说德语的地区——苏台德区，而苏台德的山脉构成了捷克斯洛伐克的防线。这是一个骗局。第二年春天，德国占领了无险可守的整个捷克斯洛伐克，暴露出希特勒巨大的骗局。英法在1938年如能立场坚定地拒绝希特勒，应该会实质性地提升它们的国家安全。希特勒再次壮了胆，秋天就进攻了波兰。从此以后，政客们会用“绥靖”来谴责政敌面对侵略时的软弱。约翰·麦凯恩就用它来指责巴拉克·奥巴马，因为奥巴马说要和伊朗对话。如果对话起作用，就将是缓和外交，这总有一天会发生。

面对威胁时，多数国家都会在防御和威慑的同时尝试缓和外交。这不会带来某种保证，但是印度和巴基斯坦、俄罗斯和日本、土耳其和希腊，以及其他传统对手有时确实会对缓和外交敞开大门。如果缓和进程进行得好，还能导向裁军，以及用更少的军备增强国家的安全。但缓和的风险是，当期望重燃紧张局势时，会很容易利用缓和来增强军备和部署防御。许多人认为，美国和苏联遵守缓和约定，不过是双方利用紧张局势中间暂时平静的好处，来增强各自相对于另一方的优势。

裁 军

裁军背后的假设是“军备导致了战争”。有些裁军倡导者同意人类学家玛格丽特·米德（Margaret Mead）的观点：战争是习得的行为，因此可以有意识地被忘记。而武器是战争行为以及整个军事思维方式的核心内容。

确实，武器制造者和娴熟使用者是战备的既得利益者。如果战争不再存在，他们就失业了。仅仅是军备的存在就创造了战争的可能性。掌握在一个国家手里的武器被其他国家看作威胁，为此它们也需要武装。军备竞赛导致了战争。通过消灭对战争的期望和战争的工具，裁军阻止了战争。人类将转向和平的方式，倾向于联合国的多边外交和国际法。军事开支可以用在人类需要的其他方面，这样就形成了裁军的理论。

裁军理论的弱点显而易见。借用一句詹姆斯·麦迪逊（James Madison）的话，“如果人类是天使，那么政府将不再必需”——我们加上一句：那么战争也将不再存在。对人类本性的看法一般是悲观的，这确有其原因。人趋向于诉诸战斗。当A和B都想要X、而只有A武装起来时，谁会得到X呢？如果A和B都解除了武装，那么C、D和E呢？因为武装起来的国家相对于解除武装的国家拥有优势，同时有些关键性利益只能通过武装力量才能得到，解除武装将只会导致不安全，特别是在核时代。

裁军的其他倡导者把军备引起的不安全当成问题。军备，特别是当大量获取时，就产生了不确定性和不安全。其逻辑很简单：如果一个国家没有使用武器的意图，它为什么要武装自己？邻国或者对手由此会相信，它们自己是这些武器的潜在目标。当它们成了靶子时，唯一的反应逻辑就是也武装自己。这个决定接着会在其邻国和对手那里导致相同的后果。最终，不安全和不确定性的程度会引发战争，尤其是在出现错误信息的情况下。虽然与米德的论证非常不同，但是这同样也会产生相似的后果：尽管增加和促进信息流通很重要，但裁军也是降低战争可能性的有把握的方式。

还没有裁军的普遍性条约，更为谨慎的裁军意图相对更成功。致力于在一个特定的地理区域内消除军备的条约是常见而有效的，其中包括：美英1817年为加拿大而签订的拉什—巴古条约（Rush-Bagot Treaty），条约特别围绕五大湖地区的非军事化而签订，是第一个成功的裁军条约；1967年拉美无核区条约；禁止在外空（1967年）、南极（1960年）、海底（1971年）部署武器的系列国际条约。另有一些条约禁止特殊的武器，例如1972年的生物武器公约和1997年的化学武器公约。1987年的《中导条约》(INF）消除了美国的潘兴-Ⅱ和苏联的SS-20导弹。

其他一些禁止武器的努力则没有这么成功。1970年的《不扩散核武器条约》（NPT）包含了一个由五个"正式的"核武器国家做出的承诺，说它们会就"普遍和彻底裁减核武器"而谈判出一个条约，但是它们发现核武器仍然有用，并没有履行这个诺言。古巴、印度、以色列、巴基斯坦从来没有签署《不扩散核武器条约》。伊拉克、伊朗、朝鲜签署了条约，但是又不加理会。没有人期望核裁军会很快发生。就像一位美国国防部官员所说的："核武器仍然是超级大国的基础。"它们同样向弱国提供了针对强国的保护，其简便性是常规武器不可能做到的。普遍而彻底的裁军，要么是一场乌托邦式的迷梦，要么是一个只要安全威胁存在就会有的骗局。消除了所有的安全问题，国家才会解除武装。在那一刻来临之前，不要指望国家会在这个世界上不事防御。

技术和安全

防御、威慑、缓和外交、裁军都力图要确保国家的安全。但是，一个国家想要成功运用这些战略，取决于可供它们支配的军事技术的类型和水平，同时也取决于它们对其他各方技术变动的预见能力。技术变动了，国家也要根据保障自己安全的要求而改变。在早期现代的欧洲，加农炮意味着大的主权王国吞并小的、中世纪的公侯领地。城堡的护墙不再坚不可摧。火药宣告现代的来临，创造了两个新的军事分支：炮兵和步兵。加农炮轰碎了石头城墙，步兵（infantry，词根是 infante，幼儿的意思）就可以冲进去。国家力量现在依靠大规模的人口和强劲的经济。君主之间的敌对状态刺激了对外扩张和征服，包括扩张到亚洲和美洲。

有些美国科学家和战略家认为，导弹防御会很快被发展出来。里根于 1983 年宣布了战略防御计划（SDI）或者叫“星球大战”计划，该计划可以击落来袭的火箭。批评者指出，该系统很复杂——必须既击落导弹又击落处于战斗状态的弹头，可能会失效，就算起作用，也将会使核威慑失去稳定性，因为它给予发起第一次打击的一方防护盾牌。

冷战结束使得战略防御计划失去了紧迫性。但是，伊拉克在 1991 年海湾战争中使用飞毛腿导弹重新唤醒了这一关切。1993 年克林顿总统下令研究战区导弹防御（TMD），用来保护我们的部队免受短程导弹攻击。国会里的共和党施压，要求用国家导弹防御（NMD）保护所有 50 个州，于是克林顿又下令进行国家导弹防御的研究。国家导弹防御的倡导者认为，像朝鲜和伊朗这样拥有导弹和核弹头的国家很快将是威胁，特别是对韩国、日本和以色列来说。

战区导弹防御和国家导弹防御在继续进行。以色列（在美国的资助下）于 2012 年使用了新的铁穹系统（Iron Dome system）拦截加沙来袭的导弹，这些导弹中有许多都是伊朗供应的。几秒钟之内，“铁穹”就可以区分出来袭的导弹（以及炮弹）哪个将不会打击人口密集的区域、而哪个会。它声称有 90% 的成功率可以拦截后者。但是，“铁穹”的射程很短（现在加长了），而且它的每个导弹的成本是敌人的五倍多。改进型的“铁穹”可以拦截伊朗现在正在发展的导弹。日本和韩国可能对这样的系统很有兴趣。

战争越来越电子化（第十四章《非对称战争》考察了网络战和无人机）。高技术武器系统给予美国提升威慑能力的突出优势，因为美国的军事支出可与世界其他国家的总和匹敌。然而，像游击队、恐怖分子这样的分散的敌人，因其没有好的可针对的目标，所以可能无法被威慑。看看我们的高技术武器，甚至是无人机，在阿富汗的用处是多有限。有人认为，美国必须要做的事，就是要保持 20 年的技术领先和永远不受到攻击。这是一个危险的假设，尤其是在一个非国家行为体和计算机黑客存在的时代。我们从“9・11”事件中学到的还有，我们自己的技术——满载燃油的喷气客机，可能被用来对付我们。

核威慑或常规威慑很少会在确保安全的战略里独立存在。甚至在 1947 年到 1960 年后期的冷战高潮时期，两个敌对的集团还在相互对话。军备控制、贸易、文化和教育交流协议有助于让事情冷静下来。缓和外交最终创造和确保了冷战的结束，它也可以在当前的地区冲突中起同样的作用。

战略家必须考虑的一个关键问题是：当前的战争技术有利于进攻还是防御？在这里犯错误将是灾难性的。第一次世界大战之前的欧洲国家观察了刚刚发生的战争后（普法战争和日俄战争），认为当时的战争有利于进攻方：迅速进攻、大胆推进就会赢得一场历时不长的战争。可实际情况却是，机关枪和带刺的铁丝网对防御方有利，第一次世界大战由此陷在战壕中拖了可怕的四年。后来的坦克使进攻方在第二次世界大战中具有优势，它可以绕过或者撞开固定的防御工事。

目前，多数人认为技术有利于进攻方，就像美国军队在两次针对伊拉克的战争中所显示的那样。但是如果敌人拥有良好的电子对抗手段（就像中国正在发展的一样），就可能扭转局面，占据高科技进攻方的上风。此外，游击战和恐怖主义战术也针对高科技装备的军队展开，这就叫作非对称性战争。技术不能解决所有的安全问题。

扩散问题

第二次世界大战期间的曼哈顿工程使得美国在 1945 年拥有了第一颗原子弹，从而触发了核扩散问题。没有核武器的国家感到不安全，其中一些也拥有了它们。经过对美国战时核计划的间谍活动，苏联于 1949 年爆炸了第一颗原子弹。英国则独立研制，并于 1952 年爆炸了第一颗核弹。伦敦发现，哪怕只是拥有不多的核武器，也具有政治上的好处。成为核俱乐部成员使得英国加入了超级大国的核谈判，并可影响美国的核政策决策。戴高乐时期的法国、毛泽东时期的中国也得出了同样的结论。两位领导人寻求结束对各自超级大国伙伴的依赖，要成为自己的主人。1960 年法国爆炸了第一颗核弹，接着就着手建立自己的核打击力量（force de frappe）。戴高乐认为他的独立核能力加强了威慑，并于 1966 年让法国退出了北约军事一体化机构。

中国的动机和法国差不多。毛泽东在核政策与外交政策上与苏联产生了分歧。20 世纪 50 年代末，中国要求苏联利用它的太空成就对“美帝国主义”更加强硬一些。中国还想要有自己的核计划。苏联拒绝了这两个要求，因为莫斯科认为中国的政策过于冒险和激进。两个共产党国家之间发生了激烈的论战，1960 年苏联撤走了资金和人员援助。1964 年中国爆炸了第一颗原子弹，加入了核俱乐部。朝鲜于 2006 年进行了首次核试验，还发出令人毛骨悚然的威胁，说要摧毁美国。

以色列被敌对的阿拉伯国家包围，20 世纪 50 年代就开始发展核武器，先是从法国获得技术帮助，后来又从南非得到铀。以色列从未提及过自己的核武器（大概有 200 枚），但 70 年代就可能在南非进行过试验。在 90 年代初把权力交给大多数黑人之前，南非已经拆除了不多的核武器。印度 1974 年试验了“和平的”核装置。由于担心拥有核武器的印度，巴基斯坦进行了赶超，印度和巴基斯坦在 1998 年都爆炸了核武器弹头。巴基斯坦还跟朝鲜和伊朗这些国家做了大量的核技术出口生意。印度和巴基斯坦之间已经进行了四场战争，它们的下一场战争将是核战争。当美国的注意力集中在伊拉克、伊朗和朝鲜的核武器时，不稳定的巴基斯坦是一个很大的危险。巴基斯坦是首个研发出核弹的伊斯兰国家，它的核武器有可能落入恐怖分子手中。阿根廷和巴西是南美洲的竞争者，它们都曾有过核计划，但是都因为昂贵和不值得而放弃了。

其他一些国家可以接受核扩散的逻辑。日本和韩国担心朝鲜，已经开始公开说起发展自己的核武器这个曾经是禁忌的话题。受到威胁的国家倾向于反击。宣布核计划对东京和首尔来说是理性的，因为可以刺激北京和莫斯科最终制约平壤。如果能接受朝鲜有核武器，那么为什么日本和韩国不能有？

不幸的是，获取核武器的逻辑会陷入工程师说的“失控系统”，即快速旋转到失去控制。根据“我们将总是需要更多一些”的原则，美国在 1966 年顶峰时拥有大约 3.2 万枚核弹头。苏联的也差不多是这个数。双方都没有停下来问一问，这么多核武器有什么好处。如果使用了十分之一，人类将毁灭。随之而来的军控协议降低了数量，即双方大约各拥有 1 600 枚。奥巴马总统的目标是把数量降到各自大约拥有 1 000 枚。现在多数学者认为，核武器有一个好处——慑止核攻击。

▶▶▶ 经典思想：克劳塞维茨论升级

卡尔·冯·克劳塞维茨是一名普鲁士将军，他的功劳簿上虽然没有战场上的胜利，但却是第一个在现代军事意义上使用“升级”的人。在其著作《战争论》中，克劳塞维茨看到，在战争的本质中有一种升级的趋势：“当一方对另一方发号施令时，会引起对方对等的行动，在逻辑上这必然会走向极端。”他把这个叫作“向极端状态的升级”。战争会由此变得不受任何限制，成为总体战。克劳塞维茨打过的拿破仑战争（在反法的一方），就近似总体战。

克劳塞维茨远不是这种恐怖局面的爱好者，他不断警告要防止战争向极端升级。那样将达不成任何目标，只会是为了战争而战的破坏。作为文官机构的“内阁”，必须要让战争明确服务于有限的、政治的目标，从而阻止这种趋势。升级是自动的还是可控的？克劳塞维茨从来没有提供答案，但是他的著作就是对升级很容易脱离控制的警告。

国家安全的扩展观点

当前保障国家安全的战略必须考虑全球化给国际体系带来的变化因素。第一，当前国际体系（被称作“冷战后”）的一个特征是更多的相互依赖。国家以各种方式不断相互作用。这些相互作用更多地强调在经济和环境方面的共同利益，从而重新塑造了一些界定和看待国家安全的方式。此外，非国家行为体比过去的影响更为突出。由于旅行和通信的便捷，从海盗到恐怖组织等行为者在没有国家直接帮助下的活动能力也得到加强，随之而来的威胁形式也在不断变化。防御、威慑、缓和外交、裁军等传统安全战略也就不一定适用了。

新自由主义者认为，国家安全包含着比防范暴力、外来威胁更多的东西。他们说，我们生活在其中的相互依赖的世界，使得保护经济和环境成为国家安全重要的附加部分。经济安全确保了强大、独立的经济，能够支撑持续的经济增长，个人和整体的繁荣昌盛则依赖于此。相互依赖已经产生了一种新的关切：保护海外的经济利益。

环境安全担心资源短缺或者是长远来说地球上生命的独立生存问题。这些安全类型是相互关联的。经济安全为传统的国家安全提供保障，反之亦然。没有繁荣的经济，个人将失业，税收将下降，购买的武器更少（技术上也更不先进），养的军队也更少。环境安全会妨碍经济安全，因为环境项目是非常费钱的。从另一方面来说，经济安全也会威胁环境安全，因为不断增大的工业产出会对环境造成破坏。此外，有人还认为，如果我们的土地被旱灾和洪灾毁坏，保护国土免遭外来威胁以及确保经济繁荣都将是没有用处的。国家必须在这样动态变化的环境中确定其安全的优先顺序。

在安全的这两个附加因素中，经济安全更能被接受。保护一个国家的经济不仅要保护国内安全，还要保护海外的经济利益。保护可以变成税收的物质性资产和信息资产同等重要。例如，非洲之角的海盗就对美国和欧洲的石油公司造成了威胁。大部分海盗都是年纪很轻、贫穷失业的索马里男性，他们劫持油轮、集装箱货轮，甚至私人游艇作为人质，以获取数百万美元的赎金。在索马里海岸，海盗是一份很好的工作，但预期寿命很短。针对索马里的威胁性行动是没有用处的，因为这个“失败国家”对它自己的领土或人口已经失去了控制，也无法对美国和欧洲的行动要求作出回应。美国和欧洲国家的领导人已经就此做出了创造性的反应。一些国家现在允许船舶在私人安全武装的保护下通过，甲板也由带有倒刺的铁丝网围起来，增加海盗上船的难度。欧盟最早制定的共同安全与外交政策中的一项，就是对付索马里海盗的“亚特兰大行动”（Operation Atalanta）。海盗显然伤害了经济安全，必须要应对。包括中国也参与了打击海盗的行动。这项政策看起来发挥了作用，海盗行为已经显著下降了。

不论是海盗还是对海盗的军事应对都不是新的现象：美国海军在 19 世纪早期曾打击过巴巴里海岸（Barbary Coast）的海盗。但是经济威胁规律性的不断加强则是近四十年的经济一体化带来的。不过网络攻击是新出现的。国家和国家资助的组织侵入公司和军事系统的网络，以获取有价值的商业秘密，并暗中破坏对手国的情报和安全工作。第一次被知晓的进攻性网络攻击是由美国和以色列合作搞的蠕虫病毒，2010 年被发现，它破坏了伊朗的铀浓缩离心机。

非国家行为体

非国家的威胁，即恐怖分子和海盗的威胁，对国家安全构成了新的挑战。在所有的安全战略中，应对恐怖袭击最切实可行的战略是防御——尽管这种形式的防御和过去针对国家的防御非常不同。没有完美的方法保护国家免遭恐怖袭击，尤其是考虑到恐怖分子的迅捷性和灵活性，以及他们经常变化的策略，情况更是如此。准确的情报是必须的，良好的警务工作和适当的移民政策同样很重要。最后，强化关键目标保护可以确保核心利益。

威慑在对付恐怖分子上不可能起作用，因为恐怖分子对规避损失没有兴趣。对于跨国恐怖分子，没有可以用于报复的有形的目标。他们和具体的国家没有关系，也没有保护人口的责任。事实上，美国的打击越令人害怕，对恐怖分子就越有利，因为这证明美国就是穷凶极恶的撒旦。许多恐怖分子就是因穆斯林妇女和儿童被杀而狂怒，因而加入了恐怖行动。充满激情的伊斯兰教士让年轻人确信，“伊斯兰正在遭到攻击！”恐怖主义组织发动战争根本不担心被报复。威慑的逻辑也就崩溃了。针对“9·11”事件的攻击者，美国没有什么威慑手段，因为他们根本不会在乎阿富汗。“基地”组织拒绝了国家的概念，把它看作违反宗教准则的西方舶来品；他们要的是一个巨大的穆斯林哈里发。我们必须担心恐怖组织获得大规模杀伤性武器，因为当没有报复目标的时候，第二次打击的能力什么也不是。

综合性的方法

在处理其他国家的威胁时，国家常常综合运用防御、威慑、缓和外交、裁军的手段。防御、威慑以及缓和可以综合运用：防御和威慑使得侵略的代价太高，而缓和则使合作的收益具有吸引力。尼克松总统让我们注意到威慑与缓和结合的加强性效果。

但是裁军却和威慑以及防御冲突。如果国家真的解除了武装，那么它们既不能威慑也不能防御。裁军与缓和也冲突，因为缓和假设军备一直存在、而外交可以降低紧张局势。只有在一个和平、愉快相处的世界里，才会有裁军。相互威慑和全面防御也可能互不相容。如果拥有有效的防御，那么对手的威慑性威胁（“如果你攻击我，我就让你付出巨大代价”）就不可信了。这就是战略防御计划和国家导弹防御计划的问题。如果它们真的起作用，就会从至少两个方面破坏威慑达成的稳定：想到自己不会受到报复的伤害，可能会诱惑拥有防御盾牌的一方进行攻击；或者是，没有防御盾牌的国家可能会在对方防御系统部署完毕之前冒险进攻。

防御和缓和有时可以相容。防卫良好的国家感到自己很安全，就会通过外交减缓紧张局势。但是缓和也有可能破坏一方的防御。尼克松和卡特想，他们已经和莫斯科达成了总体的缓和，因而削减了防御开支。当莫斯科的扩张主义目标随着1979年入侵阿富汗变得清晰时，卡特只好陡然提升美国的防御支出（里根的军备建设实际上是从卡特开始的）。

综上所述，什么是一个国家针对其他国家保护自己的最好方式？答案取决于你对国际对手性质的设定。如果它们都是天使，裁军就是有效的；如果它们是理性的、并一般能够信守协议，那么威慑和缓和可以起作用。如果它们无法被信任，那么防御则是必需的。

国家必须调整这些估算以适应非国家威胁和经济性质的威胁。对恐怖主义的防御更多依赖于信息，而不是武器。威慑模式总的来说不起作用，外交也不可能，裁军则不适用。同样，防御海盗以免受到经济损失需要更多的可以识别的、小规模的防御策略。最后，由国家和国家支持的行为者进行的网络攻击的威胁会损害经济和国家安全。现在的国家必须考虑，常规的安全战略是否可以应对这些新的非常规攻击。

复习题

1. 为什么还有那么多国际不安全现象存在？
2. 2001 年 9 月 11 日以后，不安全的局面是怎么变化的？
3. 如果说威慑在冷战期间起了作用，那么它现在是否还能起作用？
4. 缓和外交在什么样的环境下能起作用？
5. 绥靖是怎样变成一个臭名昭著的词的？
6. 裁军真的不可能吗？

7. 威慑和防御的区别是什么？
8. 技术和安全之间的关系是什么？
9. 国家导弹防御系统是否将使美国安全？
10. 你是否认为安全已经扩展到了经济和环境安全？
11. 经济和国家安全如何关联？
12. 国家可以像应对传统安全威胁那样应对非国家威胁吗？

第十三章　国内冲突

2010 年 12 月，年轻的突尼斯水果摊贩自焚在跨越中东和北非的许多地区点燃了一把火——“阿拉伯之春”。穆罕默德·布瓦吉吉（Mohamed Bouazizi）之死是对警察扣押他的小推车的反应，而大多数突尼斯人已经受够了腐败和压迫性的政权。他们在街头发起了骚乱，驱逐了在位 24 年的总统本·阿里。抗议、骚乱、内战、革命很快席卷整个地区。是什么使这些国家对一个小国的自焚事件激起的涟漪如此敏感？这些事在中东或这个时代并非独一无二的。本章将对它们进行探讨。

国内冲突的不同类型

对国内稳定的威胁具有从抗议到全面内战的各种类型。观察者、媒体和决策者关注的主要是后者，我们也是如此。但是，这些更具有暴力性的事件并不是孤立发生的，因此我们还将讨论骚乱和抗议，它们是尚未发展到全面冲突的形态，而全面冲突毫无例外地会外溢到国际领域。

国家不会从和平与繁荣直接走向内战。相反，各种国内不稳定是冲突发生之前的典型形式。在这些骚乱和抗议中，有些是暴力性的。尽管所有这些都是非常规的政治参与形式，表达了大众的不满，但它们是不同的。骚乱是自发的，而抗议则是有组织的。抗议一开始是和平的，但会升级为暴力，然后陷入内战。叙利亚就是如此。

暴力升级经常是对政府强制力的反应。政府（尤其是非民主国家的政府）急于扑灭眼前的威胁，组织警察、军队、秘密警察，以及 / 或者民兵使用暴力镇压骚乱和抗议。政府想，如果能够扑灭这个眼前的威胁，它就不会被看作软弱和失控。然而镇压可以而且经常产生截然相反的后果，因为使用武力加剧了针对政府的不满和愤怒。此外，当政府诉诸不加区别的暴力时，更多的人反而会决心支持反对立场。毕竟，如果一个政权正在使用暴力反对你这样一个无辜的平民，那么你还能到哪里去寻求保护？

▶▶▶ 转折点：把事情搞得糟糕

伊朗在1979年革命中经历了剧烈的转折。霍梅尼领导的伊斯兰神职人员推翻了美国和英国的盟友巴列维政权，取而代之的是一个伊斯兰神权国家。巴列维国王不加区别地使用暴力使他自己的处境恶化、反而帮了罢黜他的革命的忙。斗争一开始只是简单的抗议和示威，接着升级为暴力冲突，最后在政权更替中达到高峰。

巴列维国王的警察、军队以及萨瓦克秘密警察（参见第九章）用极端暴力手段对付抗议是家常便饭。没有参加运动的平民也经常在暴力镇压过程中受伤甚至死亡。萨瓦克秘密警察还以政治监禁、酷刑，以及不经法庭审判就杀死疑似反对派分子而广为人知。为了捞取好处，秘密警察负责拘押受到怀疑的人员。他们通常被关押在德黑兰城外的埃文监狱（Evin prison），遭受严刑逼问，要他们说出反对派的计划和其他反对派成员的姓名。许多人死于酷刑，还有许多被故意杀害。遭到拘押的平民往往和反对派没什么关系。

无辜者的遭遇使得许多人放弃了中立立场或对巴列维国王的支持，转而支持霍梅尼，这引发了全面的冲突，最终帮助把形势扭转到对霍梅尼的支持。具有讽刺意味的是，1979年因为巴列维国王滥用暴力而掌权的人，现在干着同样的事情。他们正在侵蚀自己掌握的权力。

内 战

内战比国家间战争更为常见，通常持续的时间也更长（内战以年计，国家间战争以月计）。内战制造的消极后果比国际战争多。内战在全世界所有的地方都会发生，形式多样，参与者和目标也变化多端。不是所有的内战都是为了解放受压迫的人民。参与内战的政府不都是坏的，也不是所有的反政府组织都是好的。虽然差异显著，但内战还是有一些共同的特征。内战对平民和政府都施加了显而易见的危险，都制造了大规模的死亡和破坏；内战加剧了贫困，对公共卫生产生了恶劣影响；内战迫使人们离开家园，常常让孩子变成士兵，还让邻国感受到保护难民的压力；内战削弱了经济投资和长期的发展。在最坏的案例中，内战升级为种族灭绝，1994年的卢旺达就发生了这种情况。当前的内战很少会孤立地发生，相反，它们是地区或国际政治的产物，差不多总是会产生超出其边界的持续影响。

▶▶▶ 地理：内战和国家边界

内战差不多总是地区和国际环境的产物，反过来也会影响这些环境。许多第二次世界大战以后的内战，都是非殖民化造成的权力真空的结果。欧洲殖民者退出后，留下了供人争夺的国家机器。混杂着民主的冲动，曾遭受殖民者压制的多数群体和国内少数群体都有能力为自己的权力而战。

我们在后殖民的卢旺达就看到了这些。以前被压制的多数族群胡图人掌了权，接着用他们的新权威压制和迫害少数族群图西人，而图西人曾被比利时殖民者选为社会和政治地位优越的族群。很多图西人跑到邻国乌干达成为难民，在那里他们加入了罢黜乌干达总统伊迪·阿明（Idi Amin）的乌干达反政府组织，接着又加入了穆塞韦尼推翻米尔顿·奥博特（Milton Obote）总统的运动。图西族流亡者在乌干达组成"卢旺达爱国阵线"（Rwandan Patriotic Front，简称RPF），得到穆塞韦尼的"全国抵抗军"（National Resistance Army）的训练。

内战会外溢到其他国家。交战方会向同情他们、并有利益诉求的外部力量请求财政和军事支持。20世纪90年代，波黑为了从解体的南斯拉夫中独立，经历了塞族、克族和波什尼亚克族*三方之间的血腥内战。塞族和克族马上派出部队帮助他们的同胞，沙特阿拉伯的金钱和从中东来的"伊斯兰圣战者"则帮助同为穆斯林的波什尼亚克族。当塞族认识到他们不可能获胜、北约维和部队在美国的领导下遵循"强有力的介入规则"（即射杀）到达时，局势平静了下来，但是并没有完全解决问题。

叙利亚的流血内战一开始就变成了逊尼—什叶两派遍及整个地区的一次摊牌。大马士革的阿萨德政权从该地区唯一的真正盟友伊朗手里得到武器，武器经过伊拉克运输，而伊拉克的什叶派政府则不理睬美国要求停止运输的要求。伊朗还逐步增加对什叶派的黎巴嫩真主党供应武器，而真主党的武装人员则进入叙利亚帮助巴沙尔。同时，逊尼派的叙利亚反对派武装则从沙特阿拉伯、一些海湾国家，以及与"基地"组织有联系的民兵那里得到武器和人员支持。叙利亚内战是内战威胁到地区和国际稳定的最好案例。

---

* 波什尼亚克族（Bosniak），即南斯拉夫社会主义联邦共和国时期的穆斯林民族。——译者注

最后，内战使人们无家可归，没有学校、医院和其他基本公共服务。因此，许多人被迫逃离，在国内流离失所或成为难民。两百万叙利亚难民挤在土耳其、黎巴嫩、约旦的难民营里。偶尔，难民会改变接收他们的国家的力量平衡，带来进一步的冲突。

▶▶▶ 概念：内战

内战必须和国家间战争区分开来。内战是严重的国内暴力行为，可以依程度不同而分为政府和平民的低度冲突、大规模杀戮、种族灭绝。

1. 冲突限制在一个国家之内，至少一开始是这样。外溢和干涉的可能性一直存在。

2. 参加内战的各方是国家的政府和至少一个非国家行为体。内战可以有多个对立的集团。

3. 国家经历了最低程度的暴力。根据“战争的相关因素”项目，冲突时期每年死于战斗的人数达到 1 000 个，就是确定某一事件是内战的最低标准。

4. 交战双方使用暴力，反对派有能力对政府暴力提供有效的抵抗。这意味着双方都承受了伤亡。

革 命

术语使用得不准确会带来很大的困惑。“革命”这个术语就不时被错误使用，和内战相关时更是常常混淆。内战和革命之间最基本的区别是，内战描述了一个过程，而革命是一个结果。也就是说，革命指政权的巨大的改变。革命可能是内战的结果，但并非必然的结果。实际上，大多数内战根本没有造成革命，战后掌权的政权在自我定位和政策方面与战前没有什么不同。最著名的一些革命是共产党革命，例如 1917 年俄国革命，1949 年中国革命，1959 年古巴革命。它们都伴随着内战；内战不是一定会带来革命的结果，但是上述这些内战带来了，因为政治和经济制度剧烈地发生了变动。

革命和政变不同。革命是政权根本性的改变，而政变仅仅是通过使用或威胁使用武力取代某个领导人。政变的目标就是简单的掌权。政变可以是流血的，也可以是非暴力的。政变通常很快，大多数由军队实施。虽然政变并不是某个国家或地理区域的专属物，但拉美却因政变而声名不佳。阿根廷、玻利维亚、巴西、智利、多米尼加、厄瓜多尔、萨尔瓦多、危地马拉、海地、洪都拉斯、墨西哥、秘鲁都经历过多次政变。当前多数拉美国家都在独立后经历过至少一次政变。

拉美也是很多革命尝试的舞台，其中大多数都受到马克思主义思想的不同变种的影响。贫困阶级的悲惨境遇鼓动着无数激进分子尝试推翻保守的社会秩序，常常诉诸暴力。最著名的革命者中有一个是尼加拉瓜的桑迪诺（Augusto César Sandino），美国海军陆战队叫他“土匪”，1927—1933 年一直抓不到他。当地居民不会告发他。但在 1934 年，他还是被尼加拉瓜索摩查王朝的建立者刺杀。尽管如此，桑迪诺草莽英雄的形象还是传遍了西半球。桑迪诺的左翼支持者用他的名字为自己命名，并于 1979 年推翻了索摩查统治。桑迪诺主义者到今天还是一个大党，2011 年在总统选举中获胜。

埃内斯托·切·格瓦拉（Ernesto “Che” Guevara，1928—1967）是一名有着强烈左翼倾向的阿根廷医生。他参加了危地马拉民选总统哈科沃·阿本斯（Jacobo Arbenz）大规模的改良主义运动。1954 年中央情报局策划推翻了阿本斯政府，这激怒了切；他随后在墨西哥城与菲德尔·卡斯特罗会面，计划在古巴进行重大的革命。切是卡斯特罗最早的 82 名战士之一（82 人中的大多数不久就被杀了），他们 1956 年在古巴登陆，在马埃斯特腊山脉（Sierra Maestra）战斗，于 1959 年新年最终夺取了哈瓦那。独裁者巴蒂斯塔（Fulgencio Batista）的军队数量多得多，但缺乏机动性。切帮助卡斯特罗建立了古巴的共产党制度，但仍渴望帮助其他地方的革命。1967 年，在玻利维亚安第斯山脉地区试图发动革命时，切受伤被捕，随后被处死。有着天使般面容的切成为世界性的革命偶像。

几乎每一个拉美国家都有过革命运动。但没有成功的。在军队捕杀革命者的过程中，阿根廷、巴西、秘鲁、哥伦比亚、危地马拉这些国家中的每一个都承受了数以千计的死亡。在拉美，军队是为了对内控制、而不是对外征战的，因为对外战争在拉美历史上就很罕见。依靠可卡因产业税收的支持，哥伦比亚的“革命武装力量”（FARC）现在仍在活动，尽管规模已经大为缩小。许多年轻的拉美知识分子天生倾向于马克思主义思想（像切·格瓦拉一样），不过经济增长可能最终会使拉美走出战争。慢慢地，一个新的英雄可能会取代切·格瓦拉：巴西的卢拉（Luis Inácio Lula da Silva）曾经是激进的左派，他于 2003—2011 年任巴西总统期间，该国经历了建立在市场、外国投资基础上的经济繁荣，还能因此帮助贫困家庭。

▶▶▶ 理论：和平世界理论

有学者指出，第二次世界大战以后，国家间战争下降，但国内冲突的数量上升了——根据对内战的不同界定，从 125 次到 325 次不等；而且国内冲突更为血腥。据估计，卢旺达和刚果的部落暴力总共造成 400 万人死亡（其中很多死于饥荒）。“红色高棉”杀死了大约 170 万柬埔寨人。连小国危地马拉也杀害了 20 万被怀疑为左翼分子的人。叙利亚的死亡人数在 2013 年达到 10 万的高点。很多冷战时期的国内冲突都得到了美国和苏联的支持。因此，尽管国家间战争在 1945 年以后变得稀少，但世界离和平还很远。

怎样解释更高的内战发生率？为什么冷战结束之时内战的数量达到高峰？两个问题的答案都与内战的原因有关，下文将讨论。尽管分别提出了三个因果解释因素：民众的怨愤、资源动员、贪婪，但单一因素不足以导致内战。

相对剥夺

相对剥夺是最早解释国内冲突的理论之一。为什么普通人会使用暴力对抗政府？20 世纪 60 年代，丹尼尔·勒纳（Daniel Lerner）、詹姆斯·戴维斯（James Davies）、特德·格尔（Ted Gurr）认为，人对经济、政治和社会都有期望，当实际情况不能达到可以接受的水准时，人们就会愤愤不平，甚至会求助暴力。

个人的期望来自他们自己的经历，他们对其他人的观察也是如此。如果过去 20 年年轻人的收入每年都在增加，那么人们就会趋于相信明年的收入也会增加。同样，如果你周围的每个人都可以接受公立教育、都有权利投票，那么你会期望你和你的家庭也能得到这些。当现实证明期望是虚幻的：即你的经济状况没有改善或变坏了，你无法接受公立教育、无权像其他人一样投票，此时期望和现实之间的落差就产生了。当落差变得不可接受时，政府被认为是应该负责任的，那些经历了落差的人们就会诉诸暴力要改变政府。就像勒纳说的，当“期望与获得之间的比值”过大时，就会滑向一场“由不断累积的失意导致的革命”。

格尔认为，这个过程通过耶鲁大学心理学家 1941 年提出的“失意—挑衅”假设发生（这个假设中的很多部分现在看来太简单了）。根据这个理论，当人们因愤愤不平而灰心失望时，就会变得具有挑衅性。于是他们就找处于同样境遇的人，通过挑衅性的集体行动表达个人的失意，这些行动小则骚乱大则内战。有的学者认为，不可接受的落差导致冲突是突发的剧烈的时运倒转造成的，例如经过一个时期

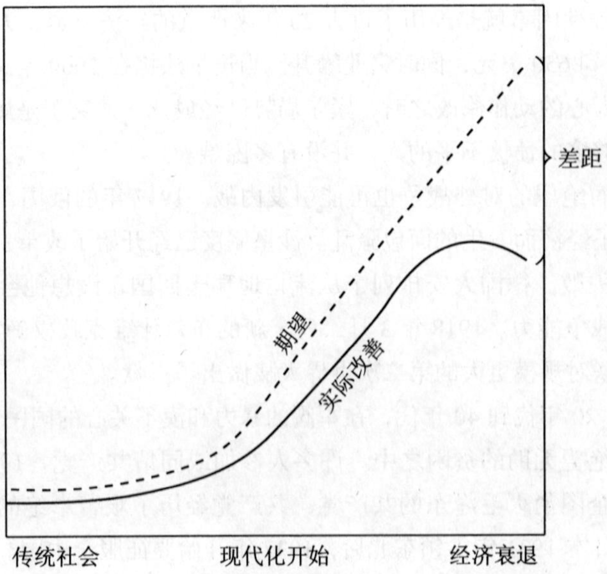

图 13.1

研究者画了一条J型曲线表示不满的增长，上面不断上升的虚线表示期望：当实际的需求满足离期望不是很远时，人们会通情达理地表示满意。但是当两条线的差距太大时，例如经济萧条时，人们就会焦躁不安，乃至起来造反。

的增长和乐观主义之后，经济突然衰退。绝对而持续贫困和没有政治权利的社会一般不会有动静。因为当人们长期困于被压垮的状况中时，他们通常变得很消极。然而，境遇的改善会提高期望，而当没有弥合期望和现实之间的落差时，就会产生一种“由不断上升的期望导致的革命”。1856年，托克维尔在研究法国大革命时就已发现，当事情正在变好时，革命的情绪反而在加剧。哈佛大学的历史学家克兰·布林顿（Crane Brinton）在他成功的著作《解剖革命》中重申了这一观点。

贫　困

相对剥夺理论通常用来解释经济落差——可能是因为经济条件更容易用数字衡量。贫困被设想为内战最重要的推动因素。贫困可能代表基于人们之前经历的期望和现实之间的落差，也可能是相较于他们看到的其他人的经济条件。这一物质条件的落差造成参加反对运动的愿望，从而挑战了政府的统治。

21世纪开始的时候，科特迪瓦经历了一场国内冲突，这是该国1960年从法国独立以来的第一次。和所有内战一样，科特迪瓦的案例也是一个复杂的事件，但一个关键的基础性因素就是经历了过去 20 年来严重的经济衰退：人均收入从大约 1 100 美元下降到 650 美元，同时失业攀升。当选举法掐在 2000 年总统选举的时间点之前以不得人心的动作修改之时，紧张局势已经成熟，冲突于是爆发。找到足以进行战争的足够多的愤愤不平的人，并没有多困难。

一场长期而绝望的对外战争也可能引发内战。1917 年的俄国，冲突开始时只是因战争削弱了经济而发生的面包骚乱。沙皇制度已经开始了改革，但是第一次世界大战使改革失败。德国人安排列宁从流亡地瑞士回国，设想他会进一步破坏千疮百孔的俄国战争能力。1918 年 3 月，列宁新的布尔什维克政权确实退出了战争，但是共产党苏联对规模更大的第二次世界大战做出了贡献。

从 20 世纪 20 年代到 40 年代，在军阀的暴力和漠不关心的国民党政府统治下，中国农民处于绝望无助的贫困之中。许多人参加或同情共产党。1927 年开始，蒋介石的国民党企图消灭毛泽东的共产党，共产党经历了艰苦卓绝的长征，远赴北方暂时立足。日本 1931 年占领东北后，1937 年开始要征服全中国。当国民党退却时，共产党对日本进行游击战，缴获日本武器壮大了力量。1949 年，国民党政府崩溃，逃到了台湾，原本弱小的共产党接管了政权。

类似的情况也发生在越南。第二次世界大战中，日本轻松占领法属印度支那，使得在战争中大部分时间都与日本合作的法国殖民者无法在政治或军事上立足。形成对比的是，胡志明弱小的越南独立联盟（共产党的统一阵线）却和日本作战，甚至还从中情局的前身美国特种事务办公室（U.S. Office of Special Services）那里得到武器和情报。结果就是，在胡志明 1945 年宣布脱离法国独立之时，他的武装已经获得了经验、增长了力量。法国企图重新建立殖民统治，战争从 1946 年延续到 1954 年，这一年孤立的奠边府（Dienbienphu）法国基地被打垮。

可以看出，这些成功的共产党革命具有共同特征。一场对外战争和被侵略是巨大的助力，因为这削弱了前任政府，它们没有能力或勇气抵抗入侵者。这就显示了虽弱小但组织良好的共产党的优势——它们不会因恐惧而从残酷的战斗中退缩，从而抓住了民族主义的精神。人们参加布尔什维克、中国共产党或者越南共产党，并不是理解或在乎复杂的马克思列宁主义，而是为了自己的国家抗击外来入侵。如果没有外来入侵，那么这些共产党革命是否能够成功就是难以确定的。就像马克思所说的："战争是革命的助产婆。"*

* 马克思的原话是："暴力是每一个孕育着新社会的旧社会的助产婆。"出自《资本论》第 1 卷第 24 章第 6 节。——译者注

资源动员和时机

愤愤不平的民众遍及全世界。人们得到的比需要的或认为应得的少，这样的情况总是存在和即将存在。如果相对剥夺理论精准，那么内战要多得多。而实际上，不满情绪和不满人数最多的最贫穷的国家，冲突反而最低。为什么？因为单单是怨愤本身不足以点燃暴力。

人们必须既有意愿又有机会来对抗政府，他们必须有一些值得去战斗的东西；他们必须相信：以自己的生命冒险去和一个拥有警察、士兵和武器的国家作对，一定有合理的机会获得成功。这就提出了一个问题：是什么给了充满怨愤的人们取代他们政府及其压迫力量的手段？潜在的造反者需要武器、资金、兵员以及协调能力；所面对的是一个弱国家会有助于此。但另一方面，如果缺少这些资源，相对剥夺也不会引发大规模的反抗。对立双方的能力或资源同样具有重要意义。

▶▶▶　地理：族群

族群长期以来一直被归为国内冲突的主要原因。族群是原始的、根深蒂固的、没有发生变化的。同一社会中的不同的族群有时并不能和睦相处；最坏的情形下，就会走向暴力冲突。很久以来就有假设说，族群多样性会使一个国家容易陷入内战，但有些族群多样性的国家基本上没有受过冲突的祸害。这其实要看国家是否以及如何调节族群之间的关系。成功的国家从过去几个世纪学到的是，要平息安抚族群之间的差异。但是发展中国家里好多都没有做到。

印度是世界上族群最为多样的国家，但该国几百个族群中的大多数之间都没有发生过冲突，和睦相处。不过，由于在一个印度教国家长期社会地位低下，印度有一些穆斯林诉诸了暴力，而这又经常得到巴基斯坦的支持。这让我们回到之前讨论过的剥夺理论，还增加了一个同源国家相助的因素（印度最东北部，就是差不多要从印度的主体部分切下来的那里，长期以来也是反叛者的舞台，那里的居民讨厌其他印度人来定居）。

卢旺达的胡图人—图西人冲突、斯里兰卡的僧加罗人—泰米尔人（Sinhalese-Tamil）的关系、马里的图阿雷格人（Tuareg），都体现了族群问题。族群差异经常被操纵，并和经济、社会，以及/或者政治特权联系在一起。印度“纳萨尔派”（Naxalite）的暴力活动就是从贫穷的农民和知识分子中产生的，并不是不同的族群集团。欧洲最后一次族群暴力事件发生在前南斯拉夫的科索沃，在那里塞尔维亚族严厉压制科索沃的阿尔巴尼亚族人，美国1999年的轰炸才解决了问题。很不幸，从族群的角度看，南斯拉夫不可能作为一个整体存在。

动员资源

政府在很大程度上是设计来保护国家的，因而掌管着军队、警察（包括秘密警察）和国家支持的民兵。一般来说，它们几乎都垄断了武器，用来对付内外威胁。拉美的军队从历史上看几乎没有参加什么与其他国家的战争，大多数都是用来控制国内民众的。不用问责或不会被自由选举罢黜的非民主政权，尤其有使用暴力对付民众的意愿。任何不满的群体要想推翻这样一个政权，都必须有能力对抗住它们的暴力。

因此，反对派群体需要现金购买武器，或者得到外部的捐助。这些外部的捐助者可以是海外侨民、其他有共同利益的反叛集团，或者其他国家。另外，训练使用武器、作战指挥、战术都非常重要。利比亚领导人卡扎菲（Muammar Gaddafi）就因为训练和武装反叛集团而名声不佳。冷战期间，美国向全世界亲苏国家的反对派集团提供武器、现金和训练。苏联在美国的盟国做着同样的事情。

结果就是增加了内战，其中大多数被看作代理人战争——实际上，两个超级大国都与战争保持了一定距离。例如，20 世纪 60 年代，美苏都没有直接卷入刚果的冲突，但是却支持了对立的武装。冷战促使内战发生，因为政府和反对派集团都可以从超级大国那里得到资金、供给和训练，从而使冲突持续了几十年。苏联解体后，南非的暴力也到头了，因为双方都失去了相应的支持者。1994 年，纳尔逊 · 曼德拉的非国大赢得了自由选举，结束了种族隔离。

侨民同样是反对派集团的重要资金来源。“泰米尔猛虎组织”要求从斯里兰卡分离，为此进行了超过 30 年的残酷内战，直到 2009 年被击败。猛虎组织从印度、加拿大、美国、欧洲的泰米尔人那里得到财政支持，这些资金甚至使他们拥有了一支小型空军。

征募成员

不管反政府事业多么正当、也不管武器的数量有多少，需要稳定而源源不断的人员供应，领导人才能有真正的成功机会。有时他们在征募中采用强迫手段，甚至招娃娃兵。由于集体行动的问题，征募人员是一件难事。战争是危险的，而不管是直接为战争做出贡献的、还是搭便车的，所有人都可以享受胜利的收益。在可以“搭便车”的时候为什么要买票？正式规范的说法是：因为收益是属于集体的，所以对任何个体来说就没必要冒受伤或生命的危险。推翻独裁统治、建立民主制度的反政府组织给了所有以前被排除在权力之外的人同样的他们曾为之奋斗过的收益。为了吸引个体参加，领导人必须向那些实实在在加入事业的人提供特殊激励

(selective incentives)。特殊激励要抵得上个体付出的冒险，从而克服集体行动的问题。它们包括反叛成功后得到货币补偿、田地、政府职位，还有允许抢劫。如果不加入，就没有这些。这些激励同时也形成了新政权腐败的基础。

特定情况下，集体行动问题更容易被克服。第一，贫穷确实有助于克服集体行动的困难，因为贫穷增加了怨愤和战争的机会。反政府领导人有时在穷国征募得起的人员比富国多。因为在富国需要给他们更多的回报；在穷国，只需要让征募来的人过得稍微好一点就行。越是穷，需要的补偿就越少。同样的道理也可以解释高失业的国家，特别是当失业者是百无聊赖的年轻男性时。在有些地方，革命是他们能得到的最好的工作。

失业和贫困都极为惊人的索马里，长期以来成为国内各种对立运动的滋生地。许多年轻男性选择离开家庭去过充满暴力的生活，为的是减轻家里多一个人吃饭的压力。面临着要饿死的威胁时，反叛的报偿就可能养活一家。因此，索马里由于低廉的过剩劳动力成为了区域和跨国恐怖主义组织招募成员的主要基地，其中就有“索马里青年党”，该组织于 2013 年在内罗毕购物中心爆炸中杀死了 70 人。

国家能力

内战要求至少有两个对手，一个就是政府。反对派的成功依赖于他们相对于国家的能力。如果政府可以通过武力增加冲突的代价，就可能降低冲突的可能性，反对派可能会畏惧不前。弱国家将诱使反叛者挑战，强国家将劝阻反叛者挑战，因为成功的机会很低。要动员人们为了一个不会成功的事业战斗，困难太大。在强政府还不能阻止反叛集团尝试的时候，强大的国家就会快速打败反叛者。

在以上两种情况下，国家都必须对如何使用武力保持谨慎。太多的武力，尤其是针对无辜平民的，会把支持转到反叛集团一边，就像我们已经无数次看到的那样，包括最近的利比亚和叙利亚内战。

▶▶▶ 概念：社交媒体

新社交媒体带来了一个观点：大众交换信息和进行协调的新的能力，提升了国内抵抗的程度。使用互联网、推特、脸书等社交媒体的抗议者尤其威胁了弱的政权。对抗政府的组织运用各种可以得到的通信资源，包括秘密象征、可信赖的联络人以及地下报纸。现在很多观察者认为，社交媒体使得“阿拉伯之春”成为可能，但是其他人争辩说，聪明的政权也可以用新媒体对付反对派组织。

毫无疑问，社交媒体增加了不同政见者的机会。这一问题第一次出现在伊朗反对舞弊选举的“绿色运动”里，这是伊朗现政权面临的最大规模、最长时间的抗议，最后靠警棍和开枪平息。抗议者抢在了政府之前行动，因为他们通过脸书和推特很快就组织了起来。一旦安全部队明白了，他们就会在抗议者集结之前使用GPS标签定位。反对派接着号召伊朗之外的人加入他们，利用位置更新压制或者甩掉政府的追踪能力。世界上很多地方都有这样的事，这让政府很窘迫，最后只有关闭进入社交媒体的通道。问题在于，政府是否可以在威胁严重之前就回应社交媒体。

政权类型

反对派集团需要意愿和机会来促成和挑起内战。政权的类型在其中起了重要作用。按照相对剥夺理论的说法，大规模怨愤会引起冲突，所以多数内战应该发生在威权国家，因为那里的怨愤是最多的。另一方面，按照资源调动来看，在反对派组织有能力建立并不断增强抵抗力的地方，冲突会增加。据此，冲突可能会出现在民主国家，因为那里的政府在使用武力对付平民方面受到限制。

在现实中，与处于两者中间状态的政权（有人称之为“两不靠国家”[anocracy]）相比，民主国家和独裁国家经历内战的可能性都较低。威权国家的反叛意愿很高，但面对政权的镇压，机会却很少。同样，尽管民主国家为反叛者提供了更多的机会，但反叛的意愿却很低，因为人们可以通过选举和请愿表达怨愤。而在“变态国家”，有高度的不满和民主的一些因素，因此动员反叛的机会更多。哪个国家最有可能发生内战——英国、朝鲜，还是委内瑞拉？是委内瑞拉，因为在那里既有机会，又有意愿。

解放战争还是犯罪行为？

发展中地区的一个特征就是犯罪行为和政治相互渗透。这对内战同样适用。2006年的电影《血腥钻石》(Blood Diamond)，故事发生在非洲内战中，电影表现了贪婪在冲突中的作用。贪婪的理论认为，有些内战并没有纠正以往的不义行为，而只是让个体从经济机会中获得私人收益——简单来说，这就是犯罪行为。在《血腥钻石》里，个人财富的来源很清楚。塞拉利昂的“革命联合阵线”(Revolutionary

United Front，简称 RUF）奴役儿童，进行武器交易让自己的领导人中饱私囊——这些领导人干着反人类的犯罪勾当。钻石走私的收益给了利比里亚反政府领导人、之后的总统查尔斯·泰勒*（Charles Taylor），换取武器和现金，泰勒也因战争罪被判刑。“革命联合阵线”的目标不是获胜，而是继续偷钻石。不要认为所有“反叛者”都是为了一个正义的事业。贪婪的政府无疑也会继续战斗，为的是掩盖英国经济学家鲍尔（P.T. Bauer）说的“盗贼国家”（kleptocracy）。

作为内战动因的贪婪，在塞拉利昂和钻石以外也并不鲜见。用于手机和笔记本电脑的钶钽矿（coltan），是刚果各个反叛集团打来打去的由头。哥伦比亚革命武装力量和秘鲁“光辉道路”（Shining Path）里面的许多人，很久以前就抛弃了马克思主义，转而从事贩毒。他们从政治走入了犯罪。很多情况下，组织一开始发动内战是为了改变让大众怨愤的事，但到了后来，当其中一些人发现个人财富更具诱惑力时，组织就分裂了。

当然，贪婪并不是所有参与冲突者的驱动因素。在塞拉利昂，大规模的贫困让大量的人只能去打仗。塞拉利昂 1980 年的人均国内生产总值已经低到 340 美元，而 1990 年还拦腰削掉了一大半，只有 159 美元；同时还伴随着失业、恶劣的生存条件、没有社会保障、几乎没有大学奖学金。

研究内战必须具备多层面的视角，必须考虑意愿和机会的作用，以及相对剥夺和贪婪如何影响导向冲突的意愿和机会。参与冲突的个体的动机在内战的过程中可能会有所不同、并发生变化。考虑到国内、地区和国际政治，决策者需要理解当前主要的冲突形式，以便形成有效的政策应对。如果我们低估了冲突的复杂性，就有可能卷入我们无法操控的（其他地区）无穷无尽的内战。能理解阿富汗、伊拉克、叙利亚发生的种族、部落、宗教冲突之复杂性的人，在华盛顿几乎没有。美国已经为此付出了代价。

复习题

1. 国家面临的内部冲突有哪些不同的类型？
2. 为什么现在的国内冲突比国家间战争普遍？
3. 内战和革命的首要区别是什么？它们之间相互重合吗？
4. 解释相对剥夺理论。该理论是怎么解释冲突的发生的？

---

* 查尔斯·泰勒，1997—2003 年任利比里亚总统。在塞拉利昂内战期间，泰勒支持反政府武装革命联合阵线，协助其实施了严重罪行，2012 年被联合国塞拉利昂问题特别法庭以危害人类罪和战争罪判处 50 年监禁。——译者注

5. 资源动员如何影响国内冲突？它是不是冲突的必要组成部分？

6. 种族地位如何影响冲突的发生？它是不是民众不满的一个更重要的缘由？

7. 相对民众不满来说，是否有些内战更是贪婪的结果？

8. 在最近的“阿拉伯之春”冲突中，怎么运用相对剥夺和资源动员理论？

9. 怎么运用关于贪婪的理论解释20世纪90年代的塞拉利昂内战？或者解释刚果民主共和国、哥伦比亚、秘鲁的内战？

第十四章　非对称战争

美国历史上最长的战争是历时13年的阿富汗战争和历时8年的伊拉克战争，它们引发了一个重要的争论：美国应该多大程度上参与遥远国家的争斗，尤其是陷入内战的国家。逊尼派还是什叶派控制伊拉克、普什图人控制阿富汗，或者阿拉维派（Alawite）控制叙利亚，这和美国有关系吗？有多少美国人知道与这些群体和他们的事业有关的事情？美国一开始是出于良好的意图，即帮助远方的国家得到民主和繁荣，可是很快就发现我们自己也在射杀那些想要我们离开的平民。

美国经历了非对称冲突的问题，许多人把它称作反恐战争。在阿富汗和伊拉克战争中一共有6 600名美军士兵阵亡，战争支出超过20万亿美元。两个国家到现在还在恐怖主义和内乱中挣扎，没有一个获得稳定，也没有一个得到民主。它们是一个新时代的象征，美国当时并没有为此做好准备。和常规战争不同，我们现在面对的是分散的、流动不居的冲突，它们不会让自己受到侵略或征服，极少会以投降结束；相反，它们会在耗尽能量后逐渐停熄。

美国人还记得乱成一团的伊拉克和阿富汗，所以对于参加利比亚和叙利亚内战非常谨慎。大多数穆斯林国家都有规模相当大的仇美运动。在有些国家，如支持原教旨主义的巴基斯坦和沙特阿拉伯，这些运动可能推翻摇摇欲坠的政府，并带来毁灭性的后果。如果沙特阿拉伯陷入伊斯兰主义者的掌控，就会扰乱世界石油供应，把全球推入新的大萧条。如果巴基斯坦让极端分子控制，将会使核武器流入恐怖主义分子手里。欧洲盟友劝美国谨慎；在2003年的伊拉克战争中，它们在是否支持美国方面经历了最大的分裂。

五角大楼放弃了“全球反恐战争”的概念，转而使用“长期战争”。没有人会建议打击爱尔兰、巴斯克和斯里兰卡的恐怖分子。并没有要冲刷世界或美国的一般的恐怖主义浪潮，有的只是特殊的具有特殊目标的宗教极端主义组织，这些目标包括：让美国滚出中东、摧毁以色列、夺回穆斯林的土地。有些狂热者可能还想让伊斯兰教主导全世界。但就主要部分来说，恐怖分子并不是疯狂的。本·拉登的“基地”组织（因本·拉登存放穆斯林志愿战士数据的计算机数据库而得名，这些志愿战士的目的是反抗苏联入侵阿富汗），是由好战者而不是精神变态者组成的。

斗争实际上关系到穆斯林国家的未来，是变成现代温和的国家，还是极端主义国家。所以更好的名称可能是“关系伊斯兰现代化的战争”。如果美国失败了，如果伊斯兰国家陷入仇恨和暴力，那么美国可能会说这是“伊斯兰战争”，而这些战争将是严峻可怕的。

如果穆斯林国家拒绝本·拉登，拒绝他那些仇恨的信息、拒绝给他这类组织支持，那么这场战争就会胜利。当穆斯林国家让伊斯兰与现当代性结合，就会变得稳定。尽管伊斯兰和现代性的结合很困难，但已经在一些国家开始实施。如果穆斯林政府掌握在宗教极端主义者手里（在一些国家已经是一个威胁），那么美国将失败。那时亨廷顿的“文明的冲突”就会变成一场恐怖的“文明的战争”。美国必须步步小心，如果对一个摇摇欲坠的穆斯林政府推得太厉害，反而会让它坍塌。

是什么造成了一个伊斯兰恐怖分子？有些许尝试要为一个典型的“圣战”分子（jihadi）描画出轮廓，但没有单一的肖像可以适用所有的“圣战”分子。例如，参与“9·11”劫机的自杀袭击者并不是穷人和愚昧无知者，而是受过教育的中产阶级。大部分人曾在德国生活和学习，并在那里成为恐怖分子，而不是在他们自己的国家。没有人是疯子（疯子当恐怖分子不顶用，因为他们不会听从命令）。为了把握这一复杂的问题，本章将思考中东的过去、现在和未来。

非对称冲突

被多数人称为“恐怖主义”的，在军事术语中叫作“非对称冲突”，因为它包含了一系列的行为，恐怖主义只是其中的一种。非对称冲突指的是，对抗各方的力量不均等——轻型武装的当地志愿人员面对着正规的武装力量，后者通常是占领军。美国长期以来都和非对称战争有关联：他们就是用非对称战争从英国那里赢得了独立，和印第安人、菲律宾人、越南的作战也是非对称的。

较弱的一方知道自己在火力上受到压制，因而诉诸非常规的策略。他们最强有力的一点就是生活和藏身在当地居民中的能力；当地居民同情并帮助他们，或者至少也不会告发他们。外国占领军在当地行动很困难，难以赢得当地民心。如果占领军粗暴无情地对待当地居民（会不断诱使他们这样做），那就会离当地人心更远，从而损害占领者自己的事业。

恐怖主义通常是叛乱的第一个阶段。仅仅靠恐怖行动，从来不能推翻一个政府或驱逐一个占领者。为了达到目标，恐怖行动必须发展为成功的叛乱，这是一个长期而血腥的任务。一般来说，一些激进分子通过抗议、有时也通过暴力对抗当局。当局常常反应过度，杀害了当地民众，这反而让更多的人员加入反叛事业。

在 1972 年的“血色星期天”（Bloody Sunday），英国伞兵在北爱尔兰德里（Derry, Northern Ireland）杀害了 13 名年轻的民权抗议者。结果就是：数以千计的年轻天主教徒参加了爱尔兰共和军（IRA）。

有了正确的战略，一个小规模的团伙可以发展成大规模的运动，经常附带着一个在地下从事恐怖活动的分支；进而扩充为游击队，最后或多或少地会变成正规军，把占领者或他们仇恨的政府驱逐出去，就像卡斯特罗在古巴、胡志明在越南所做的那样。处于流亡和地下状态的非洲人国民大会，也把南非政府消耗得精疲力竭，最后取消了种族隔离。不过反叛者并不总是会取胜。如果占领军或政府很聪明，就可以镇压反抗，就像在马来西亚半岛、肯尼亚和菲律宾一样。对抗叛乱可能会持续几代人，就像以色列对付巴勒斯坦民族主义者一样。有些以色列人担心，这场对抗永远不会终结。

对抗叛乱已经成为美军行动专门和重要的部分。戴维·彼得雷乌斯将军（David Petraeus）是普林斯顿的博士，阿富汗行动和中情局的负责人。他为对抗叛乱写了一本野战手册。对抗叛乱的战争和常规战争完全不同，也远比常规战争复杂，包括通过提供安全和改善物质条件“赢取人心”。另一方面，如果大量的农民不满，那么反叛就会获胜。2001 年和 2003 年，美军快速占领阿富汗和伊拉克之后，对抗叛乱的行动陷入了泥潭，甚至在很多年以后也从来没有给两个国家带来安全。入侵很容易，对抗叛乱则很难。

▶▶▶　概念：游击战

有一种普遍的误解，认为游击战并不很在乎军事战术和装备。“游击战”最早出现在西班牙，字面意思就是西班牙语的“小规模战争”。19 世纪初，西班牙游击队员正在奋力赶走拿破仑的军团。该词传开来后，指的是在敌后的小规模非正规作战单位，他们采取“打了就跑”的战术扰乱敌人、让敌人筋疲力尽。游击战是一种古老的战争类型（4 200 年前的美索不达米亚就有了），是处于劣势的一方反抗具有优势的占领军时所采取的战略，是非对称冲突的一个分支。阿拉伯的劳伦斯在第一次世界大战反对土耳其的作战中就有此实践。

现代游击战的关键是政治性的。有些人把它称作“革命的政治战争”或“人民战争”。它实际上取决于你争取本地民众支持你反对一个不得人心的政府或外国占领者的能力。你和农民打成一片，帮助他们、组织他们、给他们重新分田地、教他们识字和懂得政治道理，并且征收税款。你实际上成为一个地下政府，取代了正式的政府结构。用越南问题专家伯纳德·福尔（Bernard Fall，1967 年因触雷死在了越南）的话说："当一个国家正在被颠覆时，它就不是在战场上被打败的，而是在管理上被打败的。颠覆组织实际上就是缩减版的行政管理者。"

当占领军进行的军事战杀死当地民众时，游击队就进行政治战——劝说自己的同胞支持乃至参加游击队。占领军占优势的火力确实可以反过来对准他们自己，直到精疲力竭地离开。战争持续的时间比想象的要长，迫使占领国的民众和政客回家问问自己：这个遥远的小国对他们有什么好处。公众要求撤军的意见不断累积。这样，时间可能就站在了游击队的一边。游击战有一条公理：如果游击队没有输，那它就赢了；如果占领军没有赢，那它就输了。

非对称冲突的背景

中东从过去继承下来的最大问题在于：伟大的伊斯兰文明已经衰落，再也没有复兴。其中的部分原因来自外部势力的影响。一些穆斯林相信，是西方使他们衰落，现在又要碾碎他们。他们对美国占领下的阿富汗和伊拉克的穆斯林兄弟有强烈的认同感。让他们重新集结振作的口号可能就是巴基斯坦国家缔造者真纳（Muhammad Ali Jinnah）的号召："伊斯兰处于危险中！"他们能看到的道路就是保卫伊斯兰，对西方强加给伊斯兰的邪恶进行以牙还牙的报复。在他们眼里，他们是防御的一方，而不是侵略者。

从历史上看，在科学、哲学、医学、公共卫生、建筑、钢铁冶炼和商业等方面，伊斯兰文明几个世纪以来都领先于基督教的欧洲。通过从阿拉伯文翻译过来的古代著作，欧洲才重新知道了古希腊思想，特别是亚里士多德，从而帮助开启了文艺复兴和欧洲的现代化。一千年以前，穆斯林认为，是基督教使欧洲落后。

但是伊斯兰文明停滞了，而欧洲文明则现代化了。到了 16 世纪，当欧洲商船到达波斯湾时，西方已经走到了伊斯兰的前面。为什么伊斯兰停滞不前？有很多历史原因。13 世纪蒙古人征服了伟大的阿巴斯王朝（Abbassid Caliphate），对其首都巴格达的居民进行大屠杀，破坏了灌溉系统，阿拉伯地区再也没有从中恢复过来（蒙古人对俄罗斯的影响也是破坏性的）。可能是由于蒙古的破坏，伊斯兰转向了神秘主义。

不过，在甚至还要更早的时候，伊斯兰教育已经放弃了对《古兰经》进行独立而灵活的解释，取而代之的是单一的、指定的解释。伊斯兰教不再是对学问和科学着迷的开放且宽容的信仰，而是变得沉闷而死板。葡萄牙人 1488 年第一次绕过非洲南端后，开出了欧洲和亚洲之间的直接贸易路线，绕过了伊斯兰中间商。穿过中东的商路迅速衰落，随之衰落的还有该地区的经济。

但是更为重要的是欧洲帝国主义（主要是英国）在 19 世纪开始的统治。在两次世界大战期间，英国统治或影响了从埃及经过巴勒斯坦（现在的以色列和约旦）、伊拉克、波斯湾、印度（包括巴基斯坦）、缅甸，到马来半岛的广阔地带。帝国主义制造了这样的怨恨——令人自豪的文明被傲慢的外国人压倒："你们用枪炮、铁路、商业闯进这里，装出比我们优越的样子。好吧，我们在文化和道德上都优于你们，最终我们将把你们踢出去，恢复我们的文明。"伴随这一想法的是对所有西方事物的仇恨，并反对现代性，因为现代性意味着承认西方更胜一筹。

►►► 概念："萨拉菲主义"（Salafiyya）

13 世纪大马士革思想家伊本·泰米耶（Ibn Taymiyya）想出了"萨拉菲主义"的教义，用来与强大的蒙古入侵者斗争。尽管这些蒙古人皈依了伊斯兰教，伊本·泰米耶还是认为，他们不是真正的穆斯林，因为他们用自己的异教的蒙古法律替代了伊斯兰教法。相应地，应该反抗他们，并杀死这些伪装虔诚的人。18 世纪，阿拉伯"萨拉菲教派"鼓吹者伊本·瓦哈卜（Ibn Wahhab）和沙特王室建立了宗教联盟，由此形成的政教组合在 20 世纪 30 年代控制了阿拉伯半岛。当今沙特的"瓦哈比主义"和"基地"组织都是"萨拉菲主义"的表现。

"萨拉菲"信徒谴责任何他们存有疑问的事务或现代的事务，认为都是伪装的虔诚和偶像崇拜。他们认为，穆斯林统治者追求财富和权力就是伪善的，西方式的国家和政府都是偶像崇拜的形式。伊斯兰教信徒不应该被分在不同的民族国家（民族国家都是偶像），而是应该像先知穆罕默德所规划的那样，以一个巨大的乌玛*（umma）存在。萨拉菲主义是国际性的泛伊斯兰运动，也是逊尼派伊斯兰思想中一直存在的潜流（什叶派伊斯兰思想中不存在；"萨拉菲"信徒谴责什叶派是异教信仰和偶像崇拜）。

"萨拉菲主义"使其信徒变成追求伊斯兰纯洁性的狂热者，要杀死"叛教者"（指的是温和的穆斯林），拒绝妥协，自己愿意作为烈士死去。"萨拉菲"信徒渴望摧毁以色列、"十字军式"的美国，以及"伪善的"穆斯林统治者——这意味着大

---

* 乌玛，umma，指由穆斯林组成的社区。——译者注

部分统治者、连沙特王室都得包含在内。“基地”组织就是一种“萨拉菲主义”运动，它从来没有支持过伊拉克的萨达姆世俗政权和巴勒斯坦的民族主义，除非想要挑动穆斯林去进行“圣战”。

现代化和非对称冲突

很多学者把中东的非对称冲突看作现代化失败的结果。多数中东国家还在现代化的半路上，但这已经产生了很大的经济、政治和社会压力，很容易转化为暴力。策略是让他们继续在现代化的道路上走下去，但是这样又会在文化和宗教方面遇到许多抵抗。

一个穆斯林国家，如果体验过西方帝国主义、还有许多失业人口和腐败的政府，将很有可能形成原教旨主义运动。在经济增长很慢的国家（多数穆斯林国家都这样），根据极高的出生率，失业是可以预测的。中东妇女生育的孩子是欧洲妇女的三倍。直到最近，沙特妇女平均还生育八个孩子，使得沙特的人口在一代人的时间内就增至三倍。失业或未充分就业的年轻男性常常会被拉进极端政治中。对贫穷的大众来说，统治精英的腐败证明了政府是不合法的。伊斯兰教的布道从中充分得益。

长远的解决方案是让这些国家现代化，有着不断增长的经济、工作机会、教育、小的家庭、廉洁的政府，但有很多阻碍。许多国家的经济由国家集中控制，阻碍了市场经济可以带来的快速增长。环绕波斯湾的产油国依靠石油收入，其中有许多都被他们挥霍掉了，没有为长远发展预作准备。除此之外，石油产业需要的工人很少。对于石油扭曲经济发展、填饱统治者腰包且让他们不必问责的现象，有些阿拉伯知识分子称之为“石油的诅咒”。不过最大的问题是拒绝现代生活的文化和宗教态度。这些因素综合在一起，使得中东变成了一个威胁着整个世界的混乱的地区。

关于恐怖主义的好消息是，它已经开始走下坡路了。越来越多的伊斯兰神职人员谴责不分是非的恶意杀戮，特别是对主要受害者穆斯林的杀戮。恐怖主义毫无经济建树，带不来餐桌上的食物。一些以前的信徒转而用刺耳的言辞反对它，因为它是违背《古兰经》的极端主义。时间或许会解决这个问题。

多数中东专家否认伊斯兰教义内在地具有阻止穆斯林社会现代化的因素。不过看看现实，还没有一个伊斯兰国家完全实现现代化。在两次世界大战之间，穆斯塔法·阿塔图尔克（Mustafa Atatürk）试图急速让土耳其成为现代的、欧洲的国家，但是他的做法疏远了很多穆斯林，后者现在正让土耳其回归穆斯林和中东的根基。巴列维国王努力要使伊朗现代化，却被伊斯兰主义者推翻。萨达特尽力让埃及现代化，却在1981年被伊斯兰主义者刺杀。石油让很多穆斯林国家富有，但还是没能在文化上使之现代化。这些国家的财富让它们有能力维持安全警察、用钱收买大量的人口，但不能创造长期的稳定，就像伊朗的巴列维国王1979年发现的那样。

是伊斯兰导致落后吗？就其自身而言，可能不是。亨廷顿强调，伊斯兰文化厌恶西方、厌恶现代化，这总的来说影响了穆斯林国家的进步，经常还会使进步反转。但是现代化潮流正在搅动伊斯兰世界。通常这会伴随着宗教改革——回归最初的源泉本身就会形成改革。一些穆斯林学者指出，《古兰经》里没有任何地方与压制妇女和阻碍进步有关。《古兰经》确实禁止为了利息借钱，但是围绕此事工作的穆斯林通过持有股本，用股票代替了借贷。我们开始看到，像土耳其这样的社会既是现代的又是穆斯林的。促进这一趋势的一个最好方式就是让妇女受教育。讽刺的是，伊朗在这方面已经走得很远：在这个原教旨主义政权下接受教育的妇女比多数其他穆斯林国家要多（当然是在男女分开的学校和大学里）。受过教育的伊朗妇女现在正在要求平等，她们声称这是《古兰经》教义中的一部分。

用亨廷顿的术语来说，多数穆斯林国家是“撕裂”的国家，西方和伊斯兰文化把它们拉向两边。很多受过教育的精英对西方的价值观很开放，但是大多数老百姓还是忠实于传统，甚至坚持着原教旨主义的伊斯兰价值观。巴基斯坦的总统们都知道并理解西方和现代化，他们冒着很大的风险支持美国反对塔利班。许多巴基斯坦人却走到了相反的方向，有人还加入了反对美国的“圣战”。（巴基斯坦的首脑们同样两面下注，不对激进分子采取严厉措施。）巴基斯坦、阿尔及利亚、约旦、沙特阿拉伯，以及其他穆斯林国家的政府坐在原教旨主义轰隆隆活动的火山顶上，它们有可能被推翻。

两个特殊而持续存在的因素激发了许多穆斯林的强烈感情：（1）以色列的存在和美国对它的支持；（2）美国对穆斯林国家内部叛乱所发动的战争。他们对妥协没有兴趣，认为以色列是必须要清除的，因为耶路撒冷对穆斯林也是神圣的。然而即便以色列不再存在，该地区还是会处于混乱之中。

这让我们想到本·拉登，他是沙特阿拉伯建筑业亿万富翁52个孩子中的第17个。在20世纪80年代，本·拉登组织并资助“圣战”分子把苏联从阿富汗赶出去。他从来没有喜欢过美国人，也没有和他们一起工作，对于1990—1991年美军驻扎沙特阿拉伯以防伊拉克的入侵，他是强烈反对的。在他看来，整个沙特阿拉伯（不光是圣城麦加和麦地那）都是神圣的穆斯林土地，现在被美军玷污了。让本·拉登暴怒的是，一小队美军在 1991 年战争以后还留在沙特（在沙特的请求下于 2003 年调走）；他为此谴责沙特王室。沙特阿拉伯 1996 年取消了本·拉登的公民资格，没收了多数他所继承的财产，但是他已经把其他财产藏匿到海外，还从沙特的亲戚、支持者和穆斯林慈善组织得到钱款。本·拉登 2001 年底从阿富汗逃出来，藏到巴基斯坦一座小镇上一个四面有围墙的大院里——2011 年海豹突击队就是在那里击毙了他。仅仅杀死本·拉登并不够，因为受到信任的助手已经代替了他。“基地”组织的主要武器之一就是互联网，他们利用互联网传递“圣战”的消息和制造炸弹的指示。

▶▶▶ 概念：宗教是原因之一吗？

芝加哥大学政治学家罗伯特·佩普（Robert Pape）斗志昂扬地反驳了一种广为流传的观点：伊斯兰教是现代世界里恐怖主义的首要原因。佩普研究了世界范围内的自杀式炸弹袭击，发现几乎没有受到宗教影响。自杀式炸弹的发明者和最主要的实施者是“泰米尔猛虎组织”，他们从 1976 年到 2009 年企图把斯里兰卡（以前叫锡兰）东北部分离出来，建立泰米尔国家。

佩普还发现，许多国家自杀式炸弹袭击的共同特点是，渴望除掉外国占领者——他们可能是苏联人、美国人、以色列人，或者是僧加罗人（斯里兰卡的主要民族）。佩普说，解决方式就是让外国人离开。例如，以色列必须离开西岸。但是在以色列 2005 年撤出加沙以后，哈马斯继续进行战争，不仅要求得到西岸，而且要求得到整个巴勒斯坦，并且要让以色列国家消失。以色列不可能合作。

佩普的理论可以解释对在伊拉克的美国人的自杀式炸弹袭击，但不能解释对伊拉克多数什叶派穆斯林的袭击，后者不是外国占领者。被杀害的伊拉克什叶派穆斯林比美国人多得多。佩普的理论无法解释 2004 年巴里爆炸，除非把澳大利亚游客定义为占领军。该理论也无法解释 2005 年发生在约旦首都安曼三家旅馆的自杀式炸弹袭击，死亡的都是约旦的阿拉伯人。2004 年在马德里、2005 年在伦敦炸了地铁的年轻穆斯林，如果说他们这样做是为了抗议伊拉克的局势，那也太离谱了。如果所有地方实施自杀式炸弹袭击的穆斯林都是为了支持远方的宗教同宗者，那么我们就回到了从宗教和文化上来解释恐怖主义的路径。在西班牙和英国，穆斯林无法融入欧洲文化，其结果就是失业的年轻穆斯林在感情上对所在国的疏离。

恐怖主义是什么？

恐怖主义是削弱被仇视的政治当局的一种战术。它是安全威胁，但差不多是核武器威胁的反面：一个是很多小规模的攻击，另一个是一声巨大的爆炸。恐怖主义常常是游击战或非正规战的开始阶段，它并不是一个新事物。爱尔兰共和军和马其顿内部革命组织（Internal Macedonian Revolutionary Organization）可以追溯到一百多年前。20世纪种族、民族、宗教和意识形态的积怨扩大了恐怖主义行动的范围。只要存在群体间的积怨，恐怖主义就可能发生。不过它们主要出现在发展中地区的混乱区域。

在我们看来，恐怖主义分子是非理性的，但他们认为自己是理性的。他们在行动中镇定自若、精心计算、目标明确。由于占领军或敌人过于强大，所以他们通过令人毛骨悚然的手段追求政治目标。“公平的战斗”意味着确定无疑的失败，所以他们必须使用不正大光明的方式。巴斯克人、库尔德人、巴勒斯坦人、泰米尔人都想要有自己的国家。西班牙、土耳其、以色列、斯里兰卡都不让他们有自己的国家，因而镇压他们的运动。由此产生了“埃塔”（ETA）、“库尔德工人党”（PKK）、“泰米尔伊拉姆猛虎解放组织”（多数自杀式炸弹袭击都是猛虎所为）。每个恐怖主义运动背后都有理由，大多数通常是民族解放。阿富汗塔利班一定程度上是普什图人的解放运动。

恐怖组织是一个行动组织，是坚定的信徒为了政治事业而一起进行的工作。没有组织、孤立行动的枪手不过是精神错乱，就像1981年行刺里根总统的约翰·欣克利（John Hinckley）一样。本·拉登的“基地”组织在美国驻非洲使馆、位于也门的驱逐舰制造爆炸，然后用民航客机撞进了世贸中心和五角大楼。“基地”组织为了政治和宗教目标（在伊斯兰教里，政治和宗教是交织在一起的）招募各地的穆斯林，想要让所有的穆斯林国家成为原教旨主义国家，把美国的影响力逐出中东。今天的恐怖主义是中东政治紧张状态和压力的一部分表现。

所有国家的官方都把恐怖主义看作犯罪行为，但是有些国家，例如叙利亚、伊朗和利比亚，都悄无声息地参与了“国家支持的恐怖主义”。恐怖主义需要基地、金钱、武器和炸弹，有时这些东西会由想要颠覆其他国家的某个国家的情报部门供应。黎巴嫩真主党就从伊朗和叙利亚得到支持。

恐怖主义有用吗？极少有用，也极少能单独起作用。它通常作为一个更大的战略中的战术部分。黎巴嫩真主党制造的爆炸有助于美国（1983年）和以色列（2000年）撤出黎巴嫩，但这些对战斗人员的攻击更接近游击战而不是恐怖主义。通常恐怖主义是大规模抵抗和游击战的第一个阶段。和其他的战争类型一样，恐怖主义也致力于改变敌人的想法。在巨大的政治和经济压力之上加一点暴力，就使得罗得西亚*的白人于1980年、南非的白人于20世纪90年代初放弃了对权力的垄断。

但是在很多情况下，特别是恐怖主义者杀害了无辜平民以后，反而坚定了目标国家的决心。针对以色列的自杀性炸弹让多数以色列人支持建立一个巨大的防护墙，把巴勒斯坦人挡在外面。“9·11”事件的恐怖使多数美国人确信，要使用军队推翻可能支持恐怖主义反对美国的政权。针对欧洲的爆炸团结了欧洲人，坚定了他们的决心。孟买恐袭之后，印度人强烈要求向巴基斯坦开战。而恐怖分子需要这样的愤怒，他们认为，因遭受袭击者使用不加区别的手段报复而丧生的平民越多，愿意加入他们的应募者就越多。

▶▶▶ 概念：美国土生土长的恐怖分子

有个难以解答的问题是，为什么有些美国穆斯林公民转向了恐怖主义。他们通常是移民子女，很多都在美国出生和接受教育。常规的想法是，这会使他们成为美国好公民，事实上大多数也是如此。但还是有一小部分不能认同美国的文化，而要找回他们的根基。

2009年在胡德堡基地枪杀同僚的陆军精神科医生出生在弗吉尼亚，父母来自巴勒斯坦。他在互联网上受到极端主义博客的影响，而这些博客已经被证明是“基地”组织某些最有效的征募工具。“基地”组织的高级教士安瓦尔·奥拉基（Anwar al-Awlaki）生于新墨西哥州，在美国大学受的教育，但他却在也门用两种语言大肆传播仇恨。也门是他的祖居地，2011年他也在那里被美国无人机击毙。2013年，两个年轻的车臣穆斯林移民在波士顿马拉松上制造了高压锅爆炸案，造成3名观众死亡，264人受伤。实施者萨纳耶夫（Tsarnaev）兄弟看起来好像已经适应了美国的文化，但是据说当他们看到美国杀死穆斯林平民后，“自己就变得激进起来”。

早先从欧洲来到美国的移民在文化认同和融入方面没有什么困难，晚近来的大多数亚洲移民也是如此：第二代移民说英语，第三代通常和移民群体之外的人结婚。这就是“三代融合”说。但是，对来自一个非常不同的文化的移民来说，这并不总是有效。一些年轻的穆斯林和美国社会疏远，对伊斯兰教的信仰比他们

---

* 此处指的是南罗得西亚，即今天的津巴布韦。——译者注

的父母更炽热。其中的一些对于他们的宗教同宗者所遭受的苦难和死亡感同身受，感到整个伊斯兰世界正在受到攻击，而他们必须保卫它。

形成对比的是，信基督教的阿拉伯移民（现在很多来自伊拉克和埃及）在建立美国认同方面就没有这样的困难。他们的基督徒身份有助于适应美国文化。事实上，在他们的祖居国，信基督教的阿拉伯人通常遭受歧视，所以他们很高兴来到美国（美军欢迎他们加入，因为他们有语言优势）。一个世纪以前，第一批来美国的阿拉伯移民主要是黎巴嫩基督徒，他们很快就在文化上适应了。宗教是有关系的。

恐怖分子还是自由战士?

很早就有人说："一个人眼里的恐怖分子，在另一个人的眼里就是自由战士。"如果你喜欢他们的事业，那他就是自由战士。如果你讨厌他们的事业，那他就是恐怖分子。英国认为美国的爱国者，甚至华盛顿将军都是恐怖分子。很多历史悠久的加拿大家庭就是独立战争时期的亲英分子（Tory）的后代，为了逃离美国革命的恐怖来到加拿大。北爱尔兰的新教徒认为格里·亚当斯*（Gerry Adams）是恐怖分子，北爱尔兰天主教徒则不然。以色列的两任总理，贝京（Menachem Begin）和沙米尔（Yitzhak Shamir）在1948年前都被英国当作恐怖分子追捕。还有很多穆斯林为"9·11"事件而感到振奋。

有的学者认为，把恐怖主义和为自由而斗争区分开来的，是恐怖主义攻击的目标。攻击无辜平民的是恐怖主义，和武装的士兵作战则是战争行为。因此，向以色列城镇发射导弹的就是恐怖主义；不过，以色列人说，以色列向哈马斯进行报复则是合法的自卫。根据这一标准，"基地"组织在东非用炸弹袭击美国使馆就是恐怖行动（炸死的大多数是当地的行人），但它袭击美军"科尔"号驱逐舰就是合法的战斗。

这样的区分意义不大，恐怖分子也常常对此不屑一顾；他们说，他们是处于劣势的一方，必须在敌人薄弱的地方攻击敌人，这也包括了攻击平民。车臣恐怖分子不断地袭击俄罗斯平民，他们曾在莫斯科劫持了一个剧院的人质。第二次世界大战期间的法国抵抗运动暗杀与纳粹合作的法国人，而不是去挑战德国军队。德国人称他们为恐怖分子。北越以解放斗争的名义威胁南越的村庄，美国人称他们为恐怖

* 格里·亚当斯为新芬党主席。——译者注

分子，而之后美国人却以反共斗争的名义用凝固汽油弹轰炸村庄。萨达姆复兴党（Baath）的残余力量不管美军士兵还是伊拉克平民都杀，美国人称他们为恐怖分子。对恐怖分子来说，与占领军合作的人都不是无辜的。

恐怖主义行动的方式可以帮助对它进行界定。汽车和卡车炸弹、劫持轮船和客机、自杀式炸弹袭击都是恐怖主义的特征。非对称冲突中较弱的一方认为，敌人武装了飞机大炮坦克，所以他们必须使用所有可以想出来的方式与之对抗，包括攻击平民目标。

美国该制定什么政策应对非对称冲突？

小布什政府不断地把入侵伊拉克合理化，他们实际上这样解释："我们正在那里与他们作战，这样就不必等他们到了这里再打。"批评者指责说，伊拉克战争使得事情变得更坏，分散了我们对付仍在活动的"基地"组织的注意力。美国的入侵在世界范围内搅动起伊斯兰世界的仇恨。伊拉克的反叛者大部分都是土生土长的逊尼派沙文主义者，伊斯兰主义者则分裂为几十个小的团伙，很难抓住他们。一些外国"圣战"者（多数是年轻的沙特人）进入伊拉克，但是很快就陷入和伊拉克逊尼派组织的冲突。他们的目标完全不同：伊拉克逊尼派寻求得到一份石油财富和权力，而外国人要和美国人、什叶派，以及其他世俗力量进行"圣战"。一个约旦的狂热分子（2006 年被杀）建立了一个组织，把它叫作"基地组织在伊拉克"。因此，由于美国的占领，才让"基地"组织进入伊拉克。

▶▶▶ 概念：反弹回击（blowback）

如果帮助伊斯兰主义组织，那么就会陷入一个一贯的模式之中：他们突然就袭击了自己的赞助者。有些机构，包括中央情报局，把这个叫作反弹回击——指反弹回来打了自己脸的行为。例如，以色列在 20 世纪 80 年代帮助哈马斯的时候认为自己很聪明，因为哈马斯这个宗教团体被认为可以抵消掉一些阿拉法特的世俗巴勒斯坦解放组织的影响。但是哈马斯一直致力于摧毁以色列，现在已经把巴勒斯坦解放组织推在了一边。

沙特阿拉伯 1932 年建立在伊斯兰瓦哈比教派基础上，它利用石油财富、通过在穆斯林穷国（包括巴基斯坦）设立宗教学校，到处传播这个教派刻板僵化的信条。现在瓦哈比派信徒却要推翻沙特王室，说它已经远离了真正的伊斯兰，转而依靠美国。

巴基斯坦三军情报局（Inter-Services Intelligence，简称ISI）通过组织阿富汗难民学生进入巴基斯坦的原教旨主义《古兰经》学院，培养出了塔利班。巴基斯坦在美国的同意下，推动阿富汗建立塔利班政府，以解决巴阿边境地区的混乱和无序状态。现在，塔利班立誓进行“圣战”反对巴基斯坦和美国政府。在这个世界上，要当心自己帮助过的人。

小布什总统想要进行伊拉克战争，但他想象的战争是目标清晰、方式明确的。然而非对称冲突（特别是当对手是一个国际恐怖组织时）很难弄。“基地”组织不是一个单一的敌对国家，而是许多国家里各个组织的松散联结，这些组织成立时自我宣称是“基地”组织，但几乎没有得到“基地”组织任何帮助或指导。这是一项高度国际化的活动。在一个地方被镇压，又在另一个地方冒出来。和“基地”组织有联系的团伙在英国、尼日利亚、马里、美国招募成员，又到也门、索马里、巴基斯坦训练。2009年圣诞节，一个年轻的尼日利亚穆斯林在底特律附近企图用藏在内裤里的炸药炸掉一架民航客机。他出生于非洲最富有的家庭之一，在伦敦拿到了工程学学位，在也门受到“基地”组织的训练。

▶▶▶ 概念：恐怖主义加上大规模杀伤性武器

大规模杀伤性武器有时被界定为“核弹、毒气、毒虫子”（nukes, gas, bugs）。恐怖分子会得到大规模杀伤性武器、并用它们进行大规模攻击吗？有人说，他们已经有了，“9·11”袭击死了2 996个人，就是事实上的大规模杀伤性武器。但是如果像“基地”组织这样的恐怖组织得到一些更有威力的杀伤性武器，会怎么样呢？面对有核武器的恐怖主义，美国将不会安全。

很多专家担心巴基斯坦会向极端主义者提供或出售核装置。巴基斯坦并不稳定，它的情报机构中的有些人和极端主义游击队有着暧昧的关系。恐怖分子不用担心报复，这会怂恿他们使用核武器。

全世界有数以千计的核弹头，可供裂变的物质（高浓度的铀或钚）足够再制造24万枚核弹。这些物质中有许多（特别是在原苏联地区）的安全防范设施很差，很容易被偷走和走私——术语“散装核弹”（loose nukes）就是这样来的。核装置要破坏一个城市，不需要很先进。一个集装箱就可以运送一个核装置。

美国的威慑是否足以有效劝阻潜在的供应者向恐怖分子提供核弹？供应者可能会想，又不会追溯到是他们卖的；但是不同的裂变物质会留下特殊的路径记号，因而是可以追溯的。美国可以宣布，在不确定的情况下，它将轰炸三个最有可能干这种事的国家。有核弹的国家越多，就越有可能让一枚或多枚核弹落入恐怖分子手中。美国反恐努力的一个组成部分就是要加强安全保障，防止核扩散——直到最近这才成为美国的优先考虑。

与核爆炸不同，一个放射性武器（radiological weapon）或“脏弹”（dirty bomb）爆炸会吐出放射性的尘埃，并污染像华尔街那样的一大块区域。用铀或钚的废料、围绕住一些硝化甘油炸弹，很容易组装成放射性武器。它的杀伤力不大，但可能需要好几个月才能消除放射性污染。关闭曼哈顿下城*（lower Manhattan）会带来什么经济影响？（那里的所有公司都在其他地方备份了文件。）

“9·11”事件刚发生，含有炭疽病毒的信件就寄出了，有些寄到了国会山。五名美国人死于第一次生物恐袭。实施者是一个疯狂的联邦科学家，后来自杀了。最早，怀疑集中在“基地”组织身上，炭疽病毒可能是从伊拉克得到的，但2003年战争后并没有找到证据。炭疽病毒培养起来并不难，也容易弄成粉末，因而可能会被恐怖分子使用。

天花病毒更容易制造和传播：只需要感染一些志愿者，然后让他们乘上飞往美国的航班，要求他们在人群拥挤的地方打喷嚏。20世纪70年代以来，就没有美国人接种天花疫苗，不过我们可以很快开始进行免疫项目。毒气是恐怖分子最不可能用的，因为它需要较大的数量，而且能很快追溯到供应国。就像在1991年海湾战争中看到的，核弹慑止了毒气。

面对恐怖主义，我们应该做什么？第一，我们必须记住，恐怖分子想要我们过度反应，这样就可以用我们的力量来对付我们，就像劫机者用我们的技术对付我们。军事选项具有诱惑力，但必须谨慎使用，因为军事手段会刺激恐怖主义，而不是平息它。很少有穆斯林喜欢伊拉克世俗的萨达姆政权，那是阿拉伯世界里伊斯兰成分最少的国家；但是大多数穆斯林都强烈反对美国入侵一个兄弟的阿拉伯国家。本·拉登看不起萨达姆·侯赛因，说他是个伪善的偶像崇拜者，但还是将美国入侵伊拉克描绘成对所有穆斯林的犯罪。大多数阿拉伯国家都恨叙利亚的巴沙尔政权，

* 曼哈顿下城指曼哈顿南部城区，那里金融机构密布。——译者注

但几乎没有人公开支持美国针对叙利亚的军事行动。

本·拉登的眼前目标是“近处的敌人”，即他的祖国沙特阿拉伯。几十年来，沙特官员否认沙特存在任何问题，他们甚至否认大多数“9·11”事件中的劫机者是沙特人，但是现在却担忧数以千计年轻的“萨拉菲”信徒（salafi）正在准备推翻政权。沙特阿拉伯实在是老天的赏赐。全世界都要靠波斯湾流出来的石油过活。有人反对这一说法，认为石油是造成自私和贪婪的原因，但是如果石油供应严重中断，全世界都要遭殃。我们对沙特做的一切都会回过来打自己的脸。在沙特驻扎美军引发了当地人的反对。我们照做了。“基地”组织在沙特阿拉伯的地下组织，只有沙特人能对付。

美国的第一道防线在国内，即采取措施加强边境和机场控制；这起到了作用，但并不能根除威胁。现在，恐怖分子进入美国、在美国行动更加困难，尽管他们一直在尝试。这要归功于第一线的工作——移民和海关执法部门（Immigration and Customs Enforcement，简称 ICE），他们守护着美国的边境和机场，是国土安全部的一个组成部分。现在有一个新的情报交流中心，让各部门分享可能的恐怖分子动向的情报。一直存在的主要问题是，由于法律和机构文化的限制，中情局不和其他部门分享情报。还是没有一个单一的计算机系统或数据库来连接各个部门。如果关于“9·11”事件的所有碎片化警告都能在一个平台上集中，美国人可能会有能力阻止袭击发生。华盛顿的联邦调查局忽视了现场报告，这些报告说，正在进行飞行学习的年轻阿拉伯男性很可疑，因为他们告诉指导者，不想学起飞或降落。

坚忍耐心的警务和情报工作、而不是军事入侵，才是阻止恐怖主义、同时又避免非对称战争的更好的方式。我们需要一支具备语言能力的国际特警队伍。联邦调查局不能在海外行动，中央情报局没有执法权，这两个机构都不隶属于国土安全部；国土安全部本身也只是简单地把一些其他部已有的局挪到一起。美国在组织机构上仍然没有做好准备以制止恐怖袭击或处理其后续事务。联邦紧急事务管理署（Federal Emergency Management Agency，简称 FEMA）是国土安全部的组成部分，它对卡特琳娜飓风的应对没有树立起人们对它的信心。

第二，美国在其他国家的执法行动只能通过所在国家的警察和情报机构，其中的很多机构不是完全合作的，也无法完全信赖。例如，沙特阿拉伯和巴基斯坦从未把在其领土上的极端主义活动和盘托出；他们害怕极端主义者，不愿意对他们采取严厉措施。美国必须在温和的穆斯林国家找到盟友，可以给他们一个选项：美国，或是恐怖主义者。和美国情报机构合作比和恐怖分子合作更好，后者带来的只有暴力和贫穷。

美国面对恐怖袭击仍然很脆弱。计算机网络、港口、炼油厂、核电站都是脆弱场所。美国的管控还是松弛的：估计在美国有四百万人的签证已经过期。其中至少有两人参与了“9·11”劫机事件，他们毫无困难地进入美国，在这里生活，没有人问他们在干什么、怎么挣钱。劫机者嘲笑这里的一切多么开放和容易。有些开放可以收紧，并且应该考虑国民身份证制度。民权自由论者和拥枪者都在叫嚷，说这样就变成了“警察国家”，但是你已经随身带着同样的东西：有条形码带照片的驾照和社保卡。身份证只不过把这两件东西合在一起（学生们反对，害怕酒吧招待要求看身份证 *）。这样一张国民身份证已经发给了数以千计每天穿越美国和墨西哥、加拿大边界的人。

不过，惊慌失措的过度反应和“做点事、任何事”的心理需要，则是不必要的。“9·11”事件以后，很多惊恐的美国人带上了防毒面具和降落伞。执法部门扣押了有着和劫机者一样的橄榄色皮肤和下垂小胡子的男子。屈服于过度恐惧意味着送给恐怖分子一个回合，这也是他们实际上想要的。美国的敌人总是假定，美国是一个虚弱而颓废的社会，没有深刻或精神性的价值，一门心思只想着钱和奢侈品，不愿意牺牲或承受伤亡。他们没能理解，美国是一个具有高度弹性和调适性的社会，内部有着巨大的力量。

▶▶▶ 概念：无人机战争

无人驾驶飞行系统在美国已经发明了好多年，但奥巴马政府在对付阿富汗、巴基斯坦、也门以及其他地方的恐怖分子和叛乱者时，秘密增加了十倍的使用量。有人认为，作为正在快速增长使用量的“军用机器人技术”，无人机是对付恐怖分子的完美武器。其他人认为，无人机使得刺杀行动像视频游戏一样容易和有趣，是冷血的死亡机器——这对装备了“地狱之火”（Hellfire）导弹的“收割者”（Reaper）和“捕食者”（Predator）无人机来说，是合适的命名。很多人担心，远程杀戮（超过 3 000 英里范围）会损害美国的价值观。

美国空军正在从载人喷气机朝无人机发展，训练的无人机操作员比常规飞行员还多。从技术上看，无人驾驶飞行系统有很多优点：不会让飞行员经受危险，因为无人机的“飞行员”坐在内华达州的一个操控台前，接收从地球另一边的中情局基地传来的目标卫星数据。多数无人机由空军运行，但中情局也有一些，并

* 作者在此应该是调侃学生担心看了身份证，酒吧不卖酒给他们，因为有饮酒的最低年龄限制。——译者注

且还在索要更多。多数无人机是低速、螺旋桨驱动的飞行器，可以在一个区域盘旋好几个小时。它们装备有红外线相机的望远镜所看到的范围比载人飞机远得多，它们的导弹造成的附带破坏可能也较少。华盛顿的最终论证支持了无人机："你难道还打算派部队去？"

无人机也存在问题。造一个要花2 000万美元，还要超过数百万美元来服务和控制。要杀掉一些坏蛋，无人机是昂贵的方式。如果卫星数据连接崩溃了，无人机就不能工作，这个弱点让无人机和网络战联系在了一起。普通飞机和导弹可以击落无人机。无人机需要大量地勤人员和保障基地，一般要在离目标几百英里的范围内。无人机攻击可能利落地杀掉恐怖分子，但也会让当地人暴怒，加入反叛的人可能比杀死的还多。

无人机和它们的"飞行员"很难像地面部队一样区分战斗人员和非战斗人员，因而会杀死无法知道确切数量的平民，包括妇女和儿童。美国空军说，这个比率很低。但批评者说，数量是相当大的。如果无人机那么好用，那么为什么还要用"海豹"突击队去杀本·拉登？答案是：因为无人机不能确定那是不是本·拉登。

遭受无人机攻击的国家——巴基斯坦最多，其民众都恨无人机和发射的国家。这损害了美国与巴基斯坦的关系，巴基斯坦为此要求美国离开。事实上，所有死在无人机下的人都是穆斯林，这又加强了"圣战"的主张，说美国蓄意谋杀、反伊斯兰、且胆小怯懦。无人机最好的使用方式是监控，就像美国从尼日尔发射的无人机覆盖了马里的大片沙漠，搜寻与"基地"组织有联系的叛乱者。地上的事由法国和非洲的地面部队干，美国就不用遭受很多指责了。

机载人工智能很快就能让飞行员不再必要。无人机将做一切事情，包括杀人，不再由人来决断。不管是在美国还是国际上，都没有法律或规章限制使用无人机，媒体和政客直到最近都没有好好讨论过它们。它们能在任何地方完全秘密地杀掉任何人，只需要白宫点点头吗？很多国家都在发展无人驾驶飞行系统，美国现在使用无人机的方式形成了国际先例。当有一天无人机被用来对付美国时，美国能大声地抗议吗？现在可能就是讨论规则的好时机。

非对称冲突的教训

1. 安全是一个永恒的问题。无论是冷战的结束还是孤立主义，都不能送给我们安全。敌对力量可以扰乱世界，甚至攻进我们的家园。

2. 中东是现在很多冲突的来源，而且我们也无法完全退出中东或对它不管不顾。

3. 恐怖主义光靠自己很少能成为有效的策略。“9·11”事件让美国异常愤怒，但并没有受到严重损伤。

4. 亨廷顿的“文明的冲突论”看上去更有道理了。

5. 快速的人口增长是影响世界政治的一个因素。失业人口多的国家孕育着冲突。

6. 如果敌人不怕死、也不在乎保护自己的国家，威慑就不会起作用。“萨拉菲派”的激进分子希望作为烈士而死去。

7. 为了与恐怖主义战斗而入侵别的国家，会让我们深陷长期的非对称冲突。

8. 盟友是有价值的，无论在欧洲还是在中东。发动2003年的伊拉克战争时没有考虑盟国的意见，这孤立了美国。

9. 恐怖主义可能会得到大规模杀伤性武器。守护好大规模杀伤性武器必须是一个主要的目标，但这需要盟国的帮助。

▶▶▶ 概念：网络战

有人认为，网络战是军事技术的最新跳跃，其重要性可能相当于空中力量和核武器。犯罪集团和敌对国家已经每天企图攻击全世界的银行和商业系统。我们都曾遭到过计算机病毒的侵袭。可以想象，网络攻击会使通信和电力网络瘫痪，让防御系统失灵，泄漏军事秘密。

到目前为止，多数网络攻击只是简单地使目标网络超载，让它们运行缓慢或关闭，造成“服务取消”。2008年，俄罗斯进攻格鲁吉亚的前奏，就是让格鲁吉亚的计算机网络超载。对一国基础设施更为复杂的攻击也发生了。2010年，可能由美国发明的蠕虫病毒被以色列人插入伊朗的一些核离心机，延滞伊朗的浓缩项目。美国军队已经大规模提升了网络安全水平，并于2010年建立了网络司令部，由一位四星将军领导，大约有5万名工作人员。

网络战可能特别适合非对称冲突，因为它给劣势方开了一个口子去破坏更强大的敌人。阿拉伯和以色列的黑客相互把对方确定为特殊的攻击目标。需要的只是一台计算机和一些技术。

然而，网络战可能不是完美的武器。它的危险在于，没有严重削弱敌人，反倒激怒了敌人。网络攻击通常可以追溯到最早发动攻击的地方。小规模侵入式的网络攻击让攻击对象对其弱点有了警觉，因而可以修补漏洞并实施报复。2007年，在与爱沙尼亚的纷争中，俄罗斯攻击了爱沙尼亚的网络。现在，爱沙尼亚是北约网络防御部署的司令部。

在网络战中，进攻比防御容易，这刺激了威慑战略：你损害我的网络，我就炸了你的！报复，特别是高技术加量的报复，可能对攻击者网络造成的损害大于自己最初所遭受的损失。网络攻击能快速升级为常规军事交火。如果有人试图破坏你的网络，为什么要对它手软？国家可能会保留其网络报复能力，以对付大规模的攻击；过早显露这一能力会让敌人警觉，从而修补其漏洞。总之，网络战没有什么神奇之处，常规战争有的所有难题，它都有：防御、威慑、报复，以及升级。

预测计算机恐怖事件要谨慎。2000年快要到来时，散布恐惧情绪的人断言，由于年份只能用最后两位数字表示，所以计算机将不能区分2000年和1900年，这个“网络千年虫”（Y2K）将带来大规模的计算机瘫痪。全国的计算机系统都会崩溃，发电厂将停止运转，飞机会从天上掉下来——除非你买一个特殊的保护程序。有人认为，网络战同样也被夸大了。

复习题

1. 非对称冲突指什么？和恐怖主义是不是一回事？
2. 怎样区分恐怖分子和自由战士？
3. 恐怖主义和叛乱有什么关系？
4. 几个恐怖分子真的能推翻一个政府吗？
5. 为什么恐怖主义和中东关系这么密切？
6. 什么是“反弹回击”？它怎样伤害我们？
7. “萨拉菲派”指的是什么？它是怎样加强“政治伊斯兰”的基础的？
8. 美国准备好进行非对称冲突了吗？
9. 为什么在伊斯兰国家土生土长的恐怖分子能出现在美国？
10. 无人机可以有效对付恐怖分子和叛乱分子吗？

第五部分
全球政治经济学

国际政治经济学是政府和世界经济的连接面。国际政治经济学突出了国际关系的重要性，并有助于确定现存的是哪种国际关系体系。今天的世界是否具有一种新的政治经济学？全球化和互联网是否把地球变成了一个大市场？或者说，在欧洲、亚洲和北美建立各自产出大体占全球经济三分之一的经济集团，是否并不是开放之举？可能出现的新的体系是否会稳定？只有一件事很清楚：国际政治经济并不能自己运转，而是需要大国的领导。

第十五章　“如果欧元失败了，欧洲就失败了”　第十五章论述了欧洲的联合体发展的过程，以及因救助欧元区较弱的成员国而陷入泥潭的问题。欧元是欧盟的权力和自信力的简单代表，但在部分成员国承认其赤字过大时，欧元经受了巨大的打击；欧盟就如何处理这一问题陷入分裂。作为欧洲战后安全基石的北约，在苏联威胁不存在时也走了下坡路；而现在的欧洲也不再是冷战时期美国的小伙伴。有些欧洲精英想在北约之外建立欧洲的对外政策，但欧盟仍然太过碎片化，因而难以做到这一点。欧盟正在走自己的路，不听华盛顿让它开放市场的请求，也不在伊拉克和叙利亚这样的地方接受美国的领导。

第十六章　亚洲醒过来了　第十六章观察世界经济增长从西方到东方的惊人转移，即新近中国的兴起和早些时候日本从战败的废墟上崛起。随着经济增长，中国的行为更为自信，特别是在海上。中国沿海的邻国担心受中国“欺负”，想让美国制衡中国。这些快速增长的环太平洋经济体正在考虑建立一个贸易集团，其潜在的产出能力超过了北美自贸区或欧盟。日本的经济奇迹是如何发生、又是如何步履蹒跚的？最大的问题是，中国将成为资本主义民主国家，还是变得既民族主义又敌视美国？

第十七章　美国和全球化　第十七章联系美国经济论述了全球化理论。怎样才能找到美元的正确价值？对国际政治经济来说，真的有全球化吗？全球化是已经开始衰退，还是将自我持续下去？反全球化者的抗议有什么？开放的世界经济能在没有美国领导的情况下扩展吗？美国真的对开放的世界经济感兴趣吗？还是它又在实行贸易保护主义？面对可以让美元暴跌、带来新的大萧条的世界震荡，美国的繁荣脆弱吗？

第十五章 “如果欧元失败了，欧洲就失败了”

本章的标题是德国总理安格拉·默克尔（Angela Merkel）在欧盟面临行动瘫痪的风险和分崩离析的前景时所说的话。高层领导人就一些欧元国家如何解决债务问题争吵了很多年。多数观察者相信，他们最终会达成一个解决方案：保存欧元，维持欧盟。如果做不到这些，结束欧元或者欧盟，都将进一步压垮欧洲经济，欧洲经济在从萧条复苏的过程中遇到的困难多于美国经济。危机持续了这么多年，以至于普林斯顿大学的经济学家保罗·克鲁格曼（Paul Krugman）说，他不知道是该害怕呢，还是该觉得无聊。

欧元区的困难

一些欧洲国家的财政不平衡给欧元的前景带来一些问题，欧元被看作可以进一步促进欧洲统一的新货币。欧元最先由 12 个国家在 1999 年用于信用卡结算，不过 2002 年一开始，真实的硬币和纸币就取代了旧的各国货币。最初有些抱怨，但欧元区的大多数人已经开始习惯欧元，甚至更喜欢它。游客尤其喜欢欧元，因为他们不需要频繁兑换货币。现在有 18 个国家使用欧元（英国、丹麦、瑞典处于欧元区之外）。欧元已经成为储备货币，但还没有美元那么重要。

欧元诞生之前，欧洲国家在和邻国进行贸易时要么使用本国货币，要么使用欧洲美元。这意味着你任何时候兑换货币都会有几个百分点的交易成本。此外，欧洲美元意味着要依附于美国的经济政策，美元的升降由美国政策推动，欧洲说不上话。欧洲政治家想要一个强大的、受到尊重的属于他们自己的货币。一开始曾隐约感觉到的某些问题，随着欧元而出现：成员国不能制定自己的利率或货币价值，这是主权的重要成分，而他们已经交出。

1991 年，在荷兰的马斯特里赫特（Maastricht），欧盟成员国建立了欧洲货币联盟（European Monetary Union，简称 EMU），1999 年开始使用新货币欧元，由设在法兰克福的新的欧洲中央银行（European Central Bank，简称 ECB，相当于美国联邦储备委员会）监管。一些经济学家预测欧元将无法运转，因为没有单一的政治当局强制实施预算和约束借贷。事实上，这就是已经发生的事情。

欧元刚开始兑美元的汇率为 1.17，2001 年跌到 0.85，但随着美国巨大的预算赤字拖累美元走软，2008 年攀升到 1.55。受到欧洲本身的债务和赤字危机的打击，2013 年底欧元兑美元的汇率为 1.35。一个“坚挺”的货币并不必然是好的，因为它使得出口变得困难。欧洲人和美国人一样，愤愤不平地抱怨中国的人民币，说它兑换美元的汇率太低了。

缺乏有效控制使得欧元面临麻烦。哈佛大学经济学家肯尼思·罗戈夫（Kenneth Rogoff）把欧元比作一对年轻夫妇的联合活期存款账户，任何一方都感觉可以自由超支。在理论上，欧洲货币联盟把成员国的财政赤字限制在国内生产总值的 3%，但是受到失业和福利支出的压力，多数成员国很快超过了 3%，而欧洲央行又没有能力阻止它们。四个成员国的债务累积得特别高，分别是葡萄牙、爱尔兰、希腊和西班牙（简称就是 PIGS，即“欧猪国家”）。当 2010 年早些时候希腊公开了它有 12 个百分点的赤字、而且债务超过国内生产总值时，就触发了主权债务危机和全欧洲的恐慌。一个希腊违约就可能让整个欧元垮台。

欧元出现之前，遇到困难的国家可以让货币贬值。例如，希腊的德拉克马（drachma）* 可以降低其价值，而这对欧洲其他地方几乎没有影响。但是现在，使用欧元的国家不再能单独贬值。形成对比的是，波兰就很幸运，因为它没有进入欧元区，所以仍然在使用自己的货币兹罗提（zloty）；波兰让兹罗提贬值以促进出口，因而在大衰退中形成很好的财政平衡。

欧洲在应该怎么办上发生了分裂。法国想要扩大支出以减少失业，德国想要通过财政紧缩和减少赤字来解决通胀。欧洲货币联盟的规章禁止财政救助，但是为了拯救欧元，几个强大的成员国一起为最弱的成员国准备了 7 500 亿欧元的一揽子贷款，但要它们实施严厉的紧缩计划。希腊发生了骚乱；不过爱尔兰人和西班牙人却咬牙忍了。

大部分救助贷款来自欧洲北部，特别是德国，德国的纳税人怨气冲天，简直和美国的茶党（Tea Parties）一样。欧洲北方的人不住抱怨，他们努力工作，却让南方国家超支和很早退休。有的德国人说，他们应该退出欧元区，重新使用可靠的德国马克（Deutschmark）。还有很多欧洲北方人说，“欧猪国家”应该被踢出欧元区。比较冷静的经济学家认为应该加强欧洲央行的作用，使它可以调解成员国的财政平衡，而这将要求成员国出让很大一部分主权。欧洲经济学家指出，美国各州不会靠赤字运转（尽管加利福尼亚被比作希腊）。一直持续的危机让欧盟面临一个艰巨的

---

* 希腊在欧元之前所使用的货币。——译者注

选择：要么推进更深入的联邦式联盟，其中包含一个可监管成员国国家银行的欧盟银行联盟，要么将冒欧盟解体的风险。

欧洲的计划

经过多年的争吵，一长串的系列条约之一《里斯本条约》于 2009 年开始生效，意在慢慢地推动欧洲联合。远非创造一个联邦制的民主国家，条约只是稍微提高了欧盟机构的效率，并增加了“欧盟总统”和“欧盟外长”的职位，以使欧洲在世界舞台上可以用更为统一和权威的声音说话。在创造一个能够走自己的路的欧洲方面，这只是一小步。

冷战结束以后，很多欧洲人不满美国成为新的霸权，因为美国试图把世界塑造成它自己的样子。在欧洲人反对 2003 年伊拉克战争时——他们认为这是小布什“单边主义”的一个例证，这一不满达到了顶峰。欧洲人真的不喜欢小布什，而小布什对他们也算是投桃报李。他们一开始很喜欢奥巴马，但是很快就冷淡了。美国的军事力量无法匹敌，但美国权力的其他一些方面则非常有限。记住，权力是一个国家有能力让另一国家去按其要求行事，而大半个欧洲都拒绝了美国的建议、压力、警告和领导。欧洲形成了对美国权力的较弱的平衡。

有的法国学者把美国看作“超霸势力”（hyperpuissance，即 hyperpower，比超级大国还要强），并发誓要抵制它。他们实际上在表达不满（很多欧洲人都是如此），不满部分来自军事，部分来自经济，部分来自文化，部分来自政治，还有很重的心理上的不满。欧洲担心美国拒绝联合国和国际法、支持军事解决方案的“牛仔心态”。而欧洲在重重地让自己摔在两次世界大战的血泊中之后，已经急剧地转向了对反战和谈判协商的支持。欧洲妒忌美国经济的灵活性，但其反应却是说，欧洲不会采纳“原始的”、财富鸿沟不断加大的美国资本主义，而将建立人道的（而且很贵的）福利国家。在健康、福利、教育标准方面，一些欧洲国家走在了美国前头。

在文化上，有些欧洲精英讨厌美国电影、电视剧、时尚、音乐。他们害怕乌七八糟的美国蹩脚货淹没了他们古典的、创造性的文化，尽管普通欧洲人兴高采烈地消费着美国电影和快餐。差不多所有欧洲人都认为美国的枪支法和资本惩罚是原始的。美国是宗教的，欧洲则是非宗教的（波兰是个例外）。所谓“软权力”不是国际关系中微不足道的小事，它会驱使长期的态度变化。

欧洲对于依赖美国保障安全，以及总要追随美国的领导已经很疲倦了。欧洲的很多领导人都在说：“我们要和美国人保持平等，欧盟和美国是平等的。我们的对外政策将不会顺从地跟着华盛顿走。我们想要有自己的货币、信息技术、重要产业，以及所有可以让我们相对美国保持独立的东西。”而在华盛顿看来，欧洲的重要性在下降，而中国则隐然是个庞然大物。

早在冷战结束以前，政治上的不满就开始把欧洲和美国相互推开。美国把自己看作地位较高的伙伴和当然的领导、不可或缺的参与者。在美国人眼中，欧洲太分散了，无法成为主要的角色。欧洲人已经习惯由美国来照管他们的安全，所以他们不再在防务上花足够的钱，现在花得更少，因为他们的威胁很少、而预算差距很大。欧洲的大计划，不是安全，而是欧盟，欧盟的目标就是在世界上发出自己的声音。

►►► 地理：定义欧洲

冷战期间，欧洲分裂为东西两部分。一些中立国既不是北约也不是华约成员（瑞典、芬兰、瑞士、奥地利、爱尔兰，以及南斯拉夫）。但东欧内部则还有两个在历史和文化上都不一样的地区：中欧和巴尔干。

就我们的叙述目的来看，西欧包括的国家靠近大西洋，再加上瑞士和意大利。中欧从克罗地亚北部开始，包括克罗地亚、斯洛文尼亚、匈牙利、捷克、斯洛伐克、波兰，再加上奥地利。（不要把斯洛文尼亚和斯洛伐克搞混。斯洛文尼亚位于南斯拉夫西北，与奥地利和意大利接壤。斯洛伐克是原来捷克斯洛伐克东边的一半，在波兰和匈牙利中间。）中欧基本上是原来哈布斯堡王室或奥匈帝国（还包括波兰南部）的地盘，主要信罗马天主教。这一区域比巴尔干地区发达，很快就转向了民主制度（克罗地亚和斯洛文尼亚稍慢一点）和市场经济。多数中欧国家于2004年加入欧盟，因此现在当我们说“欧洲”时，一般指的是西欧加上中欧。

巴尔干（名字来源于土耳其词汇，意思是“山脉绵延”）地区长期属于奥斯曼土耳其帝国的一部分，位于克罗地亚以南。包括塞尔维亚、波黑、黑山、阿尔巴尼亚、希腊、罗马尼亚和保加利亚。巴尔干地区主要信奉东正教，比中欧要贫穷，也不那么民主，加入欧盟的过程要长很多。请注意，南斯拉夫企图把其中欧的和巴尔干的元素融入进一个国家，结果带来了血腥的分裂。

北约的兴起和边缘化

欧洲已经在两条轨道上推进联合，安全轨道是北约，经济轨道是欧盟。在漫长的冷战期间，两条轨道并行推进、相互加强。冷战结束后（关于冷战结束的确切日子，很多人认为是1989年柏林墙倒塌的那一天），两条轨道就分开各走各的了，直到现在北约和欧盟已经没有什么合作了。失去了主要的敌人，西方联盟中的某种潜在力量就把联盟拆开了。北约是因为害怕苏联扩张才建立的，当苏联消失了，北约的生命也到头了。现在的西欧和美国在贸易、前南斯拉夫地区、伊拉克、伊朗、叙利亚，以及许多其他问题上的冲突正在增加。

从建立起就隐藏在北约核心的一个问题把它变成了一个纸上联盟，那就是北约有限的行动范围。1949 年的《北大西洋公约》规定，对欧洲或北美成员的攻击将被视为对所有成员的攻击。像波斯湾这样的地方就是“范围之外”的，叙利亚的内战也不是对任何成员国的攻击。美国人一直期望他们的北约盟友在全世界追随美国的领导，欧洲人则一直在说：“那不是北约的防御区域，我们不能跟着你走。”这种情况第一次出现在 20 世纪 90 年代的巴尔干地区，当时的西欧国家说，它们会在制止波黑骇人行为方面起领导作用，但后来却缩回去了。欧洲人不愿意使用武力来维护欧洲的安全。大西洋两岸都有挫败感。

前南斯拉夫地区的教训

20 世纪 90 年代南斯拉夫的血腥解体显示了欧盟有多么脆弱。它无法制止自己后院的屠杀，而不得不由美国人代劳。南斯拉夫是一个人为拼凑的国家，因 20 世纪欧洲的战争而兴，又因战争而亡。它于第一次世界大战后诞生，第二次世界大战时解体，冷战后再一次解体。南斯拉夫的国民（即南部斯拉夫人）并不是相互仇恨了几个世纪，而是在 20 世纪才开始仇恨。铁托和共产党在第二次世界大战中与纳粹作战，并控制南斯拉夫，以为他们已经在“兄弟和团结”的口号下建立了牢固的联邦制度。南斯拉夫的主要语言塞尔维亚-克罗地亚语，在塞尔维亚的贝尔格莱德到克罗地亚的萨格勒布之间区别很小。但是克罗地亚人是天主教徒，而塞尔维亚人是东正教徒，还有较大数量（但不是多数）的波黑人是穆斯林，他们是受土耳其人影响而改信伊斯兰教的。

20 世纪 90 年代南斯拉夫的解体，显示了这个国家并没有紧密地黏合在一起。大约 10 万人被杀，西欧国家没有能力制止屠杀。1991 年，领头的欧洲国家告诉华盛顿，它们将自己处理后院的问题。戴着联合国的蓝色贝雷帽、开着联合国的白色车子，多数西欧国家贡献了至少一个营的“维持和平部队”；给他们的指令是有限的：监督最近达成的停火，但不能卷入战斗。联合国保护部队（the United Nations Protection Force，简称 UNPROFOR）根本无效：和平维持不了，所有各方都希望通过战斗来得到他们认为应得的东西。挡路的西欧士兵还被塞尔维亚军队扣押，并戴上了手铐。

在美国扮演了积极的角色后，波黑的战斗于 1995 年 11 月结束。美国外交官解决了武器流入的问题，新近退休的美国军官训练克罗地亚和波黑的军队。接着，北约在美国的领导下强制实施了在俄亥俄州代顿达成的协议，该协议是由美国外交官理查德·霍尔布鲁克（Richard C. Holbrooke）和国务卿沃伦·克里斯托弗（Warren Christopher）调停的。北约的欧洲成员国跟着美国的领导组成了执行部队（Implementation Force，简称 IFOR）——这回有效果了，因为已经达成了停火协议，而且下达给执行部队的命令包括可以开枪。

接下来，塞尔维亚南部省份科索沃的麻烦一直在激化。科索沃是中世纪塞尔维亚人的核心地带，但是现在的主要人口是阿尔巴尼亚人。这些说着差异很大语言的科索沃穆斯林，正在不断要求自治——然后可以从贝尔格莱德的统治下独立。地下政党和恐怖主义都出现了，他们遭到了塞尔维亚军警的残酷镇压：数万科索沃人逃到了邻国阿尔巴尼亚和马其顿，剩下的也面临着被杀戮。

美国和西欧由于对波黑平民遭到屠杀时冷眼旁观而感到羞愧，此时准备去制止在科索沃出现同样的事情。在美国将军克拉克（Wesley Clark）的指挥下，进行了 78 天的空中打击（没有动用地面部队），迫使塞尔维亚撤出科索沃。炸弹几乎没有命中有价值的军事目标，而据估计，塞尔维亚人杀了约 1 万名科索沃人。科索沃在 2008 年宣告独立，得到多数国家的承认，但不包括俄罗斯、中国、印度、西班牙，这些国家都不愿意鼓励自己国家的分离运动。科索沃武装的巡逻队在努力使紧张局势平静下来。

欧洲从波黑和科索沃事件中很不乐意地认识到，只有美国的领导才能解决问题。美国有空中运输的能力，有卫星情报，有通信网络，有飞机、激光制导炸弹，还有打仗的意愿。这次事件给欧洲传递的信息是：要么发展自己的战斗技术和人员，要么永远依靠美国人。对此所做出的温吞吞的回应是，欧洲搞了一支自己的小型欧洲军团（Eurocorps）。不过它太小了，只比位于斯特拉斯堡司令部的成员多了一点儿。讽刺的是，北约唯一一次的实际运作反而给它自己的分裂帮了忙。

摇摇欲坠的北约

有人认为，东扩给北约带来了新的生气，但是扩大也带来了空心化，并激怒了俄罗斯。美国在欧洲的驻军在冷战高潮时最多达到 30 万，1989 年降到 25 万，现在只剩不到 4 万。欧洲处于和平中，他们不再需要驻军了。来自苏联集团的新东欧成员国对北约的力量几乎没什么贡献，却带来了新的战略问题。俄罗斯憎恨接近其边界的北约，因为北约的内核仍然是个反俄同盟；俄罗斯还怒气冲冲地反对乌克兰和格鲁吉亚加入北约。

表 15.1 各国加入北约的时间（共 28 个成员国）

1949 年	12 个《北大西洋公约》创始缔约国：美国、加拿大、英国、法国、冰岛、葡萄牙、比利时、荷兰、卢森堡、意大利、丹麦、挪威
1952 年	希腊和土耳其
1954 年	西德（1990 年后是整个德国）
1982 年	西班牙
1999 年	波兰、捷克、匈牙利
2004 年	立陶宛、拉脱维亚、爱沙尼亚、斯洛伐克、斯洛文尼亚、保加利亚、罗马尼亚
2009 年	阿尔巴尼亚和克罗地亚

北约不再面临苏联的威胁，也不想卷进中东。几个欧洲国家在英国的带领下，对阿富汗和伊拉克的行动贡献了一些军队。美国人和欧洲人对中东的看法不一样。华盛顿把中东看作处于混乱边缘的地区，必须要稳定下来，以保障石油供应、培育民主、推动巴以谈判。欧洲人认为中东是个复杂的地区，外部的干预只会使它不稳定，因此不想让自己的军队临此险地。美国人一般亲以色列，欧洲人却反以色列。没有什么外交手段可以弥合这些分歧。

同盟总会摇摇晃晃、磕磕绊绊，这是它们的本质。只要国家还有主权，就会保持对独立的行动方向的选择权。北约已经不稳固了，它一直是靠美国的。传统的欧洲大国在第二次世界大战中耗尽了国力。此后，只有苏联和美国在世界舞台上真正旗鼓相当。1945 年的苏联也快被战争耗干了，但还是拥有一支庞大的陆军，在东欧也部署了大量军队。美国虽然很快就让军队复原，但仍然是当时世界上唯一的工业国和核国家。欧洲已经衰竭了，连生活必需品都短缺。在法国和意大利，大规模武装的共产党人有接管政权的可能。当苏联巩固了对东欧的控制，恐惧就一层层地传遍了西欧，西欧人担心他们将是苏联的下一个目标。在希腊规模挺大的内战中，希腊政府在共产党可能控制政权的边缘摇摇欲坠。莫斯科向土耳其提出了强硬的要求，其中包括控制土耳其海峡。

这是美国对外政策的转折点。仅仅十年之前，美国还对欧洲实行孤立主义。但是在 1947 年初，华盛顿就决定不得不深入参与欧洲事务。1947 年春天，华盛顿同时制定了杜鲁门主义、马歇尔计划，再加上凯南写的“X”文章。它们各自界定了美国在冷战中的军事、经济，以及理论上的位置。

两年后，1949 年的《北大西洋公约》是美国第一次承诺保卫外国。北约不仅只是一个条约。北约的力量在于它一体化的指挥结构。在受到攻击时，成员国不是由自己决定该做什么。在北约的巴黎司令部，来自所有成员国的军官设计了一个联合协调战略。北约最高司令官（虽然并不是条约的要求，但传统上是美国人）将有权力对不同国家的军队下命令。

在欧洲人有真实的恐惧感的时候，北约运转得最好，就像20世纪50年代初，这让欧洲人感到斯大林也有在西欧这么做的意图。艾森豪威尔（Dwight D. Eisenhower）将军那时是北约的超级司令，他的外交才能和军事才能一样娴熟，整合了北约各个成员国的军队。但斯大林于1953年去世后，曾经“滋养”了北约的忧惧就减退了一些。从赫鲁晓夫开始，斯大林的继任者发起了几次“和平攻势”，“哄”得西欧国家很满意，于是北约受到搅动，西欧成员国的军事准备遭到削减，从此它们在防务上就再也不花很多钱了。1956年匈牙利事件被镇压和1961年柏林墙的修建提醒欧洲人，他们仍然需要美国的存在，而华盛顿也乐意这样做。美国在欧洲防务上花的钱比欧洲人还多，这一内在的不平衡关系必须改变。在美国的保护下，欧洲人把注意力放在欧洲大陆的联合上。

▶▶▶ 概念：联盟

联盟是两个或更多的国家之间签订的条约，其目的是在特殊情况下互相帮助，特殊情况通常指一个成员受到攻击时。建立联盟是一种古老的技巧，是面临威胁时拉帮结派的自然倾向。当威胁消失后，联盟也就衰弱了，乃至分裂。没有联盟是永久的。

建立联盟的理由叫作“联盟理由”（casus foederis），差不多是“交战理由”（casus belli）的对立面。“联盟理由”一般是安全威胁。纯粹的意识形态联盟——即“我们都这样想，就让我们走到一起吧”，是不切实际的，一个理想主义的愿望并不能落实。很多美国人相信，联盟建立在相互喜欢或价值共享之上。并不是必然如此。联盟是某一时刻掌权的领导人对国家利益的理性计算。19世纪，英国的帕默斯顿爵士（Lord Palmerston）曾经强调：“英国没有永恒的朋友，也没有永恒的敌人，只有永恒的利益。”

欧洲对统一的摸索

摇摇晃晃地从第二次世界大战的瓦砾中走出来，多数有思想的西欧人明白，为了避免未来的冲突、也为了经济增长，他们必须克服传统的国家边界。美国的模式也表明，一个大陆级别的联邦可以使货物和人员自由流动。欧洲大陆则被切成了很多国家，每一个都要保护自己已经落伍的经济主权，从而阻碍了整个大陆形成照管自己的政治和经济能力。华盛顿早就理解了这一点，马歇尔计划其中的一个条款就是为了欧洲经济计划的联合。

▶▶▶ 经典思想：现在要创造欧洲人

19 世纪后期，有一位意大利的统一缔造者这样说："已经创造了意大利，现在我们必须创造意大利人。"他的意思是，意大利的统一是自上而下的，缺乏热情的公民——他们认为自己是意大利人，而不是威尼斯人、托斯卡纳人、西西里人。欧洲是作为一套官僚制度存在的，而没有进入欧洲人的心坎里；欧洲人现在还认为他们是法国人、德国人、意大利人。许多欧洲人不喜欢欧盟，不喜欢那些拿着过高薪酬、好指手画脚的欧盟官员。

2001 年法国总理若斯潘（Lionel Jospin）说："我需要一个欧洲，但我仍然属于我自己的国家。"大部分欧洲人仍然这样想。政治学家、卡特总统国家安全顾问布热津斯基 2000 年曾打趣说："没有一个'欧洲人'愿意为了欧洲献身。"(事实上，这话并不完全正确。有很多欧洲士兵在波黑为了欧洲而死，其中西班牙人最多。)

创造一种欧洲爱国主义比设置没人能懂的复杂的机构要困难得多。多数欧洲人不带感情地跟着欧盟在走：好吧，如果这是一个不错的经济交易；但如果代价太大，就会退出去。美国人热爱美国，欧洲人不爱欧洲。建设爱国主义可能需要几百年，还需要面临共同威胁和共同问题的助力。在看见"欧洲人"之前，我们倒是可以看见一个统一的欧洲。

按照法国的让·莫内（Jean Monnet）和罗伯特·舒曼（Robert Schuman）的计划，经济一体化是欧洲统一的引擎。1951 年的《巴黎条约》建立了欧洲煤钢共同体（European Coal and Steal Community，简称 ECSC），包括法国、西德、意大利、比利时、荷兰、卢森堡的所有成员国同意通过消除关税、配额以及其他限制性措施，把它们的煤和钢合在一起经营。欧洲煤钢共同体发挥了作用，帮助推动西欧走出了战后的下跌态势。

下一个步骤更为雄心勃勃。还是这六个国家，在 1957 年的《罗马条约》里扩大了欧洲煤钢共同体的概念，加入了所有的经济部门，包括劳动力，由此产生了"共同市场"的名称。成员国同意每年削减相互间 10% 的关税，直到达到零关税，从而建立起一个针对世界其他国家的共同关税区。成员国的劳动力可以在另一个成员国就业，不需要工作许可。随着西欧经济像美国各个州那样相互联结，它们朝着“更为紧密的联盟”迈进。

欧盟在经济上取得了惊人的成功。欧洲的产业不能再像从前那样蹲在各自国家保护主义的院墙下，而是不得不相互竞争，从而以更低的价格提供更好的产品。劳动力过剩的国家把它们的人力送到劳动力短缺的国家。生活水平急剧提高，现在已经接近美国的水平。

经济带来的是一体化，而不是统一。欧洲国家的经济融合成了一体，但政治和心理落在了后面。朝前迈进的一个重要步伐是2009年批准了《里斯本条约》，条约给了欧盟一个类似宪法的东西。在2005年的全民公决中，法国和荷兰否决了第一部欧盟宪法，这一宪法需要所有成员国批准。2008年，爱尔兰选民也做了同样的事，不过2009年的投票反转了。

▶▶▶ 地理：共同市场的扩大

1957年《罗马条约》最初的六个签署国建立了共同市场，或者说，按照他们喜欢的叫法——欧洲经济共同体。这六个国家分别是法国、西德、意大利、比利时、荷兰和卢森堡。有趣的是，“六国之欧洲”（Europe of the Six）和公元800年查理曼（Charlemagne）建立的最早的欧洲帝国——神圣罗马帝国，高度重合。

英国最初没有参加，更喜欢它自己的英联邦以及和美国的联系。但共同市场运行得非常好，到了60年代初，伦敦就决定申请加入。此时是1963年，针对英国的申请，法国的戴高乐总统发出了他著名的声音：“不！”戴高乐认为，英国人不是全心全意的欧洲人。他是对的。甚至到了今天，大部分英国人还说，他们更想离开欧盟。戴高乐1969年离职后，谈判重新开始，1973年“六国之欧洲”变成了“九国之欧洲”，新加入的是英国、丹麦和爱尔兰。挪威也打算加入，但全民公决时大多数挪威人投票要把主权，以及石油和捕鱼的权利保留在自己手里。

希腊于1981年加入欧洲经济共同体，西班牙和葡萄牙则是1986年，这样就不多不少是12个国家；1993年以后，它改称为欧盟。1995年初，芬兰、瑞典和奥地利加入欧盟。挪威人再次拒绝加入。东欧国家渴望加入，但首先需要证明它们已经是市场经济的民主国家。2004年，经过六年的复杂谈判，又有十个国家、大多数是中欧的前共产党国家加入了欧盟。它们是：波兰、匈牙利、捷克、斯洛伐克、斯洛文尼亚、立陶宛、拉脱维亚、爱沙尼亚、马耳他和塞浦路斯。罗马尼亚和保加利亚于2007年加入，克罗地亚于2013年加入。欧盟现在有了28个成员国。经济好处说服了多数欧洲国家加入欧盟。只有挪威和瑞士拒绝。土耳其已经在候选名单上多年，但布鲁塞尔担心土耳其对于欧洲人来说有过多的中东特色和穆斯林特色，因此对它的申请处理得非常缓慢。

欧盟不是一个像美国一样的联邦——美国是一种政治联合的形式；欧盟是一个单一的市场，2013年国内生产总值有18万亿美元，各国人口加起来有5.07亿。美国2013年的国内生产总值为16万亿美元，但只有3.17亿人口，因此人均国内生产总值高于欧盟。2009年欧盟短时间内突然变富，但只是因为美元兑欧元的汇率出现急剧下跌。2010年欧元受到质疑，其兑美元的汇率下跌，因此欧洲又变“穷”了。汇率变动很快。

主权问题

欧洲发明的主权阻碍了欧洲的统一。主权最主要的倡导者（不是唯一的）就是法国的戴高乐，他是一名强烈的法国民族主义者。戴高乐不待见北约（因为是美国领导的），也不待见共同市场（因为要吞没法国的主权）。他号召建立“祖国的欧洲”（Europe des patries），即国家保存着各自传统的权力和特性——当然是在法国的领导下。戴高乐还想建立他自己版本的欧洲，1966年他为此命令在法国的美国军队和北约司令部离开法国。他让法国退出了给北约带来很多力量的军事一体化机构。法国仍然是北约的成员国，但43年来没有参与北约的指挥体系，后者的司令部目前位于布鲁塞尔附近。2009年，法国总统萨科齐（Nicolas Sarkozy）让法国重返北约指挥系统。萨科齐比较亲美，而且他认为法国作为北约的完全参与者可以更有影响力。萨科齐的继任者，社会党总统奥朗德（François Hollande）继续了这一政策。

和戴高乐一样，很多欧洲人想要欧盟的经济好处，但不能丢掉任何各自国家的主权政治权利。例如，1991年的《马斯特里赫特条约》致力于深化欧洲一体化，但是有些欧洲人却畏缩不前。他们关注的并不是无足轻重的问题。2007年的庞然大物《里斯本条约》就是某种形式的宪法，但它完全是一个精英的规划，没有听取公众意见。一个统一的欧洲将意味着每个国家放弃很多自己的主权，把它交给远在布鲁塞尔的官僚机构。波兰的工人将在荷兰就业。

一个主要的关注正是自上而下的、非民主的欧盟结构。欧洲人抱怨“民主赤字”，这很有道理。欧盟靠远在别处的官僚机构和技术专家运行，这些人渐渐堆积了如此复杂的一本规章手册（欧盟现行法［acquis communitaire］有 9 万页），弄得欧洲人遵守起来很烦。最重要的机构是欧盟委员会（European Commission），由欧盟的公务员运行并制定政策。每个成员国任命一名委员，没有经过选举；他们的名声也因欺诈和管理不善而不佳。唯一经选举产生的机构是由 751 名成员组成的欧洲议会（European Parliament），其权力有限而且不确定，参加选举的欧洲人也不到一半。很少有欧洲人感觉到与欧盟的治理有关联。

▶▶▶ 地理：一体化的四个阶段

国家之间的经济一体化有不同的水平和阶段。最低水平是自由贸易区，国家只是简单地打破相互间的关税壁垒。例如北美自贸协定。

高一些的阶段是“关税同盟”，国家不仅降低相互间的关税，而且对外建立共同的关税。例如，19 世纪德意志邦联间的关税同盟（Zollverein），它帮助俾斯麦统一了德国。有人认为北美自贸协定可能走向这个阶段。

第三个更高的阶段“共同市场”，即各国按照前面的要求做，直到国家间的经济壁垒为零，甚至对劳动力也是如此。共同市场会有一些经济调节的功能。例如早期的欧洲经济共同体。

一体化的最高阶段是经济联盟，特别表现为一个大的经济体，拥有共同货币和有几分类似联邦的机构。例如欧盟。如果欧盟能解决欧元危机，它就可能变成一个联邦，这是一些欧洲人一直在推进的。

欧洲可以靠自己吗?

冷战期间，美国以其巨大的军事支出和核武器保护了西欧。苏联维持着可以攻入西德的好多个师的兵力。北约的军事力量，甚至加上 30 万驻欧美军，都不足以对抗。为了慑止苏联可能的进攻，20 世纪 60 年代美国在西欧部署了大约 7 000 枚相对较小的战术核武器——现在已经减少到几百枚。

这样做有用吗？支持者说，当然有用，因为没有发生苏联的入侵。但从逻辑上看，很难证明为什么有些事没有发生。更为重要的是部署在欧洲的美军和核武器的心理影响：它让美国的欧洲盟国打起精神，恢复自己的政治、经济和军事力量。到 20 世纪 60 年代，他们已经做到了。而随着欧洲联合在了一起，它就对自己的美国大哥“顶嘴”了。戴高乐的法国退出北约的联合指挥系统，建立了法国自己的核力量。戴高乐喋喋不休地告诫说，欧洲不应该依赖美国。1961 年，东德政府建造了柏林墙，而美国没有做什么可以推倒它的事。西德人对美国缺乏坚定性感到沮丧。很多欧洲人开始想，戴高乐可能是对的。

20 世纪 70 年代，苏联在东欧部署了新的导弹，可以打到西欧的任何地方。欧洲普通人担心美国可能不会做什么来对抗新的苏联威胁；而激进分子与和平主义分子则害怕美国太想做些什么，反而刺激了苏联，而美国的急躁冒进——特别是在里根总统任内，可能会导致核战争。西欧的和平运动增多了，抗议自己可能会“无声无息地化为灰烬”。

在北约内部的冲突还没有使它分裂之前，冷战就结束了。但现在还有很多欧洲人和美国人想要知道，北约是否更是一个象征，而没有实际的意义。不再面临来自俄罗斯的常规进攻威胁，北约试图在打击恐怖主义和流氓国家方面发挥些作用。例如，2011 年北约提供了空中掩护，帮助推翻了利比亚独裁者卡扎菲，不过只有其中几个北约成员国参加（主要是美国、英国和法国）。美国当前在欧洲的主要存在是在德国的一家军事医院，用来收治在中东受伤的人。我们或许应该欢庆北约的成功——它让苏联走投无路，支持了欧洲的复兴和一体化，并且建立了德国的民主，但是仍然要问：它现在该干什么？北约成员国目前在自愿的基础上参与区域外的维和行动，如在波黑、科索沃、阿富汗。有人说这些任务将给予北约一个新的生存理由。

欧洲受到严厉的预算紧缩的影响，正在缩小它的军事力量，而且不再对其进行现代化。北约的多数欧洲成员国在防务上的支出不到国内生产总值的 2%，而美国差不多有 5%。想到美国人总是会保护他们（其实美国想要的是领导联盟），欧洲国家就搭上了便车——当然是以美国纳税人的支出为代价（事实上，多数美国的盟国都在“搭便车”）。根据法律，大约有 70% 的欧洲士兵不能在本国领土以外服务。欧盟小规模的多国欧洲军团面临着困扰了欧洲统一的同样的问题：谁将掌控这支军团？ 28 个成员国？华盛顿不鼓励一支独立的欧洲军事力量，担心这将产生重叠作用，让北约分裂，而欧洲仍然很弱。华盛顿说，北约在发挥作用，不要去改变它。

考虑到欧洲已经形成的不满，华盛顿可能会让欧洲去探索一下它自己能做什么，不能做什么。有人认为，这样做更好，因为是欧洲来找美国寻求帮助、而不是美国吓唬他们不要自己干。美国人可以告诉欧洲人：“往前走去处理你自己的安全问题。”如果他们可以做到，那更好，因为这意味着战后美国的伟大规划“让欧洲统一和自由”已经成功。（这同样也解决了“搭便车”的问题。）而如果他们做不到，就必须再次接受美国的领导。毕竟对欧洲来说，这不是曾经发生过的最糟糕的事情。

贸易集团的挑战

美国和欧盟就贸易问题吵得很厉害。欧洲通过关税、配额、补贴把若干美国产品拒之门外，为的是保护欧洲的农业和某些产业。欧洲把保护工作机会视为自己的头号职责。欧洲和日本一样，想出各种借口要把美国产品拒之门外，例如说吃了激素的牛肉或者转基因谷物是不安全的。华盛顿甚至会去争辩，原法属西非产的香蕉是否比中美洲产的香蕉更应该得到关税优惠。世界贸易组织有时会裁决欧盟违规，作为报复，华盛顿会断然对欧洲的某些产品施加高关税。争端并没有平息。

共同农业政策耗去了欧盟接近一半的预算，其中最大的部分流向了法国。欧盟保护了 1 800 万农民（实在太多了），以补贴的形式提供给了他们收入的三分之一。美国也帮助了其 340 万农民（也太多了），同样以补贴的形式提供给了他们 15% 的收入。日本比欧洲严重得多，它给农民的补贴占了农民收入的 55%。澳大利亚和新西兰给农民的补贴很少，结果造就了世界上最有效率的农牧业。但是如果告诉一名欧洲政客，说欧洲的农民数量已经是它需要的三倍了，这位政客会耸耸肩说：“但是如果他们的生计难保，他们就会生气、会投票。所以补贴必须进行下去。”结果就是欧洲过剩农产品仓库里“堆积如山的黄油和流成河的葡萄酒”，都是昂贵的废物。

►►► 经典思想：比较优势

英国经济学家大卫·李嘉图（David Ricardo）在两个世纪之前说，任何产品都应该在最具优势的地方生产。如果因为气候、土壤和劳动人口的关系，西班牙能产出成本最低、最好的橙子，那么它就在橙子生产方面比英格兰具有“比较优势”。西班牙应该集中力量生产橙子。另一方面，如果英格兰能够以最低的成本生产最好的布匹，那么这就是它的比较优势。两个国家之间的贸易，西班牙橙子换英格兰布匹，就能把两个国家的优势最大化，因为橙子和布匹是在最有效率的地方生产的。

随着国家产生自给自足或保护本地生产者的冲动，试图生产没有比较优势的产品时，例如英格兰种植橙子，此时无效率就出现了。你怎么能说清楚谁有比较优势呢？只要有自由贸易就行：没有壁垒和补贴，你很快就会看到谁能以最便宜的价格生产最好的东西。英格兰的橙子种植者很快就会退出市场。当美国人试图解释为什么日本应该买美国柑橘、欧洲应该买美国的牛肉时，就很喜欢这种古典论述。当解释为什么美国应该买日本汽车时，美国人就不喜欢这种论调了。

贸易集团可能极端自私自利。贸易集团仅仅照顾自己的生产商的需要，把其他地区的产品拒之门外。早期自私自利的个体民族国家现在扩展成集体自私自利的贸易集团。法国不用再拒绝非法国产品，现在是欧盟在拒绝非欧洲产品。有人担心一个由三个大的贸易集团（欧洲、太平洋和北美）组成的世界，将建立起贸易城墙拒斥其余的世界。不再是繁荣不断扩展至覆盖整个世界，而是封闭的贸易集团导致的一轮轮不断升级的报复，所有人都将因此而更贫穷、更愤怒。希特勒在他征服的顶峰就害怕美国会入侵他的“欧洲要塞”，意思是一个分离封闭的帝国。难道这会真的成为现实吗？

较为光明的一面是，随着世界从一个个国家的市场进步到全球市场，贸易集团可能只是暂时的。集团有其目标，也会衰落。贸易集团可以是眼睛向内的（坏的），也可以是眼睛向外的（好的）。如果是前者，贸易集团就会把外国竞争者锁在外面，从而损害自己公民的繁荣，并拖累世界范围的增长。如果是后者，贸易集团就会对外国竞争者开放，通过贸易帮助较贫穷地区的发展，提高自己公民的生活水平。我们时代治国的重大任务就在于保持贸易开放。如果美国不能引领这一任务，世界就会滑回到保护主义。奥巴马总统提出跨大西洋贸易协议，为的是让美国和欧盟之间的货物流动免除关税。很多欧洲生产者（特别是农业领域）害怕更有效率的美国农业竞争。几乎没有人预测谈判会是容易的。

▶▶▶ 经济：衰退的大陆

欧元危机迫使欧洲关注其财政不平衡问题，他们得出的结论是，重大的改革早该进行了。欧洲已经把自己装进了一个经济盒子，一系列很难避而不谈的相互勾连的问题，正在削弱这个大陆的活力和发挥世界重要作用的能力。大多数欧洲国家面临着问题：

1. 庞大的福利国家。福利国家提供从摇篮到坟墓的好处，特别是对失业者。很多人认为，欧洲不再有能力负担这么大的福利国家，福利规模需要缩减。

2. 用来支付福利国家的高税负，大约占国内生产总值的40%，而美国、日本、澳大利亚都不到30%。

3. 预算赤字平均为欧元区国内生产总值的7%。赤字是为了解决福利支出和税收之间差额的。（美国的赤字达到了国内生产总值的10%。）

4. 主要欧洲银行，包括欧洲中央银行，都在实行紧缩政策，用以解决债务和通胀。很多经济学家警告说，这是错误的，银行应该扩大货币供给，放松信贷，以对抗失业。

5. 缓慢的经济增长，比亚洲甚至美国都慢得多。（欧盟新的东欧成员国增长得不错，这主要归功于它们的低工资和让货币贬值的能力，而这些在欧元区都做不到。）欧洲人的休假时间很长（经常有一个月），每周工作时间又很短（经常为35小时），以至于平均每个美国人每年比他们要多工作350个小时。

6. 低经济增长造成的高失业率，慷慨大方的失业补贴，以及“劳动人口刚性”——例如反解雇的法律，地区性的墨守成规等。美国人的失业补贴低很多，所以就不太能忍受高失业，也会投票反对任何对高失业不作为的政府。

7. 很早就退休的（有的50岁就退休）正在老龄化的人口需要越来越庞大的养老金。欧洲极低的出生率（1.3%）无法置换死亡的人数。很快欧洲就会失去支付退休福利的劳动人口，这迫使政府陷入更深的债务。到2050年，欧洲人的平均年龄预计达到52岁，而美国人为35岁。欧洲人愁眉苦脸地明白他们不得不晚点退休。多数德国人已经工作到67岁，和美国人一样。

8. 不受欢迎的移民，大多数是逃过来的失业的穆斯林。许多人无法融入新国家的文化，而是和自己人集中居住在边缘地带。有的欧洲人说，害怕欧洲变成“欧拉伯”（Eurabia，欧洲-阿拉伯）。每个欧洲国家都有一个反移民的政党，其中的多数都在选举中得到15%或更多的选票。

9. 受到保护的部门，特别是农业，为的是通过拒斥外来竞争者来控制失业。这使得欧洲经济的有些部门没有效率。

10. 和平主义、内向的思维方式。欧洲人就是不要战争，怀疑任何战争都是不正义的。有的北约成员国派遣一些部队去维和，但避免作战。欧洲大规模地反对2003年伊拉克战争。很多人不想在2011年被拖入利比亚或2013年被拖入叙利亚。

这些因素使欧洲趋向于全神贯注地进行内部改革，对在其他地区（如巴尔干或中东）发挥作用兴趣不大。集中关注怎么样负担福利国家的欧洲人也和美国人加深了摩擦和分歧，因为美国人有一个更开放、更灵活，并正在增长的经济。美国和欧洲可能将继续保持良好关系，但不会是真正的伙伴。

复习题

1. 会很快有一个“欧洲合众国”吗？
2. 北约和欧盟代表的两条轨道各是什么？

3. 南斯拉夫反映了欧洲联合有什么问题？
4. 北约覆盖的区域是哪里？成员国有哪些？
5. 共同市场最初的六个成员国是哪些？谁后来加入？
6. 欧盟共同货币为什么不能把欧洲黏合在一起？
7. 斯洛文尼亚和斯洛伐克有什么异同？
8. 欧洲和美国形成了怎样的政治分歧？
9. 欧盟和北约的扩大有什么困难？

第十六章　亚洲醒过来了*

拿破仑曾警告说："让中国睡吧；当她醒来时，将震动世界。"现在，拿破仑的预言正在成为现实，因为中国的经济增长支持了它在地区内的对立性竞争。1991年，中国领导人邓小平在重复早期圣贤教诲时，提出忠告说，中国在有力量断然维护自己的领土主张之前，要"韬光养晦"（hide its strength and bide its time）。北京估算到，2008年的金融崩溃证明美国正在衰落，而中国正在兴起，于是开始发展海军和空军，同时对部分南海和东海提出了主权声索。但是美国离"完蛋"还远着呢，而且奥巴马政府把美国战略支轴从中东移到了东亚。

中国和日本的民族主义都在上升，隔着东海相互"咆哮"。中国要洗雪"百年耻辱"——从1839—1842年的第一次鸦片战争到1949年共产党胜利。中国的教科书、博物馆，以及网站不停地说日本在两次战争中（1894—1895年和1931—1945年）对中国的伤害。中国谴责日本发动了上一场战争、并在战争中犯下暴行，然而新的东京政府却宣告要重新编写教科书，删除道歉，还要从宪法中删除非战条款。日本右翼分子在推动恢复武士精神。

中日对五个无人居住的小岛都提出主权要求——钓鱼岛，这是当前争吵的直接原因。但是根本性问题不是岛屿、捕鱼、矿产等权利问题，而是根植于历史的权力竞争。几个世纪以来，中国把自己看作"天下"（"天空之下"的意思，实际上指东亚）的监管者，而日本人是粗野的暴发户。现在，领导人和媒体通过强调自己作为受委屈的一方——通常是战争的前兆，一下子激起了公众的情绪。毫无疑问，北京和东京可能只是虚张声势而已，但当公众情绪冲上很高的悬崖时，就可能会把对立双方锁定到冲撞的轨道上。

同时，美国和中国之间的敌视也在增加。中国把任何美国的举动都看作要阻挠其兴起。华盛顿因所谓倾销对特定的中国产品施加惩罚性关税。奥巴马总统于2011年宣布"美国转向亚洲"，有些美国战略家催促美国海军要对中国的海军建设进行反制。中国现在已经有了第一艘航空母舰（美国有11艘）。美国应该在南海对抗中国吗？华盛顿催促外交官去解决这些主权问题，但是北京不会就这些问题和华

---

* 这里的"亚洲"只是指东亚。——译者注

盛顿谈判。

2008—2009年的金融危机证明了一个很多年来的潜在趋势：经济权力从西方转向东方。在西方，尤其是美国，看起来在经济上无法胜任了，因为大的金融机构已经在风险交易中心赌光了数十亿美元。西方经济体遭受了20世纪30年代以来最大的萧条。另一方面，多数亚洲国家受到的损失很小，而且恢复得很快。几个经济体（特别是亚洲经济体）指出，亚洲只是重回它作为世界最大经济区域的位置，这一位置直到两百年前才被西方打乱。

2009年，中国超过德国成为世界上最大的出口国。2010年，中国成为世界第二大经济体，让停滞的日本相形见绌。在未来的若干年，中国将成为世界最大的经济体（不过不是人均）。中国已经是世界上最大的能源消费国，而且在拉美、非洲、波斯湾和中亚的石油、天然气，以及原材料方面锁定了巨额的交易。中国拥有创世界纪录的价值3.2万亿美元的外汇储备，其中大约2万亿是美元，很多又投入了美国国债。

中国的兴起

一些历史学家（从修昔底德开始）和政治学家认为，所有兴起的大国必然会和其对手发生冲撞，结果通常是发生战争。很清楚，中国是本世纪的兴起大国。债权人的身份给北京带来了政治影响力。不断增长的经济加上巨大顺差带来了权力和威望。遭受打击的、欠别人债的经济体失去了权力和威望。所有国家，包括美国，现在说起中国都毕恭毕敬，因而北京与其他国家对话时也非常自信。在没有经历中断或民主而推动经济增长方面，中国认为自己是一个新的有效的榜样。中国举办了2008年北京奥运会、2010年上海世博会，庆祝发射地球轨道飞行器和探月发射。北京要向其公民和世界展现出，就像在大部分历史时期一样，中国再一次成为一个伟大的国家，在亚洲再次成为领导力量。

北京的基本政策，无论内政外交都不难分辨：不能有任何东西阻挡中国的经济增长。对于操纵货币的指责，北京回应说每个国家都这么做。在与令人憎恶的政权打交道时，北京说它不干涉其他国家的人权问题。核扩散？中国不愿意联合国对伊朗实施制裁，因为中国从伊朗进口了很多石油，在伊朗的能源产业也有很多投资。关于民主，北京反驳说，那是西方的民主，已经陷入了瘫痪和经济放缓，并不是对所有国家可行的模式。

中国增长第一的政策使其在某种程度上可以被预测，至少从短期来看是如此。

只要中国保持快速增长，它就不可能因统一或和美国进行贸易战而损害这一增长。人民解放军的预算一直在增长，但迄今为止还是受到北京的领导人的掌控。中国对近海的主权声索，以及对朝鲜的支持，都可能增加紧张局势，并导致反华联盟的形成。东亚有很多事会变糟，从长远来看，东亚或许比中东更危险。

北京声称它将“和平崛起”，不会进行战争。2005 年，中国国家主席胡锦涛号召建立一个“和谐世界”，所有国家在那里和平生活。但对中国来说事实也不总是如此。在某一个时候，共产党中国与其邻国中的多数有过敌对的关系。中国曾和印度、苏联、越南打过仗，也和美国在朝鲜打过。随着中国越来越富有，它变得更自信。邻国担心受到中国的控制。很多国家认为中国是个不公平的贸易竞争者，因为它维持着汇率过低的货币。北京警告其他国家，不要向台湾出售武器，也不要接待达赖喇嘛。一个民族主义的中国正在伸展它那新近获得的经济、外交，甚至军事力量。

已经成为“世界工厂”的中国需要并得到了尊重。中国“百年屈辱”的时间从 1839 年开始，当时英国利用军事力量向中国出售鸦片，而鸦片在中国是非法的。占优势的欧洲火力把中国变成了半殖民地国家。20 世纪 30 年代日本开始侵略中国。失败和屈辱激起了中国民族主义的狂怒，这可以理解。当地的观察者说，普通中国人的民族主义情绪比政府还重，政府有时不得不控制公众对外国的愤怒。中国做的差不多每件事，从快速的经济增长到核武器、再到航天器，都是中国深厚却受到伤害的民族主义意识的表达。就像毛泽东 1949 年掌权时说的：“我们的民族将再也不是一个被人侮辱的民族了，我们已经站起来了。”作为其回响，2012 年新任党的领导人习近平说“落后就要挨打”，他保证要建立一个强大的中国。

中国对权力和威望的追求会给我们带来麻烦吗？（顺便说一句，美国追求的又是什么呢？）答案取决于中国将成为什么样子。中国可能变得富有，并仍然保持共产党一党执政制度。现代化理论认为，一个更富有的中国（中国以大约 10% 的速度增长了好几十年）会创造出一个庞大、受过教育的中产阶层，他们会推动建立民主。韩国就是如此，当它成为“中等收入国家”（人均国内生产总值超过 8 000 美元）时，就从专制走向了民主。中国的人均国内生产总值已经超过了 9 000 美元，但不是必然会走这条路。韩国是威权主义的，很多威权主义的国家已经经过改革成为民主国家了。中国比韩国大得多（人口有 13.5 亿），也更复杂。中国还有曾经伟大的历史记忆，并且滋长着对某些外国的怨恨，因为它相信那些国家将会压制自己。在北京眼里，这样做的国家中，长期而首要的是日本，其次是美国。

美国必须将中国对尊重的需要纳入考虑。中国可能变成 21 世纪最重要的问题。我们应该记住，美国卷入东亚的历史充满了误判、误解和悲剧。

▶▶▶ 经济：中国的新模式

自1978年，中国已经形成了一个新的经济模式：既不是经典的共产主义，也不是资本主义，而是介于两者之间的——在消费者层面是市场经济，但大型部门（包括银行）仍然是国有或国家主导的。对它的称呼各种各样："市场权威主义""自我适应的权威主义"，等等。

建立在中国人爱储蓄的习惯上（形成对照的是美国人爱花钱），中国拥有足够的资本进行投资。我们看到的中国的某些部分，例如活跃的出口行业、现代城市、正在兴起的中产阶层，看上去和自由市场国家很像。但是在这些现象背后，国家正小心地控制着主要的经济行为——银行业、投资、石油、钢铁和货币汇率。中国的重工业都在庞大的国有企业手里。

共产党最高领导层是由七人组成的常委会，所有成员都是聪明睿智的，受过高层次的教育，他们在相当细致的程度上决定着中国的经济方向。常委会关于经济的决策很不错，使得中国经济逆2008—2009年的下降趋势上扬，并让它成为一个优良的经济模式。

能力出众的中国年轻人，包括商人，通过教育、商业和职业机会被吸纳进共产党。和毛泽东的时代不同，唯一重要的意识形态就是中国的经济增长。最好的干部被提拔到起引领作用的城市、省份，乃至中央。中国不是联邦制，但行政权力分散到省和地方层面，在一切用来发展经济的指导下运行。这给法律实施的不平衡以及腐败提供了机会。

一部言过其实的历史

亚洲并没有对西方"开放"的需要。当首批葡萄牙航海者于16世纪推进到印度、印度尼西亚、中国和日本时（有时通过炮火），亚洲还是对自己的传统文化很满意。到了19世纪早些时候，伴随着数以千计的美国传教士，美国与中国发展了广泛的贸易。但是美国从未在中国寻求"势力范围"，也没有加入帝国主义对中国沿海地带的分割。出于这个原因，中国人把美国人当作他们"特别喜爱的朋友"。20世纪初，美国国务卿海约翰提出了"门户开放"照会，要求所有国家保持与中国贸易的开放并维护中国的领土和行政完整。

美国在那时候把自己看成中国的大哥，1911年美国支持新的中华民国以及后来的国民党。美国尤其喜欢蒋介石，他曾经上过十次《时代》杂志封面。（出版商亨利·卢斯 [Henry Luce] 出生并成长于在中国的传教士家庭。)

第二次世界大战以后，共产党在毛泽东的领导下经过与国民党的几年战争，于1949年赢得了政权，并于1950年下半年派军队到朝鲜和美国打仗。麦卡锡主义者到处找人（主要是民主党人）对“丢掉中国”负责。中国从一个“伙伴”变成了危险的敌人。美国在越南打仗为的是阻止中国共产党的扩张，或者说美国是这么想的。华盛顿与北京之间没有任何官方往来，直到1972年尼克松访华。之后，突然间，美国和中国之间的联系热络了，因为双方都想利用这一关系来平衡莫斯科。中美之间再次有了合情合理的关系。

但是到了20世纪90年代，事情变坏了。中国经济急速繁荣，但是中国和日本一样，向美国卖的东西远多于买的。美国的贸易赤字猛增。中国的人民币兑美元的汇率定得过低，使得中国获得了出口优势。北京和莫斯科站在了一起反对“世界霸权”，它们已经举行了联合军事演习。但是一个强大的中国也会让虚弱的俄罗斯害怕，西伯利亚人口稀少，中国可能会利用西伯利亚的资源和土地，其中一些还是俄国很久之前通过“不平等条约”从中国拿来的。持久的中俄联盟是不可能的。

过山车一样的中美关系说明了什么？美国对中国的认识总是不断发生错误：把它或者看作要拯救的，或者看作要毁灭的，要么完全是朋友，要么完全是敌人。1949年以前，美国夸大了中国的友好，1949年后又夸大了它的敌意。从尼克松开始，美国又再次把它认作朋友。从19世纪开始的一个言过其实的事情就是“中国的市场”，即美国产品数以百万计的消费者。事实上，相比中国，几十年来美国和日本的生意要大得多。不过在中国制造和向中国出口仍然让一定数量的美国商业和农业界人士亲华。

70年代末，看到中国在邓小平的领导下走出“硬壳”，美国很高兴；但这也带来一系列新的经济和政治问题。

中国的经济特区最早在南方沿海，鼓励私营企业和外国投资。看上了中国的廉价劳动力，境外资本大量涌了进来，很快就开始生产纺织品、服装、鞋以及消费类电子产品。从80年代开始，中国进入了有史以来最快的经济增长。然而，当中国的劳动力成本升高，制造业就会转移到越南和印度尼西亚这些更便宜的亚洲国家，甚至是墨西哥。

政治问题是中国仍然由一党精英控制，1979年开始，北京的执政者让中国的经济自由化，但没有对政治体系这么做，后者仍被他们紧紧地控制。这能够持续吗？或者说市场经济是否能够创造“民主化”的压力？

北京通过提高生活水平获得了合法性，特别是为商人和城市专业人士这些新兴中产阶层提升生活水平。中国已经让大约 5 亿人脱离了赤贫状态。它大声叫嚷日本不悔悟、美国强行霸道。

▶▶▶ 地理：中国、印度和印度洋

以喜马拉雅山为界，中国（13.5 亿人口）和印度（12 亿人口）是亚洲最大的两个国家。两国都曾敌视市场经济，但中国 1979 年开始开放，利用外国直接投资和廉价的劳动力以惊人的每年 10% 的速度增长（最近大约 8%）。印度在 1991 年后才开始经济自由化，不过现在同样每年增长好几个百分点。从人均来看，中国人比印度人富裕两倍多。它们的经济特点不同：中国集中于制造业，而印度则是信息技术。

印度自 1947 年独立以后就是一个民主国家：媒体是自由的，权力通过竞争性的选举在政党之间轮替。印度上层的两个政党是建国的国大党和印度教徒民族主义的人民党（Bharatiya Janata Party，BJP）。中国是一个单一制国家，印度则是联邦制。两个国家都有核武器。

由于中国所依赖的从波斯湾和非洲进口的石油经过印度洋，所以对印度洋有强烈的地缘政治兴趣。这很像 19 世纪英国到亚洲的“帝国生命线”，现在中国也在缅甸、斯里兰卡、巴基斯坦沿其石油生命线建立起一串由安全和友好港口组成的“珍珠链”。中国还在进行重要的海军建设，即能够抵达更远距离的“蓝海”或“深海”的舰队。印度把自己看作印度洋的大国，不喜欢中国这样。

关于中国与印度的领土争端问题，中国曾在 1962 年短暂的战争中占领那里，但接着就撤走了。中国正在修建通过缅甸的石油管道以及经过老挝和泰国的铁路，其目的是：（1）开放中国的西部省份；（2）缩短海运距离；（3）避免走危险的咽喉要道马六甲海峡（Strait of Malacca）。为了促进环印度洋的利益，中国进行投资，中国在印度洋的影响会困扰我们吗？

日本遭遇西方

日本成功的原因（日本的成功日子现在显然已经结束了）有很多，地理和历史因素是其中之一。日本群岛离中国较近，可以采纳很多中国文化，但又有足够的距离防止中国的征服。中国的蒙古人皇帝忽必烈于 1274 年和 1281 年曾两次企图入侵日本，还好“神风”（日语 kamikaze）摧毁了入侵者的舰队。日本自然资源贫乏，

不得不依赖节俭而聪敏的人力资源。

和中国不同，日本没有很早就统一在一个官僚帝国之下，而是在好几个世纪内维持了封建制度，直到1600年一个家族征服了群岛，并建立了德川幕府（Tokugawa Shogunate）。日本的天皇实际上是宫廷的“囚徒”，作为天照大神（sun goddess）的后裔起象征性作用。实权掌握在幕府将军（shogun）手里，他通过警察力量统治，并很小心地平衡较小的领主之间的权力。到了19世纪，日本的封建制度已经繁荣而高度发达——权力分散在很多集团手里，每个集团都有否决权，中央缺乏权威。

有些学者认为，封建主义在日本文化中根深蒂固，以至于日本从来没有走出来，现在也还是封建的。东京政府缺乏我们认为在其他国家理所当然的中央权威。这使得日本政府很难打交道。日本领导人看上去答应一件事，但回家后就屈服于国内经济利益。这也意味着东京政府在改革日本的不良金融系统时非常困难。

第一批到来的西方人——1542年胆大冒险的葡萄牙航海者，让日本人困惑。有人与欧洲人做起了生意，还有成百上千人信了由耶稣会士（Jesuit）带到日本的天主教。其他人害怕不断变动的外部影响会动摇日本微妙的平衡。1622年德川将军驱逐了西方人，并屠杀了日本天主教徒。接着他向大多数外来者关闭国门，只允许长崎（Nagasaki）的荷兰人贸易点存在。在两个多世纪里基本上没有商业往来。

但是，随着和中国贸易的增加，西方对日本变得好奇，也为其着恼。1853年，海军准将佩里（Commodore Perry）的黑色喷火船进入了东京海湾，美国人要求日本开国。忧心忡忡的日本官员要求佩里第二年再来等候回复。这一次，不再可能把外国人挡在门外了，因此日本在1854年和美国交换了外交承认。

接下来的事情就奇妙了。日本官员认为，日本必须快速现代化，否则就将被欧洲人控制，就像亚洲许多国家一样。1868年，正当新天皇明治即位之时，强有力的武士家族推动通过了一系列的改革，被称为“明治维新”。明治维新使所有方面都现代化，上至政府和产业，下至教育和服饰。在“富国强兵”（来自古代中国）的口号下，日本在一代人的时间里从手工业时代进入到工业时代。1895年，日本打败了中国，十年后又打败了俄国。

▶▶▶　转折点：第一次珍珠港事件

美国人不喜欢沙皇俄国，因为它以专制、西伯利亚的流放地，以及迫害犹太人而声名狼藉。美国人赞赏日本，因为它很快就复制了西方所有的东西，并且接受了有活力的现代价值观。1904 年，日本在今天中国的旅顺军港袭击了俄国舰队，接着又在陆上和海上彻底击溃了俄国人。西奥多·罗斯福总统把他们叫作“有胆量的小日本”（plucky little Nips），并以个人名义斡旋双方签订了《朴茨茅斯和约》（朴茨茅斯在新罕布什尔州），结束了战争。日本在 1904—1905 年日俄战争中的胜利吸引了其他亚洲国家（中国和越南）学习日本，并抵制欧洲的控制。胜利也刺激了日本帝国式扩张的胃口。1941 年，日本在另一个海军基地重复了它的偷袭。

经济在日本走向第二次世界大战的过程中有着重要作用。日本依赖出口，今天还是如此。日本的商品，特别是纺织品，源源不断地涌入美国市场，直到被配额所限制。日本人感到他们未被公平对待，这让军国主义者得利，他们认为只有帝国属地才能给予日本所需要的经济增长的空间。随着 20 世纪 30 年代世界经济大萧条的加深，每个国家都拒绝外国商品，这对日本的伤害尤为严重。日本也仇恨美国 20 世纪初反对亚洲移民的法律。在加利福尼亚州，地方性法律歧视日本人（还有中国人），东京感到受到了侮辱。内政问题会带来国际性的后果。

就像刚完成统一的德国一样，日本开始要得到“阳光下的空间”。如果欧洲国家可以攫取殖民地，为什么日本不可以？日本的民主人士试图移植英国的立宪君主制，并设立议会和内阁，但他们很快就以日本方式“流产”了——这一“流产”的模式以后还会看见。好战的民族主义者要求进行帝国主义式的扩张，而日本军队是他们的温床。他们知道这将意味着最终要和美国发生冲突，于是在第一次世界大战结束后就开始悄悄地进行思考。在美国上校比利·米切尔（Billy Mitchell）1926 年示范飞机撞沉舰船的时候，日本军事代表予以了特别关注。

1931 年，在南满的日本陆军（日俄战争胜利后就驻扎在那里）决定按自己的方式夺取整个东北。他们策划表演了一场爆炸事件，然后以此“惩罚”中国人。反对这样做的东京政客都被暗杀了。日本建立了一个傀儡政权“伪满洲国”，但是没有得到美国国务卿亨利·史汀生（Henry Stimson）的承认。史汀生的“不承认主义”表明，美国的义愤只是口头上的，而不是军事上的。东京对此满不在乎。就像史汀生后来回忆的，1931 年日本关东军炸毁沈阳附近的南满铁路直接导致了 1941 年的珍珠港事件以及 1945 年向广岛投放原子弹。到了 30 年代中期，军部已经控制了日本政府。1937 年，日本开始了对中国的全面侵略，直到 1945 年东京投降，它还陷在中国。对日本上述的每一个行动，美国都进行了谴责，但是，没有力量支持的言辞不会被认真对待。

没有预料到珍珠港事件是美国军队的麻痹大意。有很多迹象指向这一事件，但情报很分散，也没有单一的权威机构处理。（其结果之一就是：建立中央情报局来收集所有的情报。）日本舰队到哪里了？ 12月7日为什么会有一份特殊的电报（密码都已经被破译了）预先安排好从东京发往华盛顿的日本大使馆？夏威夷疏忽大意的美国指挥官们已经在用深水炸弹攻击一艘日本的小型潜艇，而且在雷达上已经定位了日本的几个飞行中队，但是并没有明白即将遭到攻击的是自己，直到炸弹落下。

珍珠港事件是美国二战史中的巨大转折点。航空母舰“列克星敦”号和“企业”号那天恰巧出海了——在太平洋上，航空母舰真的是至关重要的。珍珠港损失的战列舰和巡洋舰基本上无关大局。珍珠港事件并没有严重伤害美国，但却唤醒了美国人。满腔热情的美国人开始投身于战争。

战争可以早一点结束吗？首相东条英机（Hideki Tojo）领导、由极端军国主义分子组成的“战争党”，并没有考虑过投降。他们的理由之一就是，盟军将会除掉裕仁天皇（Emperor Hirohito），而天皇被很多日本人看作活着的神。可这从来不是盟国的要求或意图。再一次，错误的认识滋养了战争。

原子弹是绝对必需的吗？不是，但美国那时候不知道。就像在战争中常见的，日本显示的形象是要战斗到底。很多日本士兵拒绝投降（说要处死日本战俘的美国政策传闻助长了这一点）。美国进攻日本的本岛将是损失巨大的。但是战争对日本来说已经不可能。美国潜艇已经切断了日本的航线，美国空袭已经焚毁了城市、工业和庄稼。如果战争再继续一年，数以百万计的日本人将饿死。美国没有认识到，1945年夏天东京离投降有多近。

而且美国制造第一批原子弹花费巨大。如果不去使用，看上去是一种浪费。一些激进的历史学家认为，杜鲁门想通过扔原子弹向斯大林表明，我们多么坚韧强硬，不会忍受你的要价。这么说的根据是所谓“原子弹外交”。然而，这是有争议的。杜鲁门命令扔原子弹，是因为他想要结束战争。战争是不道德的吗？那么如果数以百万计的日本人饿死，就是道德的吗？我们是否可能只在1945年8月6日向广岛扔一颗原子弹？东京还是被战与和两派撕裂着，没有对此予以回应。于是8月9日在长崎又扔下了一颗。天皇倾向于投降，所以日本第二天就来求和。从根本上讲，日本人要指责的只有他们自己的军国主义分子。

▶▶▶ 转折点：美日战争

美国和日本之间的战争是不可避免的吗？是的。如果在日本劫掠中国的时候——用活人，包括用婴儿练习刺刀刺杀，我们愿意考虑另一条道路，那么可以避免与日本的战争。否则大部分东亚都将控制在一双充满敌意的手里，接着他们会入侵俄国，与希特勒联合在一起控制整个欧亚大陆。

是的，美国可以在狭义上界定我们的利益，把利益的边界定在中途岛（Midway）或关岛（Guam）。但是这样的话，大至整个世界、小至亚洲都是让美国很不舒服的区域；更别说那些处于日本帝国统治下的人们。日本看待他们自己的方式和纳粹一样：一个优越的、征服别人的种族。希特勒和日本臭味相投，就把他那个北欧日耳曼的种族形象放到一边，宣称日本是“名誉雅利安人”（honorary Aryans）。

如果美国当时在西太平洋有强大的武装力量，华盛顿或许能以此劝服日本军国主义者断了念想。但是孤立主义的美国在该地区武装薄弱、对战争也没兴趣，而日本的军国主义者对此很清楚。华盛顿没有采取严格的均势步骤，而只是使用言辞抗议和禁运，就想让日本停止征服中国。日本认为美国是虚张声势，设想他们可以在珍珠港让我们摊牌。

日本的算计遗漏了关键的心理因素——美国人会有怎样的反应。很有才华的海军上将山本五十六策划了珍珠港袭击，他知道这是在唤醒沉睡的巨人，并且提醒了东京注意。山本作为海军武官在华盛顿服务多年，知道美国人会怎样反应；但是作为一名好的士兵，他要服从命令。美国的反应比他担心的还要厉害：1941年12月7日，美国人立即把孤立主义抛到一边，满腔仇恨地起来复仇。

从瓦砾到富国

战后的日本城市是一片灰蒙蒙的瓦砾。管制日本的是麦克阿瑟（Douglas MacArthur）将军领导的占领军政府，但还是通过日本的官僚系统实施。（会说日语的美国人太少了。）裕仁从活着的神降为普通人，但还是天皇，不过有名无实了。1946年的新宪法（当时还叫“麦克阿瑟宪法”，因为宪法是由麦克阿瑟班子里的美国人快速起草的）建立了英国式的制度。

经济上，战败带来某些有利的后果。日本人没有其他事情可干，只能工作。每个人都很穷，因而有着原始的平等。帝国式扩张的美梦消散了，他们只能在自己的狭小群岛上将就着过。期望值很低，日本人整个心思都在生存上，不再要求许多。最初的日本产品是美国和欧洲货的廉价山寨品。“日本制造”意味着假冒伪劣，但朝鲜战争之后，有质量的日本产品也开始出现了。摄影记者发现了尼康和佳能的镜头，接着是相机——最初是学样复制的，但很快就完全原创了。日本由此在照相产业上代替了德国。一名美国兵拿着美国造的磁带到东京的商店维修，店主从中得到灵感，从而搞出了自己的磁带并建立了索尼公司。

经济绝境反而给了日本人一种竞争优势。他们必须更努力地工作，更聪明，能发明更多的东西，这推动了生产力。日本的政治文化是合作性的，因而日本公司可以接受通产省（Ministry of International Trade and Industry，简称 MITI）的指导。公司不会把自己限制在单一的生产线上，而是持续不断地扩展业务范围。日本的年均增长率很多年都达到了 10%，让全世界惊叹。日本现在是世界第三大工业经济体，位列美国和中国之后（德国第四）。而日本的人口不到美国的一半。日本的成功提供了若干充满希望的经验：一个穷国可以快速成为富国。低工资给了穷国相对于富国的竞争优势；增长的基础不是自然资源，而是人力资源。日本不断下降的人口再一次表明，发展中国家快速的人口增长会滞缓工业化进程。

没有经济体可以永远快速增长，最后都会变慢。经济学家已经发现，经济增长通常形成一条 S 曲线：拉长的 S 从缓慢的增长开始，中间加速，接着变得平坦。这其实描绘了日本的经济：20 世纪 50 年代到 70 年代的奇迹，之后到了 80 年代变慢了。90 年代，日本开始了 20 年的停滞，以及坏账、下跌的股市和资产价值。日本经历过通缩的痛苦，而相对于通胀，很多经济学家更害怕通缩。日本的一些曾经颇受赞誉的特点让情况更糟糕：愚蠢的贷款、盈利不够多、无法让陷入困境的银行和企业破产，以及主业的过度扩张（这是通产省的馊主意造成的）。日本有 11 家汽车制造商，大部分都在赔钱。日本的工资占比和货币价值在攀升。现在，在田纳西州建一家尼桑生产厂要比在日本建更便宜。日本公司转而到中国、马来西亚、越南等工资较低的亚洲国家进行生产。现在日本的工资很高，由于出生率低，且远低于人口置换水平，所以劳动力正在快速老龄化。

日本还面临着安全困境。日本长期通过一份和美国的条约以及 4.7 万名驻日美军（大部分在冲绳）得到保护，防务支出仅为国内生产总值的 1%，日本从中受益。日本是一个“搭便车”的国家，但从来没有喜欢过美国的基地，也没有屈从于美国的政策。2009 年，亲美的自民党被日本民主党赶下台，民主党许诺要减少美国在冲绳的驻军。但是，面对中国和朝鲜，日本的防务政策基本上没有变，美国的海军陆战队仍然驻扎在冲绳。2012 年重新掌权的自民党有一位民族主义的首相安倍晋三（Shinzo Abe），他发誓要勇敢地面对中国。

会有亚洲贸易集团吗?

中国已经是差不多所有亚洲国家的首要贸易伙伴。这些国家包括日本、印度、澳大利亚，以及中亚的原苏联加盟共和国。这是一个事实上的亚洲贸易集团的开始。当然，亚洲和欧盟或北美自贸区没有什么共同之处，但是现在正考虑在两个竞争性的方案中选择一个。跨太平洋伙伴关系（TPP）有美国支持，太平洋两岸包括南北美洲的相关国家正在谈判，不过中国缺席。日本执政的自民党在农村有很多的选票，因而抵制开放外国农产品进口，但需要美国的防务支持。与此同时，计划中的区域全面经济伙伴关系（RCEP）有中国支持，不包括美洲国家。TPP 将在亚洲贸易中给予美国领导地位，而 RCEP 的领导国则是中国。亚洲的未来还在平衡中悬而未决。

▶▶▶ 经济：让人民币浮动?

汇率是一个热门话题。为了更多的出口，北京把它的货币维持在价值之下——其价值据估计是美元的 20% 到 40%，而多年来人民币钉住美元的汇率为 8.3 人民币兑换 1 美元。受到多次抗议之后，2005 年中国开始实施可控的、管理的浮动汇率。很多人指责中国通过“操纵货币”补贴进口，并对进口产品施加关税，但北京由于担心经济放缓，所以不愿意让人民币过快升值。

随着要求人民币浮动的压力不断增加——特别是来自美国国会，北京于 2010 年让人民币再次浮动，于是现在是 6.1 人民币兑换 1 美元。很多经济学家认为这差不多就是其应有的价值。西方仍然根据世贸组织规则指责中国倾销和报复。想一想两次世界大战之间日本被关在贸易之外会发生什么？类似的情况会发生在中国吗?

中国正在和更多的贸易伙伴慢慢扩大人民币的使用范围，实际上是把东亚国家拉入人民币集团。如果世界上大部分国家都接受并愿意持有人民币，那么人民币就会成为可兑换的储备货币。但是，要做到这些，北京必须让人民币像其他主要货币一样浮动。这里的限制性因素在于，外国人可以在中国掷下巨款的投资机会很有限。没有人能猛然冲进中国买下一家主要的银行或工厂，这是不被允许的。美国保持着对大规模外国投资的开放，这也是美元仍是世界储备货币的原因之一。

2008 年金融危机以来，有人预测“红票子”(人民币纸币正面的颜色）将最终代替“绿票子”成为世界最主要的储备货币。美国国会陷在预算僵局里，看起来就是想让这个事成真。如果这一切发生，将标志着美国权力的巨大衰落。

如果没有贸易协定，随着东亚的经济增长，事情将会变坏。2008—2009 年的全球萧条加剧了贸易保护主义。很多国家对中国商品施加了惩罚性关税——他们控诉说，中国在世界市场倾销这些商品；而中国则予以报复。有的国家已经对东亚商品施加了壁垒，美国政客也在谈论要对“不公正”的贸易竞争者“强硬”。另一边，亚洲国家还在进口原材料，但对制成品实施保护主义。它们坚持要维持贸易顺差。如果贸易不能大致平衡（长期来说，不必在某个特定的年份），贸易量最终会下降。东亚和平与稳定的关键因素之一就是贸易。

复习题

1. 中国会“和平崛起”吗？还是紧张局势已经出现了？
2. 为什么东亚成了经济增长的中心？
3. 中国快速的经济增长能够持续吗？能够为其他国家提供一个模式吗？
4. 美国和东亚国家在历史上是怎样相互误解的？
5. 日本是怎样应对西方渗透的？
6. 美日之间的太平洋战争是不可避免的吗？走向战争的阶段有哪些？
7. 如何解释日本的经济增长及后来的停滞？
8. 从长期来看，中东和东亚，哪个才是美国面临的最大问题？

第十七章　美国和全球化

1929 年大萧条和 2008 年大衰退

2008 年开始的经济大衰退持续了很多年。它和 20 世纪 30 年代导致第二次世界大战的大萧条有几分相似，但没有那么糟糕。增长在 2010 年就已恢复，但是很弱，失业率仍很高。1929 年开始的大萧条使得一系列美国银行破产，引起“流动性危机”，即没有足够的现金流用以借贷和交易。而估价过高的纽约股市跌到崩盘则加剧了危机。不过，让危机持续而深入的因素是美国 1930 年的霍利–斯穆特关税 *（Hawley-Smoot tariff）。其他国家立即通过提高自己的关税进行报复，世界贸易随之萎缩。关门的工厂、银行遍布全世界，工业国家的失业人数占劳动人口的比重超过了四分之一。

世界上大部分的国家在 30 年代都做了错误的决定，让事情变得更坏。它们企图平衡预算以走出大萧条，但这加剧了经济衰退。大萧条不能自我治愈。在美国，富兰克林 · 罗斯福政府小心地实施凯恩斯主义经济学以刺激经济。联邦政府不是平衡预算，而是通过少量负债来提供工作岗位、贷款，并支持物价。美国经济开始恢复，但 1937 年因政府支持的过早退出而重回衰退。

在德国，失业问题在 1933 年把希特勒捧上台。希特勒大规模采取了凯恩斯主义的解决方案：促使工业重新启动的巨量公共工作计划和庞大的政府贷款。他还发动了第二次世界大战，战争通过创造工厂订单和工作机会（好多都是穿制服的），让所有国家都走出了大萧条。

自那以后没有出现萧条。较小的经济下行叫作“衰退”（recession），非正式的定义为：连续两个或更多季度（即至少六个月）国内生产总值下降。由草率的贷款所引发的 2008—2009 年危机，被称作“大衰退”，因为它比任何战后的衰退都要严重。几十万亿美元从美国经济中蒸发了，回弹花了好几年。联邦储备委员会主席本 · 伯南克（Ben Bernanke）一生都在从大萧条中学习，他采取措施避免了另一个大萧条，但很多人担心会出现“两次探底”的衰退，就像 1937 年发生的那样。

2008—2009 年，世界上许多国家都做了实际上同样的事情：降低利率、救助

---

* 霍利–斯穆特关税于 1930 年颁布，大幅度提高了美国进口商品的关税。——译者注

银行、促进汽车和房屋购买，以及加速基础设施项目。注入大量金钱发挥作用了吗？是的，没有出现萧条——但很难证明为什么有些事情没有发生。保守的批评者（几乎都不是经济学家）抱怨很多支出都是浪费的，反而助长了已经摇摇欲坠的国民债务，但政府不会愿意无所作为，从而威胁国民的工作、住房和养老金。大衰退削弱了美国的经济领导地位，再次把货币汇率的争论炒热。

美元还坚挺吗？

美国人喜欢听到美元很“坚挺”的话，这让他们可以在国外旅行并进口大量的外国商品。美国政客通过坚持美元要坚挺而投大众所好，因为这意味着一个强大的美国。但这并不完全是真的，因为过于坚挺的美元将把工作机会送出国外、还会增加债务，从而伤害美国经济。很多经济学家鼓吹让美元弱一点，以便刺激出口和创造就业。无论如何，美元已经急剧贬值，因为其他国家担心美国的债务，在货币市场上压低美元的价格。没有永远主导的货币。英镑统治了19世纪，美元统治了20世纪。中国致力于使人民币成为21世纪的主要货币。

美元仍然是世界上最主要的储备货币，但是没有什么货币是稳定的，而且确定汇率也很难。基本选择是处于固定和浮动汇率的中间位置。中国多年来把人民币钉住美元，从而保持了人民币的低估值，使得中国拥有占领世界市场的出口优势，但是这让美国、欧洲以及许多其他国家愤怒，因为它们的工业品在廉价的中国商品面前没有优势。

浮动汇率是由市场决定美元、欧元、人民币的价值。当外国人需要更多的美元时，价格就会上升；当他们不需要那么多时，价格就会下降。（坐拥一座山那么高的美元的中国，通过购买或出售大量美元抵消供需来控制这一过程，从而保持人民币稳定。）理论上讲，浮动货币根据谁生产什么和哪种货币最安全来找到合适的水平。而实践中，货币市场就像所有金融市场一样，在两方面都会脱离轨道。所有的泡沫都会破裂。投机商会对哪种货币升值或贬值下注，这些亿万美元级别的赌注自己经常就会让预期成真。

大萧条和第二次世界大战让主要的贸易国家根据“布雷顿森林协议”从浮动汇率转为固定汇率。例如，西德马克和日元就在低汇率水平运行，4马克或310日元兑换1美元。美国人可以用很好的价格购买大众汽车和索尼电器；德国和日本的工业急剧发展，成为出口巨人。到了20世纪60年代，昂贵的美国商品在竞争中输给了西欧和日本货。美国公司和旅游者把大把美元撒在了海外。美国越来越深地陷入债务。

如果我们处于浮动汇率的体系下，那么美元可能会自动贬值。但是一个半固定汇率的体系把美元顶得过高。例如，美国在越南战争中的大笔开支不仅在国内制造了通胀，而且当美元在海外购买商品时，在世界范围内制造了通胀。美国输出了通货膨胀。布雷顿森林体系越来越不稳定。美元明显定价过高，为了美国自己和世界的利益，必须做点什么。尼克松总统最终在1971年将美元贬值，开创了一个浮动汇率的时代。

多年以来，美元虽然涨涨跌跌，但兑换的欧元或日元少了。美国的大量预算赤字让很多人相信，美元不健康，“投机商”卖出美元、买进其他货币。投机者未必都是贪婪的或赌徒（尽管他们掷下好几百万的美元赌注）。他们可以是任何手里有货币的人：公司管理者、银行家、投资商，甚至是旅游者。如果他们听到美元“正处于压力之下”，就是说美元的抛盘大于买盘，那么他们就倾向于把宝压在压力将持续的一边，于是卖出美元换取其他货币。他们害怕手里的美元贬值。因此，甚至一个关于货币处于压力下的谣言都可能带来一波投机者对该货币的抛盘，从而使得谣言成真。1993年，金融家乔治·索罗斯（George Soros）压英镑很快会贬值。他卖出英镑买进其他货币，一夜之间获利10亿美元。（他也经常赌错了，损失数百万。）2009年，投机者下注万亿压欧元将贬值，结果真的贬了。

有时候，经济走向也会把美元推高，就像2013年，当美国经济比欧洲国家表现出更好的增长时那样。随着世界上的很多地方都陷入经济混乱，外国人买进美元并投入被看作“安全避风港”的美国国债。没有一种货币是完全稳定的，近年来大部分货币每年都会变动好多次。随着2008—2009年的金融危机向深层次和大范围扩展，美元走弱。在某一时刻，1欧元可以兑换1.55美元。

▶▶▶ 经济：布雷顿森林协议

经过两年的准备，1944年西方盟国在新罕布什尔州的度假地签署了一个协议，确定了以美元为基础的固定汇率制度。一盎司黄金价值35美元，其他货币则价值若干美元。布雷顿森林会议还设计了中央银行之间的政策协调，中央银行买进和卖出美元以对供需进行微调。该体系不是完全的固定汇率，因为如果一种货币走势离基线太远，就会被向下调整（贬值）或向上调整（升值）。

在大约一代人的时间里，布雷顿森林体系运行得非常好，帮助西欧和日本实现了战后复兴。但是它的基础，一盎司黄金值35美元，则是人为决定的，当这个比价变得完全无法相信和接受时，体系就崩溃了。1971年尼克松结束了美元的黄金基础。

世界贸易会用什么货币?

对美元的担心有一部分涉及美国外贸的巨额赤字——近年来基本占国内生产总值的 7%，这部分是由于美国在所有层面都承担着巨大的债务，包括国际、联邦、商业和个人层面。美国人花的不是自己的钱。很多顶级经济学家和商界人士，甚至国际货币基金组织都警告说，美国的巨额债务将导致世界对美元丧失信心。

美国人的消费超过了产出、进口超过了出口，这使得美国成为世界上最大的债务国，负债达 1 万亿美元。美国仍是世界最大的出口国之一，但美国进口得更多。美国人过着入不敷出的生活，用估值过高的美元支付着外国商品。中国人则相反，他们疯狂地存钱，消费相对较少，维持着过低估值的货币，建立了巨大的出口贸易和储备。经济学家说，这一不平衡的最终解决方案就是美国人增加储蓄，中国人增加消费。

过大的消费规模只有在美国的贸易伙伴继续接受美元（他们在长期的冷战时代就这样做了）的情况下才能运转。亿万美元流入海外，其中很多留在了海外，成为世界的储备货币。短时间内，这很有趣。美国人向海外大量注入美元，不必用自己的商品去把它们换回来；外国人满意地持有美元，这就是欧洲美元的由来。但是多年以后，当外国人注意到美国的债务和赤字规模，就会担心持有的美元会贬值。2008 年的债务让几个大的老牌美国金融机构垮台，迫使华盛顿用非常大的力量去应付。因此他们卖出美元，购入欧元、瑞士法郎或日元，从而使得美元贬值。例如，欧元 1999 年初次露面时兑换 1.17 美元，2001 年跌到 0.85 美元，但 2008 年在再次下跌之前曾升至 1.55 美元。

发展中国家的惊人增长让有些人展望“3R 的兴起”——中国的人民币（renminbi）、印度的卢比（rupee）和巴西的雷阿尔（real），但无论如何几乎没有人认为短期内有什么货币可以取代美元，成为主要的储备货币和国际商业往来的标准货币。三分之二的世界外汇储备是美元，四分之一是欧元，剩下的是日元、英镑，混合储备正在慢慢地从美元移开，因为美国面临着银行、预算、外贸等种种问题。欧洲用欧元作为美元的替代品，但是欧洲自己的危机已经破坏了欧元的可靠性。中国建议用国际货币基金组织的特别提款权（Special Drawing Rights，简称 SDR）作为新的储备货币。特别提款权不是真正的钱，而是一个货币篮子——其中大部分是美元、欧元、日元和英镑，它们由发行的国家贷给国际货币基金组织。使用特别提款权会削弱美元在世界贸易中的主导地位。通过让人民币完全可兑换、并使其浮动，中国可以加速世界储备资产的转移，但是由于担心会伤害出口贸易，所以进行得非常慢。世界面临的挑战是：如果你不信任美元，那么你想用什么代替它?

▶▶▶ 经济：国际货币基金组织

布雷顿森林会议建立了国际货币基金组织（IMF），用以维持汇率稳定，并帮助国家支付其国际债务。国际货币基金组织的总部设在华盛顿，但是大部分国家都是其成员。基金来自成员国的捐献。富裕的工业国贡献了最大的一份，因而他们决定了国际货币基金组织的政策。

国际货币基金组织有个姐妹——世界银行，它是为发展中国家提供低息贷款的机构。两个机构都在国家需要的时候为其提供帮助，但是要求它们实施紧缩政策和降低通货膨胀。有的穷国说，这些要求是不可能做到的，因而指责国际货币基金组织和世界银行。反全球主义者抗议国际货币基金组织和世界银行，要求取消它们。在2008—2009年的危机中，美元遭到削弱，这引发了一些呼声，要求降低美国在决定国际货币基金组织议程方面的作用。

全球化及其敌人

20世纪90年代，全球化大行其道：所有人都在谈论它，因此它必须是真的。企业管理者说："感谢全球化。再也不会有一国市场了。现在我们的产品在好几个国家生产、并销售到好多国家。我们的竞争也是如此。"他们告诉工人："克制你们的工资要求，否则我们就把这道工序搬到海外。"全球化就这样压低了工资和通胀，但是人们看到自己的生意和工作被搬到了海外，于是就有了保护主义的要求。消费者听到："你们以最低的价格买到了最好的产品。不要介意是哪里制造的，享用就好。"然而，这些流行看法的问题是——它们经常是错的。全球化不是自动的，也不是无可避免的。

我们应该就全球化问三个问题：（1）全球化是否仍然是主要走向？（2）全球化值得期许吗？（3）全球化稳定吗？我们的意见是：全球化从来没有覆盖整个地球，而且现在正在衰落，尤其是在2008—2009年经济衰退之后。全球化主要局限在一个宽广的延伸地带：从西欧经北美到环太平洋，但是即便是这个区域也存在着很多壁垒，阻碍着真正的开放贸易。全球化对新近工业化的国家很重要，但大部分最穷的国家仍然处于全球化之外。随着工作机会流入发展中地区，如果富国不介意其他国家赶上自己，那么总体来说，全球化是件好事。

▶▶▶ 经济：谁是富国？

谁是富国取决于你怎么界定“富裕”。如果“富裕”意味着经济的整体影响力，那么你就去看根据汇率计算的国内生产总值，下表的第一栏即是。这不是人均的（还要除以人口数），单位是万亿美元。在这个表格中，即便是最新工业化的国家（中国排在最前面）也有全球的经济影响力。国内生产总值每年都会变化。石油出口国的国内生产总值因石油价格波动而上下变动。

国内生产总值现在通常用购买力平价（purchasing power parity，简称PPP）来表示，它计入了生活成本。过去的方式，即用汇率计算国内生产总值，其实会误导人们，因为货币的比值会被严重低估或高估。为了修正这一误差，购买力平价方法在每个国家收集了一个标准篮子的货物和服务价格。根据购买力平价衡量，中国比按汇率计算的国内生产总值要富裕，因为人民币被低估了。因此，如果你把富裕看作人民生活水平如何，则使用第二栏的数据——根据购买力平价的人均国内生产总值。

为了对购买力平价有个大致概念，以及知道一种货币兑美元被高估或低估了多少，英国新闻周刊《经济学家》发布了它的“麦当劳指数”，这是对世界范围内完全相同的麦当劳汉堡价格的快速比较。麦当劳实际上是一个微型的市场篮子，可以指示出原料、租金、能源、劳动力的价格。尽管该指数过于偏向城市，并不可靠，但一般来说麦当劳指数可以用来跟踪更为复杂的购买力平价计算。麦当劳的价格随着货币汇率的变化而在全世界涨涨跌跌。2013 年，欧元仍然坚挺，西欧的麦当劳比美国要贵，说明欧元有一点被高估。（日元被高估时，日本的麦当劳价格也很便宜，原因不明。）俄罗斯和中国的麦当劳便宜，表明它们的货币被低估了。许多国家喜欢维持货币低汇率以促进出口。

	2012 年国内生产总值（按汇率，单位：万亿美元）	2012 年人均国内生产总值（按购买力平价，单位：美元）	麦当劳指数（2013 年中期，单位：美元）
欧元区	16.2	34 500	4.68
美国	15.7	47 800	4.56
中国	8.3	9 100	2.61
日本	6.0	36 200	3.20
英国	2.4	36 700	4.02

（续表）

	2012 年国内生产总值（按汇率，单位：万亿美元）	2012 年人均国内生产总值（按购买力平价，单位：美元）	麦当劳指数（2013 年中期，单位：美元）
俄罗斯	2.0	17 700	2.64
加拿大	1.8	41 500	5.26
墨西哥	1.2	15 300	2.86

数据来源：CIA world Factbook，*The Economist*。

我们现在看到，在银行货币危机和贸易保护主义面前，全球化同样是脆弱而不稳定的。一个国家草率的银行贷款问题很快就会打击所有的国家。全球化完全依赖世界市场保持开放，但是很多国家现在正保护它们的国内市场。只有美国的领导可以保持世界贸易开放，但是美国同样转向了保护主义。想想上一次世界贸易被压缩的后果：大萧条。

不是所有的国家都参与了全球化。世界银行发现，大约 30 亿人口（全世界人口为 70 亿）生活在 24 个“全球化”国家（大部分在亚洲），这些国家的外贸占国内生产总值的比重增加了。它们的人均国内生产总值的年均增长率为 5%。但是另外 20 亿人口生活在贸易占国内生产总值的比重缩减的国家（大部分是非洲和穆斯林国家）——“非全球化国家”；它们的国内生产总值年均增长率只有 1%。自由贸易确实能起作用，但是需要一定的政策和文化上的先决条件，而这些并不是所有国家都能做到的。

全球化现在是一个新的概念。大体上说，它是一种描述“国家间有很多贸易”的方式。葡萄牙和西班牙航海者发现亚洲和美洲航路的时候，某种全球化就开始了，这带来了 16 世纪世界贸易的繁荣。接着英国和蒸汽轮船在 19 世纪领导了一场“维多利亚式的全球化”，但被第一次世界大战和大萧条终止。第二次世界大战以后，美国领导的全球化扩展了出口：1950 年占全球国内生产总值的 8%，2000 年增加到 28%。最新的全球化有很多原因。

1. 美国公司战后在西欧有大量投资，建立了一种跨国公司（可能比“多国公司”的名称好）的运营方式，它们乐意在所有地方进行生产和销售。

2. 关税壁垒降低。在关贸总协定（现在是世界贸易组织）的推动下，关税是所有时候最低的。（当然，还有其他针对自由贸易的壁垒。）

3. 交通运输变得便宜了。这要归功于集装箱化运输（把工厂的货物装进大的金属箱子），经海路船运比陆路运输更便宜。高档的、易腐烂的货物能够以合理的价格空运。

4. 通信变得即时而便宜。国际电话、传真以及互联网使得和全世界联系就像和邻居联系一样。（通信革命的一个副产品是：英语被确立为标准的世界语言。）

5. 资本流动跨越边界。国际银行业务扩展了，使得支付转移和贷款快速而便利。这也创造了一个世界性的资本市场，资金在其中寻找可以获取最高回报的投资机会。

6. 南方国家比发达工业国的劳动力价格低好多，因此很多公司在中国、印度以及其他新兴的正在工业化的国家设立工厂。特别沉重的负担是西欧企业高额的“社保经常性开支”，即支付医疗保险、养老金、失业保险，以及福利的税收。

全球化的有些支持者，例如《纽约时报》的专栏作家托马斯·弗里德曼（Thomas Friedman）对此欣喜若狂，他欢呼全球化是一场革命，一个新的历史时代。他们认为，全球化将提升发展中国家的地位，打倒专制独裁政权，并带来和平。弗里德曼以半开玩笑的口吻说：“没有两个拥有麦当劳的国家曾经相互打过仗。”（事实上，印度、巴基斯坦以及南斯拉夫都有麦当劳。）边界不再重要了，因为信息、资本和货物就像“电子兽群”一样，哪里有市场，就到哪里去。政府和银行必须提供开放、廉洁的营商环境，否则投资者就走掉了。全球化的整个过程是自我强化的，政府恰恰是个障碍物。全球化就像互联网，没有人在掌控它。

有人对此很怀疑。经济学家指出，大部分货物还是在生产的国家销售，只有一小部分是出口的。从这个角度看，全球化基本上是炒作出来的。第一次世界大战之前，欧洲的出口和进口占国内生产总值的比重，比现在要高。那时，诺曼·安吉尔（Norman Angell）这样的乐观主义者认为，国家太忙、也太开心了，不会再去进行战争了——贸易相互依赖将保障和平。1914年，这样的全球化崩溃了，第二次世界大战结束之前都没有恢复。是全球化带来和平、还是和平带来全球化？战争能终止最新一轮全球化吗？还是最近的金融混乱会终止它？

▶▶▶ 经济：2008年金融崩盘

很多年来，经济学家和商界人士相信，计算机时代充足而快速的信息将会防止经济崩溃。“有效的市场假设”认为，当大部分投资者知道所有的相关数据时，市场行为就是理性的，如同计算机下象棋。但是“有效的”机器并没有把危机因素考虑在内，银行和对冲基金相互间紧紧贴在一起运行，其中的很多以破产收场。他们有个标准的借口：“其他银行正在这样做而且赚了好多钱，所以我们也不得不这样做。”

世界危机在2006年就开始了，当时已经认识到很多美国的次贷抵押贷款无法偿还。但是那只是揭开幕布，揭示出美国金融系统的杠杆率过高、已经被债务淹没，而很多债务极其复杂，以至于投行巨头都无法准确地估算其资产。2008年整个体系分崩离析。银行和评级机构多年来一直向投资者保证所有一切都很好，但是突然间以万亿计的美元贷款竟然是“有毒的”。由于无法获得资金，很多公司破产或被转让。人们很快就发现，很多国家的银行都有草率的贷款——最糟糕的是冰岛。这些银行处于同样的压力之下。

几年来的某些走势引起了危机：（1）美国的借贷标准很宽松——购房者不需现金预付就可抵押贷款，虽然利率可变（例如不断上升），但一开始低得极为诱人。（2）MBA毕业的金融天才把这些抵押贷款混合在一起，做得像债券一样出售。（3）全世界的买家认为这些“债务抵押债券”（collateralized debt obligations）和其他一些巧妙的金融衍生品很安全，是可以赚钱的投资品，因此蜂拥购买。这创造了对更多次贷抵押品的需求，美国的抵押中间商因而在没有尽职审查的情况下就急于发放“骗子贷款”（liar loans）。

这看上去像一个魔幻的、三赢的自动机。借款人买到了此前买不起的房子，而且房子据说可以永远升值；贷款机构获取了丰厚的收益；投资者在庞大的美国房产市场中进行了被认为是安全的固定投资。对美国抵押贷款债券的国际需求助长了草率的借贷，制造了房产泡沫或“资产膨胀”。

2005年，可变利率开始升高，使得有些月供的贷款无力偿付。到了2008年，局势变得灾难性，取消赎回房屋抵押权利的数量创纪录。三赢变成了三输：借款人失去了房屋，贷款机构破产，投资者赔掉了投资。有一个还隐而未现的大问题：在这些抵押组合债券中，没人能说出哪些是好的、哪些是坏的，银行也不知道它们的投资产品有多少价值，所以也无法卖出去。取消被抵押次贷房屋的赎回权使得整个房产市场萧条，随着房价下跌，即便是“好的”贷款也变成了坏的。银行拼命想出售资产偿付债权人，但没有人会去买价值不明的资产。银行的股票下跌，很多倒闭。

还要注意其中的国际因素。外国银行和政府在美国房产抵押市场投入数十亿，建筑市场繁荣，吹大了泡沫。当泡沫破裂后，美国失去了在世界金融领域的某些领导地位。随着华尔街名誉扫地，很多世界金融行为转移到了香港和其他亚洲金融中心。从技术上说，美国和欧洲经济复苏了，这就是说，它们恢复了增长，但增长率很低，失业人口还是很多。

有人仇恨和害怕全球化，试图进行阻止或反转。在1999年的世界贸易组织西雅图会议上，当成员方的谈判因重要的分歧而停滞时，街头的抗议者谴责了整个事业。他们认为，全球化是精英的事情，由跨国公司和政府内部的专家引导；没有经过表决同意。工人看到他们的工作被转移到了低工资的国家；环境保护主义者看到了全球污染；左翼人士抗议南方国家血汗工厂的剥削性的工资和工作条件；民族主义者害怕这会侵蚀美国的主权；而穿黑衣的“无政府主义者”则发现打砸西雅图市中心真是好玩。

对发展中国家工人受剥削的指控不会起什么作用。工人们不是来自田园诗般的乡村，他们逃离农村的贫困聚集在城市。对我们来说是“血汗工厂”，对他们来说是非常好的工作，比在垃圾堆拾荒好太多了。为了得到一个日工资3美元的工厂工作，有人还要行贿。如果工资太低、工作条件太差，南方国家（或者在任何地方）的工厂就不会有人去工作。事实上，跨国公司（很多以美国为基地）支付的工资要高于当地平均工资水平，而且引进了新技术。如果工人达到富国的工资水平，其产品就无法在世界市场上卖出去。低工资使得穷国可以走向繁荣。

同样，第一世界的环境标准如果用在南方国家，将会关闭很多产业。一个相当富裕的国家才能承受得起污染控制。美国民主党候选人有时候提议，在南方国家运用最低工资标准和环境标准，以“帮助”它们。（这实际上是一种贸易保护主义，为的是从害怕自己的工作被转移到海外的工人那里拉选票。）发展中国家的领导人说，这根本不会帮助他们。他们知道自己的国家近来的经济增长是建立在贸易的基础之上的，而类似的限制措施会伤害增长。通过要求第一世界的工资和环境标准来“帮助”第三世界，等于把它们向上攀登的梯子抽走。

真正的反全球化力量是老派的贸易保护主义，其中一些人来自华盛顿。由于全球化，美国丢掉了一些工作机会。传统上，这些工作是低工资、低技能的工厂职位，但是最近包括一些高技术的专业工作，都被转移到了海外。虽然这些趋势言过其实（尤其是民主党在选举年所说的），但它们还是助长了美国的保护主义情绪，而且两党都快速作出了回应。比尔·克林顿是最后一位自由贸易总统。自由贸易总是路途艰难。

▶▶▶ 经济：从关税和贸易总协定到世界贸易组织

1947年国际货币基金组织的建立者想要建立一个拥有强制执行权的国际贸易组织，但很多国家担心国际贸易组织会侵犯国家的主权（有些美国人直到现在还是害怕）。作为弱一点的替代品，大部分国家都签署了关税和贸易总协定（the General Agreement on Tariffs and Trade，简称 GATT），致力于关税减让。关税和贸易总协定的总部在日内瓦，几十年来成员方艰难地就关税和其他贸易壁垒进行了一系列的“回合”谈判，每个回合都持续很多年，一百多个成员争论不休。经过半个多世纪，关税和贸易总协定谈判减让了大约 90% 的关税。

1995 年，关税和贸易总协定转变为世界贸易组织。世界贸易组织现在有 159 个成员方（包括中国和俄罗斯），比关税和贸易总协定权力要大。世界贸易组织有一个法庭专门来裁决贸易纠纷。很快就出现了对不公平做法的指控，特别是在欧盟和美国之间，以及在发展中国家和富国之间。2003 年，在墨西哥坎昆举行的世界贸易组织会议上，由于南方国家代表离开会场抗议欧盟、日本、美国用来保护农民（为了他们的选票）的高额农业关税和巨额补贴——大约每天 10 亿美元，会议失败。这些高关税和高补贴把穷国赶出了世界市场，从而让它们一直穷下去。发展中国家认为，富国不断地在说“自由贸易”，但是并没有这么去做，尤其是在农业领域。

正在到来的北美自由贸易区

西欧和日本想方设法地阻止美国的商品和服务进入。随着美国贸易赤字的增大，美国人对他们认为的和两个大洋之间的贸易不公平越来越暴躁。致力于美欧贸易协定的谈判，即跨大西洋贸易和投资伙伴关系（Transatlantic Trade and Investment Partnership，简称 TTIP），已经进行了好多年，但进展甚小，因为双方都寻求保护特定的经济部门。华盛顿等得累了，就开始建立自己的贸易集团——北美自由贸易协定（North American Free Trade Association）。虽然美国从来没有说北美自由贸易区是对欧盟或亚洲的警告或者报复，但很多人相信，当美国 1988 年（和加拿大）建立北美自由贸易区时，以及 1992 年扩大到墨西哥时（经过艰难的参议院斗争于 1993 年批准），这些念头一直在它的脑海里。华盛顿看着大西洋和太平洋对岸，实际上在说：“好吧，你不让我进你的地盘，我就建个自己的集团。”

北美自由贸易区和欧盟在结构上非常不同。欧盟是一个高度发达和一体化的集团，致力于建设单一市场和欧洲联邦。北美自由贸易区没有这样的目标，只是削减成员国之间的关税，除此之外，别无其他。欧盟自由流动的不仅有商品和服务，还有劳动力和资本。欧盟还有一个复杂的治理结构，这是北美自由贸易区完全没有的。欧盟从建设共同市场开始，就设立了共同的对外关税；北美自由贸易区的成员国各自设置针对区外国家的关税。

北美自由贸易区的路也不平坦。虽然加拿大和美国都从削减相互间的关税中获益——它们在北美自由贸易区建立之前就是世界上最大的贸易伙伴，但是随着产品流向更有效率的生产者，单个产业还是受到了影响。当然这确实是预料之内的事。失去工作的美国伐木工人或加拿大零售店员没有心情讨论自由贸易的积极效果。民调显示，许多加拿大人很乐意彻底取消北美自由贸易区，这很可能会发生。

美国和加拿大的工人担心低工资的墨西哥工人的竞争。罗斯·佩罗（Ross Perot）竞选总统时反对批准北美自由贸易协定，断言它“发出的巨响”就是把美国的工作机会抽到墨西哥去。事实上，在 90 年代后期，美国失业人数下降到非常低的 4%。更低技能的美国工作已经向墨西哥转移了好多年。面对贸易自由化，人们趋向于情绪激动。北美自由贸易协定对巨型美国经济的影响是微不足道的。它对墨西哥的影响一开始也不明显，但还是有助于使墨西哥经济走出危机。几年以后，很多本来计划转移到墨西哥的产业被转移到了中国，那里的工资更低。在北美自由贸易区的第一个十年里，墨西哥的人均国内生产总值的年均增长率只有 1%。最近，随着中国的工资水平上升，许多制造业才被转移到墨西哥，墨西哥的经济发生了重要的转折——现在增长得比巴西还快。墨西哥是宽屏电视机的最大制造者。

墨西哥的增长让很多人想知道：北美自由贸易区是否应该扩展到覆盖整个西半球。如果应该，那么该以多快的速度进行？关于美洲自由贸易区（Free Trade Area of the Americas，简称 FTAA）的讨论开始于 1977 年，其目标是创建由 34 个国家组成的西半球市场。它应该会有极好的增长前景，但是大部分美国行政机构以及国会害怕工人和选民强烈反对，因而进展缓慢。很多拉美国家由于担心美国的主导，也反对建立西半球贸易集团。许多人声称，美国只是想自由地将商品出口到拉美，但仍然会保护美国的农业部门。巴西抱怨说，它在美国的橙汁市场不公平地受到限制，为的是保护佛罗里达的生产者。因为这些类似的问题，建立美洲自由贸易区的努力在 2003 年墨西哥坎昆（Cancún）会议上彻底失败了。

北美自由贸易区和世界贸易组织都致力于降低进口限制和扩展贸易，但是他们在各自的地理覆盖面上发生了矛盾。一个北美自由贸易区或欧盟这样的贸易集团实际上在说：“我们在自己的区域搞自由贸易，因为我们可以轻松地处理所有的问题。我们限制从其他贸易集团的进口，因为这会威胁我们的就业。”世界贸易组织实际上在说：“让整个世界成为一个贸易集团；让所有商品和服务毫无阻碍地在所有地方流动。”世界贸易组织越成功，北美自由贸易区或任何其他贸易集团就越是无足轻重。如果世界贸易组织真的消除了所有的贸易壁垒（最好的情况下也要花个几十年时间），区域贸易集团成员之间消除壁垒就没什么意义了。如果关税和其他壁垒对任何人已经都是零了，那么它们就不可能对北美自由贸易区或欧盟自己的成员低于零。

▶▶▶ 经济：保护主义

1776 年，苏格兰经济学家亚当·斯密论证了自由贸易让所有国家更加繁荣，从而否定了重商主义旧观念的正确性。他说："如果某个外国供应我们的商品比我们自己生产的更便宜，最好用我们自己的某部分工业产品去交换它。"甚至单方面降低贸易壁垒也对你有好处。

几乎没有人理解或相信他。从历史上看，大部分国家都以会伤害本国经济为由把外国商品挡在门外。它们建立了关税和配额等形式的保护主义壁垒。它们为保护主义找了一个又一个的理由。发展中国家说，必须要保护自己的"初生产业"，防止更有效率的外国竞争者有机会控制这些产业。亚历山大·汉密尔顿（Alexander Hamilton）在美国还年轻的时候就做了这样的事。发达国家说，它们必须保护自己的成熟产业，防止使用廉价劳动力的外国商品竞争。很多人认为，国家不能对外国供应的战略性产品产生依赖。

每个国家都要保护自己的农民，大约每天 10 亿美元的富国农业补贴是其中最令人震惊的形式。例如，美国的棉花种植者每年从纳税人那里可以得到 40 亿美元的补贴，而生产的棉花根本值不了那么多钱。接着美国以低于生产成本的价格把经过补贴的棉花倾泻在世界市场上，压垮了苦苦挣扎的第三世界棉花种植者。同样，欧盟对没人要的甜菜的种植者的补贴为每吨 50 欧元（是世界市场价格的五倍），这就挤掉了南方国家的甘蔗生产者。"归功于"荒谬的补贴，欧盟成了主要的糖类出口者。为了赢得农村的选票，无论是欧洲还是美国、日本的领导人都不敢让自己国家的农民去其他行业找工作。结果就是不断持续的第三世界贫困和缓慢的经济增长。

大部分人本能地去寻求贸易保护。美国人和欧洲人抱怨"工作机会出口"到低工资国家。为了保持竞争力，公司不得不在成本低的地方生产。美国总统候选人抽象地声明支持自由贸易，但是又加了一句：我们必须保护在钢铁、农业、制造业以及其他行业的工作——所有一切都是为了拉选票考虑的。在小布什执政时期，欧洲、中国以及其他国家因美国的贸易限制而把美国告到了世界贸易组织，并威胁要进行报复。美国可能会发生（可能已经发生了）和欧洲、中国的贸易战。不管你如何保护国内生产者，都会激怒外国生产者，接着他们就报复了。

克林顿更为支持自由贸易，但是在2004年、2008年和2012年，民主党指责共和党“让美国去工业化”——这有符合事实的地方。在超过三分之一的世纪中，美国的制造业占国内生产总值的比重下降了一半，降到12%。金融服务业差不多翻了一倍，占到国内生产总值的四分之一（不过2008年开始下降）。奥巴马向中国的轮胎和钢管征税，它们被指控在美国市场倾销。

对于一个成熟的经济体来说，从制造业转向服务业是普通的正常情况。受过教育的人可以从中得益，但遭解雇的工厂工人则不然。不过这一转变意味着美国制成品的三分之一依赖进口，这让美国感觉不妙，因而转向了保护主义。促进自由贸易是公司管理者、经济学家以及一些政府官员等精英的内在要求。对大众和追逐选票的政客来说，要的是关税和其他壁垒快速升高。每个人都会因此受损。

贸易战？

国际贸易的一个基本问题并未得到很好的理解。当两个或更多的国家进行贸易时，它们处于双赢的局面。它们不是处于一方获益即另一方受损的零和游戏，每一方都得到了好处，所有参与方都以更低的价格得到了更多更好的产品。例如，如果为了让你生产衬衫的美国同胞继续工作而把衬衫制造业留在美国，你就要花50美元买一件衬衫，而不是15美元。如果你进口大部分衬衫，出口高技术、高附加值产品，例如喷气客机和石油钻井平台，你就能让国内的工人维持高收入，而他们能买所有想要的衬衫。当然，有些就业机会在美国不存在了，那些大部分都是直接和进口商品竞争的部门，例如衬衫厂。但是，通常经过一段时间，更好的就业机会就会出现。

但是有的国家（例如早些时候的日本）却在实行“新重商主义”（neo-mercantilism）：它们让消费最小化，让出口最大化。由于政府在鼓励，它们变成了出口狂魔，而进口少得多，从而形成了巨额的贸易顺差。它们认为这使它们的经济更强大，但实际上对它们的好处很少，有时还有害。这些国家非常努力地工作，积累了万亿计的美元，但是却选择放弃享受花钱的乐趣。它们在世界上得到了很多尊重，但是生活却比该有的要穷；而美国人通过花钱而过得更好。这些国家把它们辛苦挣来的钱投入到过剩的生产能力和坏账中，由此带来了经济困难，日本就曾如此。

但是政客和“机场经济学家”（“机场经济学”是保罗·克鲁格曼使用的术语，指的是机场报摊上标题耸人听闻的书刊）却坚持不懈地告诉我们，我们正在和很多国家进行经济战。可是，这不是一场战争，这是一个可以永远持续的、双赢的商品和服务交换历程。挡路的壁垒越多，所有各方得益的过程就更慢。麻烦在于，如果各国及其人民开始认为他们正处于经济战之中，那么就会越来越转向保护主义。记住，通往第二次世界大战的道路就是由高关税铺就的。

经济史学家指出，全球繁荣需要一个主要大国的引领：维护贸易开放，保证实施规则，并使自己的货币成为世界储备资产。没有一个作为稳定器的国家，贸易就会受限，繁荣也将暗淡。19 世纪，英国和英镑是不可或缺的；但是第一次世界大战以后，一个衰落的英国不再能起到稳定器的作用，世界经济于是便螺旋式下行陷入大萧条。第二次世界大战以后，美国和美元领导世界走向迄今最为自由的贸易，经济也日益繁荣。但是美国还有经济力量和政治意愿继续领导吗？或者，国会的瘫痪不作为和保护主义是否会让整个结构垮台？治理国家最重要的任务已经转移到经济领域，要保持世界贸易开放。如果美国不能在这方面起领导作用，那么没有其他国家可以。

▶▶▶ 概念：全球域名（globe.com）？

互联网是不是真的让全世界的信息和商业流动革命化？它是不是像哲学家梦想的把我们联结成了“一个世界”？有理由对此谨慎一些。一个半世纪以前，电报就被设想为联结起一个世界，电视也曾被认为会创造出一个“地球村”。

还有很多预言说新的、更快速的通信将带来和平。这一观点的基础是，战争和冲突发生的原因在于人们并不理解其他群体和国家。如果他们总能相互理解，那么一切就太好了。以色列人和巴勒斯坦人想要的完全是同一样东西：一块叫作巴勒斯坦的狭小土地。通信经常被用来煽动民族主义和仇恨。

现在有人说，信息技术（IT）将给世界带来和平，因为它破坏了专制独裁，就像在突尼斯、埃及和利比亚那样。然而，这些国家的革命并没有证明已经建成民主制，也没有证明和平。

网络和电子邮件有助于经济增长。印度农民在网上查询芝加哥的大豆价格，用来决定他们是种大豆还是其他作物。博客通过发表观点和揭露报纸和电视没能注意到的违法犯罪，打破了大型媒体的垄断。维基解密是一个反战博客，2010 年发布了美国军事报告，揭示了阿富汗和巴基斯坦的腐败和欺诈，这加强了对奥巴马政府改变政策的压力。2013年，爱德华·斯诺登（Edward Snowden）揭露出国家安全部门的秘密：为了打击恐怖主义，国家安全部门在世界范围内监听电话、监视电子邮件（其中包括美国人的）。斯诺登逃到了俄罗斯，他的行为是自由的，还是叛国？

博客经常很外行，报道了事实的同时也传播了谣言。有的显示了彻底的党派倾向，在报道中偏向性地脱离背景讲细枝末节。很少有人力求平衡或者客观。很多博客都是一个人在运行，因此没有在世界范围内派遣记者收集第一手的新闻，相反，他们仅仅对新闻进行评论，实际上是在“搭便车”。现在的很多新闻在网上都能得到，新闻机构将如何自我维持下去？已经有资金短缺的报纸和电视网缩减它们在海外的新闻站点。越来越多的读者为得到快捷、可靠的新闻而付费订阅。（你可以每月付15美元获得《纽约时报》的电子版。）作为对主流媒体的补充和修正，博客很好，但是它们不能取代主流媒体。只看博客将使你信息闭塞。

信息技术还可以为极端主义和制造炸弹传递消息。种族主义者、新纳粹分子、恐怖分子都在上网。易受影响的年轻穆斯林，可以通过网络被“圣战”组织招募，例如2013年实施波士顿马拉松爆炸案的两个人。阻断这些消息传播的限制因素在于，这意味着大规模的审查。因为这个原因，规制全球互联网的努力以失败告终。大部分民主国家不愿意用自由来换取安全。信息技术要对近来大规模扩大的不平等负责。一些聪明的年轻人通过信息技术变得富有，但是许多人仍然处于“数字鸿沟”的消极的一面，其中包括很多南方国家。信息技术和大部分技术进步一样，是把双刃剑。

复习题

1. 怎样比较大衰退和大萧条？
2. 美元坚挺一定是件好事吗？
3. 有没有其他货币可以取代美元成为世界主要储备货币？
4. 哪个国际经济制度试图促进全球繁荣？
5. 哪些国家是最富裕的？为什么这个很难计算？
6. 全球化仍然在发展、还是已经到头了？
7. 北美自由贸易区和欧盟的区别是什么？
8. 如果自由贸易这么好，为什么维持起来却这么难？
9. 我们是否处于一个保护主义的时代？可以做些什么来防止它出现？

第六部分
新世界的政治

经济压力正在推动走向某种类型的所谓新世界，但是单单是经济并不能建立一个更好的世界，甚至会制造新的冲突。世界正在努力使冲突文明化，虽然还有很多缺点。

第十八章　外交仍然有活力　第十八章描述外交的功能和方法及其正在变化的作用。大使现在主要是象征性的，因为快速的通信和旅行使得对外政策越来越集中化。外交集中于谈判和妥协，在这些方面有一些成功的规律。

第十九章　国际法的运用　第十九章讨论了国际法是一个人造物，有时候可以平息纷争和防止战争。国际法的基础是一致性与对等性（consistency and reciprocity），当前在国际关系的所有领域都存在着调节国家行为的国际法。从经济到互联网交往的日益扩大，意味着更多的国际法，这些大部分都是建立在条约的基础之上。由于没有世界警察，支持国际法的约束因素依赖于自助。虽然只要主权处于统治地位，国际法庭的作用就有限，但是人权越来越成为国际法的一个主题。

第二十章　联合国的影响范围　第二十章描述了联合国新的行动主义（activism）。冷战结束以后，安理会的合作总体来说得到了促进。许多国家现在支持联合国，特别是其“和平行动”。短命而可悲的国际联盟及其集体安全，警告我们不要期待一个世界政府。第三方外交日益有助于限制和解决冲突。联合国的特殊机构在世界一体化方面不可或缺。有趣的是，现在的战争少了很多，伊拉克和阿富汗战争是非典型意义的。国家只有在认为自己会胜利的情况下才会倾向于打仗，而这已经越来越少见了。维和行动也抑制了战争，并推动其解决。

第二十一章　有限的粮食、能源和水资源　第二十一章思考了“跨国”问题的兴起，即粮食、能源和水资源大规模短缺的危险性，也思考了地区如何才能应对这些问题。能源是基础性的因素，因为化石能源导致了气候变化，还使粮食和水资源的供应遭到破坏。人类可能不得不学会在这个星球所给予的范围内生存。这确实是国际关系的一个新的世界。

第十八章 外交仍然有活力

2012 年，极端分子攻击了美国在利比亚班加西的领事馆，杀死了四名美国人，其中包括美国驻利比亚大使克里斯托弗·史蒂文斯（Christopher Stevens）。史蒂文斯大使能讲北非的阿拉伯语，据悉曾在摩洛哥指导和平队。更深入的调查显示，这不是一个真正的领事馆，而是中央情报局的基地，用来收集关于极端主义者的情报。无论怎样，它都没有得到充分的保护。

这一事件给了我们若干个教训：外交掩盖了许多行为，其中一些是秘密的。国务院和中情局结合在一起可以变成一支准军事的力量。在海外承担外交职责会有风险，可能需要小心谨慎和勇敢。哪怕是很小的就职仪式，也需要警卫和物理性的屏障。国会企图在班加西问题上玩弄政治手腕，但是没能提供足够的经费保护美国的驻外代表。

外交的复兴?

巴拉克·奥巴马许诺要复兴美国的外交，如果这样，当美国的敌人松开他们的拳头时，就会发现美国的手是张开的。甚至是他的前任小布什，尽管对在阿富汗和伊拉克进行战争更在行，也努力和反应冷淡的伊朗和朝鲜进行外交——这两个国家事实上具有更为重大的核危险性。这就提出了一个问题：当可以进行公开外交接触、举行多边会议、规划降低紧张局势的路径时，为什么要进行战争？当然，外交不能解决所有的冲突，朝鲜仍然握紧着拳头。但是随着美国的力量被摊薄，国内外都在批评美国进行的战争，此时华盛顿没有什么即时的愿望进行新的战争，而外交是避免战争的方便途径。外交是有用的。

外交是对外政策的实施。一个国家的外交是它的眼睛、耳朵、大脑和嘴巴。外交在国家对外政策的几乎每个阶段都在场，但是其价值在现代世界经常被低估。小布什政府一开始几乎没有运用外交，而是喜欢用生硬的言辞和单边行动，但是到他离任时，已经进行了相当多的外交。他承受不起另一场战争。巴拉克·奥巴马和伊朗进行了更为引人注目的外交行动，尽管并不能保证成功。外交是国家之间相互沟通的途径，试探对方的立场，并在局势激化前将其平息。

外交谈判可以是双边或多边的。外交通常由大使、特使或外交部长（就是美国的国务卿）实施。峰会外交，即政府首脑（如美国总统）之间的个人接触是有风险的，因为误解会使事情变得糟糕。美国总统尤其容易进行个人化的外交，因为美国内政就是这样运行的。林登·约翰逊相信他可以说服他能面对面会见的任何人，包括敌对的外国领导人。

但事情会在这类会见中变坏。1961 年，肯尼迪认为赫鲁晓夫在维也纳会见中看不起他，之后便加深了对越南的承诺。小布什认为他可以通过普京的眼睛“看进”他的灵魂，普京可没有理他。小布什还和格鲁吉亚总统发展了一种摇摇晃晃的关系，格鲁吉亚当时认为华盛顿会支持它 2008 年夺回分裂的南奥塞梯（South Ossetia）的军事行动。可事实却是，俄罗斯军队迅速把格鲁吉亚撵了出来，而美国啥事也没做。外交不应该过于个人化，以免让热络的感情遮挡住理性计算。会见必须事先就准备好，并具体列出要讨论的话题。个人会见只能在普遍的相互理解已经达成的情况下举行。有些事情由职业外交官处理会更好。

▶▶▶　概念：外交和对外政策

外交是反馈回应的环路，通过外交，对外政策能够不断地进行调整。外交的工作机理如下：

1. 外交是一项行动，通常由政府开启行动的进程。例如，B 国政府宣布将提高进口货物的关税。

2. A 国政府在 B 国政府首都的大使馆知道了这个消息，报告给 A 国的外交部。A 国把 B 国的行为当作一个威胁，或是一个机会，或者两者同时具备。例如，如果 A 国在 B 国有出口市场，那么 B 国的行动就是一个威胁。

3. 一般来说，由 A 国政府的外交部门（如国务院）来界定国家利益。这是外交的核心。A 国的官员决定 A 国对 B 国的需求是什么，在这个例子里，就是 A 国商品在 B 国有持续的出口市场。

4. 他们确定了目标：要努力让 B 国政府改变政策，为此需要做些事情或者不做些事情。在这个例子里，A 国要 B 国不要提高关税。

5. 他们规划了一个战略，要让 B 国认识到，与 A 国的目标一致同样也是符合 B 国的国家利益的。他们指导 A 国外交官向 B 国提出建议、威胁、惩罚或者奖励。

6. 他们采取实际的外交行动，派遣 A 国大使去拜访 B 国的高层官员，强调只有在B国不提高对A国商品关税的情况下，B国商品才能进入A国。这是一个威胁，但是提出的方式很礼貌。A国大使也向B国部长提出了一份对双方都有利的十年期贸易协定，这是甜头。

7. 外交官监控和评估着政策进展。如果B国政府接受了条件，A国就完成了成功的外交。如果没有，A国官员就不得不回到上述第3、4或5点，然后再次尝试。

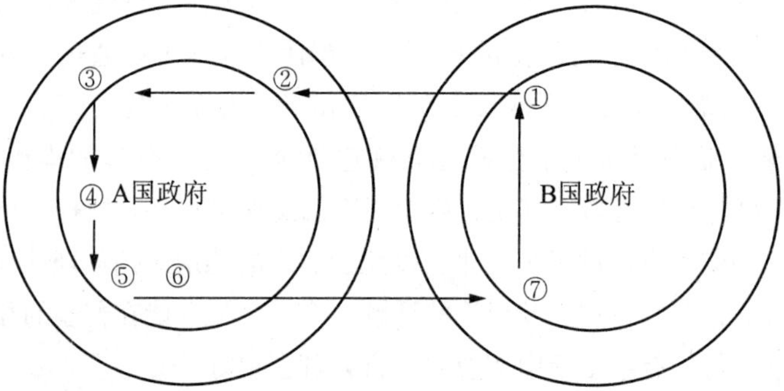

① 一些行动

② 被看作威胁或机会，因为它影响了一国的需要和能力

③ 确定国家利益

④ 确定目标

⑤ 战略规划

⑥ 对外政策行动

⑦ 使得B国降低威胁并提高A国的机会

图 18.1 对外政策模式

外交的兴起和衰落

原始的外交也就是君主相互之间的接触，可以追溯到人类历史很早的时候。最初，这包含了个人之间的访问，例如示巴女王（Queen of Sheba）去见所罗门王（Solomon），可能是去安排贸易往来的。交易是秘而未宣的，这使得埃塞俄比亚皇帝一千年以后声称是所罗门王的后裔。* 后来，君主派出了大使，通常由宫廷贵族

* 示巴女王见所罗门王的故事，见《旧约 · 列王纪上》。示巴位于阿拉伯半岛西南，所罗门是以色列王。埃塞俄比亚传说认为该国皇帝是所罗门王和示巴女王所生的后代。——译者注

担任，到另一个国王那里作短暂访问并赠送礼物、提出请求。16 世纪，随着主权国家的兴起，出现了常设的大使馆——在外国首都的处所，用来报告和影响两国联系的进展。贿赂是一种常用的影响手段。大使温文尔雅，拥有贵族头衔，说法语——法语是古典欧洲外交的语言。

从 1648 年三十年战争结束到 1789 年法国大革命，外交发挥了很稳健的作用。它不能阻止战争，但是有助于限制战争，因为统治精英有着共同的文化和共同的利益——就是说，要维持自己的权力。那个时代的大部分统治精英都说法语。所有国家都接受君主制的原则，没有一个君主企图推翻其他君主。他们争执的事情相对都是小事，他们之间的冲突也不是完全破坏性的战争。军队规模很小，而且是职业性的。古典外交在均势的基础上运行，通过调整边界和联盟，力图维持一个稳定、保守的体系。在这个前民主的时代，公众舆论无足轻重。

民族主义和民主改变了外交。共享的价值观和文化都消失了。保守的君主被民族主义的国家所取代。当民族主义政权扩张边界和殖民地时，出现了最危险的德性——热情。随着不断扩大的教育、大众传媒和民主，公众舆论越来越重要。现在的政客都担心负面的公众反应会破坏他们再次当选。正是因为这个原因，美国两党的政客都在强调他们的坚韧不拔。这对投票很有效，至少一开始是这样。在选民的监视下，外交变得非常困难。对处理外交来说，尤其困难的是法西斯意大利和纳粹德国的极权政府，它们用外交来掩盖宣传和颠覆其他政府、在欧洲抢占地盘的行为。最近，像伊朗和利比亚这样的国家以其驻外使馆为基地，进行恐怖主义炸弹袭击和暗杀活动。显然，外交在 20 世纪发生了变化。

▶▶▶　经典思想：“先生们，尤其不要有一点点热情”

法国的“外交巨擘”塔列朗是一名贵族（还是天主教神甫），他当过拿破仑和路易十八的外交大臣。塔列朗强调说：“先生们，尤其是，不要有哪怕一点点的热情。”外交必须用冷静的头脑心平气和地办，不能有热情。狂热分子是糟糕的外交官，因为他们所信奉献身的事情会让他们忽视复杂的情况。

在评论 1804 年因反对拿破仑而被处死的法国公爵时，塔列朗说：“这比犯罪还坏，这是愚蠢无知酿成的大错。”他还挖苦地区分了犯罪和愚蠢无知酿成的大错，前者伤害别人，后者伤害你自己。热衷于某项事业的人经常因愚蠢无知而酿成大错。

外交不合时宜了吗?

没有习以为常的外交是不是可以呢？这还是挺诱人的。现代电子通信使得外交部之间可以直接用电子邮件、传真和电话联系，而不用通过大使馆。华盛顿—莫斯科之间 1963 年就建立了热线电话，就是因为在导弹时代常规的外交渠道太慢了。要了解每个国家在主要问题上的立场，需要做的就是向联合国这个世界上最重要的信息站派一个外交使团。如果要进行面对面的会谈，高层官员可以在一夜之间飞到任何首都。政府首脑可以在“峰会”会见，就像里根和戈尔巴乔夫 1985 年在日内瓦一样。使馆不再能够靠自己就进行重要的谈判。有的观察者说，传统外交已经不合时宜了。

还是有理由支持拥有使馆和各式外交头衔的传统外交。外交承认是一个重要的象征，一个国家得到其他国家的外交承认，就获得了合法性和主权。如果没有一个国家承认它，那么其事实上的存在就是靠不住的。种族隔离时期的南非给予四个所谓“黑人家园”名义上的独立地位，但是没有得到其他政府的承认。它们被看作伪国家，而现在又成为南非的一部分。2008 年，大部分欧洲国家和美国承认科索沃，加强了它的独立。（俄罗斯、中国、西班牙没有承认。）伊朗 1979 年和美国断交，还把美国外交官当人质扣押了一年多，这样它就不能在和伊拉克进行拼死战争时购买美国的武器和零部件。伊朗的错误行为代价高昂。

国家可以通过委派不同级别的外交使团来标志它们之间关系的层级。最高级别的是大使馆，当然其他级别的使团做的也是同样的工作，只是没有这个头衔。以色列和西德开始建立关系时派的是“采购使团”(purchasing mission)。后来采购使团变成了大使馆，标志着建立了全面的外交接触。当美国于 1972 年缓和与中国的关系时，在北京和华盛顿互设“联络处”。当时机成熟时，卡特总统把北京的联络处升级为大使馆，并在台北设了“文化协会”。这是因为北京主张尊重“一个中国”的原则。外交必须是灵活的。

甚至在国家相互间怒火中烧，以及“断绝关系”时，外交接触还是会继续存在。国家很少会把所有接触都切断，因为接触是必要的。不过一般所采取的方式是，在第三国大使馆里派遣自己的使团，名义上作为第三国使馆的一部分。美国和卡斯特罗的古巴在 1961 年断交，但是一些美国外交官仍在哈瓦那，不过是作为“瑞士使馆的美国利益部门”的人员。华盛顿的巴基斯坦大使馆容纳了一个伊朗利益部门。以这种方式，敌对的国家在断交的同时又能维持交往。

▶▶▶ 经典思想：均势外交

虽然几乎不再有人会说，我们处于均势体系，但均势外交仍然四处可见，通常也还非常有用。亨利·基辛格是研究19世纪均势外交的专家，他仔细地指出了不同时代之间的区别，但还是加了一句：美苏之间“力量的平衡”仍然是必需和值得期待的。

尼克松总统读过很多国际关系著作，他1971年说：“我想，如果强大、健康的美国、欧洲、苏联、中国、日本相互间能够制衡，不相互反对，达到均匀的平衡，那么世界会更加安全，也会更好。”尼克松和中国的修好是均势外交的现代案例，有助于为几个主要强国的世界搭建舞台。

外交官

并不是在大使馆工作的人都是外交官；事实上，只有小部分有外交身份。秘书、司机、通信人员，以及其他职员都没有外交身份。驻在国外交部只向数量有限的大使馆官员授予外交身份。有外交身份的人员的姓名、职衔和工作职责都会印到一张“外交官名录”上。他们还能得到外交牌照，但仍需交停车费和交通罚单。

有委任书的外交官享有“外交豁免权”，即免于被逮捕、审判、或监禁。这些豁免权已有好几个世纪，因此外交官可以不受干扰地履职。外交官在对等的基础上工作：你对我好，我也对你好。大使馆被看作外国领土，驻在国警察不能进入，也不能搜查。当然，苏联对莫斯科的美国大使馆进行窃听和渗透，彻底打破了这个传统。那里的美国外交官假定，他们的所有谈话都通过电子设备被偷听。外交邮袋和其他官方物品的装载物同样不能窃取篡改。驻在国对“外交官名录”上的人能做的最厉害的事情，就是宣布他们是“不受欢迎的人”(persona non grata)，勒令他们在几天内离开本国。

在发生革命的地区，这些精妙的规定被严重地违反。伊朗把美国大使馆的人员当人质扣押了一年，就破坏了所有的规矩。1984年，当一群反卡扎菲的利比亚人在伦敦的利比亚大使馆前示威时，一名利比亚使馆人员用自动武器从窗口射击，打死了一名警察。英国能做的最大限度的事只是和利比亚断交，关闭了两国的大使馆。1987年，法国官员发现，伊朗驻法使馆的一名翻译实际上在负责实施恐怖主义活动。这个人并没有外交豁免权，但他躲在伊朗大使馆里。法国警察包围了使馆，而伊朗人也同样包围了德黑兰的法国使馆。此处可以看到“共享的价值观”在外交运作中的重要性，当它们被侵蚀后，外交规则就坍塌了。

大使受到尊敬礼遇，这是大部分大使都是贵族的那个时代的遗存。新大使向驻在国的国家元首（不一定是政府的首脑）递交国书。大部分国家都有国家元首和政府首脑两个职位（美国不是这样）。例如，派驻“圣詹姆斯宫廷”*（英国）的美国大使是向象征性的国家元首伊丽莎白女王呈递国书的，而不是向首相呈递。这是旧时代的遗留物，因为以前的大使是一名君主向另一名君主派出的个人代表。新任美国驻德国大使也是向虚位总统呈递国书，而不是向总理呈递。大使通常都带着“特命全权”的头衔，这也是旧时代的遗存：那时通信很慢，要求大使全权为他的君主谈判。现在则都是在家里的外交部指导着谈判。

大使有什么使命吗？还是他们只是为了公关而存在？当然，会见、招待、社交是他们活动的一部分。但是，并没有严格规定的社交场合，因为好的大使从交谈中就可以得到很多信息，其中有许多都汇报给了国内外交部。2010 年维基解密爆出的美国外交电报显示出这些报告的精明和强硬。不过，有的大使几乎不干实事，没有他们，使馆也能完美工作，甚至做得更好。这一问题的部分原因在于任命大使的方式，特别是美国。

大约三分之一的美国驻外大使是政治任命，他们几乎没有外交事务的经验。他们通常是追求显赫地位的人，在总统竞选中捐了一大笔钱。他们很少会讲当地的语言，也不懂外交。某些浮夸的人还想着用“在家里做事的方法”解决棘手的问题。美国驻梵蒂冈大使就是政治任命的大使，他根据石油生意中的经验，急匆匆赶到利比亚想和卡扎菲把事情理顺。访问完全没有得到授权。不久以后，美国轰炸了利比亚，那位大使也辞职了。非专业人士真是干不了这个活儿。

不过，也有一些政治任命的大使做得挺好。前美联储主席阿瑟·伯恩斯（Arthur F. Burns）就是一名出色的驻西德大使，他既能说德语，又懂经济。前参议员迈克·曼斯菲尔德（Mike Mansfield）当了好多年驻东京大使；他是亚洲研究的教授，很了解日本。曾在参议院外交关系委员会工作的彼得·加尔布雷思（Peter Galbraith），20 世纪 90 年代在任克罗地亚大使期间帮助解决了巴尔干战争问题。但是总的来说，政治任命降低了大使的重要性。如果一个有钱人买了个大使职位，我们实际上是在告诉驻在国和大使馆工作人员，这个大使是不重要的。

---

* “圣詹姆斯宫廷”（Court of St. James）这里指代英国王室。因为白金汉宫旁边的圣詹姆斯宫是英国君主的旧宫（the Senior Palace of the Sovereign），外国大使呈递国书都在此处进行。——译者注

▶▶▶ 外交：信号的运用

1971 年，在东京举行的国际乒乓球锦标赛上，一名美国选手上错了大巴，尴尬地撞上了中国球队，中国领队则开始和他说话。在北京，毛泽东注意到了新闻，让中国队邀请美国队到中国来。他们这样做了，收获了很多快乐。被称为“乒乓外交”的这件事实际上是北京发出的信号，表明中国对重建两国关系感兴趣。白宫收到了信号。基辛格这一年晚些时候秘密访问了北京，尼克松则于 1972 年初大张旗鼓地去了中国。

2008 年有件类似的事：朝鲜邀请纽约爱乐乐团到平壤演出，而且向全国播出。朝鲜发出了准备和美国进行联系的信号，华盛顿也回应了信号。四个月以后，小布什总统宣布，由于平壤公开了其核活动，作为协议的一部分，美国把朝鲜从支持恐怖主义的国家名单中去除。不幸的是，朝鲜没有继续这样做下去，而是很快回到了敌对状态。甚至 2013 年访问平壤、还拥抱了小金的丹尼斯·罗德曼（Dennis Rodman）都没有改变这一切。* 信号可能被错误使用和错误理解。

大使馆内部的构成

现代的大使馆很复杂。它要密切关注驻在国的经济、政治、公共舆论、军事能力，以及其他任何可以想得出的情况。大使馆的剖面图展示了一个典型的美国使馆构造，通常是一栋多层建筑。安保很严密，所有的访客都要有陪护。在入口处，海军陆战队警卫站在防弹玻璃后面仔细地检查你的护照。如果可能，使馆建筑要离开街道很远，避免汽车炸弹。人行道上的大型混凝土“花坛”也有防爆作用，可以防止汽车离使馆建筑过近。

越是敏感的办公室越是在高的楼层。一楼是领事部门，因为需要公众进入。美国领事的工作由当地雇员（通常薪酬较低而且懂当地语言）协助进行，筛查申请并发放去美国的签证。旅游签证很快很容易就能办到，学生签证复杂一些，精贵的移民签证（“绿卡”）通常需要长期、艰难的程序。美国人如果需要帮助——遗失护照、紧急撤离、登记为医生和律师、办理出生证明或登记结婚，也要到领事部门办理。领事部人员一般不会借给你钱，但是可以帮你给家里发邮件。

---

* 罗德曼是美国 NBA 著名球星，退役后多次访问朝鲜。“小金”，原文 little Kim，指金正恩。——译者注

一楼还可能设有公共事务部门（正式名称是美国信息服务处，U.S. Information Services），负责解释美国的外交和国内政策，安排学术、新闻和文化交流，布置展览，有时还要开设美国图书馆。

半开放的部门会安排在二楼。商务和农业专员提供信息和联络服务，帮助美国公司向海外销售产品。经济部门也可能设在这一层，它要紧盯驻在国的增长、利率、通胀和经济政策。负责发工资、找房子、租汽车的行政部门也可能设在这一层。一二层的文件基本上都不是保密级别的，在这里工作的大部分人是当地雇员，而不是美国人。

三楼的部门更有趣，也更具保密性。这里可能是大使办公室和政治处。很少或干脆没有当地雇员。大使或代表团副团长在驻在国代表美国，传达美国的愿望、请求、支持或反对。政治处也可能在这一层，它负责密切注视驻在国的政党、政治人物和政策。如果政治处的官员工作做得好，那国内就应该对诸如政变、革命、选举出现颠覆性结果、或者战争都不会感到意外。

武官处（陆海空军）也可能在这一层。他们的工作也是保密的。武官处被看作“合法的间谍”，他们收集驻在国的防务、军队的规模和质量、武器的类型等情报。他们还可能要鼓励驻在国购买美国的武器，因为这将赚取外国通货、分散研发和制造成本，并拉近该国与美国的关系。

最高一层楼通常是最敏感和秘密的办公室。中央情报局站点的人员以国务院工作人员的名义紧盯着未公开的事件，并可能试图影响它们。和反对派团体联络、向当地友人提供资助、监视敌对国使馆都是他们的职责。在特定事务上，中情局站点负责人可能知道得比大使多，也比大使更重要。

不远的地方可能是国家安全局的一个电子窃听办公室。国安局比中情局更神秘，它负责电子信号情报工作（sigint），监听其他国家的无线电通信，并破译他们的密码。隔壁可能就是常规通信办公室，负责把大使馆的报告传递给华盛顿，通常会加密。这些电子办公室位于最高的楼层，不仅是因为离天线近，而且要在使馆遭到攻击时给工作人员时间以销毁文件和密码机器。

大使馆位于首都，但其他重要的城市会有领事馆。领事馆是大使馆的分支机构，履行大使馆的部分职能，通常是为签证申请者和海外的美国人提供服务。大的领事馆叫作总领事馆。美国在香港的总领事馆比在偏远无害国家的小使馆大得多。

在美国大使馆工作的人，其中只有一小部分是国务院的外交事务官员。秘书和通信联络人员是一个分开来的类别，叫作外事服务人员（Foreign Service Specialists）。专员分别来自国防部、商务部、农业部或其他各部。在美国驻外使馆内，只有不到三成的美国人为国务院工作；而当地雇员一般比美国人多。

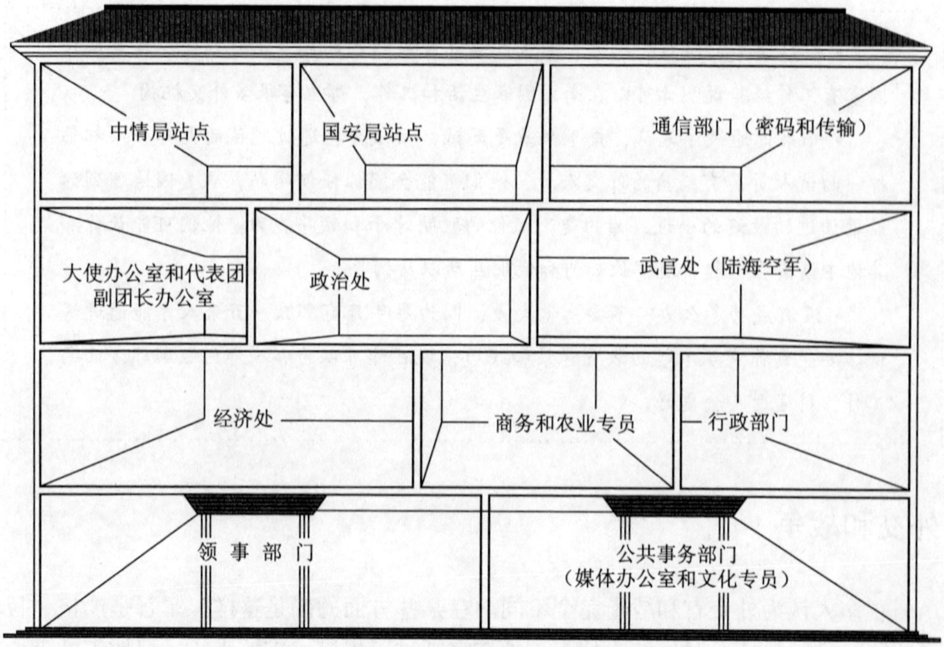

图 18.2　美国大使馆结构图

▶▶▶　思考：如何加入外交部门

美国外交部门，由国务院的精英组成，是美国人可能最接近尊贵头衔的途径。6 000 名外交人员经过了仔细招聘、训练和晋升。很多人有志于参加外交工作，但能被挑选的很少。如果你感兴趣，下面是需要做的：

• 接受全面的文科教育，比较重要的是经济学、政治学、历史和英语。能说一种流利的外语。阅读优秀的期刊，获得从文化到货币市场等所有事情的背景知识。

• 高年级时，报名参加外交录用考试，全国都有。你的大学职业生涯办公室会有相关的信息和表格。

• 考试很难，几千人中只有大约最好的 10% 可以通过。你需要知道的是所有的东西，特别是经济学。如果第一次没有通过考试，也不要太失望；你可以再考。

• 去研究生院接受你作为一名研究生应该接受的教育。一般来说，外交人员要拥有硕士学位，有的还要博士学位。外交部门新职员的平均年龄是 29 岁。

• 获得商务、银行、媒体、军队或者非政府组织的相关工作经验。在发展中国家有工作经验说明你可以在南方国家生活和工作，那里有很多外交机构。

• 如果你通过了笔试，接下来就是面试，面试会把通过笔试的大部分人都筛掉。面试人员是有经验的外交人员，他们可能会问你任何问题，从美国地理到你最近读过的最好的小说，为的是测试你的聪明才干和领导能力。他们可能让你和其他申请者在一起，观察你如何和他们互动以及领导。

• 没有成功怎么办？不要感觉太差，因为每年只有那么一百来人才能通过考试。要想到你有了不起的教育背景和经历，现在你可以为私人部门做国际方面的工作，待遇通常会更好。

外交和战争

很多人认为外交官和战士完全不同。在某些方面的确是这样。军官是严格、目标明确、满腔热情、敢作敢为的人。外交官则难于捉摸、谨慎小心、习惯于处理含糊不清的事务，更愿意告诉你为什么不应该做某些事。一般的观点是：外交官为和平而工作，而士兵则进行战争，两者的共同点不多。

这并不准确。外交官和士兵都是、或者应该是同样的对外政策的组成部分。没有其中一个，另一个也就没有意义。军事弱国的外交官说话可能很难达到自己的目的。人们会很仔细地倾听来自军事强国的外交官说话，因为如果事情将由很糟糕变成最糟糕，他们会传递出警告。20 世纪 30 年代，美国外交官代表着一个军事力量不强、在中国没有军队的国家，他们可以警告日本不要继续侵占中国，但是日本人不把这个当回事。同样，没有外交的引导，军事力量只能成为盲目而狂暴的破坏力，不能达到任何好的目标。20 世纪 30 年代，日本军国主义者控制了日本政府，接着开始侵占中国，这把他们带入了一场和美国的毁灭性战争。如果美国外交官有军事支持、如果日本将军们有外交指导，那么太平洋战争或许可以避免。

▶▶▶ 外交：清洗“老资格中国通”(old China hands)

第二次世界大战期间，几名聪敏、能说中文的驻华美国外交官（他们都是传教士的孩子）预测中国共产党将会在战后打败国民党。他们是对的，但是当共产党 1949 年夺取了政权后，共和党要求知道“谁丢掉了中国”。这些美国外交官在中国生活了很久，都有“老资格中国通”名头，他们被指控亲共产党，并都被解雇了。虽然后来他们都被证明无罪，但对他们的清洗提醒美国外交官，只能报告好消息。准确报告情况可能会毁掉你的职业生涯。就这样，政治上的歇斯底里让美国的亚洲政策瞎了一代人的时间，可能还要对越南战争负责。政治可能毁掉好的外交。

美国外交的高峰之一就是1979年埃及和以色列之间的《戴维营协议》，这是以色列和阿拉伯国家之间签订的第一个和平条约。卡特总统在埃及总统萨达特和以色列总理贝京之间亲自进行了斡旋，安抚他们的感情、提出妥协的建议，而且在客人们同意签署条约之前不让他们离开。请注意，这里是政府首脑在进行磋商，而不是外交官。萨达特和贝京接受协议的一个心理动机是，前一年他们共同获得了诺贝尔和平奖。两人都对获奖很自豪，如果没有达成协议就离开戴维营，将使他们“和平之子”的名声蒙垢。不幸的是，2000年以色列和巴勒斯坦之间的距离过大，因而克林顿总统的第三方外交很难见效。

西奥多·罗斯福总统成功地斡旋了1904—1905年的日俄战争。日本在陆地和海上都击溃了俄国，但是也遭受着人员和资金短缺。他们请罗斯福斡旋，罗斯福由此把日本和俄国代表请到新罕布什尔，他在那里说服双方达成了《朴茨茅斯条约》，从而结束了战争。为此，西奥多·罗斯福这位最好战的美国总统获得了1906年的诺贝尔和平奖。罗斯福同样知道军事作为外交后援的重要性。他1905年曾说过：“在我确信最终能够通过武力达成意愿之前，我从来不会在对外政策方面迈出脚步。”

▶▶▶　外交：第三方外交

解决纷争的一个方式就是有个中立的第三方隔在敌对的两方之间。第三方外交通常是把交战国拉到会议桌前的唯一办法。因为双方的敌对排除了双边会谈的可能性。联合国经常主持第三方外交。两伊战争、苏联入侵阿富汗、纳米比亚非殖民化的谈判都是在联合国的支持下进行的。第三方外交促进冲突解决的方式有三种：

• 良好的撮合服务。这里，第三方把敌对的各方拉在一起，提供会谈场所、进行服务支持和安全保障。例如，联合国秘书长哈维尔·佩雷斯·德奎利亚尔（Javier Pérez de Cuéllar）让法国和新西兰坐在一起，解决1985年绿色和平组织沉没的抗议船问题。

- 斡旋和调停。在更加困难的局面下，第三方可以提出计划和建议。卡特总统和克林顿总统在戴维营力图斡旋阿以冲突。调停则更进一步，第三方，例如美国特使理查德·霍尔布鲁克（Richard Holbrooke）1995 年在代顿向冲突各方提供了解决方案。
- 公断。冲突各方可能会同意让第三方像法官一样决定争议事项的解决。他们选择了公断者，公断者了解了事实后做出决定。假设各方能够接受决定，但是也没有什么办法可以强制它们执行；而且国际关系中的公断很少（但美国国内的案例正在上升）。

外交的关键在于妥协的意愿。在君主们懂得玩弄的手段要有所限制时，外交最有成效。在民族主义的时代，妥协比较困难。国家之间非常不信任，并且害怕放弃任何东西，因为这将会被看作软弱。公众舆论可能会破坏解决严重冲突的方案。挪威外交官斡旋了 1993 年以色列和巴勒斯坦权力机构之间的“奥斯陆协议”，但是两国情绪激动的人通过暴力行为使得和平进程停滞不前。一名以色列狂热分子射杀了拉宾总理，因为拉宾太愿意妥协。以色列总理巴拉克的内阁 2000 年也是因为同样的原因倒台。以色列在西岸的定居点和巴勒斯坦的自杀式炸弹终结了所有和平进程。

▶▶▶ 经典思想：以其他方式进行的战争

有人认为 19 世纪早期普鲁士军事思想家卡尔·冯·克劳塞维茨毫无心肝地热衷于战争。他们把克劳塞维茨的名言“战争是外交以另外一种方式的继续”看作希特勒追求的某种政策。事实上，克劳塞维茨只是竭力主张，战争应该限制在由文人政府制定的政策目标之内，而不应该升级到极端状态——如果战争完全由将军们决定，则可能就是升级的结局。他一直在说，不要因为你有不满就简单地诉诸战争，只有为了清晰的、不打仗就实现不了的政治目标才能打仗。不要把战争和外交分开。

外交在我们的时代还会复兴吗？可能，有一些好的迹象。冷战的结束使得一些先前的对手更具合作性。意识形态和军备竞赛不再有了。哪怕是最偏激的民族主义政权，在经历了多年现代战争的惊人代价以后也逐渐恢复理智。埃及的萨达特不喜欢以色列，但到了20世纪70年代末，埃及千疮百孔、对战争已经疲累，萨达特由此找到了1977年对头号敌人的首都耶路撒冷进行历史性访问的可能性。戏剧性的“首脑外交”铺平了1979年《戴维营协议》的道路。2004年，印度和巴基斯坦的领导人亲自会晤，在两个核国家多年的紧张关系后，重新开启了和平进程。不幸的是，这并没有阻止巴基斯坦的恐怖主义分子攻击印度。德国在1990年的统一，有一系列外交协定向它的邻国保证：德国不再是一个威胁。加拿大和西班牙通过外交方式平息了关于捕鱼权的纠纷。2013年，伊朗和美国外交官达成了限制伊朗核计划的“第一步”协议。

▶▶▶ 经典思想：没有乐器的音乐

“没有军队支持的外交就像没有乐器的音乐”，这句话是1740—1786年在位的普鲁士腓特烈大帝说的。腓特烈是天生的军事指挥官，也是一名聪明的外交官（以及优秀的音乐家），他把普鲁士建设成为欧洲的主要强国之一。他完全懂得外交的军事因素。

然而，有效的外交需要相应的环境配合。在敌对的局势下，也就是说，各方相互之间非常害怕和不信任，就像华盛顿和平壤之间一样，外交不会有什么成效。外交官可以会面，有时也能起草协议，但是几乎不能平息敌意。冷战就是长期的极端不信任，在冷战期间，只能解决小问题，例如1963年设立“热线电话”的协议。随着冷战局面的缓和，外交才能完成比较重要的任务，例如1987年禁止中程导弹的《中导条约》。随着冷战敌对的结束，美国和俄罗斯之间的许多问题通过有条不紊的外交就解决了，因为它们不再那么相互害怕和不信任。

冷战结束以后的环境在其他地区也促进了外交的复兴。来自联合国、欧盟以及美国的第三方外交官帮助纳米比亚和前南斯拉夫的交战各方坐在一起谈判。埃塞俄比亚、厄立特里亚和索马里也就“非洲之角”达成了一些临时性的进展。中国建立了“六方会谈”，试图让朝鲜放弃核武器计划。虽然没有成功，但是华盛顿赞赏北京的努力。土耳其重新把自己定位为中东国家（而不是欧洲国家），运用外交和叙利亚、伊拉克解决旧有的边界与河流争议。接着，土耳其和巴西一起，试图解决伊朗核问题。世界上大部分地区同意给外交一个机会。

▶▶▶ 外交：摩根索的九条规则

汉斯·摩根索对美国的国际关系研究产生了深远的影响。这位从纳粹德国逃过来的难民学者阐述了一种现实主义的理论，清除了一厢情愿理想化的思想。对纳粹德国和苏联的扩张，他都提出了警告，但是也警告美国人不要不加区别地使用武力。例如，他强烈反对越南战争。摩根索不认为外交已经死亡。如果观察到下述九条规则，它可能就复兴了。

1.“外交必须摆脱十字军式的精神。”专注于重新塑造世界的意识形态或宗教原则只会导致战争。

2.“对外政策的目标必须按照国家利益来确定，必须有适当的力量来支持。”要在狭义上确定国家利益，就是强调那些真正至关重要的利益，并确认有足够的军事力量来达到那个目标。

3.“外交必须从其他国家的角度关注政治事务。”其他国家也有国家利益，只要它们是有限而理性的，就是合法的。

4.“国家必须愿意在所有非至关重要的问题上妥协。”如果你已经看到了前三条规则，那么你就能够看到什么问题是至关重要的、什么问题不是。如果你的对手做了同样的事情，你们就可以找到一个中间立场。

5.“放弃没有价值的虚幻权利，争取实质性的真正利益。”不要担心法律上或宣传上的得失，要去注意你在国家利益上正在得到的东西。

6.“永远不要使自己置于不丢面子无法后退、不冒巨大风险无法前进的境地。”在进入谈判之前，总是要设想一下谈判出错的可能，以及你怎样不丢面子地摆脱它。不要提出不现实的要求；否则你将最终不得不放弃。

7.“永远不要让一个弱小的盟国为你做决定。”各个国家的利益很少会一致，如果你让一个小盟国决定你的利益，那么你就失去了行动的自由。

8.“武装力量是对外政策的工具，不是它的主人。”军事头脑是直接而具有破坏性的；外交头脑是“复杂而微妙的”。如果军人执掌外交，就不会有妥协。

9.“政府是公众舆论的领导者，而不是它的奴隶。”当然，民主国家的领导人必须关注公众舆论，但是他们也必须引导和教育舆论。

资料来源：Hans J. Morgenthau and Kenneth W. Thompson，*Politics among Nations*：*The Struggle for Power and Peace*，6th ed.，New York：Oxford University Press，1985。

复习题

1. 外交真的能平息紧张局势吗？任何时候都可以吗？
2. 民族主义和民主是怎样妨碍传统外交的？
3. 外交是不是已经过时了？
4. 美国大使馆内一般可以找到哪些办公室？
5. 外交是怎样被错误运用的？
6. 政治任命的大使会带来什么问题？
7. 外交官和士兵之间的关系是什么？
8. 第三方外交有哪些类型？
9. 摩根索是如何思考外交的复兴的？

第十九章　国际法的运用

多年来，希腊和土耳其不安地互相瞪着对方。两国之间的爱琴海底下可能有石油。谁应该拥有石油？两国都主张石油位于它们的领海之内。无数人处于危险中。战争也可以为小事发动，而这两个国家几个世纪以来又是死敌。然而，两国没有去拿枪，而是去找了律师。战争是最后的手段，两国都不想要战争、也不能承受战争。它们请了国际律师、法律教授，测量它们的大陆架，没完没了地讨价还价。这比打仗好。通过把经济和政治争议转变成法律和技术纠纷，两国间紧张局势缓和了不少。

国际法可能最终解决谁拥有开采海底的权利，也可能无法解决。更重要的事实是，两个国家希望避免战争，发现国际法是一个可以达到此目的的便利工具。有人对国际法不屑一顾，说它因缺少国内法那样的权威和制裁而软弱无效，这是没有抓住国际法的基本目标。如果现存的法律被遵守、新的法律又能被创造出来，那么国际法就能调节国家之间的交往，使它们可以预测。直截了当地说，国际法使得国家可以用翻法典代替开动军队。如果两个国家运用国际法，它们就可以不求助暴力。

如果你仔细想一想，这也是国内法的作用。争执的双方获得满意的结果不是通过决斗，而是通过法庭。体现在决斗中的同样的愤怒，现在体现在诉讼中，但是情绪已经平静了，而且文明到完全不再求助暴力。很多国内法的目的是为了防止暴力出现，国际法也是如此。国际法和国内法一样都是镇静剂。自由主义理论家特别喜欢说，国际法的发展将建立世界和平；现实主义者则对此表示怀疑。在后冷战时代，国际法的数量已经大大增加，约束了更多的国家行为，把更多的律师送进了对外政策进程。

▶▶▶　经典思想：腓特烈大帝和国际法

据说，普鲁士的腓特烈大帝“先是征服了西里西亚（Silesia），然后命令他的国际法学家去论证其合法性”。这个说法代表了对国际法假心假意的运用。不幸的是，同样的事情也出现在大多数今天的外交事务中：先做，然后再论证。

一致性与对等性（consistency and reciprocity）

对国际法最主要也是有效的抱怨在于，它是用来证明强者愿望合理性的。尤其是大国，很容易用国际法掩盖它们自私自利的行为。它们倾向于在别人身上适用国际法，而不是自己身上。国际律师和所有律师一样，有钱就可以雇。

不过，就算是对国际法假心假意的运用也是有用的。一旦你明确主张国际法的某一规定，哪怕是为了自私的目的，也说明你一直处在需要遵守国际法的压力之下。如果你谴责对手支持叛乱者推翻一个友好国家的政府，那么当你自己也被发现支持叛乱者推翻一国政府时，就是“搬了石头砸自己的脚”。当几个佛罗里达人被指控帮助尼加拉瓜反政府武装，从而破坏了美国的中立法时，美国政府就处于尴尬的境地，因为严格来说这件事是中央情报局和白宫干的。政府要努力避免看上去像个伪君子。

▶▶▶　转折点：信奉法律的欧洲

促使欧洲和美国分离的一个基本原因是，第二次世界大战以后，欧洲发展得高度法律化，而美国仍然拒绝法律主义、热衷于军事力量。欧洲国家在经历了几个世纪的血腥战争后，已经赞同通过条约、国际法和联合国来处理相互之间的关系。它们看着许多引领欧洲走向和平、并一步一步地建成欧盟的条约，说道：“看，这些条约发挥了作用。”它们相信，通过当前的条约和新的条约扩展的国际法，能够在世界上很多地区发挥和在欧洲同样的作用。这一观点假设，世界的其他地方正在渴望和平与有序的关系。

美国走了另一条道路，倾向于把世界看作暴力和无序的，对于适用条约和国际法来说尚不成熟。讽刺的是，从19世纪末到20世纪初，美国的学者和政治家沉浸在当时的古典自由主义之中，全神贯注地盯着条约和国际法，谴责“权力政治”。伍德罗·威尔逊带领美国参加了第一次世界大战，因为德国的潜艇正在违反国际法。华盛顿天真地想通过1928年的《凯洛格—白里安公约》使战争非法。（公约没有起到作用。）第二次世界大战以后，汉斯·摩根索和乔治·凯南这样的现实主义学者说服美国人放弃了自由主义的“法律—道德”路径，转而赞同有节制地使用美国的力量。小布什政府内部有些人贬低国际法和条约，认为它们不能捆住美国的手脚。欧洲和美国在这个问题上分歧很大。

另一个一致性的例子是俄罗斯2008年把南奥塞梯从格鲁吉亚分出来。华盛顿批评俄罗斯以暴力改变边界违反了国际法。莫斯科回应："是不是就和你把科索沃从塞尔维亚分出来一样啊？"一致性对决策者施加了限制。1962年导弹危机期间，肯尼迪总统拒绝了对古巴进行出其不意的空中打击，因为这听起来太像珍珠港事件了，他不想让自己像东条英机一样被记住。

一般来说，人类的头脑还是喜欢一致性的。确定可以把人搞疯的方式之一就是，指出他们是前后矛盾、反复无常的。如果他们已经主张支持国际法中的某一点，再去反对这一点就会给自己带来麻烦。几个世纪以来，一致性带来的压力建立起"国际习惯法"——指的是因大多数国家竭力主张、不想违背而形成的法律。对等性原则也促进了国际习惯法的产生。对等性指的是：你对我怎么做，我也对你怎么做。国家和人一样，不能去期望得到的东西比付出的东西好出许多。它们令人厌恶的行为很快就会被受到冒犯的国家以牙还牙地报复。

对等性趋于自我强化和向外扩散。按照传统，外交牌照的汽车可以免除停车罚款——这是外交豁免权的延伸。在华盛顿的外交官经常滥用这一特权，随心所欲地停车，甚至停到马路中央。20世纪60年代，在国务院的允许下，华盛顿特区警察开始对违法停车的外交牌照车辆开罚单，而且必须要照单罚款。很快，所有国家都取消了外交牌照非法停车的豁免权（事实上，很多其他国家的首都早就渴望做华盛顿首先做的事）。根据简单的对等性原则，规范外交官的法律快速而自动地进行了调整。

适用对等性原则最容易的领域就是外交这个国际法最初的主题之一。破坏了对等性的国家会受到惩罚。很明显，伊朗在德黑兰把美国外交官扣作人质超过一年，严重违反了国际法习惯。没有国家直接报复伊朗，但是大部分强烈谴责伊朗的所作所为，并严格限制与它的外交接触。德黑兰可以讥笑这些做法，但是在两伊战争中伊朗因此受到损害。破坏国际法总要付出代价。研究表明，国际法差不多在和国内法同样的程度上得到遵守。事实上，法律在提供秩序和可预见性方面，在国际关系方面和在国内关系方面一样至关重要。

创立国际法的重要机制是条约，条约类似国内法的合同。16世纪，随着主权国家的兴起，签订的条约越来越多。国家和国际法是双生子，因为国际法保护国家、维护国家的现状。随着国际交往的数量和重要性的增长，国际法也在增长。开发新大陆产生了大量的殖民地、商业、航运、海盗和战争，最严重的是三十年战争（1618—1648）。确实，首批国际法思想家之一格劳秀斯就是在这一大规模的战争期间写作的。

▶▶▶ 外交：怎样签订条约

有的条约是双边的，有的是多边的。条约又叫谅解、公约、协定、议定书、协议、约定。下面就谈谈条约如何签订，又如何被破坏。

1. 谈判：任何指定的国家代表都能谈判一个条约，通常是一名正式的外交官，但也可以是政府首脑、外交部长，或特殊代表。谈判者一般都带着自己政府准备的计划，对此没有太多的余地改变或妥协，如果有，也需要得到国内的批准。外交官不能自由决定。

2. 签字：一旦谈判者草签了文本的每个条款，表示他们达成了一致，更高层的官员就会签字。如果是一个重要的条约，总统可能会大张旗鼓地搞一个仪式签署。在没有批准前，国际法会确保各方不能违反条约，直到没有被批准才失效。

3. 批准：每个国家都有正式同意条约的宪法程序。在美国，必须要三分之二的参议员（不包括众议院）同意，总统才能正式签署。从程序上说，参议院并不批准条约，那是行政部门的事情。解释和保留可以附在条约后；如果很重要，则必须和其他各方重新谈判。未能批准则解除了国家的义务。最后，条约要在联合国秘书处登记。

4. 终止。有的条约没有期限，有的有固定期限。有的确定了一个展期的时间。以下几种情况条约会终止：一方或更多的缔约方违反条约；新约取代了旧约；缔约各方之间发生了战争；一个国家不复存在。小布什政府想要建立国家战略防御系统，于是告诉莫斯科，美国认为1972年的《反导条约》已经过时了。莫斯科指出，条约将被双方终止，于是1972年的条约就这样寿终正寝了。

西班牙人弗朗西斯科·德·维多利亚（Francisco de Victoria，1480—1546）受到中世纪天主教思想的影响，出于国家间形成有序关系的理由和必要性写下了《自然法》。他认为，国际法超越了国王的意愿和许可，因为国家必须承认一个国际社会的逻辑和利益。另一位西班牙人，弗朗西斯科·苏亚雷斯（Francisco Suarez，1548—1617）则持更加现代的观点，认为国家必须首先认可国际法。

把这些观点整合起来的是国际法的真正创立者——荷兰人雨果·德·格鲁特（Hugo de Groot，1583—1645），就是更多人知道的格劳秀斯。（拉丁文名字是17世纪的时尚。）他于1625年出版的著作《战争与和平法》（用拉丁文写的）就是对三十年战争中野蛮行为的回应，并支持了战争中的节制行为和国家间开放、和平的交往。他说，主权受到神法、自然法和国家间法律的限制。国家间法律是从理性和国际关系的实践中产生的。他说，条约必须遵守，因为根据所有法律的本质，得到认可的合法的指令必须被遵守。

▶▶▶ 外交：海洋法

海洋法是国际法的最初主题之一，也是格劳秀斯的主要论点之一，至今仍然是一个热门话题。海洋法一直在不断形成和发展。谁拥有海洋？在有史以来的大部分时间里，海洋不被看作任何人的所有物（res nullius），因而所有人都可以捕鱼。（当前的大问题：过度捕鱼。）最近一段时期，有的国家，特别是穷国和内陆国，要求把海洋看作所有人的所有物（res omners），这样联合国就可以对海底埋藏的大量未知储量的石油、天然气和矿产进行重新分配，从而给这些国家带来好处。

国家的领海从海岸能够延伸多少距离，已经争论了几百年。到18世纪，海岸外3海里被界定为国家的领海线（有时称作“炮弹距离”，虽然老的加农炮无法射到那么远的距离）。超过3海里就被看作国际水域。不是每个国家都喜欢这样。苏联就不让间谍船进入离它的海岸那么近的地方，宣布12海里是它的领海线。其他海洋国家采取了同样的立场，现在12海里已经是标准了。厄瓜多尔和秘鲁不喜欢其他国家到这么近的地方捕鱼，宣布了200海里的领海线。它们甚至起诉了美国的金枪鱼捕鱼船。

经过多年的谈判，1982年制定的《联合国海洋法公约》包含了领海线、专属经济区、军事利用、海盗、环境污染，以及许多其他问题。美国积极参加《联合国海洋法公约》，但参议院担心这会侵害美国的经济权利，从来没有批准它。即使这样，美国还是非正式地遵守了它的许多规定。

现在，感谢《联合国海洋法公约》，各国同意从海岸算起的200海里专属经济区是它们自己专属的捕鱼和采矿区域。（一海里等于1.15英里，因此专属经济区有230英里或370公里。）另外，各国可以对更大范围的专属经济区提出要求，只要它们能证明自己的大陆架延伸到200海里以外。很多国家这样做了。专属经济区对商船航行来说仍然是开放海域，它不是主权意义上的领海。

全球变暖正在给领海线带来新的重要意义。正在融化的北冰洋开启了传说中通向加拿大北部的西北航运通道。长期以来，加拿大对以北极为顶点的一块巨大的楔形地带提出要求。1969年渥太华通过了一项法律，宣布从加拿大北部海岸向外延伸的100英里的区域是加拿大的“管理区”。任何外国船只，包括从美国来的，必须得到加拿大的允许才能通过该区域。

随着民族主义和民主的兴起，为了让国民和议会接受国际法，政府强调国际法服务于国家利益。国际法在欧洲这个现代国家的诞生地兴起，但扩散到全世界。并不是每个国家都喜欢国际法。列宁认为，工人没有祖国，现存的“资产阶级”协定将被废弃。苏联以及之后的中国都花了些时间才重新发现国际法的用处。纳粹德国从来不接受国际法，它为此付出了代价。晚近的例子是，南方国家曾谴责国际法是殖民主义者为了自己的利益搞出来的东西，但是这些国家同样逐渐认识到了国际法的价值。甚至是伊朗，最终也可能意识到这一点。

概念：国家继承

俄罗斯是苏联的继承者吗？塞尔维亚是南斯拉夫的继承者吗？大部分国家遵循“持续统治”原则，承认被称作“继承国”的权利和义务。旧政府签署的条约也为新政府所继承。俄罗斯得到了苏联在联合国安理会的常任理事国席位，但是也同意继续履行存续的条约，例如军备控制条约。塞尔维亚2003年不再称自己为“南斯拉夫”，但是坚定确认以“南斯拉夫”名义和匈牙利、罗马尼亚签订的、关于使用多瑙河及其沿岸的条约不会有问题。

规定和制裁（commands and sanctions）

和国内法一样，国际法也有规定和制裁。规定迫使国家以特定的方式行事。例如，海洋法规定超出12海里领海线的海域有完全的自由，但是12海里以内不是这样。外交豁免权规定不能逮捕或审判持有委任状的外交官，即使他们犯了严重的罪行。1986年，一名驻新西兰的韩国外交官习惯性醉驾，碾压了一名行人。新西兰政府能做的只是宣布他为不受欢迎的人，然后驱逐出境。

由于没有超级政府可以告诉国家该做什么，规定必须由国家强制自己执行，这是国际法的一个重要特征。国家必须同意这些它们将遵守的规定。没有同意，就没有国际法。很清楚，这和国内法不同：公民可能并不同意一条国内法，但是在任何情况下都要受它的约束。国内法在主权实体范围内存在，国际法则存在于主权实体之间。

国际法是“国家理由”（raison d’état，即国家行事的理由，或国家的利益）的直接表达。有人相信，国际法服务并保护着“全球社会”，但这要从属于条约，而条约由国家谈判，只有那些批准条约的国家才受条约约束。条约由外交官谈判，他们从其他国家那里得到按照某一特定方式行动的承诺。条约是国家之间的合同，服务于国家的利益。

比条约弱一点、但仍具有约束力的是行政协定。美国总统广泛地应用行政协定，因为参议院是否批准条约并不确定，经常把它变成一场政治踢皮球。美国现在签署的条约不多——小布什政府尤其不喜欢条约，但签的行政协定很多。批评者不喜欢行政协定，认为它们就是为了避开参议院的审查而存在的。20 世纪 50 年代初，孤立主义的布里克修正案 *（Bricker Amendment）就是想阻止采用行政协定，1972 年自由主义的凯斯法案（Case Act）要求向国会报告行政协定。

如果一项特殊的权利或义务被实行、并不为其他国家挑战，这样的习惯就创造了规范。例如，美国认为切萨皮克湾（Chesapeake Bay）是自己的领土，没有国家反对美国的主张。与此对照的是，利比亚对锡德拉湾（Gulf of Sidra）提出领土要求，但是没有国家接受，因为它太宽了。美国军舰定期进入该海湾，以表达不同意利比亚的领土主张。规范建立在习惯的基础上，需要时间来发展，由于通常是不成文的，所以会有歧义。说国际法建立在理性、道德和正义的基础上，也碰到同样的问题。很少有国家会明确赞同。条约是国际法更为坚实的基础。

为什么国家会遵守国际法？因为他们从中得益。军备控制协定减轻了战争的危险，降低了防务开支。贸易协定建立了市场、增加了商品的流通。引渡条约清除了犯罪的庇护所。违反条约和国际法会取消这些好处。如果你破坏了合同，就无法从合同中得到好处。

然而，国家为什么会在要付出代价，以及不想遵守的情况下也遵守国际法？没有世界警察力量保证国家受法律约束，但是存在的制裁使国家甚至在不想遵守的情况下也遵守国际法。

法庭，甚至是靠一国警察力量支持的国家层面的法庭，也能像国内法一样强制实施国际法。在密苏里州诉荷兰的案例中（1920 年），密苏里州不想实施和英国（代表加拿大）签订的条约中保护迁徙鸟类的条款。美国最高法院裁决条约有效，等同美国法律。现在，利用国内法庭起诉外国作恶者是一个不断增强的趋势。1993 年的一项比利时法律，就开放了本国法庭审理与比利时无关的涉及人权的诉讼。这些案例看上去是设计来让领导人尴尬的，而不是真的在收集损害的证据。美国 1789 年的一项几乎没有动用过的法律，拍拍灰尘就能拿出来起诉塞尔维亚、英国的前领导人，也可以起诉恐怖分子和第二次世界大战中使用奴隶劳工的德国公司。在这里，美国存在着一个一致性的问题。我们在美国法庭审判外国人，但有时却拒绝外国法庭对美国作恶者的司法管辖权，就像对新设立的国际刑事法院的态度。无

---

* 布里克修正案没有获得通过。——译者注

论采取什么样的方式解决不一致的问题，都可以扩展国际法的适用范围。

联合国安理会可以建立特殊法庭审理战争罪和违反人权罪。有两个这样的法庭于 1995 年开始工作，都由南非法官理查德·戈德斯通（Richard Goldstone）担任首席检察官。一个位于海牙，审理前南斯拉夫内战中的违法者，另一个位于坦桑尼亚，审判卢旺达大屠杀中犯下罪行的胡图人和图西人。虽然面临着如何抓捕和指控、适用什么法律等问题，它们还是定了一些人的罪，从而警告将来可能犯下战争罪行的人：他们会被绳之以法。

在世界法院（the World Court）*，国家可以对其他国家提出起诉，但是被指控的国家必须事先同意打官司。国家不能被拖到世界法院上。很多国家的参与都是有条件的。美国尤其小心。1946 年的“康纳利修正案”（Connally Amendment）就拒绝了世界法院对涉及“由美利坚合众国决定的本质上属于美利坚合众国国内司法管辖权范围内的事务”的管辖权。

▶▶▶　概念：国际制裁

《联合国宪章》指出：除非用于共同利益，武装力量不应被使用。1990 年，安理会授权用战争把伊拉克军队从科威特驱逐出去。这就是国际制裁，包括以下方面。

1. 报复性行为（reprisals）包括没收财产、抵制交易、惩罚性查抄，正常情况下这些行为是不符合国际法的。仅当它们是受到伤害的一方对违法行为所做出的反应时，才变得合法。《联合国宪章》不赞成任何武力的使用，但仍承认自卫权。报复性行为比战争有限得多。1986 年，美国轰炸了利比亚的军事设施，声称是对利比亚支持的恐怖主义爆炸的报复。

2. 反制（retorsion）是一种更加温和的制裁，是针对做出令人反感行为的国家采取的反应。伊朗支持恐怖主义、进行核计划，这让美国 1995 年切断了和伊朗的所有贸易往来。2010 年，联合国因伊朗的秘密核计划而通过了对它的制裁，伊朗的进出口受到打击。

3. 战争也是国际法可以接受的制裁。“动用武力的竞争”是格劳秀斯对战争的定义，它可以合法地用来反对那些进行侵略性战争的国家。然而，界定“侵略”很困难，还没有所有国家都能接受的定义。首先开枪的一方通常是防御者，而侵略者通常是首先动员的一方。

---

* 作者应该指的是联合国机构之一的国际法院。——译者注

自助和战争

受到伤害的国家同样可以采取制裁措施，这被看作“自助”。弱国极少会对强国采取这样的措施。美国于1961年间接攻击了古巴，但是古巴没有通过攻击美国来实施报复。有的国家采用法外制裁措施，例如恐怖主义和支持其他国家的反对派。

国家破坏了国际协定，就会在签订新的协定方面遇到困难，造成外交上的孤立。例如，乌干达20世纪70年代在阿明（Idi Amin）统治下虐待外国人，利比亚80年代支持国际恐怖主义，伊拉克90年代在波斯湾的侵略，这些行为都使得别的国家避免和它们进行谈判，从而减少了其对外关系。

全世界的新闻报道可以让一个破坏国际法的国家付出代价。苏联干涉阿富汗和2003年美国入侵伊拉克都损害了两国的世界形象。没有国家喜欢被称作“侵略者”，这会让支持者调整方向，从而失去同盟和影响力。当坦桑尼亚联合乌干达反叛者、并于1979年进行军事干预后，乌干达的阿明政权最终被推翻。世界上大部分国家都为此欢呼。

美国1989年针对巴拿马的行动是一个法外自助的戏剧性的案例。在美洲国家组织没有一票支持的情况下，美国入侵了巴拿马，推翻了腐败的政府，把它的领导人诺列加（Manuel Antonio Noriega）押送到迈阿密，并以贩毒指控审判和监禁。服完刑期后，2010年诺列加以洗钱的罪名被引渡到法国，又被判了七年。两个和诺列加有关的判例确立了国际法的惯例。

然而，自助经常导致违反国际法。强国在重要的国家利益受到威胁时，倾向于忽视法律规范。在冷战期间这很普遍。美国试图颠覆尼加拉瓜的革命政府以维持其势力范围。苏联入侵阿富汗为的是保住一个作为缓冲的扈从国。两个案例中受到伤害的一方都无法或不会采用制裁手段阻止破坏国际法的行为。破坏法律的国家为了其领导人认为的短期必要性，也愿意承受某些违反国际法的长期代价。

1928年的《凯洛格—白里安公约》明确把战争视作非法。有人用这个来说明国际法无关痛痒。《联合国宪章》第51条允许自卫战争。1625年格劳秀斯写道：“当有人准备杀你时杀掉他”是合法的。界定谁是侵略者、谁是自卫者遇到的困难，使得国际法在消除使用武力方面基本上无能为力。国际法更为成功的是限制了武力的使用。国际习惯法禁止过度使用武力来打败敌人。

可以追溯到1864年《日内瓦公约》的多边公约，禁止了特定的行为和武器，并确立了进行战争的各种程序。毒气、爆炸性子弹、火枪都被禁止使用。中立国、平民、战俘都拥有权利和义务。占领被征服国家的胜利者对待失败者的方式受到约束。对战争罪行的审判变得更频繁。尽管如此，说每一场战争中的每一交战方都违反了法律的规定，是毫无问题的。

根据1949年的《日内瓦公约》，攻击无害的平民是战争罪行，这也得到了《美国军法典》的支持。1968年，美国士兵在南越的美莱村（My Lai）屠杀了超过300名平民。美军当时并没有告诉自己的士兵战争罪行是什么。现在，军法署署长（Judge Advocate General，简称JAG）的代表会就所有的行动提出忠告，并起草制定《交战准则》(rules of engagement，简称ROEs)，特别是在类似阿富汗这样的反叛乱行动中。

国内习惯法也对国际法有所贡献。例如，杀死和抓捕恐怖分子就提出了一个棘手的问题。小布什政府发明了一个新的类别“非法敌方战斗人员”(unlawful enemy combatants)，指的是属于非正规军队的恐怖分子。他们是罪犯还是战俘？如果是前者，就要被审判；如果是后者，只是在战争结束前被扣押。困难在于，恐怖主义行动几乎不会走向一个正式的结局，而只是逐渐消耗掉能量。由于卡在法律的灰色地带，有些人被扣押在关塔那摩好几年都没有受到审判。2008年，最高法院裁定，虽然不在美国国土上，但人身保护令仍然适用于他们。最终，有人作为罪犯被审判，不过是由美国军事委员会进行的，这可以被看作已经成为世界范围内国际法先例的纽伦堡的回声。

无人机攻击提出了一个重要的法律问题，特别是当平民被杀死之时。一架攻击也门的美国无人机杀死了安瓦尔·奥拉基（Anwar al-Awlaki）——在美国出生并接受教育、但激烈反美、挑动针对美国的恐怖活动的极端主义者。没有人会说关于奥拉基的好话，但是有人会问，美国总统能不能不经审判就命令进行针对美国公民的远程控制打击。或者说，这是不是法外的谋杀？

承认和领土

承认就是认可另一个国家及其政府的存在。这对国家来说很重要。如果大部分国家，特别是主要强国都承认一个国家，那么就会巩固其主权、使它被接受。承认不是必然意味着交换外交代表。有的穷国承认了其他国家，但是并没有在那里建立使馆。(它们在联合国会见。)承认可以是事实上的，即临时和那个国家的代表打交道；或者在更高的层面上，承认是法律上的，即通过一份官方的声明达到效果。

例如，中国共产党1949年控制了大陆以后，美国继续承认已经逃到台湾岛的国民党当局。接下来的朝鲜战争，中国和美国打了起来，这使得承认在政治上不再可能。当中苏分裂改变了美国对中国的看法时，尼克松总统1972年对北京进行了访问，这是事实上承认的一种形式。1979年北京和华盛顿在法律上相互承认对方。

这就要求华盛顿取消对台湾国民党当局的承认，因为北京坚持它代表一个唯一的中国。美国国务卿奥尔布莱特2000年访问了朝鲜，给了该国事实上、但还不是法律上的承认。

承认帮助国家成为国际法的参与者，因为它给了国家特定的权利。例如，持续生存的权利，这就意味着有权进行自卫。《联合国宪章》第51条确认了这项权利。国家的责任在于要尊重其他国家的权利。国家有责任遵守条约。它们还有责任不干涉其他国家，尽管这已经遭到很大范围的忽视。有人认为，国家有权利保护在其他国家的本国公民，有权利对发生“震动人类良心”的自然或政治灾难的地方提供人道主义帮助。2003年伊朗发生可怕的地震之后，甚至连美国都派遣了民事和军事人员过去帮助。

联合国安理会说，国际社会有责任在1994年干预海地，那里的军事政权正在侵犯公民权和政治权。海地人逃到不安全的船上，好几百人淹死。现在联合国认可的干预比过去要多，大部分都涉及侵犯人权。

▶▶▶ 回忆：艾希曼和海盗

作为一名年轻的记者，1961年我找到了一份和美联社一起采访耶路撒冷艾希曼审判的工作。这让我进入了安保极为严密的大楼，亲眼看一看“世纪审判”的现场。阿道夫·艾希曼曾是一名纳粹中层官员，负责围捕欧洲犹太人、并把他们运送到死亡集中营。在以色列特工把他绑架并带回以色列受审时，他以假名居住在阿根廷。

法庭上关于艾希曼案子的国际法讨论已经有很多。（1）以色列是否可以从另一个国家绑架某人？（2）以色列是否可以就他在一个遥远国家所犯罪行而审判他，那时以色列甚至都不存在？（3）当他只是在执行命令时，是否可以称他为“罪犯”？

这些争论进行了几个星期，也非常复杂，但是总检察长吉迪恩·豪斯纳（Gideon Hausner）的主要观点是海盗。国际法长期以来坚持，海盗可以受到任何抓住他们的人的审判；他们的罪行并不是具体针对某一个国家和某一个地区。现在这叫“普遍司法管辖权”，已经适用于索马里沿岸亚丁湾真正的海盗身上。豪斯纳认为，海盗法为国际上其他形式的无法无天行为确立了一个先例。关于艾希曼只是执行命令的说法，豪斯纳论证说：（1）命令自身是非法的；（2）艾希曼个人渴望杀死犹太人，已经超出了命令的范围。艾希曼被证明有罪，根据其他观点，这就是“反人类罪”，他于1962年被绞死。

——迈克尔·罗斯金

根据国际法，征服和吞并领土是不被允许的。关于领土的争议可能迅速导致暴力冲突。防止这种情况的最好办法是根据国际法确定并遵守边界。首先，边界必须在边界条约里得到认可，并仔细地在地图上进行标注，在实地要用实体性的标杆和标牌指示。不幸的是，世界上很少有边界是这样被清晰地确定的。

国际法通常采用历史或地理的指示物，力图使争议得到解决。很多边界问题是国际法正在努力解决的：印度和巴基斯坦就克什米尔问题的争斗，委内瑞拉和圭亚那的争议，秘鲁和厄瓜多尔的争议，阿根廷和智利关于火地岛（Tierra del Fuego）的争端，摩洛哥和阿尔及利亚关于西撒哈拉（Spanish Sahara）的争端，伊朗和伊拉克关于阿拉伯河水道的争端。关于最后一个争议，国际习惯法把河流两岸的国家的边界线划在河流最深处。* 在这些争议中，只有在争议各方想解决问题时，国际法才能发挥作用。接下来国际法就可以成为解决争议的便利方式，有时还能让大家都有面子。

和海洋法并行的还有上层空间，国家控制的领土上空到达地球大气层的边缘，一般来说和飞机可以飞到的高度一样高。国际习惯法和一项联合国决议认为，轨道卫星处于国家管辖权之外，和国际水域一样。

▶▶▶ 转折点：臭氧层的洞

国际法在全球不断关注人为的环境破坏方面发挥了重要作用。太阳的紫外线辐射造成了皮肤癌和其他损害。脆弱的臭氧层保护着地球免受更多的紫外线照射。科学家发现，存在于气雾喷剂和制冷剂中的含氯氟烃（CFCs）会侵害并耗尽臭氧层。1987 年，人们在南极地区的臭氧层发现了一个洞。一系列谈判产生了一项议定书，并得到很多国家的签署和批准，其目的是减少生产和使用含氯氟烃。因为这个，你现在用的空调和发型喷雾已经不一样了。可燃气体会导致气候变暖，关于减少使用的讨论还在继续。

国际法和人权

第二次世界大战以前，几乎没有关于人权的法律，希特勒和大屠杀改变了这一切。1945—1946 年进行的纽伦堡战争罪行审判，通过审判 21 名纳粹高层、并判决

---

* 准确的说法是主航道中心线。——译者注

其中 11 人死刑，确立了一个重要的先例。由美国、英国、法国和苏联法官组成的纽伦堡法庭，在当时是存在争议的。此前没有“战争罪行”的类别，但是纳粹德国对平民和战俘实施了“反人类的罪行”。

有人批评纽伦堡审判是“胜利者的正义”，或者说是法律上的报复，即事后发明了可疑的法律、然后把它们用在只不过是执行命令的士兵身上。反对这些言论的法律推理自那以后一直被引用。美国检察官特尔福德·泰勒（Telford Taylor）说：“存在着一些关于人类行为的普遍性标准，它们高于遵守国家法律的责任。”纽伦堡为日本战败后东京的战争罪行审判、1961 年的艾希曼（Eichmann）审判，以及最近的波黑和卢旺达战争刑事法庭确立了先例。2008 年，海牙法庭以下令屠杀数以千计穆斯林的罪名审判了波黑塞族领导人卡拉季奇（Radovan Karadzic）。

2006 年审判（并绞死）萨达姆·侯赛因在某种程度上继承了战争罪行的概念。在哪里审判萨达姆？如何审判？是国际法庭还是伊拉克法庭？萨达姆首先是一个战犯，还是国内的杀人犯？他由美国士兵抓获，但审判是在伊拉克法庭，这一决定可能会为将来的类似案例提供一个先例。几十年之前，萨达姆可能不会被看作罪犯，而只是一个战败国家的领导人。

这些案例继承了致力于限制战争及其恐怖程度的西方传统。中世纪的天主教教士就阐述了诉诸战争的权利（jus ad bellum）和交战法规（jus in bello）。这一传统随着《日内瓦公约》而扩展，《日内瓦公约》其实是 1864 年到 1949 年之间签署的四个公约的复杂组合，现在已经得到超过 150 个国家的遵守。公约把关于非战斗人员、战俘、伤兵、军事占领、允许使用的武器等的原则整合成典。有一个日内瓦式的问题：关在关塔那摩的恐怖分子嫌疑人可以被当作战俘对待吗？美国士兵在伊拉克的阿布格莱布（Abu Ghraib）监狱虐囚则明显违反了《日内瓦公约》，并让美国很尴尬。

人权被写进了《联合国宪章》，新建立的联合国于 1948 年通过了《世界人权宣言》(Universal Declaration of Human Rights)。尽管不是条约，但《宣言》为形成更加具体的公约搭建了舞台。这些公约有：关于公民权利的公约（美国于 1992 年批准），关于反种族歧视的公约（美国于 1994 年批准），经济社会和文化权利公约，妇女和儿童公约，反酷刑公约，以及最近的（2002 年）国际刑事法院（International Criminal Court，简称 ICC）。美国拖延或者不批准这些晚近的公约是出于如下考虑：美国的主权和宪法是至高的，不能被外部力量控制。国会担心参加国际刑事法院会带来针对美国官员和士兵琐碎而无意义的指控，不过国际刑事法院自己主要关心的是非洲暴君般的当权者。美国、俄罗斯和中国都不是国际刑事法院的成员，没有什么办法能让它们加入。

“国家可以对自己的国民做任何想做的事”这一旧有的国际法规范已经朽损了。2005年大多数联合国成员国采纳了一个正在缓慢发展的原则——“保护的责任”（R2P），指的是如果一个国家不能够保护自己国民的人权，国际社会就有责任介入，甚至可以置于主权之上。2003年美国入侵伊拉克有助于“保护的责任”的形成，因为小布什政府认为，独裁者要对针对自己国民的罪行负责。（纽伦堡和东京审判涉及的是针对其他国家国民犯下的罪行。）

“保护的责任”很难运用于实践中。2011年，美国、英国和法国断言有责任保护利比亚国民免遭卡扎菲军队的屠杀，但是当战争拖了几个月后，有人就担心“保护的责任”开启了内战中选边站的由头。2008年，俄罗斯坚持对南奥塞梯人免遭格鲁吉亚的攻击具有“保护的责任”，但是这看起来是为了重建俄罗斯对高加索的控制而算计好的。谁将决定“保护的责任”的恰当适用？联合国安理会？但是美国、俄罗斯和中国都有权利否决安理会的决议，因此任何它们反对的“保护的责任”的措施都会被挡住。例如，2012年和2013年，俄罗斯否决了联合国关于叙利亚屠杀和使用毒气的调查。攻击性的国家也可以用“保护的责任”掩盖自己的行动。批评者指责“保护的责任”是一种“干涉的权利”，被强国用来针对弱国。

根据各种各样关于人权的公约，个人有了一些权利。国民有权要求得到自己国家的保护。有时他们不能得到保护，于是就成了难民。1951年《关于难民地位的日内瓦公约》给了难民一些不是非常明确的权利。刑事犯可以被引渡到犯罪行为发生的国家，但一些国家拒绝引渡，而给外国政治犯提供庇护。刑事犯罪行为发生在外国的管辖权之内，通常服从于那个国家的检察当局，就像美国人在海外被发现使用毒品一样。抢劫、海盗、奴隶贸易和恐怖主义也是如此。

关于人权的条约使得一国政府开始出现在国内和国际的法庭上。1996年，一名西班牙检察官指控阿根廷和智利的前军政府总统杀害了西班牙公民。当智利将军奥古斯托·皮诺切特（August Pinochet）1998年去英国治病时，西班牙要求引渡他，英国不得不把他扣押在家里。英国绕开困难的法律议题，以（虚假的）健康理由让皮诺切特返回智利，不过这一插曲表明，前独裁者并不能免除人权的指控。欧洲人权法院（the European Court for Human Rights）批评英国严酷对待爱尔兰共和军恐怖主义嫌疑人。英国2000年批准《欧洲人权公约》成为国内法律，第一次使它有了和美国《人权法案》等值的法律。

虽然我们看到在地区战争、恐怖主义和侵犯人权等事件中都有公然违反国际法的现象，但国际法的合法性还是在不断增强。甚至小布什政府都被迫说要尊重国际法。当前不稳定的地区有无法控制的地区冲突，冲突还有可能扩散，从而扰乱贸易，引发屠杀。这些威胁使得一个更稳定、更有序的世界成为各国的共同利益。国际法可以对此有所帮助。

世界上有一半国家至少接近民主国家，支持用法治来引导国际关系。通信和交通的发展大大加速了国家之间的交往，而这些交往必须要有规则调节。2000 年的网络世界很不幸，菲律宾的“爱虫”病毒黑客在破坏了数以百万的计算机后，全身而退，因为菲律宾没有针对它的法律。而现在有了。

国际法影响增强的一个指标是美国讲授国际法的法学院数量。1900 年，只有 6 所法学院有类似项目。现在的数字是当年的十倍。美国人知道得非常清楚，制定更多法律的一个途径就是制造更多的律师。如果一个新的、更加和平的国际关系体系在世界上巩固，那么将会有国际法的巨大发展。

复习题

1. 国际法和国内法的相似之处有哪些？
2. 一致性和对等性如何随着时间的推移形成了国际法？
3. 如果说国际法缺乏国内法的强制措施，为什么它一般还是会被遵守？
4. 国际法中的“自助”指什么？
5. 国际法的几个来源是什么？哪一个最重要？
6. 根据国际法，战争怎样才算合法？如果战争是合法的，“战争罪行”怎样才会是非法的？
7. 国家的管辖范围可以延伸到离开陆地多远的地方？
8. 是否存在高于主权的“保护的责任”？
9. 当代的海上劫掠法有什么意义？
10. 人权是怎样成为国际法的显要部分的？

第二十章　联合国的影响范围

对待联合国的标准态度是：先是期望过高，又在期望未能达成时责骂它。很多人指望联合国解决诸如战争、残忍的独裁者、种族灭绝、核扩散等骇人的问题。但是联合国几乎没有任何强制办法——没有警察或武装力量。它有时可以从愿意履行维和使命的国家借一些士兵，这些使命都是事先得到大国同意的，当然还要付出高工资。联合国自己什么也强制不了。如果存在强制执行的情况，那是因为大国（如果它们都同意）愿意让它强制执行。从很多方面看，联合国实际上就是个巨大的辩论会，就算得出什么结论，也不会总是得到遵守。

但是，那些指责联合国软弱的人中间，总有一些不会支持联合国侵害他们自己国家的主权。如果联合国要求美国不再管伊朗，或者要美国削减温室气体排放，有多少美国人会遵守？很多人将会惊呼："我们不能屈服于其他任何力量！"在一个由主权国家组成的世界上，"世界政府"的说法很不恰当。联合国治理不了任何事情，也不是为此设计的。它是经过深思熟虑而被设计成这样没有力量的，因为建立它的大国不想让任何其他力量告诉它们该做什么。建立在理性和国家利益之上的自愿服从，是联合国所能期待达到的最好状态。联合国生来就软弱，而且看来会一直如此。

然而，联合国仍然是有价值的。大部分国家都在努力说服联合国做一些事，并致力于通过联合国而发挥作用。它是一个很好的对话场所，而对话有时可以防止打仗。几乎没有国家会完全拒绝联合国，因为它们不想被看作国际恶霸。甚至经常蔑视联合国的美国共和党政府，也不会真的想退出联合国，因为这样做将孤立和削弱美国。1987 年以来，致力于解决或者控制区域战争或内战的联合国维和行动比过去多了两倍还多。大国愿意让联合国来稳定世界政治。用《联合国宪章》序言中的话说，现在的世界是否准备好通过一个国际组织来"欲免后世再遭今代人类两度身历惨不堪言之战祸"？

通过国际机构防止战争的想法已经存在了很长的时间。罗马人自豪地说出"罗马治下的和平"（Pax Romana），随之而来的是成为帝国的一部分，当然，这不是自愿的。对那些不服从的人，罗马人直接镇压，因而经常处于战争之中。

中世纪的罗马天主教会使一个"统一的世界"的思想根深蒂固，"统一的世界"

在那些世纪中所指的就是欧洲，欧洲的国王都承认教皇的至高地位。教会提供指导，并致力于让发生冲突的君主们和解。然而，中世纪结束了，君主不再服从教皇。取而代之的是，他们建立了自己的绝对统治，加强了各自的王国，并把王国变成了民族国家。新教改革进一步碾碎了中世纪脆弱的统一。

17 世纪初，当三十年战争正在激烈进行之时，法国人克鲁塞（Emeric Crucé）提出了一份关于世界组织的计划，这个组织可以促进贸易、通过大使理事会的多数表决制来解决纷争。宾夕法尼亚州的建立者彭威廉（William Penn）提出了世界议会的计划，议会通过四分之三表决制来解决冲突，并通过自己的武装力量执行决议。伟大的普鲁士哲学家康德也有“永久和平联盟”的提议。

拿破仑战争刚刚结束，奥地利贵族梅特涅就建立了“欧洲协调”，所有欧洲君主在其中协商镇压民族主义和自由主义。这是一个建立在均势理论基础上的国际组织，只不过被反动势力操纵。随着现代性的力量使得保守君主的旧秩序不再可能存在，欧洲协调也就分崩离析，而它最终瓦解的结果就是第一次世界大战。

▶▶▶ 经典思想：里夫斯的梦想（Le rêve de Reves）

1945 年，当联合国在巨大的希望中诞生时，美国作家埃默里·里夫斯（Emery Reves）出版了《剖析和平》，对超国家机构可以剥夺任何国家进行战争的主权权利进行了理性的辩护。里夫斯的逻辑是：“形成社会单位的人类群体之间的战争总是发生在这些单位（部落、王朝、教团、城邦、国家）行使不受限制的至高权力之时。当这些社会单位的至高权力从它们身上转移到更大或更高的实体的时候，战争就会停止。”

这是一种自由主义的、乐观的思维方式，很契合那个时代。历史的演进就是从更小的单位到更大的单位。从这一逻辑出发，下一步就是把国家吸纳进单一的一个更大的单位：联合国。里夫斯可能太早作此想象了，但他完全是在做梦吗？

国际联盟的短暂伤心史

对很多人来说，特别是美国人，第一次世界大战（那时就叫“大战”）证明了均势体系是邪恶和顽固变态的——欧洲政治家利用均势证明那些令人怀疑的行动是合理的，而这些行动则带来了冲天战火。美国总统伍德罗·威尔逊是美国首批政治学家之一，他费了很多时间，也很不情愿地于 1917 年把美国带进了战争，其理由则是理想主义的，一场“结束所有战争”的战争。威尔逊来到凡尔赛和会，坚决主张，要建立一个国际联盟防止未来的战争。英国和法国接受了国际联盟的想法，但是在其架构中，却让英法占据世界高位、从而维持其庞大的帝国。《国际联盟盟约》是《凡尔赛和约》的一部分。

但是威尔逊没能让参议院批准和约。三分之一多一点的参议员发现和约的一些部分不能接受，而批准需要三分之二的赞成票。有些反对意见看来是有效的。《国际联盟盟约》会绕过国会宣战而迫使美国参加战争吗？美国是不是不得不让英国和法国永远坐在胜利者的王座上？对爱尔兰裔美国人来说很重要的一点是：国际联盟是不是意味着英国可以永远拥有爱尔兰？对德裔美国人来说重要的是：成为国际联盟成员国是不是就意味着美国将帮助法国压制德国？另外，有些共和党参议员仅仅是十足地讨厌性格冷漠死板的威尔逊。和约未被批准，威尔逊也郁郁不快地离任。听厌了威尔逊理想主义的夸夸其谈，美国人没精打采地回到孤立主义。

有一个讨论发生在第二次世界大战期间以及之后：如果美国加入国际联盟是否可能阻止第二次世界大战的发生？大部分民主党人，当然也包括罗斯福和杜鲁门，相信美国缺席国际联盟是粗陋的共和党孤立主义者犯的可怕错误，这导致国际联盟失败和大战的爆发。但是消极的美国成员资格改变不了任何事情，20 世纪 20 年代和 30 年代，孤立主义的美国只是在支持口头上的和平姿态。如果积极的美国愿意为“集体安全”贡献军事力量，那么可能会带来巨大的不同。但如果这样，就不是那个年代的美国了。

国际联盟一开始很合理，有 42 个成员国（后来增加到 60 个）。所有成员国在国际联盟大会都有一票，国际联盟大会每年举行一个月。（联合国的类似机构就是联合国大会。）国际联盟理事会由 8—15 个成员组成，会议举行得更频繁，为的是调解争议。（联合国的类似机构就是安理会。）常设秘书处在秘书长领导下处理日常事务（和联合国一样）。1938 年，国际联盟壮丽的总部万国宫（Palais des Nations）在瑞士日内瓦落成揭幕，差不多赶上了国际联盟关张停业的时间。

国际联盟的核心是盟约第 16 条所规定的集体安全。成员国同意不干涉其他国家。在纠纷中，两个当事方将在至少三个月时间内克制自己不诉诸战争，等待国际联盟寻求一个解决办法。如果一方被证明是侵略者，则要求所有的国际联盟成员国切断和它的经济和政治联系。如果这样还无法约束侵略者，国际联盟理事会可以建议采取针对它的军事行动。想必原打算实施侵略的国家没有哪个能经受得住所有国家的联合抵制和军事威胁。

集体安全的失败意味着国际联盟的末路。集体安全的想法至少有两个缺陷：一是达成什么是侵略的一致意见很困难；二是怎么让成员国服从国际联盟理事会的要求而实施制裁。

侵略经常很难界定。看上去像侵略的行为对有些国家来说仅仅是针对其他国家的强有力的防御。以色列在 1967 年战争中、美国在伊朗、俄罗斯在南奥塞梯、伊拉克在科威特都确信它们的行为是防御性的。甚至希特勒也声称，他正在保护德国免遭可怕的威胁，而许多德国人相信他。在现代世界，每个国家都是防御性的：不再有“战争部”，现在都叫“国防部”。承认他们是在侵略的最后一批征服者，大概是成吉思汗和他的儿子们。

真正的侵略者经常伪装自己的不法行为。国际联盟末路的开始就是 1931 年日本占领中国东北。日军在沈阳附近的一段铁路上搞了一个小爆炸，然后说是中国人干的。谁能证明不是这样的？当国际联盟理事会派出一个调查团时，日本已经完全占领了东北。调查团说，日本的文人政府没有下达侵占东北的命令，因而很难就此谴责东京。很快，日本就退出了国际联盟。

世界上的大部分国家都不在乎中国东北，有一些还羡慕日本。主导国际联盟的民主国家英国和法国，根本没打算为了一块它们都不在乎的地方派军队到世界的另一边去。采取抵制的方式对抗日本也不可能，因为英国和法国在东南亚有大量殖民地，它们面对日本的攻击很脆弱（当然，这些殖民地在第二次世界大战前期很快就被日本占领）。根据这些民主国家的利益，中国东北不值得他们“小题大做”。

一些独裁者打算和日本干同样的事。1935 年，墨索里尼侵占了埃塞俄比亚，塞拉西皇帝（Emperor Haile Selassie）到国际联盟大会演讲，声泪俱下地警告说，埃塞俄比亚可能离它们很远，但是它们很快也会成为侵略的牺牲品。塞拉西无疑是对的；如果英国不让意大利使用苏伊士运河，就可以很容易地解决埃塞俄比亚的问题。但是英国却不想冒险把墨索里尼“推进”希特勒的“怀抱”（墨索里尼无论如何都非常愿意“投入”希特勒的“怀抱”）。

希特勒看到了国际联盟对日本和意大利的软弱反应。他让德国退出了国际联盟，诈取了一块又一块欧洲的土地，声称只是在把德国人都统一进一个国家。直到 1939 年都没有人去尝试制止他。接着希特勒入侵了波兰，此时再用集体安全来制止侵略者已经太迟了，因此最终采取了战争的方式。随着第二次世界大战爆发，国际联盟事实上已经死亡了，尽管它还保留了一些基本人员，在战后把建筑和委任统治权交给了联合国（日内瓦的万国宫现在是联合国的欧洲总部，很多重要会议都在此举行）。

有人说，指责集体安全是不公正的，因为集体安全从来没有尝试使用过。有人还说，如果不是英国和法国（还有孤立主义的美国）胆小怕事和懦弱无能，集体安全可能会发挥作用。但是国家做什么都会找到很好的理由。民主国家那个时候不能理解独裁者侵略和征服世界的本质。它们不能预见未来，而且害怕在集体安全的名义下所施加的制裁只会使事情更糟糕。它们也全然不想为了遥远的国家而被卷入战争。集体安全的困境在于，它要求国家成为它们不可能成为的角色：有远见、利他，还愿意让别人为自己做决定。

▶▶▶ 概念：集体安全

集体安全的元素可以在古希腊和中世纪找到，但是直到国际联盟成立，才达到了自身的完备形态。均势体系不稳定，没有能够防止第一次世界大战。完全的世界政府则要以对军事力量的近乎垄断来实施和平，在一个所有国家都唯恐失去自己主权的世界上，这样的要求太离谱了。在均势体系和世界政府之间，集体安全在理论上堂皇地提供了一条中间道路。

这条中间道路按下述方式实施：所有国家都同意对实施侵略的国家集体进行惩罚。和均势一样，集体安全希望通过形成一个联盟来抵御侵略。不同之处在于，集体安全是一个永久的、常设的、反对任何可能侵略者的联盟。每个国家都将放弃关于何时进行战争的一些主权，改由联盟理事会决定。这样，任何盘算侵略的国家就会知道，它将面对所有其他国家的联合力量。因此，侵略就不会存在了，或者说，集体安全的支持者这样想。

有人错误地把北约看作集体安全组织，但它只是一个普通的防御同盟。同样地，联合国在朝鲜的行动也不符合集体安全的条件，因为联盟是临时自愿的，而且苏联和中国处于对立的一方。

联合国的兴起

富兰克林·罗斯福曾经担任威尔逊政府的助理海军部长，还保留了一些威尔逊的理想主义。他相信，美国参加第二次世界大战时，必须要留一只眼睛盯着建立能防止未来战争的联合国。罗斯福认为这是一个改正国际联盟悲剧性失败的机会。就战后建立联合国，罗斯福得到了丘吉尔温吞吞的支持，斯大林对此漠不关心，但也同意了。美国总统对这个想法如此热情、美国供应了那么多的战争物资，两国领导人觉得他们必须迎合他一下。1945 年联合国投入运转时，杜鲁门继续了罗斯福对它的希望。那个时候美国是联合国最热心的支持者。

如前所示，在结构上联合国非常像老的国际联盟：大会每年秋天开会，每个国家都有一票；15 个国家（从 10 个扩展而来）组成的安全理事会任何时候都能开会以维持和平；秘书处负责组织的运转。秘书长由联合国大会选举产生，任期五年，可以连任。联合国大会只能建议采取行动。与此相反，安理会可以命令遵守其决议。安理会五个常任理事国中的任何一个都有对任何决议的否决权。也就是说，如果美国、俄罗斯、中国、英国、法国不喜欢某些措施，它的一票否决（哪怕是 14 比 1）就可以不让决议通过。十个非常任理事国由联合国大会选出，任期两年；它们只有一般投票权，没有否决权。换句话说，没有什么能反对任何一个五强的意愿。问题立即产生了。这五个国家真的是世界上最重要或最强大的国家吗？美国是，但英国和法国早就在经济上被德国和日本超过，后两个国家都在寻求安理会常任理事国的席位。中国是人口最多的国家，也是世界第二大经济体。俄罗斯很大，但不再是一个令人生畏的力量。一些国家正在活动要求在安理会增加第六个常任理事国席位。巴西和印度要求代表第三世界，埃及、尼日利亚和南非要求代表非洲，每个国家都想要常任理事国席位。五强不愿意增加常任席位，这会稀释它们的权力，但是如果新的常任理事国没有否决权，那就可能会考虑。谁能决定哪些国家可以负责维持和平？五强是罗斯福战时关于谁应该保卫世界的观点。这在当时可能是一个合理的选择，但已经不再符合几十年后的力量现状。不过也没有增加安理会常任理事国的机制。

▶▶▶ 外交：“四警察”

罗斯福总统认为第二次世界大战结束后世界有可能变得稳定，因为世界上四个最强大的国家将合作运转联合国。美国、苏联、英国、中国将是全球的“四警察”，每个国家都在自己的影响范围内防范出现无序状况，并作为新的联合国安理会常任理事国“四强”来维持和平（在戴高乐大声抗议后，法国成为第五个常任理事国）。

罗斯福计划延续到战后的是第二次世界大战期间临时而不可靠的联合。第一，中国很大，也很弱，战时几乎不能抵抗日本。随着 1949 年共产党的胜利，中国变成了敌人。第二，罗斯福很有个人魅力，他认为自己可以诱使斯大林在战后继续合作。罗斯福错了，他错把国内政治技巧用到了世界舞台上——美国总统普遍会犯这个错误。英国被战争耗干了，很快又丢掉了殖民地。还有另一个问题：世界上数量快速增长的国家以及不断增加的联合国成员国，其中很多国家都摆出一副反殖民主义的挑衅姿态。即使是“四强”能联合在一起，许多国家也不会听它们的。

更加基础性的问题是，为什么大国应该拥有超越大多数意愿的否决权？斯大林于 1945 年在雅尔塔坚持否决条款，丘吉尔和罗斯福都表示支持。斯大林（正确地）感觉到，苏联将被非共产党国家在数量上压倒，从而使它永远都受到责难。联合国的设计者把这个单位否决权当作一个机制，为的是让大国待在联合国里、不要因为它不喜欢就退出，像德国、日本和意大利在 30 年代退出国际联盟一样。他们知道，否决权会拔掉安理会的牙齿，但他们认为，这可以更好地让大国坐在一起讨论。最初，只有苏联使用否决权，但是后来西方国家，包括美国也觉得否决权很方便好用。

公正地说，否决权系统让联合国存续的时间比国际联盟长得多。如果没有否决权，五强中的一个或几个可能早就退出联合国了。安理会的否决权被比作一座房屋电路系统的保险丝。如果系统过热保险丝就会爆掉（动用否决权），这比房子烧掉要好。以这种方式把联合国系统维持在一起的代价，就是无力解决许多纷争。

1999 年美国领导的科索沃战争没有得到联合国授权，因为俄罗斯和中国将动用否决权。安理会也没有授权美国于 2003 年对伊拉克动武，尽管华盛顿声称早些时候的决议累积起来就是授权。2010 年，所有的常任理事国，包括俄罗斯和中国，都没有否决因核计划而对伊朗的制裁。有人把这个看作希望，觉得安理会正在开始像原先设计的那样发挥作用。但是接着中国就不支持 2010 年的一项决议，该决议认定朝鲜为韩国军舰沉没的责任人，最后只通过了一个一般性谴责朝鲜半岛暴力的决议。中国并没有使用否决权，只是威胁使用就足够了。2013 年，奥巴马总统希望安理会支持针对叙利亚使用毒气的行动，俄罗斯和中国的反对使它被否决。

一开始，很多人都信任联合国，尤其是信任美国。华盛顿最先期待联合国对和平解决冲突做出贡献。联合国在某种程度上做了一些事，但通常没有持久。超级大国极少会同意最终的解决方案；它们很乐意用陷入僵局的冷战竞争来停止昂贵的战斗。无论这样还是那样，联合国都有用。

巴勒斯坦是联合国面临的首批问题之一。英国人从国际联盟那里得到对巴勒斯坦的委任统治权，但无法停止阿拉伯人与犹太人之间的冲突，因而在 1947 年宣布将于第二年春天撤出。英国把问题踢给了联合国，联合国想出了分治方案，把巴勒斯坦分为棋盘一样的犹太人和阿拉伯人的领土。这个方案可能无法落实，但大会以 33 票对 13 票通过了分治方案。犹太人接受了方案，但阿拉伯人拒绝接受。

1947 年联合国巴勒斯坦分治方案形象地说明了外部实体尝试解决本地冲突的困难。联合国的大部分国家支持这个方案，这是真的，但邻近地区没有一个国家支持。一个是中美洲国家的支持（在美国的压力下），一个是直接受影响国家的支持，两者能一样吗？对阿拉伯国家来说，联合国的支持缺乏合法性，所以它们在 1948

年春天入侵了刚刚宣告成立的以色列。联合国体系在那里没有发挥作用。

但是阿拉伯国家在进攻失败后，勉强同意了联合国的调停。在这里联合国是有用的，尽管结果只是一个不稳定的休战，而不是和平条约。由非武装的中立国职业军人组成的联合国停战监督组织（UN Truce Supervision Organization），通过报告违反停战的情况来帮助维持和平。由拉尔夫·邦奇（Ralph Bunche）调解达成的停战很让美国人自豪。

朝鲜战争爆发时，杜鲁门仍然相信联合国，立即提交安理会讨论。决议草案要求所有联合国成员为击退朝鲜“提供帮助”，并获得了通过。为什么苏联没有否决？

苏联代表要求刚刚赢得内战的共产党取代退到台湾的国民党在联合国代表中国。由西方国家控制的安理会没有同意，因此苏联人高调离开安理会以表示不满。在苏联缺席时，安理会通过了谴责朝鲜的决议，并要求帮助抵抗其“侵略”。此后，再没有成员国缺席安理会会议了。就像法国人说的，“缺席者总是错的”（Les absents ont toujours tort）。

▶▶▶ 外交：拉尔夫·邦奇（Ralph Bunche）：联合国的英雄

拉尔夫·邦奇在20世纪30年代支持黑人民权，40年代成为世界政治家，他生动诠释了美国参与组建联合国以及第三方外交是如何运作的。邦奇在哈佛大学获得政治学博士学位，接着在华盛顿的霍华德大学（Howard University）任教，后来进入国务院工作，1946年作为美国代表参与起草了《联合国宪章》。邦奇要求把非殖民化作为联合国的一个主要目标，但他自己的代表团在这方面没有利益，邦奇因此悄悄把他的草案给了澳大利亚代表团，这样就写入了宪章。邦奇知道怎样操作程序，这是基本的外交技巧。

邦奇接着进入联合国秘书处，担任托管事务（即非殖民化）的主管，并被指派去做一项棘手的工作：斡旋1948—1949年的第一次阿以战争。由于没有上级的指导意见，他即兴发挥，最终让阿拉伯人同意和以色列人进行近距离会谈（proximity talks）。阿拉伯人拒绝和以色列人面对面谈判，因此邦奇把他们召集到位于希腊罗德岛（island of Rhodes）的一家酒店，分处不同楼层。邦奇无数次从一层楼跑到另一层楼，来回传递谈判意见，并灵巧地加入了自己的建议。在休战中，各方都同意了停止战斗的停火线，直到1967年这些停火线都是以色列的边界线。拉尔夫·邦奇于1950年获得了诺贝尔和平奖，但他最自豪的是发展出“维持和平”的概念。

对联合国不再抱幻想

正确的领导是否能给联合国解决世界问题的力量？这个令人感兴趣的问题从来没有答案。最早的两任秘书长很受尊敬，由此也让联合国总体上受到尊敬。接下来的两任秘书长优柔寡断，比较弱，联合国作为一个整体的声望也因此而下降。

▶▶▶　外交：伟大的秘书长和不那么伟大的秘书长

联合国最初的两任秘书长——挪威的特里格夫·赖伊（Trygve Lie，1946—1953 年在任）和瑞典的达格·哈马舍尔德（Dag Hammarskjöld，1953—1961 年在任），都是性格坚强的人，坚信联合国的和平使命。无论东西方有什么批评，两位秘书长都在维护和平，也不惧怕让联合国处理困难的局势。哈马舍尔德在执行公务中殉职：他在去视察尝试给被冲突撕裂的刚果带来和平的联合国部队时，遭遇飞机坠毁。

他们两位的继任者则稍逊色，害怕联合国有辩论会以外的用途。缅甸的吴丹（U Thant，1961—1971 年在任）有亲第三世界的倾向，因而在他眼里，发展中国家的要求不会有错。他很快默认了纳赛尔把联合国部队撤出西奈半岛的要求，这一举措导致了 1967 年的中东战争。奥地利的库尔特·瓦尔德海姆（Kurt Waldheim，1972—1981 年在任）是一位有教养的前纳粹，他隐瞒了过去，想摆出世界领导人的姿态，但成果寥寥。

随着秘鲁的哈维尔·佩雷斯·德奎利亚尔（Javier Pérez de Cuéllar，1982—1991 年在任）担任秘书长，强势领导人又回来了。随着冷战的消散，超级大国在一些冲突地区不再有利益，德奎利亚尔巧妙地让联合国投入到这些冲突地区。联合国斡旋了两伊战争的停火、纳米比亚独立、安哥拉内战、柬埔寨内战、萨尔瓦多内战、西撒哈拉地位，所有这些都是第三方外交的例证。埃及的布特罗斯-加利（Boutros Boutros-Ghali，1992—1996 年在任）接任的是一个处于行动高峰的联合国，因此实施了强势的领导。他有时在安理会和大国冲撞，其中就包括美国；美国后来以不能削减开支为由否决了他的连任。联合国负责维和事务的副秘书长加纳的科菲·安南（Kofi Annan）得到了美国的支持，1997 年继任。安南对卢旺达大屠杀印象深刻，想要一个更加积极行动的联合国，但是他又和美国的孤立主义发生了冲撞。温和的韩国外交官潘基文（Ban Ki-moon）2006 年底接任，悄悄地改革联合国的管理、效率和行为准则。很少有人关注他的领导地位。

但是，这完全是他们的错吗？联合国在20世纪60年代有了很多变化，变得更大，也更复杂。首先，成员国数量翻了三倍多。一开始是51个创始成员国（大部分是欧洲和拉美国家），50年代和60年代随着非殖民化进程，联合国的成员国数量急速膨胀。在1960—1961两年时间里，大部分非洲国家从英国、法国、比利时的殖民地变成了独立国家，它们全部都立即加入了联合国。随着原苏联和原南斯拉夫共和国的加入，现在联合国有193个成员国，大部分都是发展中国家，都很穷，有些是袖珍国家。

穷国经常对世界经济有激进的观点，要求为发展提供大量的款项。像联合国大会中77国集团这样的组织，还在指责任何看上去像殖民主义的局势，也经常投票反对以色列、俄罗斯和美国。

冷战期间，南北冲突和东西冲突合并在一起，使联合国瘫痪。多数票，特别是包含安理会五个常任理事国的多数票，很难得到。不过有时候，当特殊的冲突威胁了差不多所有成员国的利益时，也能出现多数票。1960年和1963年前比属刚果政府分裂，1967年和1973年中东战争，1964年和1974年塞浦路斯的族群冲突，这些问题都在联合国框架下达成了合作。

冷战期间，美国和苏联都利用联合国作为对外政策的工具。它们提出决议草案是为了让对方尴尬，演说中也夹杂着宣传辞藻（联合国代表在说什么和怎么投票方面受本国外交部的指导）。冷战期间，美苏从来没有让联合国控制过它们存在着利益的任何冲突。越南战争和阿富汗战争都处于联合国之外，无法符合《联合国宪章》维持和平的目标。

▶▶▶ 外交：美国和联合国

美国国会不喜欢联合国，特别是来自传统孤立主义各州的共和党。他们蓄意拖欠了累积13亿美元的联合国会费，想让挥霍浪费的联合国紧缩开支。联合国官员的收入很高，有一些其实并不需要。国会以费用过高拒绝了联合国的要求，1999年付了不到10亿美元。（特德·特纳［Ted Turner］以个人名义向联合国的捐款也有10亿美元。）国会还减少了美国的联合国预算份额，从25%降到22%。国会说，当联合国建立时，美国是世界上唯一一个富裕的国家，而现在有好多富国，它们应该支付应付的份额。

小布什政府和国会一样不喜欢联合国。科林·鲍威尔（Colin Powell）国务卿领导下的国务院想要在联合国框架内实施美国的领导地位，但他在小布什政府里很孤立。参议院对外关系委员会主席杰西·赫尔姆斯（Jesse Helms，北卡罗来纳州参议员）想让联合国大幅度瘦身，2000年以个人名义警告安理会：如果联合国试图“在未经他们同意的情况下对美国人民强加自认的权威”，美国就退出联合国。这和“不要碰我们的主权”是一模一样的观点，后者在1919年曾被共和党参议员用来反对加入国际联盟。

美国从创建和支持联合国走到了忽视和疏远联合国。对此的反馈是，美国失去了在联合国的影响力。2003年伊拉克战争之前，很多国家敦促美国在联合国框架内行动，但白宫全然不想自我限制。2005年任命约翰·博尔顿（John Bolton）担任美国常驻联合国代表，又使得美国与联合国的关系降温。博尔顿是一名怒气冲冲的新保守主义者，大吹自己对联合国的鄙视。他要求联合国进行重大改革（很多确实需要），如果联合国不改革，就威胁要阻碍联合国预算的通过。但是强横霸道没有起作用，美国反而发现自己在联合国陷入了孤立。

美国常驻联合国代表被认为是国务院第二有威望的角色，阿德莱·史蒂文森（Adlai Stevenson）、老布什、玛德琳·奥尔布莱特（Madeleine Albright）(后来担任克林顿政府国务卿)、理查德·霍尔布鲁克（Richard Holbrooke）这些领导型人物都曾担任这一职务。奥巴马第一位常驻联合国代表苏珊·赖斯（Susan Rice），成了他的国家安全助理。现任常驻联合国代表，爱尔兰出生的萨曼莎·鲍尔（Samantha Power），毕业于耶鲁大学和哈佛大学法学院，最初担任报道南斯拉夫战争的记者，然后写了关于种族灭绝的书。她强烈支持“保护的责任”和干涉叙利亚。

联合国的用处

联合国是最好的情报站。外交官、记者、学者在几个星期里从联合国听到的世界上的消息比任何其他地方都多。新闻传媒里不大出现的事情，例如边界争议、地区气象灾害、绝望的难民等，在联合国各个委员会里都是普通的消息。这样，联合国就成为对将要出现的问题和争议的早期预警系统。

联合国也是全世界只能供得起两三个使馆的小国、穷国的外交协商场所。在位于曼哈顿的联合国总部，只需要出一个驻联合国使团的价钱，就可以和所有的国家进行外交接触。对联合国来说，曼哈顿本身也是一个不错的地方。纽约城里已经有非常多样化的居民，这样外国外交官就不会吸引太多的注意力。甚至是敌对国家的外交人员也可以谨慎而低调地见面。以色列就是在此地和约旦谈判，伊朗也这样与美国谈判。

世界上不断增加的一类问题需要有国际化的解决方案，这就是所谓“跨国问题”，包括从资源短缺到气候变化的所有事情。虽然这些问题还没有被同等地认识到，但可能会成为21世纪政治中的大问题。

▶▶▶ 回忆：关注深海海底

我曾作为美联社记者报道过1968年联合国大会的一些议程。（联合国大会每年秋天举行。）其中一些会议很乏味，有些则让新手难以理解。我被派去报道过一次会议，几年之内我一直对它不得要领。我确实见证过一次重要的有战略意义的讨论，但没能理解它。

委员会是关于如何利用海底的，主要涉及谁拥有对海底矿产的权利，但是其中一个观点是“和平利用海底”。我想这有点不合常理，因为谁能把海底用作战争呢？我还想，更荒唐的是美国和苏联代表之间吹毛求疵地相互反对。美国人要求禁止深海海底的“任何武器用途”；苏联人要求禁止深海海底的“任何军事用途”。我绞尽脑汁地从这个看上去毫无意义的争论中搞出了一个新闻报道。

多年以后我才发现他们所讨论的实际内容。美国正秘密把海底监听装置埋入海床，用来监控苏联核潜艇的往来。那时的苏联潜艇噪声特别大，当它们经过挪威北角（North Cape）、斯卡格拉格海峡（Skagerrak）、土耳其海峡（Turkish Straits）、日本北部的宗谷海峡（Pérouse Strait）时很容易被捕捉到信号。这就会给美国极大的优势地位。

苏联人知道美国正在做什么，非常愤恨。因此他们试图在联合国的海底公约里使用含混的词汇来禁止这些装置——“任何军事用途”。美国清楚地知道这意味着什么，所以只要求禁止部署武器（监听装置不是武器）。双方使用这些含混不清的词汇，为的是隐藏军备竞赛中各自的一个重大步骤，而对此两国都不想声张。如果我早知道了这些，就可以写一页纸的报道。联合国是一个非常好的信息站，但是你需要相当多的背景知识来跟上他们的辩论。

——迈克尔·罗斯金

功能主义

功能主义理论认为，政治上的紧张关系导致不可能直接建立世界性的权威机构，但是如果我们可以让国家在诸如疾病、气候、饥荒、空中交通这些相对小的、“功能性的”议题上一起工作，渐渐地它们就会学会怎么合作，这样就可以建立起国际社会的基础。在小领域的合作可以“溢出”到更大的领域。这一功能主义思想随着对联合国热情的增减而或盈或亏。可是溢出效应的实际例子并不多。

不过，和联合国有关的许多专门机构发挥了很好的作用，即使没有联合国，它们做的这些工作也必须要有人去做。例如，在世界卫生组织的监督下，全世界消灭了天花。有的机构，像万国邮政联盟，成立的时间比联合国早很多。万国邮政联盟确保了国家之间邮件的流通，并密切注意哪些国家欠了应付的邮资。这么多的机构也使其总部落户于更多的国家的首都。瑞士日内瓦就有很多机构，还有很多国际联盟留任的人员。

其中的有些机构成了政治难题，特别是当与苏联集团合作的南方成员国控制了它们，并把它们当作谴责以色列、南非或美国的平台之时。基于这个原因，美国和英国退出了联合国教科文组织（美国还指责国际劳工组织屈从于共产党的目标，为此退出该组织一年）。联合国教科文组织曾经名声不佳，因为其塞内加尔总干事支付丰厚的薪资雇用自己的朋友，让其享受巴黎的生活，还把组织政治化。他掌控组织 13 年，根本不在乎批评，因为大部分发展中国家都支持他。

表 20.1　联合国主要的专门机构

机　构	所在地	主要职能
国际法院	荷兰海牙	裁决国家之间的争端
国际海底管理局	牙买加金斯顿	实施海底公约
国际劳工组织	日内瓦	改善劳工工作环境
粮农组织	罗马	和饥荒做斗争
联合国教科文组织	巴黎	促进思想交流
联合国环境规划署	肯尼亚内罗毕	保护环境
联合国儿童基金会	纽约	帮助世界上最贫困的儿童
联合国贸易和发展会议	日内瓦	促进穷国的经济增长
联合国难民事务高级专员	日内瓦	保护难民
世界卫生组织	日内瓦	和瘟疫做斗争

（续表）

机　构	所　在　地	主　要　职　能
国际货币基金组织	华盛顿	稳定通货
世界银行	华盛顿	向穷国贷款
国际民用航空组织	蒙特利尔	促进空中旅行
国际电信联盟	日内瓦	促进电信畅通
万国邮政联盟	伯尔尼	促进邮件流通
世界气象组织	日内瓦	共享气象信息
国际海事组织	伦敦	促进全球航运
世界知识产权组织	日内瓦	保护专利
国际原子能机构	维也纳	监管和平利用核能

注释：世界贸易组织的总部也在日内瓦，但不是联合国的组成部分。

和平的机会

虽然听起来有点儿奇怪，但战争的数量和激烈程度确实正在下降。甚至国内冲突也在 1991 年达到顶峰后下降，主要是因为美国和苏联不再支持对它们有利的各方。中东、厄立特里亚、朝鲜这些问题区域可能突然爆发冲突，但是冷战结束以后，俄罗斯和美国不再相互对抗，也不再支持第三世界的冲突。非对称性冲突被看作战争，尽管它们和传统的国家之间的战争不一样。有助于和平的一个因素是民主国家的增多。

▶▶▶ 概念：民主和平论

民主国家没有、看起来也不会形成攻击另一个民主国家的意愿。耶鲁大学的布鲁斯·拉西特（Bruce Russett）研究了 1816 年以来的所有战争，在其《理解民主和平论》中论证说，民主的文化不会倾向于针对另一个和自己类似的国家进行动员。民主国家更喜欢谈判和妥协，并且很难妖魔化另一个民主国家。民主国家打的仗和专制国家差不多，但它们只和专制国家打仗（而且大部分都打赢了）。民主选举产生的政客知道，长期无法获胜的战争将以他们的选票为代价，就像

2008 年所显示的那样。

民主选举不能解决所有问题。2006 年把原教旨主义的哈马斯选上巴勒斯坦领导地位，就没有建立和平。民主的以色列和民主的巴勒斯坦相互仇恨。伊朗支持的黎巴嫩真主党 2005 年赢得黎巴嫩议会 11% 的席位，2006 年就发动了针对以色列的战争。伊拉克的选举也没有解决什叶派和逊尼派之间非常危险的紧张局势。在 2011—2012 年的埃及选举中获得差不多一半议席的穆斯林兄弟会，原先是个伊斯兰主义的运动，它给埃及施加了一部伊斯兰主义的宪法。另外 5% 的席位由极端主义的“努尔党”（Nour party）获得，很多人由此担心埃及正在回归威权主义。埃及街头抗议的民众劝说军队罢黜选举产生的总统，并接管政权。我们或许可以给“拉西特规则”加一条“亨廷顿例外”：民主带来了和平，但不包括穆斯林世界。

随着联合国而出现的一类军事行动是维和行动。中东、塞浦路斯、非洲以及其他地方都可以看见蓝盔和白色车辆，这是联合国平息敌对冲突的维和行动团，目前已经超过 40 个。维和部队的部署地区在不断增加，目前在 18 个联合国维和行动中有大约 11.3 万名维和人员工作，年花费 80 亿美元（大约有 27% 是美国出的）。“保护的责任”的新原则可能会使国际维和行动的作用不断增加，甚至可以超越国家主权。但是，“保护的责任”需要更多的资金和人员，很少有国家愿意提供这些。

维和行动不是总能起作用。严格的停火是必要的第一步；如果没有停火，行动基本上就失败了。这是 1992 年在波黑的联保部队（UNPROFOR）的失误。由于交战规则含糊而不周全，波黑交战各方漠视联合国名义下的欧洲营，还在屠杀平民。在美国居间促成停火后，1996 年北约部队以多国军事执行部队（IFOR）的名义、带着“强有力的交战规则”（意味着可以准备开火）才使停火生效。在索马里和其他地方，联合国部队“使命错位”，变成了军阀的靶子。联合国不愿意派遣维和部队进入交战区域，在那里的许多维和行动都避开实际的战斗，也无法制止屠杀。维和行动需要能够开枪的意愿。

对联合国的期盼太多，也急于求成了些。任何国际组织都只能根据其成员国的行为而发挥作用。如果国家利益可以交汇，那么合作就有可能，就像关于伊朗核计划的决议一样。当前的国际体系可能会导向利益的汇合，至少在一些共同关注的领域。没有任何一个国家，即使是俄罗斯和中国，支持伊朗或朝鲜拥有核武器。联合国能够成为把共同利益转变为共同政策的工具。

在所有领域，联合国及其秘书长的行动都依赖于安理会和大会的投票。秘书长基本上不能自我行事。成员国的支持对维和行动至关重要，因为部队、资金、后勤保障都是由它们提供的。1999 年，只有澳大利亚推动的联合国干预东帝汶行动（以澳大利亚为首）成功实施了。联合国的有效性反映了成员国的利益。澳大利亚离东帝汶很近。

联合国的决议可以谴责违反人权，如伊拉克在科威特的作为和米洛舍维奇在科索沃的作为。成员国对人权有着不断增强的共识。1948 年的《世界人权宣言》让这个问题引起了重视，因为各国政府如果和手上沾着鲜血的政权打交道会感到尴尬。

联合国确实需要改革，它的相关机构扩展无度、人员臃肿、职能重叠、不负责任（有三个关于食品的联合国机构，都在罗马）。有的可能还有腐败。缴纳会费的计算方法几十年来没有更新，这使得有的国家相对其国内生产总值交得太多，而有的又交得太少。如果想要联合国大会的决议得到重视，那么大会就需要加权投票权，这样袖珍国家就不会和大国有同样的权重。然而，联合国对改变非常抵触，因为很多国家都会阻挠改革。如果联合国不能改革，也不能瘦身以突出其核心能力——解决争端，那么它可能在还没有完全开放之前就枯萎。

▶▶▶ 概念：非政府组织

“非政府组织”这个术语随着联合国的建立而产生，现在已经有大约 2.5 万个非政府组织在全球运作，它们特别关注饥荒、灾难和战争问题。非政府组织可以覆盖政府到不了的地方，包括国际红十字会、救助儿童会（Save the Children）、无国界医生组织（Médecins sans Frontières）、世界宣明会（World Vision）、国际救助贫困组织（CARE）、乐施会（Oxfam）等。大部分宗教教派都有自己的非政府组织（简称 RINGO）。非政府组织是真正的实干家，它们年募集款项大约 60 亿美元，提供的帮助比所有政府和联合国机构加在一起的还要多，而且更有效率。不好的一面是：非政府组织太多，极度分散，做事不能深思熟虑，项目重叠，其文化和公关有时与当地传统不能和谐。

与和平行动有联系的人都高度赞扬非政府组织。大部分非政府组织关注食物和医疗，但有些还清除地雷、照顾孤儿、鼓励达成和平协议。你可以考虑为非政府组织服务一定时期。通过为其他人服务，你可以学习一种语言、培养一种技能，还能有一段冒险经历。（警告：你可能会被绑架或杀害。非政府组织不适合胆小的人。）这些经历可以帮助你进入研究生院、政府部门、新闻界以及国际商界。

复习题

1. 为什么要把联合国设计得权力很小？
2. 埃默里·里夫斯关于世界政府的理论有效吗？
3. 谁发起创建了国际联盟？为什么国际联盟会失败？
4. 罗斯福关于“四警察”的概念是什么？
5. 安理会的常任理事国是哪些？它们应该得到常任的席位吗？
6. 维和行动是不是联合国的合法职能？
7. “民主和平论”是什么？有效吗？
8. 功能主义被认为会怎样发挥作用？
9. 维和行动在什么条件下才能发挥作用？

第二十一章　有限的粮食、能源和水资源

21世纪面临着几个日益紧迫的跨国问题。气候变化可以被看作公共物品的问题。例如，空气就是对所有人免费的，你想怎么用就怎么用。工厂和车辆向空气中喷出成吨的碳（还不用付费），这损害了健康，也改变了环境。空气应该“免费”吗？或者说，空气能标价出售吗？和这一问题有关的是“公共地悲剧”，当某些东西很多人都能得到时，就会无限制地使用，就像海洋里的鱼，过度捕捞造成鱼类枯竭。这就是当前的威胁。

有限的粮食、能源和水资源

本章我们将特别关注三个不断严重、相互关联的问题——粮食、能源和水资源。根据大部分的（不是所有的）科学观点，肆意燃烧化石能源改变了气候模式、水资源和农作物收成。粮食、能源和水资源不能无限扩展。在我们的时代，其中一些已经开始从稳定的水平下降；需求的增长超过了供给的增长。这并不意味着地球的末日或生活水准的崩溃，但它确实在资源消费的种类、数量和速度方面迫使个人和国家做出选择。亚洲正在快速增长，但如果40亿—50亿亚洲人达到美国的生活水平，那是不可想象的。资源就没有这么多。事实上，美国人也可能不能在这样的水平上生活。

▶▶▶　经济：“绿色革命”之父

农学家诺曼·博洛格（Norman Borlaug）是美国英雄，他在艾奥瓦州（Iowa）的一座农场长大，他救的人数以亿计，比历史上任何人救的都多。大萧条期间，他看见甚至美国人都缺少吃的，因此发誓要与饥饿做斗争。获得植物遗传学博士学位后，博洛格在墨西哥建立了研究基地，在那里他亲自耕地，试验出新的小麦品种，可以让墨西哥的小麦产量增加十倍。他教印度农民种植小麦，产量从1965

年的 1 200 万吨增加到 1970 年的 2 000 万吨。世界范围内的饥荒由此得以避免，穷国也能养活自己。这就叫“绿色革命”，博洛格是“绿色革命”之父。为此他于 1970 年获得诺贝尔和平奖。人口的增长让博洛格警觉，他在 2005 年预言，到 2050 年，世界粮食产量必须增加一倍，为此必须要接受转基因作物。

地球表面只有 11% 的土地是可耕地，其中只有不到四分之一是肥沃的，分到每个人头上只有差不多半英亩农田。20 世纪 60 年代的绿色革命通过科学发展新作物和农业技术，增加了粮食产量，特别是在南方国家。有效的肥料和杀虫剂使有的作物产量增加了十倍。农作物产量 1950 年以来翻了三倍，比人口的增速要快，人口的增速正在减慢。粮食相对便宜，大部分人都吃得比过去好了。例如，印度现在可以生产它所需要的所有粮食。但是近年来，全球性的粮食危机出现了：2004—2008 年世界粮食价格上涨了一倍。乐施会（Oxfam）预计，到 2030 年，粮食价格将再涨一倍多。全球小麦价格在 2010—2011 年间上升了一倍，这也是促成阿拉伯国家反政府暴动的一个因素。干旱打击了几个重要的谷物生产国，其中包括 2012 年的美国，同时发展中国家的消费量攀升。有些问题是短期的、转瞬即逝的，但有些是长期的、可能是永久性的变动。

几件事情一同出现，一开始几乎没有引起注意。21 世纪的第一个十年，谷物产量增长得很好，但是同一时间，现有谷物存量却急剧下降。看上去很矛盾。为什么这样？因为消费量喷射式上升。首先，随着发展中国家变富了，他们直接吃掉的谷物也增加了，还开始用谷物饲养牛和猪，以产出肉奶（生产 1 磅牛肉需要大约 8 磅谷物）。亚洲的烹饪传统要用相当数量的肉来保持美味，但口味随着钱的多少而变化。1980—2007 年，中国的人均肉类消费量增长了一倍多（从每年 44 磅上升到每年 110 磅），人均奶类消费量上升了三倍。麦当劳在中国大量增加刺激了汉堡和冰淇淋消费。中国人现在的饮食更像美国人，体重超标。

但是成功经常破坏掉自己的根基。差不多 40 年的粮食剩余压低了世界粮价，迫使很多农民离开了农业生产领域。特别有害的是富国给自己农民的补贴，得到补贴的廉价农产品阻碍了第三世界生产者扩大生产。20 世纪后期，农业研究也被削减，似乎它已经不再重要了。当受到短缺打击时，粮食生产无法很快跃升，因为怕卖不出去。需要一两年时间，农民才会看到需求量的增加不是暂时的，接着才会种植和收获作物。

与此同时，可能和气候变化有关，缺少降雨（或有时降水过多）使得收成不稳定。巨型粮食出口国澳大利亚多年遭受了干旱。澳大利亚的很多稻田都改种葡萄了

（用来酿葡萄酒），葡萄需要的水少得多，而产出的利润却高得多。好几个国家都遭受了气候带来的问题。也有一些国家的粮食产量缩减是由政府的错误政策造成的，例如缅甸、古巴、朝鲜、津巴布韦。

“粮食安全”已经成为一个重要议题。没有国家会接受饥饿。有的国家控制粮食出口，以保障国内人口的供应。这也把粮食价格推得更高，事实上伤害了依靠粮食进口的穷国，使其国民从饮食充足又退回到勉强糊口。最穷的国家出现了挨饿的情况。经济学家说，储存粮食只会使世界的整体状况更糟糕。现在中国、印度、韩国、沙特阿拉伯这些可耕地和水资源缺乏的国家，都在非洲租用大片土地进行粮食生产，有的反对者说这是在“征用全球土地”。辩护者认为这改善了当地的农业技术，将推动产量的提升，能同时供养外国人和饥饿的非洲人。

▶▶▶ 经济：马尔萨斯（Malthus）错了，还是太早熟？

1789年，经济学的创始人之一、英国人托马斯·马尔萨斯发表了他著名的论文，预言需要猛烈的方式限制地球可以承受的人口数量。他写道，人口按照“几何级数”增长，而粮食供应只能按照算数级数（即一直不变的速率）增长。最终，超过粮食供应量的人口将死于饥饿、战争或疾病。你会发现，经济学在这里的名声不怎么样。

马尔萨斯对世界人口的估计是正确的：1999年60亿，2011年70亿，2050年预计达到100亿；但他对粮食供应的估计是错误的。现在的人口比马尔萨斯出生时多了十倍——1960年以来地球上的人口就翻了一倍，但大部分吃得比马尔萨斯时代要好、活得比马尔萨斯时代更长。（大约16亿人超重。）当然，人口出生率正在下降，人口增长会在21世纪末达到稳定。饥荒已经是地方现象，由战争和自然灾害引起，而不是源自人口过多。现在的问题是有些发展中国家没钱购买粮食，这个问题可以通过经济增长解决。

马尔萨斯主义在1972年的书《增长的限度》中再次出现。一个学术团队使用计算机模型预测，人口增长将很快带来粮食、能源、矿产、清洁的空气短缺，生活水平也将在21世纪初开始下降。今天，由于亚洲变得更富裕、美国又用玉米乙醇造汽油，使得粮食和能源价格不断攀升，又勾起了对《增长的限度》的讨论。

然而，他们使用的计算机模型建立在可疑的假设之上，忽视了供应增加和技术变革的可能性。我们早就该把石油用光了，但哪怕是经过大规模的使用以后，现在探明的石油储量也和三分之一世纪之前一样，因为新的油田和新的技术在不断出现。最近的高油价是一些国家（如中国、印度）快速经济增长的结果，它们的国民想要汽车、空调，而国家则不明智地对汽油和柴油进行补贴，从而加剧了浪费型的消费。

而早期被忽视的因素现在则赫然出现：大片耕地出现污染、过度耕种、沙漠化和盐碱化问题。地下水大大减少，特别是在第三世界。中国和印度可用的河流越来越少。草场边缘正在干旱，沙漠却在扩大。或许马尔萨斯和《增长的限度》的作者太早熟了，没有看到真正有影响的因素。

这也是生物燃料成为时尚的特殊时期。高企的石油价格使得从玉米中提取乙醇变得很有吸引力。实际上，这样做极为低效，而且使得美国产的四分之一的玉米从粮食（大部分作为动物饲料）变成了汽油代用品。当更多的农民看到玉米价格上涨以及丰厚的政府补贴后，就会把他们种小麦、大豆以及其他作物的耕地改种玉米，这样又推高了小麦和大豆等粮食制品的价格。经济学家、牲畜饲养者、环保主义者都在指责玉米乙醇（不过，从巴西蔗糖中提取乙醇，倒是一个很好的选择）。

同时，能源价格井喷。化肥生产、机械化农业、储存、运输，等等，都离不开石油，这样粮食生产的成本又增加了。请注意，我们讨论的粮食、能源和水资源三个领域是怎样相互关联的：一个领域的问题制造了另一个领域的问题，其中战略性的变量是能源。如果解决了能源问题（艰巨的任务），我们就能解决粮食和水资源的问题。

►►► 经济：石油和美国

美国开车的人都恨高企的汽油价格，要求政府为此做些什么。不过，20 世纪的很多时候，产油国发现油价过低，它们为此于 1960 年成立了石油输出国组织。通过给每个成员国分配石油生产额度，石油输出国组织试图通过控制产量来保持油价上升趋势。

美国人喜欢便宜的汽油——1998 年 1 加仑只有不到 1 美元，但需要重新考虑一下这个想法。便宜的汽油鼓励人们买更多更大的汽车，鼓励他们开着车跑更远的距离，从而产生更多的污染，造成更多的交通堵塞，以及对外国石油的依赖。

公共交通将会缺乏，全球变暖会加剧。4美元1加仑的汽油使得美国人只能考虑买小一点的汽车，住得离工作地点近一些。中东发生的事可能会把汽油价格推高到超过4美元1加仑。

美国消费了世界石油产量的25%，很多是进口的，大部分进口自加拿大，但也有不少来自波斯湾。石油有一个巨大的全球市场，因此某一地区的供应中断将导致全世界的短缺。1973年阿以战争和1979年推翻伊朗巴列维国王时就发生了这样的事。这也可以解释为什么美国1991年要迫使伊拉克退回去。但美国应该基于长期存在的原因为了石油而进行干涉吗？这将用鲜血换取石油，还会把美国变成波斯湾的警察。你能想象美国人为了开SUV车的乐趣而在波斯湾打仗吗？我们现在正痛苦地戒着“石油瘾”。

在第二次世界大战期间，美国是世界上最大的石油生产国和出口国，但接下来波斯湾的油田开始产出，把世界油价压到了很低的水平。相应地，美国制造了耗能的汽车、房屋、近郊住宅区和工厂。欧洲和日本的主要贸易伙伴则通过对石油课以重税和鼓励能源利用效率，从而控制住了“石油依赖症”。欧洲人买1加仑汽油要花约8美元，每英里耗油比我们少三分之一，开车的里程是美国人的一半。总之，一个美国人消耗的能源是一个欧洲人或日本人的两倍半。这让美国面对石油减产或价格上升很脆弱。

美国人每隔几年都会因石油价格突然上升而收到警告。第一次是1973年阿以战争，世界石油价格因此从大约每桶2.5美元跳到11美元；第二次是1979年伊朗革命，四年内石油价格达到了每桶34美元。石油价格上升导致了滞胀，使美国工人的收入长期停留在1973年的水平。接着，油价在20世纪90年代末突然下跌，美国人又买了好多大型的SUV车和皮卡。但是后来，石油输出国组织联合行动，迫使油价上涨到每桶超过70美元，当时很多人认为这个价格不可持续，很快就会下降。

但是不断增加的富国消费以及中国、印度和其他发展中国家对能源越来越大的胃口，在2008年的某个时刻把油价推到了每桶145美元。震惊的美国人在加油站前要花超过4美元买1加仑汽油。经历了这么多教训，美国人应该懂得了能源的脆弱性和提高效率的重要性。石油危机破坏了美国经济，并在2008年和2012年的选举中扮演了角色。我们可以通过对汽油课以较高税率、迫使美国人减少消费来降低面对油价起伏的脆弱性。但在美国没有政客胆敢这么做。

石油供应已到峰值了吗？

2002 年到 2008 年，原油价格从每桶 20 美元飙升到每桶 147 美元（短暂达到）。人们愤怒地指责投机商和石油公司操纵价格，但市场主要还是对供求状况的反应。当需求不断攀升时（尤其是来自中国和印度这样的新工业化国家），供给已经无法再有所进展。供应紧张也有美国入侵伊拉克和孤立制裁伊朗的因素。

有人认为世界石油价格的急剧上升已经到了“尖峰”，即触碰到以后就会快速下滑，但这是就长期而言的。2008—2009 年的全球萧条减少了需求，但是石油价格仍然在每桶 100 美元左右徘徊。有些专家说，我们将很快到达石油供应的“峰值”，可以想见，未来没有新的重大发现或突破可以使供应量重回超过需求量的状态。当石油输出国组织说，它不会生产更多的石油，可能就是说出了真理。而当全球能源需求正在攀升时，这不啻为一个打击。现在发展中国家真的发展很快，其工厂、家庭和汽车消费了更多的能源。在大约十年内，中国的能源消费量增加了一倍（主要是煤炭），2010 年超过了美国。

那些认为我们已经达到峰值的人，并不必然是悲观主义者。环保主义者可能会说：“最终我们将开始摆脱以石油为基础的经济以及污染。”发达国家的能源效率有相当可观的增加。高企的石油价格促使我们发展可替代能源，包括页岩气、页岩油、沥青砂。现在，随着世界能源供应更加多样化，波斯湾开始失去某些重要性。

怀疑石油供应已达峰值的人指出，20 世纪 50 年代以来一直都在自信地预测已达峰值，但峰值从未到来。他们说，打击世界的不是长期的石油短缺，而是价格的起伏，这一点我们已经看到很多次了。他们认为，最近的价格起伏是诸多因素的共同结果，所有因素都可以解决。第一，美国 2003 年的入侵把伊拉克移出了世界石油市场。他们认为伊拉克的石油产量将会快速回升，甚至增加。伊朗只在 2008 年达到了战前的供应水平，不过现在它的增长令人满意。第二，尼日利亚石油产量下降了四分之一，因为尼日尔河三角洲受到攻击——那里的环境破坏非常严重，愤怒的当地居民从石油收入中所得甚少。第三，美国的制裁阻碍了世界上大部分国家购买伊朗的石油，把伊朗逐出了世界市场。如果这些问题都解决了，石油供应量将上升。巴西和中国都在开采大型的近海油田。我们之前度过了两次油价汹涌起伏的日子（20 世纪 70 年代初期和末期），但都进行了调整。1998 年，石油每桶 10 美元，汽油一加仑 1 美元。他们认为，当前的困难正在以同样的方法克服。

有人断言，油价的飙升很大程度上要归咎于投机商，他们把石油期货价格哄抬到无法承受的疯狂地步。当石油期货的泡沫破灭后，价格就会下降。2008 年，在金融灾难中，油价下跌到每桶 40 美元，但是很快回升到 100 美元左右。大多数经济学家怀疑投机商在其中扮演了重要的角色。驱动期货价格（不是真正的石油，只是以某一特定价格交付石油的合约，即“纸上油价”）上升的是石油正在短缺的估算。很多其他商品（煤炭、天然气、铁矿石）没有投机市场，但它们的价格也在上升，因为有来自工厂的非常真实的需求增长，尤其是中国和印度的需求。投资者浏览着世界石油的状况，当他们看见地平线上出现政治或军事麻烦时，就抬高了石油价格。一个人的投机就是另一个人明智的投资。

石油专家承认，世界上有充足的石油资源，但开采成本很贵。所有容易开采的大型油田都已经发现了；新的油田都是“困难油田”，开采困难、成本很高，例如在北极地区要用建在深海中的浮动石油平台，或是在政治上危险的地区，例如尼日利亚和南苏丹。例如，2010 年发生爆炸的英国石油公司在墨西哥湾的“深海地平线”（Deepwater Horizon）海上钻井平台，建造费用 5 亿美元，外加每天 1 百万美元的运行费用。世界上好多人见人爱的低硫原油已经开采完了，剩下的是重质的（就像焦油）高酸值（含硫量高）原油，炼化成本很高。石油生产者必须为此投入巨资，而这些资金又都来自消费者。这个打击又正逢发展中国家比过去消耗更多石油的时期。主要油田几乎没有再增加产量的空间，有的已经衰退了（就像苏格兰和挪威之间的北海油田）。石油公司会很乐意“开采啊、开采”，只要你愿意“付钱啊、付钱”。

该行业的有些人士同意，石油供应不时紧张，汽油价格也很高，但他们将此归结为政治和经济原因。对石油生产的投资、特别是对炼油厂的投资已经滞后了。美国 30 年间就没有建造新的炼油厂。发展中国家的石油消费正在猛增。大部分石油储量丰富的国家已经把自己的资源从石油巨头手里拿了回来。

►►► 经济：2010 年墨西哥湾石油泄漏

2010 年美国人看着报纸标题“海湾危机”问：哪个海湾？波斯湾还是墨西哥湾？一座浮动石油钻井平台，刚刚在水下一英里的地方为英国石油公司开采了一口新的油井，意外的压力却让整个钻井平台爆炸，11 人死亡。石油和甲烷从海底喷射而出，形成巨大的羽状喷雾。这是史上最严重的泄漏，大大破坏了墨西哥湾的渔业、海岸和湿地，几个月后泄漏才停止。

事后的伪善像焦油油团一样浓。英国石油公司不顾后果地走捷径处理事故，没有计划或装置来控制爆炸，都是紧张慌乱的即兴措施。内政部（Interior Department）几十年来都在发放钻探租赁许可，但没有去监管安全问题。奥巴马政府谴责英国石油公司，但几个星期后才完全介入事故处理。讽刺的是，爆炸发生前不久，奥巴马还宣布要扩大海底石油钻探的许可范围。墨西哥湾周边国家支持海底钻探，为的是工作机会和税收，几乎没有担心过危险。议员和州长（尤其是来自能源丰富各州的）、总统候选人都从能源企业得到过大量的竞选捐助。他们批评英国石油公司，但从未提议结束海底钻探开采。路易斯安那州参议员玛丽·兰德里欧（Mary Landrieu）说："我们必须要理解，我们不得不继续开采石油和天然气。"

根本的问题是：美国人已经依赖石油上瘾，国会不打算用税收让美国人戒掉石油瘾。结束海底开采将使美国更依赖石油进口。除了一些环保主义者，没有人说不要再进行海底石油开采。

能源状况好转的可能性

美国的能源状况正在转向。2005 年以前，美国进口的石油占三分之二，不过现在进口量降到了只占一半，这要归功于国内高效且不断增长的开采量。新的石油天然气开采技术在一代人的时间里甚至可以把美国变成能源净出口国，就像在第二次世界大战期间一样。对美国的汽车拥有者来说，这并不必然意味着汽油价格便宜。石油将继续卖给全球出价最高的人，这就可能维持高价位。如果出口价是 100 美元一桶，石油生产商就不会按照每桶 75 美元的价格在美国市场销售。有人开玩笑说，几年内美国就可以申请加入石油输出国组织了。

▶▶▶　外交：美国与沙特的重要交易

长期以来，石油在美国对外关系中就扮演了角色。第一次世界大战前，英国得到了垄断伊朗石油的协议，接着是在伊拉克获得了石油垄断地位。不过，沙特家族于 1932 年控制了阿拉伯半岛后，美国带着石油勘探协议迅速地热切参与其中，最后于 1938 年带来了有商业价值的发现。沙特家族从来没有信任过英帝国主义，但相信美国。第二次世界大战期间，巨大的沙特油田把美国和沙特阿拉伯变成了紧密的伙伴。1945 年初，罗斯福总统在从雅尔塔回国途中，会见了沙特国王阿卜杜勒–阿齐兹（Abdulaziz），达成了没有直接言明的交易：你让我们开采你们的油田并买你们的石油；我们保护你们并为你们提供防卫。

在半个多世纪的时间里，这个交易给双方都带来了好处。它经受了历次阿以战争和1980年沙特全部买下阿美石油公司（Aramco，即美国所有的阿拉伯—美国石油公司）的冲击。但是，这样的关系会无限持续下去吗？财富从美国转移到阿拉伯国家，是否埋下了对阿拉伯国家正在买下美国的担忧？美国人注意到，“9·11”事件19个劫机者中有15个是沙特人，而且沙特的慈善团体还在支持伊斯兰主义学校。如果原教旨主义者推翻了沙特王室，将会发生什么？利用教育和工作机会，沙特政府能够永远收买沙特年轻人吗？沙特阿拉伯能在其国民不要民主的情况下实现现代化吗？

直到中世纪晚期，人类大多数都是用木材取暖和做饭。随着木材越来越少，煤炭取而代之，化石燃料就是从那时开始占据主导地位的。能源革命带来了现代经济，也导致了污染。有人说，现在或许又是进行另一场能源革命的时候了，让人类不再使用化石燃料。有的国家正在认真地接受这一思想，并发展太阳能和（或者）风能。德国、西班牙、印度、中国、日本、以色列都在“绿色”能源技术方面有很大的出口量。

能源问题是粮食和水资源问题的基础。有了足够的低价能源，才能淡化海水或治理污染的河流，使它们利于饮用和灌溉。例如，沙特阿拉伯使用油田里的天然气废气来淡化海水，否则这些废气只能白白烧掉。很少国家有此天赐，但是否能有某项技术突破来降低能源价格呢？当油价升到超过100美元一桶时，科学家和工程师就开始严肃地谈论之前的白日梦了。有的想法或许最终会成功，但多数只可能生产昂贵的能源，还会破坏环境。而当一种能源真正得到运用时，就像最近用量增长的天然气，它就会淘汰其他能源。天然气价格这么低，就不会有人去投资昂贵的风能和太阳能。如果化石能源的价格合理，“可再生能源”也不会被追捧。尼克松以来的美国历任总统都在鼓励从技术上对化石能源进行补救的方法，尤其是“可替代能源”，但只有少数有所成果，很多方案都有欠缺。下面就是其中的一些想法。

1. 加拿大的油砂矿和美国西部的页岩油储量都很充足。但从中开采出石油的成本很高，还会产生很多二氧化碳和废物，并污染河流。从加拿大的艾伯塔省（Alberta）穿过美国中部造一条输油管会引起环保主义者大规模的反对。

2. 在美国用天然气发电比用煤发电便宜（欧洲不是这样），所以发展很快。美国开发了开采深层页岩矿的液压裂取技术，现在已经在全世界发展。有人把美国迅速发展天然气叫作能源奇迹，但液压裂取技术需要很多水，其中产生的化学物质还会污染地下水。天然气燃烧的污染是煤炭的一半，但仍然会向大气排放二氧化碳。

3. 煤炭仍然是能源之王，因为对世界上大部分国家来说，这是最便宜的发电方法。煤炭生产了世界上 40% 的电力（中国是 70%），而且使用量还在上升，特别是在发展中国家，尽管煤炭显然是最大的污染源。清洁燃煤技术已经研究了几十年，但没有什么突破。“碳隔离”（Carbon sequestration）技术，即把烟囱排放的气体注入地下深层，还没有在小规模的试验中起作用。

4. 玉米乙醇是无效率的：它生产的能源只是消耗的能源的 1.5 倍。玉米乙醇这么热门，只是因为国会批准在汽油中增加乙醇。大约 25% 的美国玉米作物用来提取乙醇，推高了全球的粮食价格。从蔗糖中提取乙醇生产的能源是消耗的能源的 8.2 倍，巴西的汽车已经用蔗糖乙醇跑了几十年。国会为了讨好国内的生产者，对巴西进口的乙醇施加 1 加仑 54 美分的关税，对美国生产的乙醇给予 1 加仑 51 美分的补贴。

5. 来自微生物的生物能源听起来就像科幻小说，但还是有希望的。像长在池塘里的水藻，能够以合理的成本变成生物柴油。无论是来自乙醇还是微生物的生物能源，都不会降低二氧化碳排放，因为它们自己都是碳。

6. 风能发电是吸引人的。丹麦四分之一的电力是风电，大部分建在海边。但是，对大部分国家来说，风能无法和便宜的天然气竞争。风能发电厂通常远离城市区域，需要新的大型传输设备。很多地方都不想安装风轮机。最好的安装地点是海边，那里风更大，但安装的成本也很高。

7. 太阳能越来越便宜，最终将可以和常规方式生产的电力竞争。但是，迄今为止，太阳能（以及风能）都在依赖大量的补贴生存（最大的补贴者：中国），这会导致供应过多和一些企业破产。

8. 小布什政府曾经兜售的氢能，到现在已经失败了。原因很简单：生产氢能主要通过对水进行电解，这需要大量的能源。

9. 地热看起来很有趣。在某些地方往下钻几千英尺，地底下的热能就可以把水烧热来转动地面的轮机。

10. 潮汐能是无穷无尽的，但是捕获潮汐能的机器会损坏或被盐腐蚀。

11. 核能开始重新恢复名誉了，甚至环保主义者都说它比煤要好，但不断出现的灾难性事故导致了对核能的警惕，数量也在减少。日本非常依赖核电，至今还没有消除 2011 年福岛核事故造成的核泄漏。作为对核事故的回应，东京和柏林都曾承诺分阶段停止运行所有核电站，不过后来都打退堂鼓了。1979 年三英里岛核事故后，美国几十年里都没有再建核电站。瑞典和法国继续大量使用核电。

12. 科学地重新设计建筑、机器、照明用具、车辆等，可以大幅度削减能源消费。虽然和 20 世纪 70 年代相比，现在我们的能源效率已经大大提高。但很多美国的房屋隔热都很差。电脑发热也浪费了大量的电。城市漫无计划地扩张增加了往来交通的成本。高价位能源的一个好处就是，它强迫我们做事更有效率。

▶▶▶ 经济：什么是限额与交易？

环保主义者和经济学家敦促我们，要把一部分对收入、销售和财产的征税转移到对化石能源征收碳税。他们认为，向大气排放目前基本是免费的，征收碳税是唯一可以削减碳排放的方法。燃煤、石油、汽油、天然气各自碳排放的数量已经能准确知晓。（煤炭排放量最大，天然气最小。）如果你燃烧了 X 吨煤炭，你就要支付 Y 美元的碳税，但你交的其他税可能会降低。这样用户就有动力使用更少的化石能源，特别是那些碳排放高的。汽车就可以节省燃料。

有些经济学家说，更好的情况是一种“限额与交易”的系统，它能创造一个市场，真正激励能源使用者监督自己的碳排放。每个能源使用者都可以免税排放一定量的二氧化碳，超过这个标准，就必须购买清洁能源使用者没有用掉的免税排放额（“交易”的部分）。显然，太阳能没有碳排放，因此有着充足的额度和火电厂交易。高排放的能源（煤和石油）使用者必须开始计划如何不超过限额排放。欧洲已经成功地运行限额和交易体系，但讨厌各种形式税收的美国则停滞不前。有人设想一个全球性的限额与交易体系，但那将很难进行监控和强制实施。

水资源危机

对有些人来说，水资源是新的石油，但可能比石油更重要。从本质上说，现在地球上的水和一百年之前、一千年之前，或一个冰川期之前一样多，没有增加也没有减少。那么为什么现在的世界会有水资源危机？地球上 97% 的水是盐水，70% 的水以冰的形态存在。大约 70% 流动新鲜的水要用于农业。

新鲜水资源的分布和清洁状况正在发生变化。10 亿人口生活在缺乏足够水资源的国家。到 2025 年，超过一半的国家将面临水资源短缺，到 2050 年，世界人口的四分之三将生活在缺水地区。甚至美国的部分地区已经面临着水资源短缺；各州为谁拥有哪些水资源而争吵。水，不像粮食和能源，不容易运输。水在同样的江河里万古流淌。但不幸的是，很多水从很多河流里被引出来，只有少部分进入了海洋。

通过水坝、水库和运河让河流改道，会在短期内大大改变地区和国家的河流流向。城市增加了，会和农业地区争夺水源。当国家在大河上修筑大坝后，下游流量减少，会造成周围的水井干涸。土耳其为了灌溉其贫困的东南部地区，正在底格里斯河（Tigris）和幼发拉底河（Euphrates）上游修建 22 座大坝。对此下游的叙利亚和伊拉克很愤怒，土耳其试图安抚它们。中国计划在发源于西藏自治区、流入印度的雅鲁藏布江上建水坝。在克什米尔，印度正在一条流入巴基斯坦的河上建水坝，巴基斯坦愤怒抗议。当英国人统治着大部分的非洲时，1929 年他们分配给埃及 96% 的尼罗河（Nile）水资源。1959 年埃及给了苏丹 25% 的份额。埃塞俄比亚计划在青尼罗河（Blue Nile）上建水坝，这就会减少流入埃及和苏丹的水量，而这两个都是人口快速增长的国家。哪怕是浩荡的密西西比河，2012 年的流速也变得那么慢，以至于河上的驳船都堵塞了。密西西比河上游的各州拒绝放出“它们的水”来帮助下游的各州。水资源竞争会在本世纪里凸显。

工业废水和化肥产生的废物会毁掉很多大河，使这些河流无法用于生活和农业生产。化肥中的氮进入河流，使水藻大量繁殖，水藻吸收了所有的氧气，杀死了鱼虾蟹贝壳等水生动物。有些河流三角洲的藻类扩展到海里，造成了大规模的鱼类“死亡区域”。

至少部分和气候变暖有关，很多地区变得干燥，并在沙漠化。在罗马时代，北非是帝国最富有的粮仓，现在它非常干旱。随着撒哈拉沙漠南部边缘的萨赫勒地区因气候变化和人类使用过度而干旱，撒哈拉沙漠正在向南扩张。约有 1 800 万萨赫勒地区的居民正处于或接近粮食短缺。毫不奇怪，马里受到来自萨赫勒地区的一大批反叛者的打击，其中还包括来自名城廷巴克图（Timbuktu）的。萨赫勒地区的土地耕种过度，打了太多的井，耗尽了脆弱的地下水层。对短缺的水资源的争夺也是苏丹达尔富尔地区种族灭绝性冲突的一个基础性因素。由于降水稀少、滥砍滥伐森林，以及泥沙淤积，西非的尼日尔河流量正在减小。在澳大利亚、非洲之角（索马里、埃塞俄比亚和肯尼亚）、中国北方、印度北方，降水缺乏已经破坏了农业。极端需要的是：水资源保护和灌溉系统。

经济学家告诉我们，水，就像空气一样，因定价过低而不能合理分配。有的地方很缺水，但水还是免费的，这很荒唐。水资源免费或定价过低，农业和工业生产就会随意乱用，这又造成了“公共地悲剧”。

▶▶▶ 概念：全球变暖的争论

地球表面的平均温度正在加速上升。最近几年是有记录以来最热的，最近半个世纪是1 300年来最热的时期。2012年是有记录以来最温暖的（不过记录只能追溯到差不多一个世纪之前）。到21世纪末，预计地球额外增加的温度将达到危险的6.4摄氏度，甚至更高。更温暖的大气吸收了更多的水，然后以暴雨的形式倾泻下来，增加了“极端天气”的数量。海平面正在上升。2012年的超级风暴桑迪（Sandy）在新泽西和纽约沿海造成洪灾，还带来从未想象过的风暴潮。

北极冰块正在融化，加拿大和俄罗斯北部的海面第一次在夏季可供船只横渡，还可以勘探石油和天然气。格陵兰岛正在失去它的厚冰盖。南方的动植物品种正在向北方扩展。供养六分之一人类生活的河谷盆地的冰川和积雪已经缩小。亚洲的很多大河，包括恒河、长江、湄公河，都发源于喜马拉雅冰川。这些河流为世界上大约40%的人口提供水资源，但是它们的水量正在慢慢减少，而且受到污染。降雨量不断变化，无法预测，改变了农作物的产量。有的地区正在越来越潮湿，有的则日益干旱。水决定了粮食的生产。

有些怀疑论者质疑，全球变暖是人编造的。他们强调，变暖的阶段在各个地质时代都重复出现，这次也可能是正常和自然的。怀疑者指出（很正确），人们倾向于抱住一些习惯性的思维不放，而这些思维最终被证明是错误的，全球变暖可能就是其中之一。在他们看来，全球变暖危言耸听、缺乏足够的科学依据。大气物理学非常复杂，要花很多时间研究才行。环保主义者则担心我们没有那么多时间了。

以美国前副总统戈尔为首的环保主义者把全球变暖归咎于大气中不断增加的二氧化碳。两个世纪之前，在工业革命开启的时候，1百万大气单位只有280单位的二氧化碳，而现在升到380单位，比过去40万年（也可能更长的时期）的任何时候都高。环保主义者声称，燃烧化石能源（主要是煤和石油）把太阳的热量圈在大气里，制造了“温室效应”，导致海平面上升、气候变化、空气污染，以及难民。因此，他们敦促通过碳税、清洁技术、减少能源消费来降低二氧化碳排放，说这是紧迫的、必需的。

但是，科学家警告说，二氧化碳只是问题的一半，牛、天然气、腐败的植物释放的甲烷，也会产生很强的温室效应。一氧化二氮复合物已经受到了迟来的关注。如果海洋动植物无法吸收冲刷进海里的化肥里的氮时，氮氧化合物也会从海里释放。它们都会加剧气候变暖，并破坏地球的臭氧层。

二氧化碳减排的条约很难达成。1997年《京都议定书》限制了二氧化碳排放，但在富裕国家却执行困难，在中国（世界上最大的二氧化碳排放国）、印度，以及其他新兴工业化国家则较容易执行，其中一个原因是美国拒绝批准。《京都议定书》于2012年底到期，2007年巴厘岛会议的替代方案因欧盟和美国的分歧而没有进展。欧洲国家想要确定具体数字的目标，美国（还有俄罗斯）则不愿意。戈尔告诉会议："我的国家美国要为巴厘岛会议受阻负主要责任。"2008年八国集团会议许诺把二氧化碳排放量削减一半，但没有任何强制实施的条款。2009年底广受瞩目的哥本哈根峰会，奥巴马总统也出席，峰会重申了极高的目标，但没有达成协议。美国和中国特别不合作。观察者说峰会是"哥本哈根的可笑失败"。这些失败的根本原因是：没有国家愿意伤害自己的经济。

确保遵守国际议定书很困难，很多签字国都超过了《京都议定书》规定的限制。除了那些眼看就面临海平面上升威胁的国家——如小岛屿国家和低地国家，其他国家往往不用担心。当大国减少排放时，我们可以看到一些进步。例如，中国知道有毒的空气会致死，还会减慢经济增长，因此主张采取认真的措施。

粮食、能源、水资源和人类安全

我们现在谈论的人类安全，已经超越了防止战争和促进人权。它意味着在一个资源有限的星球上，我们必须关注资源的短缺、资源的代价和资源的分配。当前，没有国际机构能治理这些跨国问题。有几个清谈馆，但都没有权威。我们或许不得不发明一些机构，能够在全球资源短缺变得致命之前进行监管。哥伦比亚大学的经济学家杰弗里·萨克斯（Jeffrey Sachs）提出设立一个新的部门——美国国际可持续发展部，用来协调乱成一团的对外援助项目。

▶▶▶ 概念：循环往复还是延续变化？

全球变暖生动说明了科学家研究的两种变化。循环往复是不断重复的，特定的历史阶段相互衔接，就像钟摆来回摆动。全球变暖和变冷的循环就是循环往复的例子：有一个变化，但接下来的变化又回归过去。

延续变化意味着不会回复到旧的模式的长时期变化。例如，地球正在经历单向变暖的论点。历史学家、经济学家和政治学家所面临的问题之一是，他们正在研究的某个变化是长时期、基础性转变的延续变化，还是重复往返的循环变化。中国每隔两三百年的朝代更替就是循环变化，地球上的人口增长是延续变化。

我们还要考虑油价高企带来的问题。庞大的资金转移（大约每年1万亿美元）使得权力从富裕国家转移到石油出口国手中。相应地，很多石油出口国建立了主权财富基金，作为影响美国和欧洲国家经济和对外政策的手段。假如，沙特阿拉伯可以凭一个电话就从美国经济运行中抽出数十亿美元，那么华盛顿还能对它采取强硬措施吗？这些政府控制的大笔的钱在全世界游荡，寻找投资机会，在世界经济中制造了不稳定，在从发展中国家到美国房地产市场的各方面都创造了不可持续的债务。

石油财富的转移意味着俄罗斯、伊朗、委内瑞拉、沙特阿拉伯，以及其他国家认为没有理由再配合大的石油进口国。德黑兰问自己：美国会冒着世界石油产量突然降低几个百分点的危险入侵或轰炸伊朗吗？德黑兰想美国人不会这么冒险，因此他们继续进行威胁性的行动。即使没有核武器，伊朗也慑止了美国的行动。（这个逻辑不可能对以色列起作用，如果伊朗生产核武器，以色列就实施打击。）德黑兰、莫斯科、加拉加斯（委内瑞拉）想："我们已经占据了先手，因而为什么要配合你？"美国对此基本没有办法。

有人把石油出口国和进口国之间的分裂叫作"石油输出国组织与经合组织之间的较量"。经济合作与发展组织（OECD，简称经合组织）是一个由34个最富裕的资本主义国家支持的智库，大部分经合组织的国家都是石油进口国。经合组织的总部在巴黎，它编纂的经济统计数据是唯一可靠的。俄罗斯、墨西哥、挪威和加拿大，尽管都是石油出口国，但不是石油输出国组织的成员，不过它们经常和石油输出国组织的减产定额保持一致。

富裕国家面对高油价会产生很多问题，不过正在工业化的国家才感受到高油价真正的毁灭性后果。中国、印度，还有很多南方国家看到它们最近蓬勃增长的经济因高油价而变慢了。石油出口不会推进民主或打击腐败，反而让这些问题更糟糕。石油把财富集中到少数国家手里，并让独裁者的权力巩固。

石油短缺会导致资源战争。事实上，石油已经在战争中扮演了角色。第一次世界大战之前，德国就和英国为了伊拉克的石油资源进行争夺。希特勒派出两支大规模的军队去夺取波斯湾和中亚的油田。日本在第二次世界大战中为了石油资源而占领了印尼。伊拉克1991年吞并科威特也是为了石油。为美国进行的两次伊拉克战争辩护的人，否认战争是为了石油，认为攫取和控制油田从来不是美国的目标。事实上，两场战争在一定时间内都减少了在世界市场上可获得的石油数量。战争是石油安全的反作用力，因为油田很容易被破坏，而占领一个难以驾驭的地区则会陷入政治和军事泥沼。2003 年伊拉克战争的策划者承认，他们严重低估了占领伊拉克的困难。

引发战争更重要的因素来自这样一种关注：石油出口国用得到的新的财富在干些什么？我们已经指出了主权财富基金破坏稳定的影响，这些基金很多来自波斯湾。石油收入让萨达姆·侯赛因建立了世界上规模最大的军队之一，并用这些军队对邻国（伊朗和科威特）进行了两次战争。由于担心他还会发展大规模杀伤性武器（尽管没有找到），所以小布什总统进行了战争。现在，石油收入在支付伊朗核计划的费用，让以色列和美国一样感到担心。以色列如果对伊朗的核设施进行空中打击，就将是一场由石油间接引发的战争，但不是为了石油的战争。这场战争还将对全球石油供应产生灾难性的影响。沙特的石油收入给了王国内的一些势力资助伊斯兰慈善团体的资金，这些团体和恐怖组织站在一条阵线内。

▶▶▶ 地理：油气管线政治

里海（Caspian）地区和中亚有着丰富的石油和天然气，但怎么样把它们运到其他地方，将是 21 世纪的一个地缘政治问题。该地区油气管线通道的走向基本上沿着罗盘的四个点，但所有的方向都是麻烦丛生之地。

北方。穿过俄罗斯是传统的通道，管线可以和更大的西伯利亚天然气管道相连接，后者供应了欧洲所用天然气的三分之一（预期 2030 年将升至一半）。莫斯科因此有巨大的动力首先确保这条通道置于自己的控制之下，因为它给克里姆林宫既带来财富，又带来对欧洲国家对外政策的影响力。但是很多西方国家对俄罗斯拥有这么大的权力表示担心。北方通道也是俄罗斯如此坚决冷酷镇压车臣反叛武装的原因之一：一条重要的油气管线要通过车臣地区。

西方。穿过阿塞拜疆、格鲁吉亚、土耳其，这是美国强烈（但悄悄）倾向的通道，可以恰到好处地平衡俄罗斯的管线权力。美国的主要私人基金进入新的巴库–第比利斯–杰伊汉（Baku-Tbilisi-Ceyhan）管线建设。一条天然气管线计划沿着这条路线一直铺设到欧洲。自然，莫斯科反对这条通道，它分裂格鲁吉亚的一个原因就在于此。巴库–第比利斯–杰伊汉管线还将面对库尔德分离主义武装在土耳其南部的蓄意破坏，这使它同样很脆弱。

东方。穿过“斯坦”国家进入中国，中国正需要它来满足自己猛增的能源需求。中国目前沿这条通道正在建设一条主要管线，把中亚和中国连在一起。

南方。通过伊朗是一个合理的选择，但受到美伊敌对关系的阻碍。这条通道路程短，可以很快建成，而且将给伊朗和世界带来巨大的利益。我们推测，最终相互间都获利的结果，是否会让德黑兰和华盛顿把各自的政策都重新调整到理性的方向。

粮食是如何影响世界政治的？在这个问题上美国、加拿大、巴西和澳大利亚占据优势。它们是“粮食领域的阿拉伯国家”，（大部分国家）有着土地、温度和水资源的良好配置，是最大的粮食出口国。缺乏这三个因素中的一个，出口就会缩减，就像澳大利亚受到干旱的打击一样。从另一个方面看气候变化，它可能会实际增加加拿大的农业产出。

世界上大概每 7 个人中就有 1 个在忍饥挨饿，他们几乎都在南方国家。粮食一般都有，但对穷人来说太贵了，难以负担。世界银行估计，不断攀升的粮食价格将在近几年里把大约 1 亿人口推到贫困行列。粮食引起的骚乱已经在海地、喀麦隆、埃及、科特迪瓦、孟加拉国、阿富汗、加蓬爆发。第三世界国家害怕愤怒的民众，试图压低粮价，有时会采取愚蠢的补贴办法，但这对增加粮食供应量毫无用处。对中产阶级来说，更高的粮食价格意味着放弃医疗花费；而对那些靠每天 2 美元生活的人来说，意味着没有肉食；至于那些绝对贫困者——即每日生活费 1.25 美元或更少的人来说，意味着只能吃小米这种最便宜的谷物、或者饿着。海地的穷人吃混着泥土做的薄煎饼——没有营养价值，只是勉强充饥而已。

这些国家是绝望的移民的来源地。海地人和西部非洲人企图分别逃到美国和西班牙，他们乘着摇摇晃晃的船偷渡，很多人为此丧生。偷渡成功的人也经常被起诉或遣返。第三世界的人正在努力偷偷进入第一世界，第一世界却并不欢迎他们。“经济难民”成了一个大问题。富国把他们赶走的手段有多强硬？哪怕是南非都发生了骚乱和驱逐津巴布韦经济难民的事件。南非人害怕津巴布韦难民会竞争已经很少的工作机会。2008 年美国国防部的一份关于全球变暖对安全影响的研究指出，最大的影响之一就是环境难民。

难民会引发战争。阿以战争的根本性因素是被迫离开家园的巴勒斯坦难民。数百万的孟加拉人为了逃离东巴基斯坦的镇压而进入印度。1971 年，印度决定实施一种解决难民问题的代价更小的方式——和巴基斯坦进行一场战争，创建一个叫作孟加拉国的新的国家，从巴基斯坦分离出来，这样难民就可以回家了。达尔富尔人从苏丹逃出来，进入乍得，激化了那里的边界紧张局势。数以百万的伊拉克人和叙利亚人逃到邻国，为恐怖组织提供了丰富的人员基础。

水资源也会引发紧张局势。以色列和叙利亚争夺加利利海（Sea of Galilee）是1967年战争的一个触发因素。以色列随后控制了西岸的地下水资源，这让巴勒斯坦人勃然大怒。美国从科罗拉多河（Colorado River）里引水，使得科罗拉多河流到墨西哥时已经快干了，遭到了墨西哥的强烈抗议。根据国际法，河流流经的所有国家都有权这样做，但更强大的国家通常决定谁能得到多少水源。水资源短缺的大问题是，它造成了环境难民。

联合国或其他国际组织能够采取集体行动来应对粮食、能源和水资源问题吗？合作不会自动到来，很多这样的问题加深了民族主义。石油和粮食生产国想要得到最多的收入。在粮食短缺的时期，外国的粮食援助也会停止。美国自己有很多粮食剩余时，为了帮助国内的农民，会对外提供粮食援助；但如果剩余很少，它就会改变政策。

某个国际组织是否可以命令、恳求或劝说国家采取合作行为？例如，放弃对需要粮食的国家采取的严控出口政策？或者我们能不能就把全球的粮食分配交给纯粹的市场力量？例如，大西洋的蓝鳍金枪鱼已经捕捞过度。2010年墨西哥湾的石油泄漏破坏了它们的产卵地。这种远在腓尼基人（Phoenicians）和古希腊人时期就被捕捞的大型鱼类，现在已经非常稀少而昂贵。有些国家提议对捕捞蓝鳍金枪鱼进行国际限制，以免它灭绝。灭绝很容易，但合作很难。

事实上，如果减少脂肪和糖类的摄入，改吃更简单的、热量更低的食物，美国人将更加健康，寿命也会更长。但是没有人会这样看问题。你们的爷爷奶奶（或太爷爷太奶奶）生活在大萧条和第二次世界大战时期，他们过着朴素的生活，消费的肉、糖、油和电都比现在少得多，生活也没有很差。一般家庭有一辆汽车，而不是每个家庭成员都有一辆汽车。第二次世界大战期间电话很少见，许多家庭都没有，更别提有五部了。世界经济可能会给我们一个机会来重温20世纪三四十年代节俭而能满足需要的生活。

虽然很难想象能够管控巨大跨国问题的国际合作行动，但可能形势不等人。甚至疯狂在乎自己主权独立的美国人，在汽油价格攀升、泄漏的石油粘成一团地冲刷进湿地和海岸之时，也在要求做些什么。一个国家或几个国家无法解决这些问题，联合国及其专门机构这样的现有国际组织也做不到，因为联合国是按拥有的权力最少而设计的。世界可能正在开始组织自己。我们是看不到了，但你们可以。

复习题

1. 跨国问题会带来更多的全球合作吗？
2. “绿色革命”指什么？能再来一个吗？
3. 马尔萨斯错了，还是太早熟？
4. 粮食和能源问题是暂时的还是长久的？
5. 气候变化问题为什么如此紧迫？
6. 世界石油产量已经达到顶峰了吗？
7. 有什么可靠的可替代能源吗？
8. 权力是不是已经转移到大型石油出口国手中了？
9. 稍微降低一下生活标准是否会真的伤害我们？
10. 世界能做些什么来控制这些问题？

图书在版编目(CIP)数据

国际关系的新世界:第十版/(美)迈克尔·罗斯
金(Michael Roskin),(美)尼古拉斯·贝里
(Nicholas Berry)著;俞沂暄译. —上海:上海人民
出版社,2021
书名原文:The New World of International
Relations (Tenth Edition)
ISBN 978-7-208-16927-2

Ⅰ.①国… Ⅱ.①迈… ②尼… ③俞… Ⅲ.①国际关
系 Ⅳ.①D81

中国版本图书馆 CIP 数据核字(2021)第 032035 号

责任编辑 史美林
封面设计 王 蓓

国际关系的新世界(第十版)
[美]迈克尔·罗斯金 著
尼古拉斯·贝里
俞沂暄 译

出　版 上海人民出版社
(200001 上海福建中路 193 号)
发　行 上海人民出版社发行中心
印　刷 常熟市新骅印刷有限公司
开　本 720×1000 1/16
印　张 24
插　页 2
字　数 447,000
版　次 2021 年 4 月第 1 版
印　次 2021 年 4 月第 1 次印刷
ISBN 978-7-208-16927-2/D·3702
定　价 98.00 元